U0743816

公共关系学

徐美恒 著

天津出版传媒集团

天津人民出版社

图书在版编目(CIP)数据

公共关系学 / 徐美恒著. —— 天津：天津人民出版社, 2015.3

ISBN 978-7-201-09179-2

Ⅰ.①公… Ⅱ.①徐… Ⅲ.①公共关系学 Ⅳ.①C912.3

中国版本图书馆CIP数据核字(2015)第043017号

天津人民出版社出版

出版人：黄 沛

(天津市西康路 35 号　邮政编码：300051)

邮购部电话：(022)23332469

网址：http://www.tjrmcbs.com

电子信箱：tjrmcbs@126.com

高教社(天津)印务有限公司印刷　新华书店经销

2015 年 3 月第 1 版　2015 年 3 月第 1 次印刷

880×1230 毫米　32 开本　16 印张

字　数：390 千字

定　价：39.00 元

前　言

公共关系在美国资产阶级革命和工业化的进程中孕育产生,在20世纪20年代进入大学讲堂,成为一门学科,第二次世界大战后传播到世界各地,应该说,是经受住了历史检验的科学。公共关系在我国大陆社会的发展,主要是在改革开放以后。从它在高等教育领域的发展情况看,先是长期在各类学校作为一门公共选修课广受大学生欢迎,进而发展为工商管理、行政管理、新闻传播等专业的必修课程。经过多年的曲折前进,从20世纪90年代的只有一所大学开办公共关系学专业,到21世纪开启以来,高等学校的公共关系学教育迎来新曙光,已有近20所高校开办了公共关系学专业。只有成熟的理论,在社会需要的催动下,才能成为高等教育追捧的新兴专业。从公共关系学在我国高等教育领域的发展情况来看,它作为一门新兴的应用性学科,已经赢得了社会的普遍认可。

我是从1992年开始接触公共关系学的。当时大学毕业不久,在长春光学精密机械学院当老师,参与了延边大学出版社出版的一套公共关系学丛书的撰稿工作,对公共关系学有了初步了解。1993年,我任职的中文系正好有讲授公共关系学的老师退休,就把这门课程的教学任务交给了我。从此,我开始边学习边给大学生讲授公共关系学课程。从1995—2001年,陆续在《公关世界》《天津大学学报》(社会科学版)等期刊发表了9篇讨论公共关系问题的文章,其中,在《天

1

津大学学报》(社会科学版)2001年2期发表的《刍论公共关系学的学科归属问题》较受学界重视,被认为是主张公共关系学作为管理学的二级学科的代表文献。2000年和2002年,我在天津大学任教期间,主编出版了《大学生公共关系理论与技能》和《公共关系管理学》两本书,主要是为了教学使用。因为当时社会上教材虽然不少,但是让人满意的不多。现在出版的这本《公共关系学》,是我二十多年从事公共关系学教学的理论思考的总结,也有近几年研究国内外公共关系学著作的心得;基本延续了前两本书的理论框架,也有一些调整。在理论观点上既有对前两本书的继承,也有较大发展。主观上主要在四个方面做了创新性努力。一是加强对公共关系性质的理论辨析,力图澄清困扰国内外学者的一些问题,比如公共关系起点的确立问题;理论本土化过程中的一些由于翻译和表述造成的困扰等。二是在内容上适度考虑与国家职业资格技能鉴定相结合,使理论研究和实践要求更贴近。三是重视了理论研究的方法提示,希望以此推动公共关系学的研究提升质量。四是对公众的心理学分析作了比较系统的阐释。

由于要做的事情多,这本书付梓时还是有不少不满意之处,但是,当下社会快节奏的生活催促我尽快完成这本著作,一些不足之处只能寄希望于过几年再完善。也许,沉淀一段时间后,再看自己写成的东西,改造起来会有更多的好想法。正如现在的这本《公共关系学》,是在前两本书出版十几年后的重写,进步应该是显而易见的。基于这种经验,决定让这本书以目前的样子出版。

这本书得到了天津广播电视大学学术出版经费的资助,我作为学校的一员,深怀感激。天津广播电视大学正处在酝酿变革、提升发展阶段,学校能立足长远,抱定远大理想,资助出版教师的学术论著,营造学校的核心竞争力,实在是值得赞美的举措。

本书的出版还得到了天津人民出版社的沈会祥副总编和玮丽斯编辑的大力支持,在此表示感谢!

徐美恒

2014年9月13日,于天津

目　录

第一章　导论

第一节　公共关系的内涵

一、公共关系含义的不断丰富和发展

(一)公共关系内涵的界定

公共关系这个词是由英文"Public Relations"翻译过来的,也被称为公众关系。"Public Relations"简称"PR",公共关系简称"公关"。作为一个英文词汇,就像它所指称的事物一样,Public Relations 产生在美国。美国人创造了"公共关系"这个概念,这是学术界的共识;又似乎只是一个不需要证明的传说,因为至少本书的作者还没有找到直接的资料来说明这个词汇在美国的使用起于何时。也就是说,"公共关系"这个词汇究竟是在什么时候被创造出来的,尚无定论。就其内涵而言,人们对公共关系的认识也是不断发展的,甚至是千差万别的。也就是说,公共关系的含义是什么,学术界还没有形成统一的认识,甚至还存在着差别较大的理解。但是,这并没有妨碍公共关系作为一个新兴职业在社会生活中发挥作用,也不影响它成为大学教育的一门课程,进而发展为学科和专业。目前,公共关系学作为一门课程,在我国的大学教育中普及程度很高,不仅作为选修课程广泛开设, 也作为专业基础课或专业课程被纳入一些专业的课程体系

中。而且,国内外不少大学开办了公共关系学专业,有些高校在研究生层次培养公共关系学硕士或博士,比如,上海外国语大学从2014年开始培养公共关系学硕士,还设有公共外交与公共关系博士研究方向。另外,像北京大学、中国人民大学等高校在研究生教育层次都设有公共关系学方向。还应该注意到我国的高等自学考试教育,从20世纪90年代开始,公共关系学就作为一个专业进入了自学考试领域,1999年开始被"列为高等教育自学考试全国统考专业,并于2002年完全执行新的考试计划"①。

我国从20世纪末期开始,公共关系从业人员作为一个职业正式进入国家职业名录,由劳动和社会保障部(现更名为人事和社会保障部)组织制定了《公共关系人员国家职业标准》②,并在全国推行公关员职业技能鉴定考试,出版了《公关员职业培训和鉴定教材》③和《公关员职业技能鉴定考试指南》④。在《公共关系人员国家职业标准》中,职业名称被描述为:公共关系人员(简称公关员);职业定义是:"专门从事组织机构公众信息传播、关系协调与形象管理事务的调查、咨询、策划和实施的人员。"职业工作描述为:"(1)制定组织的公众传播计划,编辑、设计、制作和发行组织的各种宣传材料,负责组织的新闻发布和形象传播工作;(2)监测、搜集、整理和分析组织的公众信息,向组织的领导人提供管理咨询建议;(3)制定组织和产品(服务)的形象管理计划,策划和实施各种专题性公众活动,并对

---

① 赵安民:《公关自考列为全国统考专业》,载《公关世界》,1999年3期,第30页。
② 国家职业资格工作委员会公关专业委员会:《公关员职业培训和鉴定教材》,上海:复旦大学出版社,1999年,第469–483页。
③ 同上。
④ 郭惠民:《公关员职业技能鉴定考试指南》,北京:海潮出版社,2000。

其进行评估；(4)沟通、协调组织与内外公众之间的关系，参与处理组织的公众咨询、投诉和来访接待事务；(5)协助组织发现、处理并监控其与公众之间的矛盾、问题和突发(危机)事件；(6)对组织的其他有关人员进行上述工作的专业培训和指导。"职业等级分为：初级、中级和高级公关员。职业能力特征表述为："具备较强的口头与书面语言表达能力；协调沟通组织内外公众关系的能力；调查、咨询、策划和组织公关活动的能力。"

从专业教育和职业认定两个层面看，公共关系学在我国已经是成熟的学科，公关员(公关师)也已经有了正式的职业名分。基于这两种情况，公共关系的内涵应该是十分明确的，它是社会组织的一种独特管理职能，是工商企业、政府和非政府组织都十分重视且不可缺少的一种生存、发展理念和手段。关于公共关系的内涵界定可以有多种表述，但是，它本质的内涵就是一种独特的管理职能，正如财务管理、项目管理、人力资源管理一样，它在具体社会组织中发挥着专门作用。因此，我国教育部的专业目录把公共关系学归在管理学学科名录下，这也表明公共关系学是研究社会组织的独特管理行为的学科。

(二)公共关系定义的多元状态和内涵的不断丰富发展

公共关系自产生以来，就不断有人下定义，再加上文化和社会制度差别的影响，必然造成公共关系定义的多元状态。另外，与所有的事物一样，公共关系的发展也遵循了由简单到复杂的过程，从它在美国社会的产生发展历程来看，其含义由早期的新大陆开发和政治革命宣传鼓动，到基本成熟时期的企业竞争宣传、危机处理、企业形象经营等因素不断加入，表明其内涵是不断丰富发展的。再加上向世界各地传播过程中不可避免地被本土化改造，以及适应时代新情况的发展变化，比如，信息技术和传播媒介不断发展引发的信息管理职能,市场全球化引发的品牌管理职能,管理创新引发的组织文化建设职能等等,这些时代的新变化必然促成公共关系内涵的不断丰富发展。

本书将从界定公共关系产生的源头开始,通过观察其原初的实践概括其含义,并追踪实践的发展观察其内涵的不断丰富发展,再结合一些有代表性的定义表述进行分析,阐明公共关系内涵的多元状态和不断丰富发展情况。

1. 公共关系源头的确定及其早期的内涵概括

按照"美国著名的公共关系学者,在公关教育领域工作了62年,被称为公共关系教育的开拓者"①的斯各特·M.卡特里普(Scott M. Cutlip)在《公共关系史(17—20世纪)》一书中的论述,"美国的公关史始于17世纪,在那段时期土地推销者与殖民者致力于吸引主要来自英国的欧洲移民定居这片大西洋沿岸未开化的陆地。他们利用宣传、说教、发放手册和信函等手段,宣扬这片新大陆的勃勃生机和光明前景"②;可见,公共关系在美国诞生的时候,被界定为"宣传鼓动手段"。按照这种理解,这位著名的公共关系学者进一步梳理了公共关系久远的历史,认为:"公共关系——或曰宣传、推广、公共信息——始于人们开始群居并在群体中相互依赖以生存的时期。开化的文明需要通过交流沟通、相互协调、彼此一致和共同协作才能正常运转,这些也是公共关系发挥作用的坚实基础。"③斯各特·M.卡特里普进

---

① [美]斯各特·M.卡特里普:《公共关系史(17–20世纪)》,纪强华、焦妹、陈易佳译,上海:复旦大学出版社,2012,封面折页。
② 同上,《序言》:第1页。
③ 同上,《序言》:第2页。

一步列举了古代社会的种种宣传行为,包括"在伊朗发掘出公元前
1800年左右的农业公告";"庞贝古城的城墙上刻有一些选举口号";
"凯撒大帝在公元前49年穿越卢比孔河(Rubicon)前,曾精心准备了
材料,向罗马人民宣扬自己作为高卢统治者时期的壮举";古印度的
国王如何利用密探收集公众的意见,维护国王在公众中的形象,散
布对国王有利的言论;17世纪天主教会成立宣传信仰集会等等。这
些都被推定为早期的公共关系活动。这位美国著名学者的观点在公
关学界影响颇大,我国不少学者出版公共关系学著作和教材都沿用
了这种思路。比如,有学者认为公共关系是"古老的事业,新兴的学
科"①,把苏秦、张仪推举为古代的政府公共关系专家。也有学者认为
刘邦与关中父老"约法三章",李自成领导的农民起义军"四处张贴,
宣扬有关政治标语、口号"②,甚至"诸葛亮七擒孟获,李世民以人为
镜、纳谏如流,康熙、乾隆微服私访等等均属类公关之精篇。而汉代
有张骞出使西域,唐代玄奘西天求经,明代郑和下西洋,又明显地富
有国际公关色彩"③。从这些观点不难看出,在斯各特的立论误导下,
中国人轻而易举地就在自己悠久的历史长河中找到了大量公共关
系活动,进而大有成为公共关系鼻祖的可能。然而,这的确是一种十
分错误的认识。因为它只看到了公共关系作为一种传播沟通手段的
工具作用,而忽视了它在特定历史条件下产生的时代精神意义。也
就是说,公共关系不只是一种制造舆论的手段、实现目标的方式,也
是特定历史条件下人类的一种时代精神。只有同时把握住这两点,
才能准确认识公共关系的内涵。我提出这一主张,不是理论假设,而

① 方宪玕:《公共关系学教程》,杭州:浙江大学出版社,1991年,第1页。
② 居延安:《公共关系学》,上海:复旦大学出版社,1989年,第28页。
③ 李健荣、王克智:《现代公关理论与实践》,北京:高等教育出版社,1997年,第9页。

是基于对客观现实的分析。

公共关系究竟是如何产生的？为什么不赞同把公共关系的起点上溯到遥远的人类历史早期，即所谓公共关系"始于人们开始群居并在群体中相互依赖以生存的时期"？说清楚这个问题必须回到具体的历史中，也就是回到产生公共关系的美国社会历史中。尽管斯各特·M.卡特里普在美国的公关界属于晚进之辈，但是，在公共关系理论研究方面，他堪称集大成者；他的关于美国公共关系历史的研究著作《公共关系史(17—20世纪)》是可以信赖的资料。他在该书的序言中说："直到19世纪晚期，'公共关系'一词才被广泛应用于我们的语言之中"[①]。可见，公共关系作为一个概念，是19世纪晚期在美国社会流行起来的。当时人们对公共关系的认识基本可以概括为"利用宣传、说教、发放手册和信函等手段"进行的宣传鼓动活动。

从斯各特·M.卡特里普对17世纪以来美国公共关系发展史的叙述来看，到了18世纪后期，北美大陆的资产阶级革命家在鼓动民众摆脱殖民地命运、创建国家的过程中，运用了各种公共关系手段，其中，策划事件并以此制造舆论、引导舆论，这种看似十分古老的宣传、鼓动手段，在《史记·陈涉世家》中的确已为中国秦代的农民起义领袖陈胜、吴广早就运用过了，但是，在18世纪后期的北美洲大陆，由于报纸的发展和市民社会的出现，更由于人类历史进程的新变化，这种古老的宣传技术还是有了一些新的特质。简要分析塞缪尔·亚当斯策划的波士顿"倾茶事件"，比较陈胜、吴广的"鱼腹藏书"和"篝火狐鸣"，可以发现，两者在"策划事件"上虽然相同，但是，在进一步利用事件扩大宣传、影响舆论方面，18世纪的美国人显然表现

[①]　[美] 斯各特·M.卡特里普：《公共关系史(17—20世纪)》，纪强华、焦妹、陈易佳译，上海：复旦大学出版社，2012年，序言：第1页。

出更大的运作能力。资产阶级革命家们对事件的利用有了一整套方案，"亚当斯和他的伙伴们率先把有利于他们一方的事实曝光。保罗·利威尔乘着特快列车把革命者版本的'倾茶事件'传到了纽约和费城。按照程序，他们开始抨击这一事件，寻求舆论的支持；致民众的信也很快由通讯委员会起草。得到的回应是：'这次对于波士顿的袭击，我们认为针对的并不仅仅是一个镇，而是整片美洲大陆。'贝林认为，'茶叶法案'以及1773年12月的'倾茶事件'是美国独立运动的转折点"①。如果单纯看策划事件以影响舆论，似乎应该同意斯各特·M.卡特里普关于公共关系是古老的事业的立论，但是，古代毕竟没有产生公共关系这个词。而且，如果细究一下陈胜、吴广的制造事件和宣传、鼓动，在终极目标上显然不具有资产阶级革命派所追求的广泛的公众利益性。正是因为这一巨大差别，本书在立论上不主张把公共关系产生的起点延伸到遥远的古代，而是主张在资产阶级民主革命进程中，在公众利益广泛确立的特定历史条件下，寻找公共关系活动的源头。也就是说，公共关系不是一种单纯的手段，而是人类社会发展到特定的历史阶段，民主观念深入人心，人权意识不断普及，公众利益日渐突出，社会联系由于工商业的发展和劳动分工的细化得以广泛确立，在这样的社会背景下，公共关系已经成为一种思想观念，具有了独特的时代精神，其核心内容就是广泛平等的民众的共同利益的维护。这种思想观念和时代精神恰好在美国资产阶级民主革命运动中得到了有效实践。因此，马克思称《独立宣言》是"第一个人权宣言"②，列宁也说："美国人民是有革命传统的"，

---

① [美] 斯各特·M.卡特里普：《公共关系史（17—20世纪）》，纪强华、焦妹、陈易佳译，上海：复旦大学出版社，2012年，第32页。

② 《马克思恩格斯全集》，第16卷，北京：人民出版社，1982年，第20页。

"这种传统就是18世纪的反英解放战争，其次是19世纪的国内战争"，他还说美国革命是"人类历史上最早最伟大的真正解放战争，人类历史上为数不多的真正的革命战争"①。

从《独立宣言》的内容可以看出，它不仅是资产阶级革命的纲领性文件，也是宣传、鼓动民众的战斗檄文，也可以说是较早的公共关系宣传材料。如果从传播沟通的角度寻找公共关系的源头，那么，美国资产阶级在与封建贵族争夺政权而进行的这场民主革命中，大量应用的一些传播沟通手段，才是真正意义上的政府公共关系的源头，也是公共关系的源头。之所以这样说，是因为到了这个时候，也只有到了这个时候，传播沟通作为一种影响公众和引导公众舆论的手段，才在性质上发生了根本的变化。简而言之，与此前人类历史上的一切政治集团或政治人物所采用的鼓动民众或凝聚社会力量的种种传播沟通手段比较起来，它不是在方法上更高明，有了多么大的突破与创新，而是在出发点与归结点上，在社会历史进步的客观条件下，有了根本性的不同。即在美国资产阶级独立革命运动中，传播沟通作为一种社会管理手段，开始深深地、比较彻底完整地打上了"人权""平等""公众利益""民主"等烙印。而这些观念，正是公共关系的基本思想内容，也是公共关系实践发挥效力的出发点和最终归宿。正是因为有了这样的思想内涵和时代精神的指引，公共关系在企业的实践才能够纠正早期的虚假宣传和种种对公众的诱骗性误导，走上艾维·李倡导的"说真话""公众必须被告知"的正确道路上。艾维·李不是神，是时代精神的体现。公共关系在美国产生的时候融入了人类历史进程中的价值追求，这一点从著名公共关系理论家伯纳斯在1923年出版的《掌控舆论》(Crystallizing Public

---

① 黄安年：《美国的崛起》，北京：中国社会科学出版社，1992年，第97–104页。

Opinion)①中对公共关系职业的论述可窥一斑。"这本书为新生的'公共关系顾问'的角色下了定义,将这个职业与以往比较原始的媒体经纪行业做了区分。在伯纳斯的定义里,媒体经纪的主要动机,只是'从出版商手里收取无中生有的代价',而公关顾问也和'马戏团促销员'与'为小牌女星打关系的非专业记者'有区别。""公关顾问的角色,是'对客户提出忠告,让他们了解如何透过公共关系来获取正面结果,避免落入不幸或不利的情况'。而对于整个社会,伯纳斯描述的公关人员则扮演着英雄的角色,正符合李普曼与其他社会学家所寻找的那种人,能够把不安定的大众,转化成比较冷静而容易教育的公众。公关人员应该持有客观能力,能够'站在自己所在的团体之外,以公平的旁观者的眼光来观察问题',要够睿智,能够找出对客户及大众都有好处的解决方案,还要有足够的技巧,让媒体接受他并加以协助。'公关顾问的能力,必须能够在民意还没有精确成形的时候,先行探测出这个模糊的倾向',伯纳斯写道,'这就是为什么公关顾问这么有价值'。"②伯纳斯是最早的对公共关系进行理论总结的公关理论家之一,他对公关职业的论述显然没有止于技巧,而是融入了体现时代精神的职业道德。

正是基于对公共关系内涵的技术和思想统一的认识前提,我们才认为古代公共关系的提法缺乏本质的规定性,极易造成人们对公共关系认识的混乱。古代的确有大量传播沟通和关系处理方面的事

---

① 著者按:关于爱德华·L.伯纳斯出版于 1923 年的 Crystallizing Public Opinion 的译名,有多种说法,有的翻译为《舆论的结晶》,有的翻译为《舆论明鉴》,有的翻译为《透视民意》等。著者根据对词义的分析,结合当时的公关实践,认为将其译为《掌控舆论》较妥当些。

② [美]赖瑞·泰伊:《公关之父伯纳斯:影响民意的人》,刘体中译,海口:海南出版社,2003 年,第 125-126 页。

例，各种政治集团和政治人物也创造性地发明了许多鼓动人心、调动民众力量的方法，但考察这些事例和活动的方法，由于历史的局限性，无论是出发点和最终目标，都与民众利益的根本实现和人权维护相去甚远。所以，当年陈胜、吴广在丝帛上写了"陈胜王"并将其塞进了鱼肚子里，让兵士买回鱼烹食，从而发现这种"宣传品"，并在夜晚点篝火，假装狐狸呼叫"大楚兴，陈胜王"，以此来暗示或愚弄众人。这不是公共关系。古罗马的独裁统治者恺撒虽然精通沟通技术，"甚至还专门写了一本记载他的功绩的纪实性著作《高卢战纪》来标榜和宣传自己"；并懂得"通过散发各种传单来开展大规模的宣传活动，以便获得民众的支持"①。这也不是公共关系。战国时期苏秦搞出个合纵盟约，张仪又建立起了连横关系。这也不是公共关系。公共关系首先是一种观念，一种有关社会和人类本身的思想，其次才是技巧和手段的应用。从根本上讲，不能单纯地从传播沟通或关系处理的技巧方法上来认识公共关系。只有把它放在特定的社会历史环境中，注意其精神价值和手段的统一，才能全面准确把握其本质。

在美国资产阶级进行民主革命的独立运动中，"独立""平等""尊重公意""人权""自由""人类权益""公正""公众利益""法治"这些观念首先被《独立宣言》作为反英独立战争的最充分理由提了出来，也被作为革命运动的终极目标确立了起来。也正是在这些观念的基础上，过去长期以来被人们运用的种种宣传技巧和手段，才焕发出了无比巨大的力量，萌生了新的时代价值。政府公共关系的源头就孕育在这种为民众事业、为人的权利平等和自由解放而进行的宣传鼓动事件中。这种宣传行为也只有到了资产阶级民主革命这个时代，人权观念深入人心，民权意识高涨，公众利益真正成了社会行

---

① 能源伟：《公共关系学》，合肥：安徽人民出版社，1990年，第27页。

为的第一准则，才能产生巨大的效应，从而逐步转化为一种社会管理行为，最终发展成为公共关系这样一种社会管理思想和管理职能。而这样的社会条件和历史机遇首先在美国出现了，于是公共关系便首先在美国孕育、发展起来了。

2. 公共关系学诞生以来公共关系内涵的丰富发展

理论界基本上认同爱德华·L.伯纳斯是公共关系学的奠基人。这是因为他在1923年出版了第一部关于公共关系的著作《掌控舆论》(Crystallizing Public Opinion)；同年，他在纽约大学讲授公共关系课程，被认为是"开创了新的事业"[①]。如果说，公共关系能够作为大学的课程足以表明其理论体系的基本成熟，那么，借此也足以说明公共关系走上了学科发展的道路。因此，可以把《掌控舆论》的出版视为公共关系学诞生的标志。事实上，早有前辈学者将"这本书誉为公关学的里程碑，因为它为这项专业奠定了哲学基础，更重要的，它也奠定了公关学的道德基础。'伯纳斯在这本另辟蹊径的著作中强调，公关业者能够影响大众意见这种能力，也为他们增加了一种道德责任。这个道德责任，要求他们不单对客户负责，也要对整个社会负责'，喀力普(著者按：即Scott M. Cutlip，一般译为卡特里普)写道，'尽管这在今天看来，已经是陈腔滥调。但是在公关行业刚刚开始兴起的时候，这却是革命性的主张'"[②]。既然《掌控舆论》是公共关系学的基石，就从伯纳斯在这本书中对公共关系的理解开始，观察其近百年来内涵的不断丰富、发展。

应该注意到，在1923年《掌控舆论》出版之前，"公共关系"这个

---

① [美]卡特里普等:《公共关系教程》，明安香译，北京：华夏出版社，2001年，第101页。

② [美]赖瑞·泰伊:《公关之父伯纳斯：影响民意的人》，刘体中译，海口：海南出版社，2003年，第128页。

词语已经在美国社会产生并长期流行。有资料称:"伦敦公共关系学院院长R.A. 佩吉特—库克认为是美国的第三任总统托马斯·杰斐逊在1802年于国会发表的一项声明中,用'公共关系'这个词替代了'精神状态'这个词。"①也有学者认为,"从文献中查阅,1807年公开出版的《韦氏新九版大学词典》,最早收录英文'公共关系'一词"②。联系18世纪北美洲大陆开发中的一些宣传鼓动活动,特别是18世纪后期美国独立运动中资产阶级革命家的宣传活动,基本可以判定,公共关系作为一种新的观念和组织社会力量的方法,成为一个专门的职业,进而发展为一个学科,经历了数百年历史。早期的公共关系的基本含义就是宣传,在资产阶级拓荒者和革命家那里,就是凝聚人们的力量指向一个期望的目标。如果说资产阶级政党在运用这种方法时由于政治理想的约束,还能够顾及人权、平等、公众利益等价值立场,那么,工商企业初始运用这种方法的时候,就有些唯利是图、不择手段了。比如,巴纳姆为增加马戏团演出的票房收入而利用报纸编造的种种神话,具有明显的虚假宣传性。

　　人类的伟大在于能够纠正自己的错误。公共关系的发展历程也显示了这一规律。当公共关系发展到20世纪初,已经是比较成熟的职业,产生了大量专业人员。比如,艾维·李在1903年开办了宣传顾问事务所,公开对外营业,成为专门的公关职业人。1907年,美国国会成立了美国公众咨询委员会,乔治·克里尔任第一任主席;其宗旨是通过宣传和国际公共关系活动,保障民主世界的安全。1908年,美国电话电报公司设立公共关系部,新闻关系专家韦尔任第一任经

---

① [法]让·肖默利、德尼·于斯曼等:《公共关系》,侯健译,冯韵文校,北京:商务印书馆,1996 年,第 5 页。

② 赵宏中主编,《公共关系学》(第三版),武汉:武汉理工大学出版社,2006 年,第 13 页。

理,开始运用公共关系广告为企业树立形象。1913年,爱德华·伯纳斯任福特汽车公司公共关系经理。当全社会各行各业都懂得开展公共关系的时候,作为一个职业,完善自身的行为就成了顺理成章的事情,一些公关职业人自觉承担起了规范行业行为的责任。1906年,艾维·李在报界发表了《原则宣言》,提出"凡是有益于公众的事务必有益于企业和组织"的信条,认为"公众应该被告知",只有在宣传中讲真话,把事实真情告诉公众,公司或组织才能获得信誉。这可以看作是对早期公共关系宣传鼓动内涵的道德规范,既是时代精神的体现,也是职业发展的内在规律要求。所以,尽管艾维·李和爱德华·伯纳斯这一代人依然十分娴熟地运用着宣传的技巧,但是,他们显然比前人更富有职业的理性和智慧,时刻不忘公众,并在实践中善于把公众的利益和组织利益巧妙结合——至少在宣传上比较成功地创造了一种良好的结合状态,使舆论显示出社会的和谐、友善、合作、共赢状态。正如伯纳斯在文章中所说:"'宣传'和'教育'的唯一差别,就是观念之差而已。提倡我们所相信的事情就是教育,而提倡我们所不相信的事情就是宣传。他也不在乎别人称他为操纵者,因为那正是他定义中的公共关系顾问该做的事情,也就是将客户的个人利益与社会群体的公众利益加以混合。"①可见,公共关系发展到20世纪初期,完全纠正了企业公共关系的纯技术的宣传鼓动含义,开始植入政府公共关系的公众利益观念。这个时期公共关系所说的公众,就是指社会大众,所谓"维护公众利益",就是一种政治理念,也即资产阶级价值观。因此,可以下结论说,人们对公共关系的职业认识不断发展,理性的总结足以支撑形成一个学科的时候,其内涵

---

① [美]赖瑞·泰伊:《公关之父伯纳斯:影响民意的人》,刘体中译,海口:海南出版社,2003年,第127页。

的精神层面和技术层面才完全统一。也就是说，它在产生的时候所遗传的人类特定历史时期的时代精神，最终纠正了它作为一种技术被资本操纵的危险私利化倾向，使其在各个领域的实践有了统一的价值标准。在这个意义上看公共关系的发展，它简直就是资本主义社会共同价值体系构建的手段，推动了美国社会的自我完善。

总之，公共关系学诞生以后，公共关系的含义比以往有了更明确的道德理性。正如伯纳斯在1928年出版的《宣传术》一书中所论，他提出了公共关系从业人员的道德守则。主张公关人员应该"拒绝他认为不诚实的客户，他认为有欺瞒嫌疑的商品，或是他认为是反社会的目标。同样地，一场公关宣传，是透过所有引发大众公意的途径，把个别客户生意的本质生动并真实地解释，让大家了解"①。

如果说维护公众利益在18世纪美国的资产阶级革命家那里是一种政治追求，那么，当它伴随着宣传、鼓动的社会活动模式，在20世纪初期成为公共关系职业的基本信条，它在规范公共关系职业健康发展的同时，实际上也已经使公共关系成为调节社会利益的良方。从当年被叫作新闻代理人或公关顾问的大量实践来看，特别是他们在"揭丑运动"中受财团们聘用所做的卓有成效的化解危机、重树企业社会声誉的公共关系实践，显示了公共关系新的生命力。也就是说，公共关系发展到20世纪初期，在职业化和学科化日趋成熟的同时，具备了更加丰富的内涵，显示了多方面的社会功能。著名的公关学者斯各特·卡特里普(Scott M. Cutlip)认为，"注重社会责任的公共关系主要包括以下正面因素：①公共关系通过整理和推行符合职业道德的行为与操作标准，从而改善专业的实践。②公共关系通

---

① [美]赖瑞·泰伊：《公关之父伯纳斯：影响民意的人》，刘体中译，海口：海南出版社，2003年，第129页。

过强调得到公众认可的必要性,来改善组织的行为。③公共关系通过使得各种观点能够在公共论坛中得到充分表达,来服务于公共利益。④公共关系通过运用传播和中介,以信息取代误传、以和谐取代分歧,服务于我们这个细分的、分散的社会。⑤公共关系通过帮助社会系统适应不断变化的需要和环境,从而促进人类幸福,实现它的社会责任"①。分析卡特里普概括的这五个因素,在20世纪初期公共关系学初具形态的时候,它们都已经是公共关系实践的功能。可见,公共关系的内涵此时已发展得相当丰富。"第一个因素"可以概括为"行为规范"。公共关系作为一个职业,能够自觉规范自身行为;当它运用于任何社会组织时,自然也能够发挥规范组织行为的作用。这不仅表现在职业道德规范和在维护公众利益过程中的自我行为调节方面,也表现在品牌建设和品牌管理方面。这是后来的学者从管理学的角度界定公共关系的依据之一。"第二个因素"可以概括为"协调关系",就是在组织与公众之间通过充分的传播沟通或其他公共关系活动,使组织在了解公众需求、愿望的基础上,通过改善自身行为获得公众认可。这是后来的学者从社会学的角度界定公共关系的依据之一。"第三个因素"和"第四个因素"可以概括为"传播沟通",主要运用于政府公共关系。企业运用传播沟通职能侧重于劝服、诱导和树立形象。这也是一些学者从传播学的角度理解公共关系的依据之一。"第五个因素"可以概括为"咨询决策",就是在信息管理、预测趋势的基础上,提供有价值的咨询服务,包括对危机问题的处理;本质上,这也是一种管理职能。

　　可见,公共关系作为组织的一种独特管理职能,已经具备了"规

---

① [美]卡特里普等:《公共关系教程》,明安香译,北京:华夏出版社,2001年,第122页。

范行为""协调关系""传播沟通""咨询决策"等多方面的内涵。

二、公共关系重要定义分析与含义界定

(一)国外公共关系重要定义分析

1.艾维·李的观点

理论界一般把艾维·李1906年发表的《原则宣言》作为最早的公共关系理论总结文献,他在《原则宣言》中指出:"我们的责任,是代表企业单位及公众组织,就公众关心并与公众利益相关的问题,向报界和公众提供迅速而真实的消息。"[①]这可以看作是公共关系最早的定义。它指明了公共关系的行为主体是"企业单位及公众组织",实践内容是"消息传播";同时强调了传播的效率和社会效益。这显然是艾维·李1903年开办宣传顾问所后在实践基础上的理论总结,基本概括了美国当时公共关系职业的情况。

2.爱德华·伯纳斯的理论

爱德华·伯纳斯被尊称为美国公关理论的鼻祖。在第一次世界大战之前,他从事过新闻代理工作,从宣传文艺作品起家,做过演艺界的经纪人,也曾活跃在政界,参与政府的宣传活动,为一些政客做竞选策划、咨询等工作。特别是在第一次世界大战期间,他参与了很多政府的国际公共关系项目。爱德华·伯纳斯不仅是一个卓有成效的公关实践家,更是一位勤于写作的人。1923年,他出版了《掌控舆论》,首次提出"公共关系顾问"这一新的职业角色,并对其作了界定,认为"公共关系顾问的角色,是'对客户提出忠告,让他们了解如何透过公共关系来获取正面结果,避免落入不幸或是不利的情况'。"1928年,他又出版《宣传术》一书,对公关从业人员的职业道德

---

① 薛可、余明阳:《公共关系学:战略、管理与传播》,北京:科学出版社,2010年,第41页。

信条做了阐释。他在该书中告诫公关人员"应该在工作方面公正坦率。我要重申公关的工作并不是愚弄或哄骗大众……当他送出宣传材料时,这些宣传素材都应该很明显地列出来源"①。特别是1925年他出版《公共关系》(Public Relations)著作,追溯了公关业的历史,结合案例说明了以往谈过的一些公关主题。他在该书中谈到企业公共关系,认为:"企业应该让大家知道,它所关切的不仅是生产、市场和利润,同时也包括人权和志向","只有不断在最可能的情形下,延续上述的这种过程,再经由所有美国企业自发性的采取这种行动,我们才能在美国生活方式的范围里拥有自由与安全,以及达到经济稳定增长的目标"②。可见,公共关系看似一个新兴的职业,其能否蓬勃发展,却显示了一个社会的整体的良知状态和价值基础,也传达出一个社会在行为上的自我约束和自我完善水平。

伯纳斯在1955年又出版了一本名为《赞同设计》(Engineering of Consent)的书,其中对公共关系工作一般程序的总结,被称为"公关宣传八大重点公式",具体包括:决定目标;进行研究;依据研究结果修改目标;制定策略;建立主题、象征符号及诉求;创立一个组织来执行策略;决定时机和战略;将计划付诸行动。这种对公关实践的步骤概括显然有助于提升实践的质量,属于对公共关系职业技能的理论总结,当然也是公共关系学的重要内容。

爱德华·伯纳斯的观点总体上与艾维·李一致,主要强调公共关系的职业道德建设,也就是强调公共关系宣传要注重公众利益,要有社会责任感。他们基本是从传播沟通、协调利益的角度界定公共

① ［美］赖瑞·泰伊:《公关之父伯纳斯:影响民意的人》,刘体中译,海口:海南出版社,2003年,第140–141页。

② 同上,第131页。

关系。这和早期的单向的宣传、说服诱导、舆论制造等方式的公共关系比较,在强调社会责任的同时,注重了多方利益的协调,因而使公共关系活动模式就信息的流动来看,变成了双向互动模式。

3.哈伍德·L.蔡尔兹的总结

哈伍德·L.蔡尔兹(Harwood L. Child)是耶鲁大学的教授,也是《舆论学季刊》创始人,他"在20世纪30年代后期引入了一个更先进的概念。与通常的认识大相径庭,蔡尔兹得出的结论是,公共关系的本质'不是某种观点的陈述,不是调和心理态度的艺术,也不是发展热诚而且有利可图的关系'。与此相反,他说,其基本机能是:'按照公共利益协调或者调整在我们个人和企业行为中那些有着社会意义的方面。'简而言之,蔡尔兹认为公共关系的功能是帮助组织适应他们的环境,这是一种多年以后又作为当代思维的一部分而重新出现的公共关系概念"①。我们把卡特里普的观点引用过来,并不表示完全赞同他的结论,只是为了观察公共关系理论建设的一种情形。蔡尔兹作为大学教授,对公共关系的界定并无创新,甚至可以看作只是把伯纳斯总结的"公关传播八大公式"中的"依据研究结果修改目标"的功能做了具体、明确的阐释。但是,他同时否定了公共关系的"观点陈述""调和心理态度""发展利益关系"等功能,明显脱离了公共关系实践的历史和现实,存在以偏概全的错误。公共关系的内涵是丰富多样的,不应"窥一斑而略全豹"。但是,蔡尔兹的定义也有一个重要的动向,就是对公共关系的理解完全跳出了"宣传"的视野,在突出"公众利益"的前提下,强调了"个体或组织"行为的协调和调整,从理论界定上推动了公共关系向管理的方向发展。

---

① [美]卡特里普等:《公共关系教程》,明安香译,北京:华夏出版社,2001年,第5页。

4.雷克斯·F.哈洛博士的总结

雷克斯·F.哈洛博士是美国老资格的公共关系学者和专业领导者，他收集了从20世纪初期到1976年之间所写的472个公共关系定义,确定了每个定义里的主要因素,并把核心的概念进行了分类,提出了一个既包括概念性又包括可操作性要素的定义:"公共关系是一种特殊的管理功能,它能够帮助建立和维护一个组织与其各类公众之间传播、理解、接受和合作的相互关系;参与问题或事件的管理;帮助管理层及时了解舆论并做出反应;界定和强调管理层服务于公共利益的责任;帮助管理层及时了解和有效地利用变化,以便作为一个早期警报系统帮助预料发展趋势;并且利用研究和健全的、符合职业道德的传播作为其主要手段。"[①]

同样在1976年,《韦伯斯特二十世纪新辞典》(1976年版)的定义:公共关系是"通过宣传与一般公众建立的关系;是公司、组织或军事机构向公众报告它的活动、政策等情况,企图建立有利的公众舆论的职能"[②]。可见,理论界关于公共关系是什么在认识上一直有分歧。哈洛把公共关系看作是"一种特殊的管理功能"时,有些词典仍然把它表述为"宣传手段"。

5.美国公共关系学会的陈述

1982年11月,美国公共关系学会对公共关系作了较全面、细致的阐释。这种对公共关系的解释类似于我国的职业鉴定性质的描述。美国公共关系学会认为:

公共关系通过在团体和机构中提供相互理解,帮助我们这个复杂、多元的社会去更有效地作出决定和发挥作用。它的服务使得私

---

① [美]卡特里普等:《公共关系教程》,明安香译,北京:华夏出版社,2001年,第5页。

② 居延安:《公共关系学》,上海:复旦大学出版社,1989年,第4页。

营的和公共的政策臻于和谐。

公共关系服务于社会中类型广泛的各种机构,诸如商业、工会、政府机关、志愿者协会、基金会、医院、学校、学院和宗教机构等。为了实现他们的目标,这些机构必须同很多不同的受众或者公众发展有效的相互关系,诸如雇员、会员、顾客、地方社区、股东和其他机构,以及整个社会。

为了实现机构的目标,机构的管理层需要理解他们的各类公众的态度和价值观。目标自身是受外部环境的影响形成的。公共关系从业人员是作为管理层的顾问和协调者而开展工作的,帮助将私营的目标转换成为合理的、公开可以接受的政策和行动。

作为一种管理功能,公共关系包括以下内容:

预测、分析和解释舆论、态度和事件,不管是好是坏,它们很可能影响到这个组织和计划的运作。

凡属涉及政策决定、行动过程和传播等问题,都要在这个组织里的各个层次向管理层提供咨询,要充分考虑到它们可能产生的公共派生影响和这个组织的社会或公民责任。

在持之以恒的基础上,调查、实施和评估行动与传播方案,以赢得拥有充分信息的公众的理解,这是一个组织的目标取得成功的需要。这里面可以包括市场营销、金融、资金筹集、雇员、社区或政府关系以及其他方案。

计划和实施组织的各种努力,以影响或者改变公共政策。

确定目标、制定计划、编制预算、招聘和培训职员、发展设施——简而言之,管理实行上述内容所必需的所有资源。

在公共关系的职业实践中,必不可少的知识也许包括传播艺术、心理学、社会心理学、社会学、政治学、经济学和管理原则以及职业道德规范等。必不可少的技术性知识和技能包括舆论研究、公共问题的分析、媒介关系、直接邮寄、企业信誉广告、出版物、电影、录像制作、专项活动、讲演和报告等。

在帮助界定和实施政策的过程中,公共关系从业人员运用各种专业传播技能,不仅在这个组织的内部,而且在这个组织和外部环境之间扮演着一个一体化的角色。

美国公共关系学会在20世纪80年代对公共关系所作的上述陈述表明,公共关系在美国社会已经成为一种被各类社会机构普遍运用的管理职能。

6.斯各特·卡特里普等人的定义

1952年,美国的斯各特·卡特里普、阿伦·森特和格伦·布鲁姆三位公关专家合著出版了《有效公共关系》一书。这本书在1958年、1964年、1978年、1982年、1985年、1994年、2000年多次再版,长期以来在世界范围内被认为是公共关系研究的权威著作。该书在归纳了众多公关定义所包含的共同内容后,得出了一个理论上的定义:"公共关系是这样一种管理功能,它建立并维护一个组织和决定其成败的各类公众之间的互利互惠关系。"[①]

这个定义与雷克斯·F.哈洛博士的定义基本精神是一致的,就是把公共关系定位为"一种管理功能",只是在表述上更简化。

7.法国学者路易·萨勒隆的定义

第二次世界大战后,公共关系学迅速传到欧洲一些重要的资本主义国家,并引起了这些国家学者的研究。法国学者路易·萨勒隆在他出版的一本很薄的著作《公共关系》中对公共关系界定如下:"公共关系是企业为了在自己的员工内部,在与之交往的各阶层中,而通常是在公众中,建立一种信任气氛所采取的手段总和,其目的

---

① [美]卡特里普等:《公共关系教程》,明安香译,北京:华夏出版社,2001年,第7页。

在于获得他们的支持并促进业务的发展。目的达到后,企业便成为产生于一种正直和实事求是气氛中的经济活动的社会关系的和谐整体。"①

路易·萨勒隆的定义基本上可以看作是企业公共关系的定义。这个定义比较清晰地划分了公共关系的内部公众和外部公众。

8.《不列颠百科全书》的定义

1981年出版的《不列颠百科全书》将公共关系定义为:旨在传递有关人、公司、政府机构或其他组织的信息,并改善公众对于其态度的种种政策或行动。

这个定义比较典型地代表了早期的"传播论"的观念。英国有个学者叫弗兰克·杰弗金斯,颇受中国学者关注,他也是从传播的角度界定公共关系的。他认为:"公共关系就是一个组织为了达到与它的公众之间相互了解的确定目标,而有计划地采用一切向内和向外的传播方式的总和。"②

(二)国内公共关系重要定义分析

1. 20世纪80年代中国学者对公共关系的界定

20世纪80年代,随着改革开放的不断深入发展,公共关系实践在中国大陆社会迅速兴起,理论研究也因此诞生。许多学者从不同角度对公共关系的含义进行了概括。例如:王乐夫等在1986年版的《公共关系学》中认为:"公共关系是一种内求团结、外求发展的经营管理艺术。"明安香在1986年版的《公共关系——塑造形象的艺术》中认为:"公共关系是用传播手段塑造组织自身良好形象的艺术。"

---

① [法]让·肖默利、德尼·于斯曼等:《公共关系》,侯健译,冯韵文校,北京:商务印书馆,1996年,第17-18页。

② 李健荣、王克智:《现代公关理论与实践》,北京:高等教育出版社,1997年,第2-3页。

毛经权在1987年版的《公共关系学》中认为:"公共关系是一个组织运用各种传播手段,在组织与社会公众之间建立相互了解和信赖的关系,并通过双向的信息交流,在社会公众中树立起良好的形象和声誉,以取得理解、支持和合作,从而有利于促进组织本身目标的实现。"居延安在1987年版的《公共关系导论》中认为:"公共关系是一个社会组织用传播的手段使自己与公众相互了解和相互适应的一种活动或职能。"方宪玕在1989年版的《公共关系学教程》(修订本)中认为:"公共关系是一个组织为在社会公众中塑造形象、沟通信息而采取的一种持久的策略行动。"

从20世纪80年代中国学者所表述的这几个定义来看,中国学界在引进公共关系学的时候,思想是自由的,各抒己见。由于认识上的差别,对同一个事物的表述各有侧重点。这当然也跟公共关系在美国产生发展过程中就具有丰富的内涵有关。不过,仔细分析这几个定义,与海外学者当年已经取得的研究成果相比较,其阐释的片面性十分明显。中国大陆公关学界在改革开放初期的80年代,基本上把公共关系看成了一种传播沟通技术或"策略行动",至少是大都认为公共关系在方法上只是"用传播的手段"。这种片面理解公共关系性质的局限性在80年代中国大陆的公关实践上也表现得十分明显。不过,从这几个代表性定义中也应该能看到中国学者对公共关系的本土文化倾向改造,比如"形象"观念、"信誉"思想、管理艺术(即创造性的实践)这类表述,特色鲜明。其中,"形象"和"信誉"似乎可以等同于西方学者的"公众利益",但毕竟缺少了公共关系在美国产生时标举维护公众利益的那种直截了当的语义明确性。而且,"形象"和"信誉"如果仅仅是注意到用传播手段去营造,忽视了需要通过维护公众利益、进而调整、规范自身行为这一方面,包括对尊重人权、维护社会公平和正义这些价值观的自觉追求,其结果可能不只是文化或语义表述上的差异,也很容易简单地把公共关系转化成为一种欺世盗名的宣传术。这应该不是一个简单的学术译介过程中的认识问题,有深层的社会历史背景差别因素。联系中国社会演进的历史,的确需要一场更加深广的公共关系运动,以更加明确的态度和信仰,把维护公众利益、维护社会公平和正义,尊重人权等现代社会的一些进步的价值观念深植于社会,使之成为规范社会行为的基本价值标准。因此,公共关系学科的建设意义重大。

这种理论起点上的偏差需要深刻反思。考察中国学者给出的大量公关定义,包括20世纪90年代的定义,少有提到"公众利益"这个字眼的。大概"树立优秀形象""讲信誉"就是"维护公众利益",或者说,要想"树立良好形象"成为"讲信誉者",就得维护公众利益,不维护公众利益是根本不可能有良好形象的。应该说中国学者们的这种创造性表述也有独到之处,但总感觉缺少一种哲学层面的、价值观层面的明确阐释,说到底,就是缺少资产阶级革命家们标举的那种显示工商业社会时代精神的理念,诸如人权、平等、自由、维护公众利益、公平、正义等。应该恰恰是这种理论阐释的局限性,导致中国人忽视了公共关系本质的东西。毕竟"树立良好形象"和"讲信誉"只是一种以自我为中心的追求目标或行为准则,而维护公众利益、尊重人权、追求公平正义则是一种价值观念,具有更加积极主动的关系调节姿态,特别是具有内涵明确的时代精神。如此说来,还得回到五四新文化运动。也即是说,五四新文化运动还不够彻底,持续的时间不长就被救亡图存文化整合、改造,其结果就社会心理而言,阻碍了中国人心智的现代化进程。这一点表现在公共关系理论认识能力上,就是在本土化建设的过程中轻而易举地就忽视了公共关系本质的规定性——时代精神。这一点事实上已经在实践领域表现了出来,甚至可以说在社会治理的各个层面都留下了问题。正是基于这一点认识,我主张在中国开展更深广的公共关系运动。

2. 20世纪90年代中国学者对公共关系的界定

20世纪90年代,我国公关学界的著述中,公共关系的定义表述开始发生一些变化。方宪玕在1991年版的《公共关系学教程》(第三版)中认为:"公共关系是一个组织为了塑造良好形象,以传播沟通为手段,对公众采取的一种持久的策略行动。"这个定义与方宪玕以前的定义比较,可以清楚地看到中国学者对公共关系认识上的变化。"形象管理"在这个定义中被强调了出来,而不是像他在80年代的定义中那样,"塑造形象"和"沟通信息"并列为公关目标。据此可以说,中国学者开始意识到公共关系作为一种独特的管理职能,管理的内容究竟是什么,他们在理论上尝试着构筑新的落脚点。尽管方宪玕1991年版的《公共关系学教程》(第三版)在体例上并没有确立出这种思路,在定义上甚至退回到了"以传播沟通为手段"的单一功能认识水平,但是,有得有失,他的思考对中国公共关系学"形象管理论"的发展是有价值的。

王金平等在1992年出版的《公共关系概论》中认为:"公共关系是一个社会组织在运行中,为使自己与公众相互了解、相互合作而进行的信息传播活动和采取的自觉的、有目的、有计划的行动。"这个定义超越"传播沟通论"的意图十分明显,基本上把公共关系看作为社会组织的特殊管理行为。

霍洪喜等在1994年出版的《公司公共关系》中认为:公共关系"通过长期有效的管理和双向信息沟通,使公司与目标公众建立相互理解、信任和支持的融洽关系,增强公司内部凝聚力和公司对外部公众的吸引力,塑造良好的社会形象,以求公司与社会公众的双方利益得以实现"。这个定义虽然是专门从企业的角度界定公共关系,但是,注意到了公共关系多方面的功能。

李健荣等在1997年出版的《现代公关理论与实践》中认为："公共关系是组织为加强同公众的联系而坚持诚信互利，协调沟通，塑造形象的现代管理职能。"这个定义也是把公共关系界定为管理职能，同时注意到了公共关系管理职能的丰富性。

可见，20世纪90年代，中国公关学界的认识正在逐渐统一，基本上认为公共关系是一种管理职能，并在此基础上出现了"形象管理"的理论构筑意图。这应该是明显的理论认识进步，超越了80年代的"传播沟通论"。其实，早在1986年，台湾学者崔宝瑛等在一本叫作《实用公共关系学》的译著序言中写道："要解决公共关系实际问题，首先必须辨认哪些是公共关系问题？其次，这些问题决定如何解决？采取何种策略？传播不过是其中的一小部分。因此，公共关系的视野已扩充到社会行为科学及管理科学的领域。这是基于事实上的需要，而不是根据理论上的推论。"[①]美国公关界元老爱德华·伯纳斯在"年界百岁高龄"接受记者采访时也谈道："应该强调社会科学与公共关系的联系。不幸的是，有些学院只教授传播学。公共关系基本上不是传播学。更确切地说，它是一门应用社会科学，根据这门社会科学，公关从业人员就客户和顾主的态度或行为提出忠告，以便赢得公众的支持。换句话说，优秀的公关从业人员首先提出忠告，然后执行这些忠告。行动胜于言辞，而行动不会说谎。我相信，公共关系并不是向传播媒介送交文章或新闻报道。精明的公关从业人员应该从事研究，以便仔细地观察各种态度。"[②]这种认识上的变化表现在中国大陆多位学者的著述中。例如，居延安在1987年版的《公共关系导论》中认为："公共关系是一个社会组织用传播的手段使自己与公众

---

① 崔宝瑛、张在山、钟荣凯：《实用公共关系学》（大学用书），台北：世界书局，1987年5月再版，见"序言"。
② 郭惠民：《当代国际公共关系》，上海：复旦大学出版社，1995年，第4页。

相互了解和相互适应的一种活动或职能。"到了1989年11月，他在《公共关系学》一书中，把公关定义重新表述为："公共关系是一个社会组织在运行中，为使自己与公众相互了解、相互合作而进行的传播活动和采取的行为规范。"①这两个定义的最明显的变化是后一个定义中加入了"行为规范"。这表明中国大陆学者已开始觉悟到公共关系不是只用传播手段来实现目标，它也发挥着内部管理的职能。再比如1991年汪秀英出版的《公共关系学原理与应用》一书把公关的定义表述为："公共关系是一个社会组织的管理职能和传播活动。社会组织通过有效的管理，旨在谋求组织内部的凝聚力与组织对外部公众的吸引力；通过双向的信息沟通，旨在争取社会公众的谅解、支持与爱戴，谋求组织与公众的双方利益得以实现。"②

　　这些事例足以说明，到了20世纪90年代，中国学者对公共关系内涵的理解既有统一，也有拓展。统一方面，就是越来越多的学者更加明确地强调公共关系的"管理职能"；拓展方面，就是比原来比较单一的传播沟通手段又增加了一些内涵，拓展出了"形象管理"、"利益协调"、"行为规范"等内涵。从中国学者的这种对公共关系定义表述的变化，可以看出公共关系经过改革开放后20多年的引进、消化、发展，在我国公关学界已臻于成熟。

　　3.21世纪以来中国学者对公共关系的界定

　　21世纪以来，在经济全球化浪潮的推动下，我国市场经济建设不断深化，高等教育的发展突飞猛进，公共关系从实践到理论都有较大发展。就本章讨论的理论认识问题来看，首先是国内的公关学者迅猛增加，这基本是得益于高等教育的大规模扩张发展；由于从

---

① 居延安：《公共关系学》，上海：复旦大学出版社，1989年，第9页。
② 汪秀英：《公共关系学原理与应用》，北京：中国商业出版社，1991年，第11页。

事理论工作的人员大量增加,在学术自由的背景下,也可能是评职称和科研考核任务的功利目的催动下,公共关系理论著述出现井喷现象。有一个"2006—2010年公关方面著作出版物一览"①统计表,列举出151本著作,我粗略分析了一下,扣除其中列举的类似于《商务谈判与沟通技巧》(第二版)《整合营销》《新编现代市场营销策略与技巧》《品牌扩张:路径与传播》《办公文案实务训练》《赢合谈判:让成交在谈判开始前结束》《商场关系学》《客户关系管理》这些在公关理论边缘的著述,其他出版物都带有"公共关系"或"公关"字眼,可列为"正宗",也有143本之多。也就是说,短短5年内,共出版了143本公共关系理论或实务的著作,可能还不是完全的统计。这种状况应该算相当繁荣,至少可以说很热闹。但是,"量"的繁荣是否意味着"质"的跨越?有待细致分析。囿于阅读量,在此只能抽取一些著作的公共关系定义,在比较分析中阐述问题。

魏中龙在2000年2月主编出版了《公共关系学》,该书是北京商学院的教材,认为"公共关系是社会组织为了塑造组织形象,通过传播沟通手段来影响公众的科学与艺术"②。这个定义延续了中国学人对公共关系理论的本土化倾向,突出了"塑造组织形象"的功能,同时,也继承了1978年8月在墨西哥城召开的世界公共关系协会大会上对公共关系含义界定表述的 "公共关系是一门艺术和社会科学"的内容。国际会议的这个定义被许多中国学者的著述所关注,然而,就其所表达的"公共关系是一门艺术和社会科学"这个观点来看,其实根本不能够说清楚什么是公共关系。更严重的是,这种表述存在

---

① 吴友富:《中国公共关系发展报告(2006—2010)》,上海:上海外语教育出版社,2012 年,第 187–195 页。

② 魏中龙:《公共关系学》,北京:经济科学出版社,2000 年,第 6 页。

混淆"公共关系"和"公共关系学"的错误。国内的确也有不少学者犯有这个错误。比如,李健荣等1997年5月出版的《现代公关理论与实践》在讨论公共关系的基本内涵时,认为"公共关系的概念有多方面的理解,一般讲它有五个层面",包括"公共关系是一种状态;公共关系是一种活动;公共关系是一种意识;公共关系是一种职业;公共关系学是一门科学"[①]。这种论述明显存在着直接偷换"公共关系"和"公共关系学"两个概念的错误。而且,这种认识问题的逻辑其实是毫无道理的,完全忽视了公共关系作为一个社会事物,应该回到它产生、发展的社会历史中去理解其含义;而不是直接地望文生义,或者作一种毫无意义的、大而不当的概括。试想一下,所谓"五个层面",对理解公共关系的含义有何帮助呢?它说清楚公共关系是什么了吗?遗憾的是,如此所谓学问,在21世纪的一些中国学者的著述中仍有流传。比如,周安华等在2004年出版的"21世纪工商管理系列教材"《公共关系——理论、实务与技巧》中,也是从"五个层次"认识公共关系的含义的,只不过在论述时,把五个内容的顺序做了调整。如此说来,时代前进了,人们的认识水平未必能够与时俱进。类似的理解公共关系的观点在20世纪80年代的著述中也有,比如方宪珩在1989年出版的《公共关系学教程》中认为:"公共关系这个词有两个不同的概念。一个概念是指一种客观存在的状态。……一个概念是指一个组织为了达到某种明确的目标,自觉地、有计划地去从事的公共关系活动。"[②]

其实,早期的公共关系就是宣传鼓动,后来演化出行为规范、强

① 李健荣、王克智:《现代公关理论与实践》,北京:高等教育出版社,1997年,第3页。

② 方宪珩:《公共关系学教程》(修订本),杭州:浙江大学出版社,1989年,第11页。

调信息双向流动的传播沟通,以及协调关系、咨询决策等多种内涵,因此,可以说公共关系的内涵是丰富的、多样化的;但是,这并不等于说它一会儿是关系状态,一会儿是意识,一会儿又成了活动,一会儿又是职业或学科。说到底,公共关系始终都是一种管理职能,宣传鼓动本质上也是管理。因此,它始终都是一种社会活动。既然公共关系是社会活动,作为一种实践,强调其创造性、创新性,美其名为艺术是可以的,这里的"艺术"特指富有创造性的方式、方法。但是,"科学"一般是指反映客观规律的知识体系,只能与"公共关系学"对应。

尽管"科学与艺术论"存在明显逻辑漏洞,混淆了"公共关系"与"公共关系学",国内却有学者推举这种界定思路。赵宏中主编的《公共关系学》(第三版)可为例证。该书认为:"虽然公共关系的定义有多种表述,但我们认为较为准确而又简明的定义为:公共关系是社会组织为了塑造组织形象,通过传播、沟通手段来影响公众的科学与艺术。"①

21世纪以来的中国公关学界,一方面存在大量复制现象,包括毫无创建的抄袭、整理、改造等所谓"低水平重复建设"②和翻译外国著述两种情况;另一方面,也有新的探索和突破,也存在对现状不满的声音和质疑已有理论成果的思考。比如,张克非2001年6月出版的《公共关系学》写道:"90年代中期以后,国内公共关系界的滑坡,也从一个方面暴露出以往公共关系理论存在的缺陷。因此,联系实际,重新认识和探讨公共关系的性质、功能与定义,仍然是非常必要的。最近,有学者在进行了认真的分析、比较后,主张将公共关系界定为

---

① 赵宏中:《公共关系学》(第三版),武汉:武汉理工大学出版社,2006年,第4页。

② 白巍:《大众公共关系学》,北京:经济科学出版社,2002年,第15页。

'一种劝服形式的协调活动'。希望能有更多的人来关注和参与类似的理论争鸣与探讨活动。"①这段话至少表明有一些学者对公关理论建设的现状不满，期盼新的突破；但是，其本身并不具备解决问题的能力。就其对"国内公共关系界的滑坡"这个问题的成因判断来看，归因于"以往公共关系理论存在的缺陷"，这是很独到的判断。可惜的是，他并没有进一步指明"缺陷"是什么。其实，公共关系能否发展，对社会环境是有要求的。从它所含有的时代精神可以看出，它需要有相适应的社会大环境才能发挥应有的改造社会功能。中国学者之所以看不到公共关系的"时代精神"，表明它被引入中国后，在实践上丧失了原初的那种与生俱来的精神品质。缺少实践根基，理论上自然难有突破。再加上一些学者比较强烈的理论本土化建设冲动，甚至有十分自恋的排外情绪，最终造成中国公共关系学理论建设陷入停滞、迷茫的困境。该书在讨论公共关系的含义时，认为："经过长期的发展、演变，人们日常所说的'公共关系'已包含了四个方面的含义"②，即公众关系状态、公共关系活动、公共关系意识、公共关系学科。这同有些学者概括的所谓"五个层次"相比，看似有一些独立思考，但实际上深陷在一种错误的理论误区中。再比如，白巍在2002年8月出版的《大众公共关系学》，仅从书名看，该书的理论创新动机十分明显。这本书对一些流行的理论也的确有尖锐的批判，但是，有些批评能够站住脚，有些恰恰流露出中国学者在构建公共关系学理论体系时的思考能力局限。白巍有一个十分奇特的想法，认为："'公共关系'一词特指人际关系的一种类型，一个领域，是具有特定内涵的名词性词组，因此不能指称什么职业、行为活动，什么学科、观念意识。"①很显

---

① 张克非：《公共关系学》，北京：高等教育出版社，2001年6月，第32页。
② 同上书，第36页。

然,白巍注意到"公共关系"的内涵不能从"职业、行为活动、学科、观念"等这种所谓的多重内涵去认识,也即是说,他认识到了应该区别"公共关系"和"公共关系学";但是,同时留下新的"混乱",就是试图把公共关系归到人际关系中;主张"'人际关系'包含着'公共关系','公共关系'是'人际关系'的一个构成部分"②。众所周知,公共关系是一种社会组织的管理职能,而人际关系是指人与人的关系;人际关系可能成为公共关系的管理内容,也可能与公共关系毫无瓜葛。白巍的《大众公共关系学》中类似这样的既有一点合理性又轻易陷入逻辑混乱的批评或理论建设尝试,既显示了公关学界的成长状态,也表明了成长中存在的迷茫。比如,白巍一方面否定"国内某些专家学者们"所提的"类公关""准公关""史前公关"这种说法,反对"暗将美国'公关史'充做人类公关史的倾向",认为"公关有史,但极难作史。因为公关活动在人类社会领域的历史发展中无处不在,渗透融合于各民族史、各国家史、国际关系史、政治史、经济史、文化史、传播史……之中,很难单独成史。起码笔者不敢妄想,更不敢妄作。所以这本书没有单列章节说什么'公关史',只在绪论第一部分把现代公关的有关资料简略抄录了一下"③。且不说这段话写到后来已经变得多么武断,多么缺少科学研究问题的学术精神,单看其作者是如何"简略抄录""现代公关的有关资料"。该作者还是从美国公关史说起,认为"美国人的功绩,在于首先提出了'公共关系'(Public Relations)这一概念",然后列举了"美国公关的产生和发展历程"中一些标志性事件和人物,言其公关教育如何成熟,公关学术研究如何丰盛,公关产业化如何发达,然后又怎样向世界各地传播,包括向

---

① 白巍:《大众公共关系学》,北京:经济科学出版社,2002 年 8 月,第 45 页。

② 同上,第 44 页。

③ 同上书,第 21 页。

中国港澳台地区和大陆传播。白巍的论述到此已经陷入了矛盾。他本来是否定"公关史从美国开始"这一立论，但是他自己在叙述"现代公关史"的时候又无法不从美国开始。他本来是认为人类在遥远的古代就有成熟的公关，因此批判"类公关""准公关""史前公关"这种说法，但是，却又承认了"现代公关"这一提法；恰恰陷入了"类公关""准公关""史前公关"这种说法的逻辑陷阱中。正确的批判思路应该是不承认"公关是古老的事业"这一提法，认为"公关史就是从美国开始"，这样，"类公关""准公关""史前公关"的种种例证就都成了牵强附会。不唯此，就需证明公共关系自古就有，而不是说公共关系"很难单独成史"，进而拿"起码笔者不敢妄想，更不敢妄作"来搪塞，企图蒙混过关。白巍似乎也不是"企图蒙混过关"的人，他选择了一个十分难以说清楚的批判角度，认为："至于说'史前公关'论者的另一个'理由'：'那时的公共关系没有独立的思想体系'，本书将以充分的论据和论证分析，证明这是一个地道的妄断妄言。"①且看他如何证明。《大众公共关系学》第八章、第九章似乎就是证明，然而，很难说提供了"充分的论据和论证分析"。白巍认为："起码在父系氏族公社后期，尤其是部落联盟阶段，公共关系和本质意义上的公关活动已经出现，而且已经产生了职业性、职务化公关的萌芽。"②论据就是《尚书》第一篇《尧典》记载了传说中尧和舜治理社会的一些故事，认为尧和舜的所作所为，既有"内部公关"，又有"外部公关"；他们"在太庙行禅位典礼，到五岳行祭祀之礼和在器物上画五种刑罚之状以使人有所警诫，已经演变成今天最常见的公关行为活动方式"。然后列举了春秋战国时期涌现的"一大批""公关专家"，"如郑

---

①　白巍：《大众公共关系学》，北京：经济科学出版社，2002 年 8 月，第 21 页。

②　同上书，第 389 页。

庄公、齐桓公、晋文公、楚庄王、越王勾践、孙武、孙膑、管仲、鲍叔牙、孙叔敖……蔺相如、毛遂、冯驩、子贡等",进而认为"这标志着中国职业性公关的形成"①。白巍还在该书的第九章提出了《论语》是中国公关第一书的观点。

如果白巍的这些论证是成立的,人们不禁要问:为什么文明古国没有创造出"公共关系"这个词?白巍的回答是:"没有概念就没有概念所要反映和表征的客观事物吗?客观存在总是在前,而后才会有概念。许多门类的科学常先有研究对象、研究内容、研究过程和成果,后才有名称。"②即使这个回答有道理,人们可能也会继续疑问,中国这个文明古国形成公共关系概念的历程也太缓慢了吧?事实上,所谓的古代公共关系是根本不存在的。许多中国学者,包括一些美国学者,在讨论公共关系起点的时候,都忽视了其内涵中的时代精神,单纯地从技术层面上认识公共关系,这是症结所在。

关于如何界定公共关系的起点,我在2000年8月主编出版的《大学生公共关系理论与技能》中提出:公共关系是"在人类社会现代化的历史进程中"形成的。并在2002年7月主编出版的《公共关系管理学》中进一步论述了这一思想,认为:"公共关系是现代工商业社会的一种新兴职业,作为一种专门化的管理职能,它是在资本主义发展过程中孕育了几百年才逐步形成的,因此它的源头应该到资本主义发展过程中去寻找,这样才能够历史地完整地理解公共关系。单纯地从'社会关系'或'传播沟通'某一个角度认识公共关系,从而把公共关系活动变相地看成是社会关系活动或人类社会的传播沟通活动,这是许多论者错误地判断公共关系的起源,从而把公共关系

---

① 白巍:《大众公共关系学》,北京:经济科学出版社,2002年,第390页。
② 同上书,第18页。

的历史与人类社会的历史等同起来的真正原因。"①应该说,《公共关系管理学》一书的理论创新动机比较明显,从书名可以看出,意在管理学背景下阐释公共关系;特别是该书对2000年8月版的《大学生公共关系理论与技能》中提出的"公共关系源头确定"观点进行了稍详细的阐释,指明了公共关系史的研究起点。

可见,21世纪以来,中国学者关于公共关系的理论建设探索仍然在持续发展,尽管依然存在各种问题,但深化和提高的趋势也比较明显。比如,在公共关系专业建设和学科归属等问题方面,已经取得了深刻认识。正如一份调查资料所言:"统一公共关系学学科归属,对规范与促进公共关系学专业教育事业的发展具有重大意义,核心学术期刊空缺、师资力量分散的问题也会迎刃而解。关于公共关系学学科归属的讨论,学界从20世纪80年代末以来就不间断地进行并汇集成了三种主要观点:主张公共关系学科独立,以居延安教授为代表;主张归属于社会学,以费孝通教授为代表;主张归属于管理学,以徐美恒教授为代表;主张归属于传播学,以廖为建教授为代表。公共关系学作为一个跨学科新兴专业,具有显著的交叉学科特点,其中最主要的支撑学科是传播学和管理学。作为一种比较具有可操作意义的现实性思考,如今人们基本倾向于在公共管理和传播学中选择学科归属。从公共关系的职能来看,公共关系是价值性与工具性的统一、战略性与战术性的统一。所以,学科归属于公共管理,公共关系的职能就会侧重向战略和决策层面;学科归属于传播学,公共关系的职能就会侧重向战术和操作层面。从我国确定的学科层级来看,公共管理是一级学科,传播学是二级学科。公共关系学归属于公共管理,会成为一个二级学科;公共关系学归属于传播学,会成为一个研究方向,这

---

① 徐美恒、李明华:《公共关系管理学》,北京:中国人民公安大学出版社,2002年7月,第22页。

与公共关系行业在中国的发展现状和前景是不相称的。有鉴于此，我们主张公共关系学研究生学科宜同本科专业统一于公共管理，建议可授管理学、文学学位。国外经典公共关系定义基本上都把公共关系纳入管理学的范畴，如被誉为'公共关系圣经'的《公共关系教程》一书，就把公共关系定义为'一种管理功能'。中国内地有学者对1994—2003年10年间中国大陆发表的公共关系论文进行统计分析后指出：采用管理学理论视角的公共关系论文数量居于首位，采用传播学视角的论文最少。公共关系在其发展进程中，也日益呈现出战术性向战略性转变的趋势，英国桑德拉·奥利弗出版了《战略化公共关系》一书，直接宣称'公共关系是一种战略行动'。台湾张依依教授则预言'日后公关研究可能日趋形而上，高踞学术的殿堂，与技巧与实务脱钩'。在重视实务操作的业界，资深人士也提出了'让公关行业正本清源，回归原有的专业轨道上，而不仅仅是单纯的传播功能'的观点。显然，公共关系学归属公共管理学科更符合其内涵要求。同时，明确其可授管理学、文学学位，能够体现公共关系学这一交叉学科专业的特点和发挥不同学校强项学科的优势，并有助于培养复合型人才。"[1]

(三)对公共关系含义的界定

公共关系自产生以来数百多年间，在不同的发展阶段具有不同的内涵，逐步形成了一种独特的管理职能。在公共关系孕育和萌芽时期，它主要是一种宣传活动，用来组织社会舆论、引导民众力量；在19世纪末20世纪初的生长时期，公共关系在解决各种社会矛盾，协调政府、企业与公众的关系等方面发挥了良好的效用；20世纪中

---

① 杨晨：《全国高校公共关系学本科专业发展现状调研报告》，2011年9月，中国高等教育学会公共关系专业委员会网(http://2012.moban.siteserver.cn/gongguan/contents/Theoreticalstudy/2011-11-30-18-57-0-28814.htm)。

后期以来,公共关系作为一种成熟的管理艺术,在全球经济一体化的背景下,吸收和应用了大量新的社会科学理论和技能,成为企业品牌管理和市场营销的有力工具。

正是依据这样的发展历程,有关公共关系理论的总结形成了三种基本体系,即所谓"传播沟通论""社会关系论""管理职能论"。这三种理论体系并存显然是公共关系发展过程中理论总结的天然成果,这只能说明公共关系的职能是多元的,内涵也是不断发展丰富的。后来者研究公共关系,即不能各执所见,只取一端,也不能全然不顾历史,闭门造车,自创一套所谓新体系。我们主张贯通事物本身的历史,立足于现实运用,概括出公共关系的本质规定性。

从根本上说,公共关系在产生的时候就是一种管理观念与管理方式的结合体。维护公众利益是其核心思想,这个思想中包含了民主、科学、人权平等、自由、公平与正义等人类特定历史时期的时代精神。传播沟通、协调关系或是为了管理组织形象而开展的种种调查、咨询、策划项目等,最终都只能归结为一定社会组织的管理行为。公共关系是一种管理职能,这已是中外学界的共识或称主流观点。因此,人们常说的公共关系,实质上就是公共关系管理。在这样的认识条件下,我们给公共关系下一个定义:

所谓公共关系,是社会组织在维护公众利益这一信仰的引导下,为了有效推动组织身份建设,积极参与社会生活并实现自身价值,在传播沟通、协调关系、利用信息、咨询决策、管控危机、规范行为等方面实施的管理艺术。

这个定义确定出了公共关系的主体是社会组织,也就是说公关行为都是社会组织的行为,公共关系学是研究社会组织某种独特管理职能的社会科学。应该注意到,中外公关学界在谈到公关主体时,也有学者把个人确定为公关主体之一。也就是说,他们认为公关主体包括社会组织和个人。特别是近几年来,不断有学者撰文提出个人公共关系之说,并主张将其作为公共关系学的一个分支从理论上进行建设。这种主张显然与西方学者把私营企业主作为公关主体有根本不同。这是一种冒险的尝试,当然也值得探索。首先需要廓清所谓个人公共关系与人际关系的界线。其次涉及如何界定公共关系本身的问题。不论是"传播沟通说""关系协调说",还是"形象管理说""管理职能说",用来阐述所谓个人公共关系时,都将导致一种新型的"学问"即个人管理学诞生,而面对千千万万千差万别的人,是否能从理论上归纳出一种普遍适用性的可切实操作的"管理学问",它与人际关系学究竟区别在何处?这显然不是件容易事。其实,当个人需要搞公共关系而不是人际关系的时候,他背后往往隐藏着一个社会组织,或者影响着一个庞大的社会群体;他已经演变成了社会公众人物。

该定义把"维护公众利益"作为一种信仰标举出来,指明它是社会组织开展公共关系的基本动机和牢固基础。只有在这个信仰原则和基础上,公共关系才不至于沦落为沽名钓誉的技术或骗取利益的手段,也才能够保持人类社会发展到特定历史阶段形成的时代精神。

该定义指明了公共关系作为社会组织的一种独特管理职能,是"为了有效推动组织身份建设,积极参与社会生活并实现自身价值"。这种表述是对过去"以形象管理为中心"的说法的完善,虽然失去了过去的简洁,但语义更明确。形象管理是在维护公众利益基础上的一种特殊管理,区别于人事管理、财务管理、生产管理等。在中国文化背景下,"塑造形象""形象管理"是很容易被理解的,但是,又有学者说:"每当我向英美学者谈到中国公关涉及'形象'一词时,就会自然采用Image这个英文词,结果很是不得理解。实际上在中国现代社会的语言中，'形象'一词很常用，也较易被人接受，它似乎并不像英文Image，只有'外包装'的含义，它还有事物内在本质之外在表现之意。但不得不承认，在对外交流中'形象'一词确实容易产生歧义。"[①]其实，分析这段话可以看出，外国人不理解中国学者所谓的"形象"是十分有道理的。因为在翻译上出了错误。中国公关人讲的"形象"，是绝对不能译作Image的，较贴切的翻译词语应该是Identity，意为"身份"。为了表达的精确化，该定义提出"组织身份"这个概念，取代长期为中国学者喜爱的"组织形象"，指明"组织身份建设"和"积极参与社会生活并实现自身价值"是公共关系的基本目标。

该定义对公共关系的基本手段做了列举，主要包括传播沟通、协调关系、利用信息、咨询决策、管控危机、规范行为等。其中，"传播沟通"强调了组织与公众之间信息的双向流动。组织要向各类公众宣传自己，并能够通过有效的宣传与各类公众建立起和谐的关系，让公众了解组织、理解组织，形成合作态度；组织也要认识公众、研究公众，建立起一套有效反馈公众意向和真实、准确了解公众情况的信息管理系统，这样才能保证传播的有效性、目标性，真正实现沟通的目的，进而完成协调关系的职能。利用信息包括了采集信息、研究信息、分析趋势、把握规律，在此基础上开展咨询决策，发现问题，制定方案解决问题，进而完成危机管控。规范行为既是组织文化建设和组织身份建设的手段，也是基于维护公众利益的动机调节组织利益与公众利益，实现关系和谐的基本方法。"规范行为"强调公关主体的自我约束和自我完善，它是组织身份管理的基础性工作。

"管理艺术"强调公关行为追求一种富有创造性和卓越成果性的境界。公共关系工作特别强调创新，在战略层次上则要求社会组

---

① 郭惠民、廖为建、格鲁尼格：《关于公共关系学若干基本问题的国际对话》，《2000中国国际公共关系大会发言及论文选登》，第37页。

织的生存境界应不断有新突破、新发展。

第二节　公共关系的基本职能

公共关系的职能是指公共关系作为一种职业能发挥哪些作用，在具体的社会组织中，它的业务范围大致是什么。这方面，国家职业资格鉴定机构发布的《公共关系人员国家职业标准》已经基本指明了具体内容。公共关系的定义也从"传播沟通、协调关系、利用信息、咨询决策、管控危机、规范行为等方面"概括了它的主要职能。

公共关系的职能具有两个特点：一个是它的多样性，即它在多方面发挥作用，具有多方面的职能；另一个是有机性，其多种职能之间具有内在的联系，只有各方面的职能充分发挥作用，协调运作，才能产生综合的整体效果。

公共关系的职能是多方面的，概括起来，主要包括以下几个方面。

一、社会组织身份的策划与管理

公共关系是为了有效推动组织身份建设而开展的一系列管理活动，所谓组织身份，也就是人们常说的组织形象，按照国际上品牌管理的通行做法，社会组织的身份需要通过策划、经营管理、传播推广来逐步确立，还需要长期不懈地维护，以确保组织形象处于良好状态。不仅一个新创立的组织需要首先在形象定位上找准自己的位置，通过全方位的策划和精心运作，推广和树立组织的优秀形象；而且，对于那些在社会上已经有了一定形象地位的社会组织，即使是那些已经树立起了优秀形象的社会组织，也需要大量公关工作维护组织良好形象，并能够通过不断创新，不断树立更优秀的组织形象。

可以说，公共关系的一切职责几乎都是围绕树立组织的优秀形象展开的，组织形象的策划与管理是公关职能的基础和公关业务的总目标。所以,公关人员必须充分认识树立组织优秀形象的意义,并掌握树立组织优秀形象的基本步骤。

(一)树立良好组织形象的意义

组织形象实际上是组织综合素质的体现,在竞争日趋激烈的社会环境下,工商企业和其他社会组织都越来越重视品牌经营,也就是重视形象管理,这方面工作的意义主要体现在以下几个方面。

1.对外产生吸引力,招徕人才,吸引投资,引来合作

当一个社会组织树立起了良好形象,也就是拥有了较高的知名度和美誉度,自然会引起社会各界的关注,各种优秀人才将慕名而来,各方面的投资者也会找上门来寻求合作,其他方面的合作者也会接踵而至。这些都将为组织的发展创造良好的外部条件,大大有利于组织的生存、发展。

2.对内产生凝聚作用,稳定人才,激发员工的干劲

组织在社会上享有较高的声誉,内部员工也会深感荣耀和自豪,每个员工都会安心本职工作,并尽心尽力地做贡献。当一个社会组织拥有了强大的内部力量,其事业的发展便有了坚实的基础。

3.良好的组织形象会产生许多附加值效应

社会组织拥有了高知名度和高美誉度之后,会产生许多附加值效应。比如一个有良好社会声誉的企业,当有新产品上市时不仅会因企业已有社会声誉而很快赢得消费者的认可,而且在价格上也会因知名品牌而占有优势。这种附加值效应会使企业在许多方面占据主动,其实质就是我们常说的名牌效应。

(二)怎样树立优秀的组织形象

树立组织形象,也被称为塑造组织身份,是公共关系的核心工作和总目标,因此,可以说公共关系的每一项工作都是在塑造组织的优秀形象。那么,组织要想拥有高知名度、高美誉度和高认可度,

应该从哪里入手开展工作,抓哪些主要环节呢?一般来说,应遵循下面三个步骤。

1.组织身份定位

组织身份定位也叫作组织形象定位,即确定组织的身份地位,包括组织对消费者群体的选择、服务风格的选择以及对自身的社会职能的判定等。

身份定位是树立组织形象的起点,任何社会组织都应首先找准自己的发展方向,标定自己的社会地位,明确自己的社会身份。比如规划出组织的发展目标和社会生存宗旨等。解决了这些基本问题,组织的形象建设就找到了立足的基础。

2.组织形象策划

组织形象包括了组织的内在精神品质、外观面貌和行为风格三个方面,组织形象策划就是要对这三个方面的具体内容进行全面、系统地规划和设计,从而使组织的身份具体化、个性化、外显化,让人们可以更清晰、明确地感知到组织的身份状态。

组织形象策划是一项综合性的专门工作,对策划人员的素质有极高的要求;这项工作也是一个系统工程,需要各方面的专家协作完成。比如需要管理专家、公关专家、美工设计专家、法律顾问、社会心理学专家等。

3.组织形象管理

组织形象不仅需要在准确定位的基础上精心策划,更需要精心管理。只有在持久的严格管理下,良好的组织形象才可能被逐步树立起来。从世界企业的知名品牌来看,无不是经过长期精心经营,通过积极参与大量社会活动,才一步步确立起来的。

二、传播沟通

传播沟通是公共关系管理的基本工作,它使组织与公众建立联系,并不断地维持和加强这种联系。不论是提高组织知名度和美誉度的形象推广工作,还是具体的与公众协调联络的公关工作,都离不开传播沟通这样的信息双向互动活动。传播是告知公众的过程,沟通是了解公众的过程;告知公众是对公众权利的尊重,了解公众是为了更好地满足公众的需要。社会组织通过传播沟通与公众不断交流信息,既引导公众行为,也完善自身行为。一个社会组织越是注重传播沟通工作,对公众利益的尊重就越充分。当一个社会组织能够把自己的事业立足于深厚的公众利益基础上时,它的组织形象也就越容易树立起来。如图1-1所示,公众利益与组织形象是一幅对等的双向发展图;维护公众利益越多,组织形象越高大。

公共关系学把"传播"与"沟通"并列在一起,只是为了强调这种职能在运作中的信息双向对流性,其实,"传播"中不可能没有"沟通","沟通"中也不可能没有"传播"。公共关系学把"传播"强调为信息的输出,把"沟通"强调为信息的输入,从而确立起了组织与公众建立关系的信息双向流通系统。

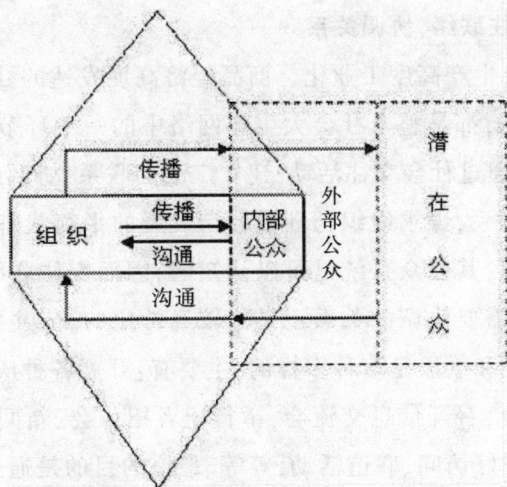

图1-1

三、管理信息、监测环境

信息对现代组织具有重大意义，应该引起管理者的高度重视。特别是在知识经济时代,对生存环境的信息掌握得越多,就越有优势。因此,运用各种现代化的信息处理手段,通过各种渠道收集信息,监测环境,为组织的管理决策提供咨询建议,从而增进组织的社会效益、经济效益,这是公共关系工作的一个重要职能。

所谓管理信息，主要是对组织的内部公众和外部公众的情况,尤其是它们对组织的评价、态度等,要能够全面、准确地了解;另外对组织所处的特定社会的政治、经济、文化等方面的信息,也要进行监控。总之,一切有关组织生存、发展的信息,都要进行收集、处理、并能够发现问题,预测出环境变化的趋势,从而进一步判定这些问题或趋势对本组织可能产生的影响, 以便于组织不断调整行为、改造环境或适应环境。这样在组织与环境之间便建立起了有效的双向沟通,保证信息的畅通流动,从而维持组织与其环境之间的动态平衡。

四、交往联络,协调关系

在社会生产高度工业化、商品经济高度发达的社会背景下,任何社会组织,都是整个社会大生产网络中的一个环节,要想生存和发展,必须通过社会交往活动,建立广泛的联系,协调组织与其所在的环境的关系,谋求组织与环境和谐发展的平衡状态。具体到某一个社会组织,其公众系统是可以认知的,因而交往联络的对象是相对明确的,需要协调的关系也是比较经常化的。公共关系管理的社会交往方式和手段是多种多样的,主要有:开展各种庆典活动,举办各种展览会,召开信息交流会,举行记者招待会、新闻发布会,搞各种形式的友好访问、联谊活动,等等。最终的目的是通过社会交往发展与外界的联络关系,求得公众的了解、信任、支持与合作,加强感情,增进友谊,从而为组织创造一个良好的生存与发展环境。

五、决策咨询服务与公关危机处理

收集信息、监测环境不能只停留在信息管理和组织环境变化的预测阶段,关键是要进一步挖掘组织生存发展中的潜在危机,并制定出解决危机的方案,向有关决策部门提供咨询服务。管理信息、监测环境是公关管理的一种手段,但不是目的,其目的在于决策咨询服务与公关危机处理。

（一）决策咨询服务

决策咨询服务即指公关部或公关公司在管理信息、监测环境的过程中,发现问题、预测趋势并提出对策方案,供组织决策部门参考。从这一点上说,公关人员实际上是组织的智囊和参谋。

（二）公关危机处理

危机包括突发性与隐性两类。突发性危机多为恶性事件;隐性危机是由组织在生存发展中长期积累形成的内在危险性,比如管理松懈,漏洞百出,技术老化,产品落后,人力资源匮乏等。这些隐性危机即问题,是可以发现和预见的,也是可以通过制定具体的措施逐步排除的。所以,公共关系危机处理,主要指处理突发性危机。实际上,许多突发性危机也是由大量隐性危机长期积累酿成的。由于危机处理是公共关系管理中极具挑战性的业务,对公关人员的业务能力是一个挑战。

六、教育引导,规范行为

树立组织的优秀形象,只靠公关人员的努力和一些公关活动是远远不够的,还要靠组织的各方面的管理人员以及全体员工的共同、持久的努力。所以需要教育和引导组织内部的每一个成员,提高公关意识,加强公关能力,自觉维护组织的声誉;特别需要说服、引导组织的各级管理者接受公众的意见,完善管理行为。同时,还需要说服、引导公众接受组织的各项政策。总之，要得到公众对组织的理解、支持和合作，必须对公众进行教育引导。教育引导对于内部公众来说，实质上是对组织行为的规范和完善，是组织身份建设的重要内容；对于外部公众来说，就是关系的协调。具体地说，教育引导工作主要有以下几个方面内容。

（一）教育引导内部公众的组织形象意识

员工作为组织形象的构成因素之一，必须引起管理者的高度重视。要通过对员工的教育，让每一个员工都自觉地意识到，他们的一言一行都代表着组织，体现着组织的形象；只有当每个员工都明白自身与组织的关系，特别是能够深刻地领悟自身水平体现着组织的素质，因而严格要求自己，自觉维护组织利益，努力把自我作为宣传组织形象的窗口，这样，组织形象的塑造工作便有了深厚的基础。

（二）对员工进行必要的公关技能培训

员工不仅应该具有公关意识，懂得在工作岗位上尽心尽力做好本职工作，从而为树立组织形象做贡献；更应该具备实现愿望的本领。特别是一些窗口行业和服务行业，每一个员工都必须接受严格的公关技能培训，以确保公共关系工作能够落到实处。

（三）引导公众接受组织的决策

不论是内部公众还是外部公众，都需要通过传播沟通工作不断对他们施加影响，从而为组织决策的实施创造良好的舆论环境，使组织的各项政策得以贯彻、推行。公共关系首先要重视内部的教育引导工作，即通过建立和完善组织内部的各种传播沟通渠道和协调机制，促进组织内部信息交流，上情下达、下情上传，横向联络，分享信息。管理阶层与员工之间，组织内部各个职能部门之间，在充分的信息交流与共享的基础上保持和谐的状态，以促进思想上的认同和行为上的一致，提高组织的向心力、凝聚力，最终使组织的力量被统一牵引到管理目标上。内求团结是外求发展的前提和保证，公共关系要能够创造出良好的内部人事气氛。对外的教育引导工作要比对内更复杂、更困难一些，要运用各种交际手段和沟通方式，根据具体的公关目标灵活进行。

（四）说服组织的决策者及各个职能部门接受公众的建议或要求

组织利益经常会与公众利益出现矛盾，特别是一些职能部门，更容易从局部利益的角度看问题，产生一些短期行为。公关部门总是从组织的长远利益、整体利益角度看问题。一旦发现组织的决策或部门行为损害公众利益并危及组织形象时，便通过决策咨询服务调整组织行为，使公众的建议、要求迅速反馈回组织决策系统中，使组织与公众的利益得到协调与平衡。

七、公关活动的策划与操作

公共关系业务作为一种专门化的管理技术，除了有大量的日常工作外，更重要的职能是针对具体目标而实施的公关专题活动，比如记者招待会、展览会、开放参观活动等。这些有明确目标的公关专题活动，都需要精心策划，认真组织实施。目前，公关策划已经成为公关学研究的一个重要分支；公关项目的策划与操作是公关人员的重要技能之一，当然也是公关业务的重要职能。

第三节　公共关系学及其研究的对象、内容和方法

一、公共关系学的含义

公共关系学是研究公共关系的性质、特征、作用和其作为一个职业的原则、范围、标准、手段及其产生发展历史等问题的学问。属于应用社会科学和管理学交叉的范畴，综合应用了社会学、传播学、

管理学、心理学、行为科学、人际关系学、广告学等学科的理论成果。

二、公共关系学的研究对象

公共关系学作为一个学科体系,其研究对象简单地说就是公共关系这个社会事物。问题是公共关系本身在不断发展变化,包括它是什么也在不断变化。这就给讨论问题带来了一些难度。如果以爱德华·伯纳斯出版公关学术著作作为公共关系学形成的标志,当初的研究对象主要是界定公共关系作为一个职业的内涵,还有职业人员的素质要求,职业的大致范围、职业标准等。20世纪50年代,随着公共关系在世界范围内传播,对公共关系产生发展史的描述也成了学科研究对象。公共关系作为一个世界性职业,却存在着不同国家和地区的本土化阐释问题;因此,其研究对象在不同的国家和地区存在着一些差别。但是,基本的理论和主要实践业务是相对明确的。也就是说,公共关系学的研究对象是公共关系的基本原理和主要实践业务,以及公共关系产生发展的历史。其中,关于基本原理的阐释,由于学术的逻辑起点的差异,事实上形成了不同的学派。概括起来,主要的学派包括:管理艺术派,即认为公共关系是一种特殊的、富有创造性的管理职能。传播派,即认为公共关系是社会组织与公众的一种传播沟通方式。关系派,即认为公共关系是社会组织维护、调节与公众的利益,保持良好公众关系状态的一种手段。形象派,即认为社会组织形象是公共关系的核心,公共关系本质上是对社会组织形象的管理;这一派其实是由管理艺术派延伸发展而来。

三、公共关系学的研究内容

概括起来,公共关系学的研究内容主要包括以下几个方面。一是说明公共关系是什么,即关于公共关系本质的研究。本质研究应与历史研究相结合,才能准确阐释其本质。二是说明公共关系能干些什么,即关于公共关系基本业务的研究。三是说明公共关系职业从业人员的专业要求和从业机构的专门化建设,即关于公共关系主体的研究。四是说明公共关系产生发展的历史,即关于公共关系产生发展的过程和相关的社会历史条件、技术背景条件、理论条件等的研究。

四、公共关系学的研究方法

(一)制度分析方法

制度分析是社会科学的一种研究方法,也叫制度主义。作为一种研究方法,兴于亚当·斯密(Adam Smith)、约翰·斯图亚特·穆勒(John Stuart Mill)等古典政治经济学家的研究。20世纪七八十年代,制度分析方法受到重视,以罗纳德·H.科斯(Ronald H. Coase)为代表的新制度学派在反思新古典政治经济学的基础上,重新发现了制度对解释问题的重要性,形成了新制度主义分析范畴。制度分析作为经济学的一种研究方法,原本是讨论组织治理结构与交易类型的匹配、产权制度效率等问题的,由于具有较强的学术解释能力,新制度主义的适用范围不断扩大,逐渐从经济学领域扩展到了其他社会科学领域,形成了新制度主义政治学、新制度主义社会学、法律经济学等。公共关系学作为一门应用学科,在20世纪70年代后,开始关注企业文化建设问题, 实际上也是对组织治理结构和效率问题的关注。在企业文化建设研究的基础上,逐步发展出了组织形象建设、组织身份建设这样的话题。既然CIS不是一个简单的传播问题,其设计与运营、管理就是一个制度创设与发展问题。

(二)比较研究

比较是古老而又简单的认识事物的方法,通过比较可以发现不同事物之间的共同和差异之处,从而理解事物的本质特征;通过比较也可以从经验事实中概括出理论命题,从反复发生的现象中总结出规律。

比较也是社会科学研究中最常见的方法之一。社会科学中的比较研究，是将比较的方法运用于社会研究而形成的一种特定的研究活动和研究方式。它不同于人们在日常生活中认识事物时所进行的简单对比，而是一种系统性的研究方法。

1.比较研究的性质

所谓比较研究，就是根据一定的标准把彼此之间有着某种联系的多个事物加以对照，从而确定其相同与相异之处，由此对事物作出初步的分类；在分类的基础上，可以认识不同事物的共同或相异的表象特征和本质特征，实现对特定事物的理解和解释。系统性的比较研究不仅对不同事物进行比较，还要在比较的基础上进行分类与类比、分析与综合、归纳与演绎以及因果关系分析等一系列活动。

公共关系学从学科构建之初到发展为成熟的学科，一直都在利用比较研究的方法。不论是爱德华·伯纳斯，还是斯各特·卡特里普，都一直在通过比较公共关系与大众媒介传播、广告以及市场营销等的区别，界定公共关系的独特价值。20世纪中后期，公共关系史的研究进入公共关系学领域后，不同国家之间公共关系发展的比较自然兴起。特别是中国大陆学者在比较研究中阐释了公共关系产生发展的社会条件，既是制度分析，也是比较研究。

2.比较研究的功能

比较研究的性质决定了它在社会科学研究中具有广泛适用性。比较研究的基本功能主要体现在四个方面。首先，描述能够呈现事物的相似之处和差别之处；其次，分类能有效降低世界的复杂程度；再次，验证假设可以消除涉及特定事件、行为者与其他相关变量的对比解释，有助于构建一般化理论；最后，由比较导出的一般化理论具有预测价值，可以凭借已确知的因素推测出未来可能产生的结果。

（1）描述

比较研究的首要功能是描述特定情境下的现象与事件，也就是关注生活的细节和完整画面。因为通过分析这些细节和完整的生活画面，可以认识到其中包含的价值趋向、假设、生活情趣和偏见等，进而达到了解具体的研究对象的目的。描述也是掌握情况的基本手段，为进一步的分类、验证假设和预测活动准备了资料。

公共关系学的公关史研究需要不同国家、地区在不同历史阶段的公共关系发展情况描述。公共关系实践中，认识公众、了解实践环境、比较社会组织身份等都离不开描述。

（2）分类

比较研究不仅是积累相关知识的重要手段，也是对这些知识进行系统化处理和再处理的主要手段。当我们按照一定标准对描述材料进行分类的时候，就可以得到简化的和系统化的知识。比如，通过一些概念性分类，可以将为数众多的国家、事件等变量整理为各种可以区分的类别。德国社会学家马克思·韦伯（Max Weber）在历史比较的基础上，区分出魅力型权威、传统型权威和法理型权威三种不同的权威，与它们对应的是家族和宗教，宗主、父权、封建制度，现代的法律和国家、官僚三种不同的社会组织类型。美国行政学家瑞格斯（Riggs）通过比较分析发现，人类历史上存在着三种基本的社会形态——传统农业社会、过渡社会和现代工业化社会，它们对应着三种不同的行政模式——融合型行政模式、棱柱型行政模式和衍射型行政模式。在公共关系学中，分类研究的运用也十分普遍，比如通过对我国学者的公共关系定义比较，可以概括出一些有差异的关于公共关系的认识，其中代表性的观点包括："形象管理说""关系协调说""传播沟通说""管理艺术说""组织生态平衡说""劝服诱导说""组织外部关系系统说"等。

(3)验证假设

所谓验证假设,是指面对一个特定的结果,在给定某些前提的情况下,检验这一结果是否会重复出现。验证假设对于自然科学研究来说,可以通过实验室的实验进行反复操作。但是,对于社会科学研究来说,由于社会现象不可重复和不可复制,基本不可能像自然科学研究那样在可操控的条件下进行重复试验。而实证主义的认识论认为,理论需以实验观察为基础,并且可以被经验所验证;理论愈是能够得到证明,其本身就愈加可靠。这对社会科学研究提出了挑战,就是理论如何检验?比较研究提供了一个路径,可以在更大的时空范围内提供更多的经验事实,人们可以通过对比这些事实来检测、验证理论假说。比如,公共关系作为一个理论体系和职业,在世界各地的传播和发展并不同步,这恰恰为研究者提供了分析其产生发展的社会条件的途径。

(4)预测

比较研究的第四个功能是预测。通过比较大量的事实,可以得出结论、发现规律,研究者据此可以预测未来。对于公共关系来说,预测是其管理信息、开展咨询服务的基本手段。因此,预测也是公共关系学理论体系的重要内容。

(三)历史—诠释研究

历史—诠释不仅是一种研究方法,也是一种哲学观念和学术体系。"1960年伽达默尔(Gadamer)出版《真理与方法》时,在书的副标题中第一次使用了'哲学诠释学'这个当时颇为生疏的字眼。从此,诠释学抛弃了那种把自身限制于更基本层次的规范的技术计划,它不再教导我们如何解释,而是告诉我们在解释中会发生什么,正如伽达默尔所说,'我本人的真正主张过去是、现在仍然是一种哲学的主张:问题不是我们做什么,而是什么会超越我们的愿望和行动与我们一起发生'。今天,各种不同的'理解''解释'的立场与风格进入定性研究的行列,通过'对话'来检验自己,研究者的认识也从强调'客观''中立'发展到'体验''移情',甚至是'参与''共同建构';此外,因为世界是历史生成的世界,理解也就成了历史的意义。历史—诠释方法也进入了作为实践哲学更深层次的发展阶段,对它的运用体现了社会科学各门学科的相互交流与融合"[①]。公共关系作为一个新兴职业,也是一种新的社会事物,自产生以来一直存在内涵诠释问题。公共关系学作为一个理论体系,也难以超越诠释学的哲学意义。

现代诠释学有三种形态。一是强调作者原意的诠释学;认为诠释学最终目的都是通过语法学、语文学的方法,辅之以作者的生平考察和心理分析,再现作者创作作品时的心理状态,并设身处地在文本语言的多义性的解释中确定符合作者原意的解释,解读出文本中的作者原意。二是强调文本意义的诠释学。认为文本独立于作者,文本的意义具有客观性,它只存在于文本自身的语言结构中。三是强调读者所领悟的意义,即所谓本体论诠释学。认为文献或一切认识对象的意义是在接受者的理解活动中生成和被构造出来的,是理解主体在特定的情境中与文本以及一切理解对象照面而产生的结果。本体论诠释学看重的不是认识过程的客观性与科学性,而是关注主体与对象的相遇中人的意识状态。

就公共关系学的研究方法而言,原理研究、实践案例研究较多涉及诠释学的前两种状态;而公众行为研究和传播沟通研究显然难以忽略诠释学的第三种状态。

---

① 陈振明:《社会研究方法》,北京:中国人民大学出版社,2012年,第98-99页。

在历史—诠释理论体系中,马克思的历史分析法不仅是唯物史观的基本方法,也是历史—诠释方法的具体体现。历史分析的具体方法包括因果分析和时序分析。尽管因果分析具有复杂性和不完全性,但它是一种理性的历史诠释。时序分析是通过分析时间序列的发展过程、方向和趋势,从而预测将来时域可能达到的目标的方法。与时序相关的重要概念包括路径依赖、持续时间和关键时刻。因果分析和时序分析都是公共关系学研究理论和实践问题常用的方法。

(四)辩证—批判研究

所谓辩证—批判研究是以理解、反思、规范、批判、创新为主要功能的一种研究方法和思维方式。辩证—批判是社会科学研究的基本方法。早在古希腊时期,辩证—批判的思维方式就已经出现,并广泛运用于众多思想家的思想体系和教育理念中。长期以来,辩证—批判的方法与以经验、分析、客观、定量为特征的实证研究方法并行。近代以来,自然科学领域盛行的以科学主义为原则的实证研究传统逐渐在社会科学领域获得了优势地位。17世纪,英国的经验主义哲学家培根创立了经验的、分析的哲学传统,确立了对科学的绝对尊重态度,到了19世纪,德国科学家孔德更是将“实证”问题提高到了哲学高度,强调以实证的方法研究社会现象,并创立了观察方法、比较方法、历史方法、实验方法等实证研究方法。从此,针对人类本身与人类社会的研究逐渐与自然科学研究接轨,披上了分析、经验、定量、客观为标志的科学主义思潮的外衣。不可否认,实证主义的研究方法在社会科学领域取得了巨大成功,帮助人们客观描述和解释了许多社会现象。但是,由于具有主观意志、文化价值观念的人组成的社会毕竟不同于自然界,科学化的实证主义方法面对文化价值冲突不断加剧的当今社会,越来越显露出缺乏价值关怀的局限性。因此,辩证—批判的研究方法作为实证研究的有益补充,重新受到教育界和理论界的重视;特别是辩证—批判性思维的培养已经成为教育改革的重点。

出于对科学主义过度膨胀的纠正,不少学者基于自然现象和社会现象之间的差异,认为自然科学和社会科学在研究对象、研究目的、研究性质和研究规范方面都存在巨大差异,据此形成了"人本主义者"学派。人本主义者认为,自然现象是独立于人的存在而存在的事物,不具有任何价值和文化意义,而社会现象中的主要活动者是人,社会活动中的文化意义和价值是构成个人人格、自我认同和人际沟通的必要条件。由具有文化意义和价值的人所构成的社会现象具有与自然现象截然不同的特征,如异质性、偶然性、随机性和复杂性等。因此,在自然科学和社会科学研究中,自然科学往往致力于客观地描述世界的本来面貌和本质规律,而社会科学则力图达到人与人的相互沟通和理解,达到对价值和意义的合理解释和恰当评价;自然科学承认客观世界存在着普遍的规律和一般原则,并以把握这些规律和原则为己任,而社会科学则否认这些普遍的因果律,强调人的个体性和主观性;自然科学重视说明和描述,而社会科学则强调理解和沟通。这种强调自然现象和社会现象差异性的观点构成了辩证—批判方法的精神理念。依据这种理念,辩证—批判研究在研究起点、思维模式、研究路径和研究成果的趋向功能上都确立了与实证研究根本不同的特征。

对于公共关系学来说,维护公众利益是其基本的价值趋向,也是其学术构建的起点;传播沟通和关系协调的目的也在于人的沟通与理解;危机处理和行为规范也离不开人的沟通与理解。所以,公共关系学属于典型的人本主义学派,对辩证—批判研究的依赖度极高。

1.辩证—批判研究的特征

(1)强烈的价值介入与人文关怀的统一

辩证—批判研究强调的是主体对客体的理解、反思、规范、批判和创新,在这个过程中,因为由人所构成的社会现象作为客体对象具有社会性,事实上形成主体和客体难以剥离的局面,从而导致社会科学的研究目的成为一种人类自我认识和自我理解的过程。这意味着研究者在研究过程中不可能完全独立于认识对象而存在,研究者既是认识主体,也是认识对象和客体,形成了主体性与客体性同构的双重性世界。在这种情况下,研究者在认识事物过程中不可能回避情感意志和价值观的渗透,因此使辩证—批判研究具有了强烈的价值介入性。

辩证—批判研究中强烈的主观价值介入并不意味着它完全排斥实证研究的方法,在研究过程中同样也可以借助社会观察、逻辑分析、数量统计等方法对社会现象进行理性分析。不过,在人本主义者看来,人类社会本身就是一个充满文化意义和价值的世界,因此,对社会现象的研究,并不仅仅要回答"是"与"不是"的事实判断命题,更要回答"应该"和"不应该"的价值判断命题。对这一命题的研究必然带有强烈的主体构建色彩。特别是辩证—批判研究还会关注社会事件发生的主观性、随意性、多变性等特征,具体考察其社会背景和时空环境,甚至可能借助研究者自身的个体精神感受和个人心灵体验来把握社会中的人文情感和精神理念。这在自然科学看来,似乎已经陷入了"非科学"的泥淖,然而,它却符合社会科学研究的人文关怀终极目标。可见,辩证—批判研究是价值介入和人文关怀的统一。公共关系学的"维护公众利益"目标,既包含了价值介入,也包含了人文关怀。

(2)说明性与理解性的统一

由于社会现象总是离不开人的参与,而人又往往是具体文化背景下的人,这就造成了社会现象往往是事实与价值密不可分。当研究者面对客观存在与主观体验的辩证统一体时,不可避免地需要动用两种认识方式进行互补研究。实证的方法侧重客观地说明、分析事物的本质、结构、功能和发展规律,按照实事求是的原则开展说明性研究。人本主义者往往通过对行为者或社会事件的意义的理解来解释事物表现之间的内在联系,进行一种体验性研究。辩证—批判研究通过融合两种不同的研究理念,实现社会研究的说明性和理解性的统一。公共关系学的实践业务部分的研究基本上用了说明性方法,但是其中的一些案例分析又离不开理解性研究。

(3)批判性与建构性的统一

辩证—批判方法本身就是一种立足于社会批判和建构的研究方法,它对社会现象所进行的描述、说明、理解和反思总是渗透着强烈的怀疑态度和批判精神。因为,在社会科学的研究中,不论采用什么样的研究方法,研究者都需要靠演绎去了解社会现象,在推理的过程中,研究成果总是有时代、社会、文化或个人的局限性。这恰恰成了辩证—批判研究存在的理由, 也是人类思想延续前进的动力。辩证—批判研究就是要首先针对个人的自我理解层面进行辩证批判,不断突破狭隘的逻辑思维,寻求社会现象的本质属性。公共关系学对公共关系定义的探索十分典型地显示了辩证—批判过程。

辩证—批判方法的基本理念在于不满足于现有的社会科学知识,不迷信任何形式的权威,不故步自封,而是始终致力于探索、创新、解释新的真理,始终致力于从观念上和实际上构建一个适合人类本性的新世界。因此,辩证—批判研究所批判的对象不仅包括现有的知识体系、狭隘的研究方法,更包括片面的个体理解以及由此造成的社会限制和不平等制约。辩证—批判方法具有启蒙色彩和规范性特征,它研究社会现象的价值不在于直接向人们提供物质财富和适用的工具与技术,而是本着对人的价值、尊严的关怀,对人的自身全面发展的关注,通过批判进而不断构建符合人类自身发展的现实和精神世界。批判是辩证—批判方法的本质特征,构建是研究者的终极目的。而每一个构建者都可能成为被批判者,人类正是在这种循环往复中,试图寻求对自我的不断完善。

2.辩证—批判研究的主要维度

辩证—批判研究以社会现象和以往的研究文本为研究对象,以批判和反思为主要研究目的,研究者在具体运用这一方法时的维度包括判断、理解、推理、批判这样几个主要内容。

(1)判断

判断是一种重要的思维形式,是对概念内容的揭示。辩证—批判研究对判断的分类不同于形式逻辑,它不是按照判断的结构而是根据判断的内容发展将判断排列出三个不同等级。具体包括描述判断、价值判断和规范判断。

(2)理解

理解是指一个认知主体与外界的沟通行为。科学主义的研究方法在这一过程中不可避免地会走上把握与控制认识对象的道路。辩证—批判方法中的理解则是尽量接近与深入对方,化自身为对方,作为对方来思考和感觉。

(3)推理

推理是一种超越了认识对象表象的理性思维活动。凭借推理,人们可以把握感官所不能把握的东西,认识事物的本质和规律。推理充分显示了理性思维的主观能动性。在辩证—批判研究中,推理是一种最基本、最重要的研究维度。

(4)批判

批判就是对现有结论的质疑、批驳和发展。批判也是辩证—批判研究的主要目的和基本手段。如何使批判真正实现批判目的正确、批判预设真实、批判角度恰当、批判结果有效?美国学者布朗(Brown)和基利(Kyle)在《走出思维的误区》一书中提示了14个问题,包括:问题和结论是什么?理由是什么?哪些词句的意义模糊不清?价值冲突和假设是什么?描述性假设是什么?证据是什么?抽样选择是否典型,衡量标准是否有效?是否存在竞争性假说?统计推理是否错误?类比是否贴切、中肯?推理中是否存在错误?重要的信息资料是否有疏漏?哪些结论能与有力的证据相容不悖?争论中的价值偏好如何?这14个问题既包含了批判性思维的态度,也包含了批判技能,比较详尽地为批判提供了路径。总之,批判应该首先能够发现问题。概括起来,批判的问题主要包括质疑性问题(对结论怀疑)、批驳性问题(指出缺陷)和发展性问题(推想和预测可能的前景)。

3.辩证—批判研究的具体方法

辩证—批判研究以对社会现象和社会知识体系的批判和创新为宗旨,以辩证思维为基本研究路径。离开了辩证思维方法,就谈不上辩证—批判研究,因此,辩证思维方法就成了辩证—批判研究的一个重要组成部分。辩证思维方法主要有:归纳和演绎、分析与综合、抽象和具体、逻辑与历史。

(1)归纳和演绎

归纳和演绎是辩证思维中最基本的逻辑思维方法。所谓归纳,是指从个别或特殊事物的认识中,概括出一般的原理、原则的思维过程。演绎则相反,是以一般原理、原则为指导去认识和说明个别或特殊事物的思维过程。现代逻辑认为,归纳是一种前提并不蕴含结论,由真前提可能获得真结论的推理形式;与归纳相反,演绎是一种前提蕴含结论,由真前提必然获得真结论的推理形式。

(2)分析与综合

所谓分析,就是把认识的整体对象分解为简单的组成部分(方面、特征、因素、阶段),然后分别加以认识。所谓综合,就是把已被分解开来并加以认识的对象的各个部分重新组合起来,从而形成对客观对象的统一整体的认识。世界万物都是整体和部分的对立统一。任何事物都是由许多部分组成的整体,任何部分都是在整体中产生意义。这是辩证思维中分析与综合必须结合为一体的客观现实基础。

(3)抽象与具体

抽象是一种思维活动,指从许多事物中舍弃个别的、非本质的属性,抽出共同的、本质的属性。抽象是形成概念的必要手段。具体指把理论或原则结合到特定的认识对象上,本质上是思维由抽象进一步联系实际的过程。就认识行为而言,具体也指感性认识的直接结果。任何一个反映客观具体对象的完整过程总是由感性具体到思维抽象,然后再由思维抽象上升到思维具体。抽象与具体相结合是辩证—批判研究的重要辩证思维方法。

(4)逻辑与历史

逻辑与历史是辩证思维中的一对范畴,也是科学理论思维的基本逻辑方法之一。所谓"逻辑的东西",是指以抽象概括的理论形式描述客观对象的内容,它具有深刻性、群体性和有序性。所谓"历史的东西",是指对象在以往的时期发生的演变过程,往往需要通过考察其在存在时间上的先后关系和发展过程的曲折性来加以认识。"逻辑的东西"和"历史的东西"是相统一的。这种统一性不仅表现为"逻辑的东西"和客观事物发展的历史相统一、与人类实践发展的历史相统一、与人类认识发展的历史相统一,更重要的是在思维方式上,逻辑的方法与历史的方法是相互统一的。

所谓逻辑的方法就是从事物间的本质联系上去研究事物和事

物的内部矛盾运动的方法。在客观现实中，事物及其发展情况很复杂。其中有大量偶然的东西，也有必然的东西；有彼此相异的东西，也有共同的东西。应用逻辑的方法反映事物，就是撇开事物及其发展中偶然的、现象的、暂时的东西，把握其中必然的、本质的、相对稳定的共同的东西，即把握其中带有普遍性和规律的东西，并把这种认识或研究的结果用概念、判断、推理等思维形式巩固和表述出来。所谓历史的方法，就是跟踪描述对象历史发展的自然行程，揭示出对象的本质及其发展规律的方法。逻辑的方法和历史的方法是相互统一的。首先，逻辑的方法以历史的方法为基础。逻辑的方法是一种理论概括的方法，要进行概括就要有大量的事实材料为依据，而这些事实材料是借助于历史的方法提供的。而且，社会科学研究中逻辑的方法也不是纯粹的概念、范畴的抽象推理，也需要选择典型的、有代表性的实例作为理论的佐证。其次，在历史的方法中也渗透或运用着逻辑的方法。历史方法不是单纯去描述事实，更不是把大量事实材料杂乱无章地堆积起来，而是要从事物多方面广泛联系的事实中，从事物运动发展的全过程的事实中，总结、发现事物的本质和发展的客观规律。这就必然要用逻辑的方法，应用归纳和演绎、分析与综合、抽象和具体等方法，将研究对象及其历史发展作为一个思维的具体形态展现出来。

逻辑的和历史的相一致的方法是辩证思维的基本方法，因而是自然科学、社会科学和思维科学最普遍的研究和叙述方法。它对于人们认识事物、表述思想、指导实践具有十分重大的作用。

（五）其他研究方法

社会科学的研究方法是一个庞大的体系，除了上面介绍的四种重要方法外，另外还有定性研究、定量研究、案例研究、实验研究、统计分析等。这些方法比较常用，为人们所熟知，在此不展开讨论。

第二章 公共关系的产生和发展

考察公共关系产生和发展的历史,有助于正确、深刻地认识其内涵,也可以预测其发展前景。按照辩证—批判的历史方法,通过描述公共关系的发展史,可以揭示公共关系的本质和发展规律。因此,阐明公共关系是如何产生的,它的基本发展轨迹是什么?产生发展的社会条件有哪些?这是公共关系学不能回避的问题。可惜,国内的大多数公共关系学理论著述对这个问题并没有引起足够重视。笔者抽选了手头能够找到的20本公共关系方面的书籍,不妨用列表的形式统计一下它们对公共关系产生、发展情况的关注。

表2-1

序号	书名	编或著者	出版社及出版年月	对公共关系产生、发展的关注情况	笔者评价
1	《公共关系学》	居延安等著	上海:复旦大学出版社,1989年11月。	第二章章名"公共关系的渊源、兴起与发展",23-42页。共三节。第一节,现代社会以前的公共关系;第二节,公共关系在美国的兴起;第三节,公共关系在现代社会的发展。	能够列专章讨论公共关系的产生、发展问题,表明在理论认识上注意到了这一问题,但论述比较简单,基本上是对已有结论的概要介绍。

续表

序号	书名	编或著者	出版社及出版年月	对公共关系产生、发展的关注情况	笔者评价
2	《公共关系学》	魏中龙主编	北京：经济科学出版社，2000年2月。	第一章章名"导论"。第四节，现代公共关系的产生与发展；第五节，公共关系在中国的兴起与发展。22-46页。	未列专章讨论问题，表明对该问题的重视程度不高。用"现代"一词限定公共关系，存在认识误区。
3	《公共关系学》（第三版）	赵宏中主编	武汉：武汉理工大学出版社，2005年7月。	第一章章名"绪论"，第二节讨论了"公共关系的产生和发展"。12-26页。	囿于理论界的普遍局限，认为公共关系存在"原始状态"，同意现代意义上的公共关系产生于美国。
4	《公共关系学》	张克非编著	北京：高等教育出版社，2001年6月。	第一章章名"现代社会的变迁与公共关系的形成、发展"。第一节，现代文明与公共关系；第二节，现代公共关系的形成与发展；第三节，中国公共关系事业的现状与未来。1-28页。	独立成章，并作为全书的起点讨论了公共关系的产生发展问题，注意到了现代文明与公共关系产生发展的关系。可惜，在后面的论述中没能将此作为理论基石界定公共关系的内涵。
5	《公共关系学：战略、管理与传播》	薛可、余明阳主编	北京：科学出版社，2010年6月。	第二章章名"公共关系的历史沿革"。第一节，公共关系的起源与发展；第二节，西方公共关系发展与研究现状；第三节，中国公共关系产生与发展现状。28-56页。	认为中外自古就有客观状态的公共关系，专门化的职业产生于19世纪中叶至20世纪初的美国。现代公共关系在20世纪60年代传入中国港澳台地区。这些观点在学术上并无创见，不过，能列一章讨论该问题，也算意识到了问题的重要性。

续表

序号	书名	编或著者	出版社及出版年月	对公共关系产生、发展的关注情况	笔者评价
6	《公共关系学教程》（第三版）	方宪玗主编。	杭州：浙江大学出版社，1991年12月。	第一章章名"绪论"，第一节，古老的事业，新兴的学科；第二节，公共关系在中国现代化建设中的重要地位。第三节，什么是公共关系。1-5页即把"古老的事业，新兴的学科"论述完了。	极其简单地涉及了"公共关系的产生、发展"问题。
7	《公共关系教程》	[美]卡特里普等著，明安香译。	北京：华夏出版社，2001年1月。	第四章章名"历史沿革"。主要内容包括：古代源流；美国的起源：诞生于逆境和变革中；中间年代；走向成熟；温床时期：1900-1917年；第一次世界大战时期：1917-1919年；繁荣发展的二十年代：1920-1929年；罗斯福和第二次世界大战：1930-1945年；战后的繁荣：1945-1965年；全球信息时代：1965年至现在。83-109页。	卡特里普的著述对中国学者影响较大，特别是他的古代即存在公共关系的说法，成了不少中国学者的塞臼。不过，他对美国公共关系的产生发展的论述，有很大参考价值。
8	《公共关系》	[法]让·肖默利，德尼·于斯曼著，侯健译。	北京：商务印书馆，1996年9月。	第一章章名"公共关系的历史"。具体内容包括：一、从起源到1929年；二、1929至1945年：从华尔街的金融崩溃到同盟国的胜利；三、1945年以来。4-15页。	既认为古代有公共关系，又认为"公共关系"一词起源于美国。该书是仅有75千字的小薄册子，能列一章关注公共关系发展史，已属难能可贵。

续表

序号	书名	编或著者	出版社及出版年月	对公共关系产生、发展的关注情况	笔者评价
9	《公共关系概论》	王金平,丁维东主编	延吉:延边大学出版社,1992年12月。	第一章章名"公共关系的产生、定义及辩异"。第一节讨论了公共关系的产生;第二节论述了公共关系产生和发展的社会条件。1—14页。	认为中外古代都有"准公共关系",现代公共关系诞生在美国。注意到了公共关系产生和发展的社会条件,可惜,只是单纯地讨论了这个问题,没有和公共关系的性质界定等问题综合起来考虑,进而形成理论创新。
10	《公共关系》	李元授主编	北京:新华出版社,2005年12月。	全书未直接讨论公共关系产生发展问题。只在第一章"公共关系概述"的第二节第二个部分里,讨论"公共关系这一概念延伸出来的一些支概念",认为有公共关系状态、公共关系活动、公共关系观念、公共关系学。在介绍公共关系学时,大概用了五六百字,其中有一点公共关系发展史的蛛丝马迹。比如,公共关系这个词在美国的产生,还提到了艾维·李和爱德华·伯内斯的贡献。	根本没有意识到公共关系产生、发展历史这个问题的理论意义,在教材体系中完全忽视了这个问题。

续表

序号	书名	编或著者	出版社及出版年月	对公共关系产生、发展的关注情况	笔者评价
11	《大众公共关系学》	白巍著	北京:经济科学出版社,2002年8月。	在绪论"公关的发展之路"中,第一部分"必要的回顾"简要介绍了"美国公关的产生和发展历程"和公共关系在世界各地的传播,以及公共关系在中国的发展情况。1-9页。	能够意识到回顾公共关系产生发展历史的必要性,但只是为了通过回顾历史交代事实,由于抱定了"公关的历史和人类的历史一样久远"的观念,且具有强烈的理论本土化热情,该书总体上有批判的锋芒,但缺少科学、理性的研究。
12	《管理公共关系学:理论与实践》	根据(美)罗伯特·罗雷原著编译,李景泰主编。	天津:南开大学出版社,1990年6月。	第一章"公共关系概述"之第二节"公共关系的历史与未来",介绍了公共关系在美国的产生和发展,并预测了其可持续的发展。其中,大约有四分之一的内容阐述了"公共关系是古老的艺术"的观点。7-12页。	这本书比较重视公共关系实务的一些细节,基本不重视理论研究。但是,在简短的介绍美国公共关系历史的文字中,注意到了公共关系与美国独立运动的关系;在此基础上,也介绍了公共关系在企业的运用情况。
13	《公共关系管理》	张宁编著	武汉:武汉大学出版社,2009年10月。	认为公共关系管理是公共关系学领域的一个分支,是管理学理论在公共关系领域的应用。因此,直接讨论了形象管理、品牌管理、营销管理、危机管理、公共事务管理、新闻传播管理等内容。	作为公共关系学领域的一个次级理论话题,完全没有涉及公共关系的产生、发展历史问题。这是由其固有的理论体系决定的。

续表

序号	书名	编或著者	出版社及出版年月	对公共关系产生、发展的关注情况	笔者评价
14	《公共关系管理学》	美徐恒,李华明主编。	北京:中国人民公安大学出版社,2002年7月。	主张用公共关系管理学这一命名代替公共关系学,以消除学术界对公共关系的众多歧义理解。第一章章名"公共关系管理的职业化过程",具体内容包括:第一节,公共关系管理在美国的兴起;第二节,公共关系管理在世界各地的传播发展;第三节,公共关系管理产生、发展的条件。18–63页。	比较重视从事物产生发展的历史中理解其含义。认为公共关系作为一种独特的管理职能,其产生发展是有社会条件要求的,是人类社会发展到特定历史阶段的产物。因此,否定了古代公共关系的提法。认为公共关系诞生于美国资产阶级民主革命和资本主义工商业发展中。
15	《现代公关理论与实践》	李健荣,王克智主编。	北京:高等教育出版社,1997年5月。	第一章章名 "绪论",其中的第二节讨论了人类早期的"类公关"活动和中国近现代史上政治活动中的公共关系;第三节简要介绍了现代公关产生与发展的社会条件和公共关系在美国的产生发展情况及其在世界各地和中国的传播。	认为公共关系就是社会关系,因此古已有之,中国的贡献尤为突出。注意到了现代公关产生发展的社会条件,于是把古代的公共关系称为"类公关",产生于美国的公共关系称为"现代公关"。实质上是没能够把握到公共关系独特的时代精神。

续表

序号	书名	编或著者	出版社及出版年月	对公共关系产生、发展的关注情况	笔者评价
16	《公共关系：理论、实务与技巧》	周安华，苗晋平编著。	北京：中国人民大学出版社，2004 年 5 月。	第2章章名"公共关系的产生与发展"。主要内容包括：第1节，公共关系的起源；第2节，公共关系产生的历史条件；第3节，公共关系的发展。26-47页。认为现代公共关系出现以前，存在"原始状态"的公共关系。现代公共关系起源于美国，并形成职业和学科。公共关系的产生是有历史条件的。公共关系在世界和中国的传播显示了其活力。	充分重视了公共关系的产生与发展问题，但对问题的讨论并没有与对公共关系含义的思考结合起来，进而把握其中的时代精神。该书给出的定义中认为，公共关系是"一种思想、政策和管理职能"，在方法上却认为只是"运用有效的传播手段"，显示了对公共关系历史的梳理只停留在交代事实的层面。
17	《公共关系理论与实务》	吴丽兵主编	合肥：合肥工业大学出版社，2004 年 9 月。	第一章章名"公共关系学导论"，主要内容包括：第一节，公共关系基本概念与要素；第二节，公共关系的产生与发展；第三节，中国公共关系的发展。10-20页。认为人类早期就有公共关系，现代公共关系起源于美国，形成学科后向世界各地传播。讨论了公共关系产生发展的条件，并介绍了中国公共关系的发展。	对问题的关注停留在事实介绍层面。未能从历史研究中提炼概念、认识事物。

续表

序号	书名	编或著者	出版社及出版年月	对公共关系产生、发展的关注情况	笔者评价
18	《大学生公共关系理论与技能》	徐美恒，尹明丽主编。	天津：天津大学出版社，2000年8月。	绪论名"公共关系的产生与发展"，主要内容包括：第一节，公共关系在美国的兴起；第二节，公共关系在世界各地的传播发展；第三节，公共关系产生、发展的条件。1—62页。	有明确的关注该问题的动机，认为了解事物产生发展的历程，既是认识事物的一种方法和基本步骤，也有助于更好理解事物。明确否定了古代公共关系的提法，认为公共关系是在人类社会发展到特定历史阶段，民主观念深入人心，人权意识不断普及，公众利益日渐突出的社会背景下，在美国社会萌芽发展起来的，与资产阶级民主革命和资本主义工商业的发展密切相关。
19	《公司公共关系》	霍洪喜，邰旦生主编。	天津：南开大学出版社，1994年2月。	第一章章名"公司公共关系概述"，第一节介绍了公共关系的产生和发展。1—7页。	该书虽然是从公司的角度研究公共关系，但仍然关注了公共关系产生发展问题。特别是在简要梳理美国公共关系历史过程中，概括了不同历史阶段公共关系内涵的丰富发展。

续表

序号	书名	编或著者	出版社及出版年月	对公共关系产生、发展的关注情况	笔者评价
20	《公关员职业培训与鉴定教材》	郭惠民、居易主编。	上海：复旦大学出版社，1999年9月。	在导论基础知识部分，第二节公共关系发展史，介绍了中国公共关系事业的发展历程和现状，同时以美国为例，介绍了国外公共关系发展史。16–34页。	由于该书是国家职业资格工作委员会公共关系专业委员会组织编写的公关员职业培训与鉴定教材，重点在必要的知识介绍和技能训练，因此，对问题的关注停留在必要的知识介绍层次。

从表2–1的统计情况来看，随意从手头找出的中外学者的20本著作中，编号为1、4、5、7、8、14、16、18的8本著作列专章讨论了公共关系的产生发展问题，不到半数。由此可见，辩证—批判的历史方法并不为中国公关学界所重视。

本书在第一章第一节已经确定了公共关系的起点，明确反对古代公共关系和现代公共关系这种提法。主张公共关系是一个有时代精神的概念，作为一种社会事物，逐步发展为职业和学科，是人类社会发展到特定历史条件下的产物。

第一节　公共关系在美国的兴起

公共关系是依据Public Relations 翻译的一个词语，这个词语是由美国人创造的。从美国人叙述的公共关系历史来看，它萌芽于北美新大陆的开发热潮，在美国资产阶级民主革命的进程中融入工商业社会的时代精神。最初的公共关系就是一种宣传方式，是唤醒和组织民众力量的手段。在人类特定的历史背景下，融汇了人权、公平、正义、民主、自由、平等、维护公众利益等工商业社会特有的时代精神，成为工业化时代人类社会文明建设的潮流。作为一种调动社会资源的方式，公共关系很快与工商业的经营相结合，既帮助工商业实现了经济效益，又把时代精神融入工商业中，实现了对工商业的文明改造。

一、萌芽时期

(一)资本主义文明在北美大陆的崛起

根据美国学者艾伦·布林克利 (Alan Brinkley) 在《美国史》(1492—1997)中的描述，到公元1492年哥伦布发现美洲时，北美大陆上的人们并没有创造出像中南美洲的印加、玛雅和阿兹特克那样庞大的帝国和完整的政治体制。然而，他们的确也建立了多样化复杂的人类文明。北极圈一带有因纽特人靠狗拉雪橇活跃在冰天雪地，过着捕鱼猎鲸的生活。北方森林地带的大动物狩猎者靠追逐驼鹿和驯鹿过着游牧生活。大西洋东北部的部落基本靠捕捉大马哈鱼为业，他们在沿海建立了相对持久的居住设施，并经常因为资源占有而引发暴力冲突。西部的一些部落靠打鱼、追捕小猎物和采集野生植物生活，许多部落相当富足，人口比较密集。东南地区的部落因为依赖农业而发达，筑起大规模的灌溉系统，建造规模较大的城池，成为贸易、手工艺和宗教及民间活动的中心。这些位于查科峡谷和其他地区的聚居地人口密集，已出现石料和砖坯筑成的梯形建筑，规模大小和造型设计有很多类似于后代的大型公寓楼。中部大平原地带的多数部落从事种植玉米等农业，拥有相对持久的居住设施；也有一些小的游牧部落靠捕捉水牛为生。东北部有广袤的森林，居住着林区印第安人，从事农耕、打猎、采集和渔业。在南方，一度有相当规模的稳定的居民存在，依靠密西西比河谷沃土种植玉米，并出现了大规模的贸易交流。在西南，出现了作为贸易中心和政治中心的城市，其中的卡霍基亚（Cahokia，今圣路易斯市附近）在其鼎盛时期有4万多人口和大量建造复杂的大型土山。总之，在欧洲人开始远洋殖民的时候，北美印第安人还生活在部落时代。"当时印第安人分散为上千个独立的单位，属20个以上互不关联的语族，有着丰富多彩的古老文化"①。虽然由于共同语言形成了一些部落联盟，这种联盟关系也十分松散，当欧洲人抵达并对他们的生活方式造成威胁的时候，印第安人通常将这种威胁看成是只影响着自身的群体和部落，而非影响整个印第安世界。只有在非常偶然的情况下，印第安人才联合起来，共同对付白人的挑战。

北美大陆土著居民的这种落后、分散的情形，使得欧洲人在几乎没什么抵抗的情况下，大规模迅速涌入这块新大陆，他们带着商业的、宗教的，甚至是乌托邦理想的狂热，也包括被流放的无奈选择，开始他们各自的新生活。欧洲人的新大陆开发既有对印第安土著居民的杀戮和驱赶，也有协商合作，联姻和融合。

欧洲殖民者发现新大陆的时候，欧洲本土正处在资本主义发展的原始积累阶段，欧洲列强纷纷踏上北美大陆，从探险、殖民拓荒开始，不仅对印第安人征服、掠夺和血腥屠杀，对黑人进行无情奴役；

---

① 黄安年：《美国的崛起》，北京：中国社会科学出版社，1992年，第32页。

殖民者之间也因利益冲突不断爆发争斗和战争。但那毕竟是工业文明开发广袤新大陆的历史进程,几百年的殖民史,总的来说是"资本主义时代的曙光"照亮原始大陆的历史,是资本主义势力获得自由、广阔发展空间的历史。"由于殖民地时期移民的主体是处于资本主义发展时期的英格兰人和资本主义商品经济相当发达的西欧其他国家的居民,他们为北美大陆带来了先进的生产力和生产关系。由于大多数移民来自社会的中下层,其中相当一部分移民没有完全自由的身份;不少移民为逃避封建暴政和宗教迫害,以求改变经济贫困和追求自由平等;因而,移民从总体上说具有勤奋进取、实干和独立的精神。正如恩格斯所说:'美国是由那些为了建立纯粹的资产阶级社会而从欧洲的封建制度下逃出来的小资产者和农民建立起来的。'斯大林也说:'构成美国人口的是一些早已从君主和地主贵族压迫下解放出来的人。这种情况也有利于美国的发展'"①。

从1607年到1733年,英国在北美大西洋沿岸先后建立了13个殖民地。这个新英格兰地区资本主义工商业比较发达,成为美国资本主义的发源地。到了18世纪中期,资本主义的生产方式在英属北美殖民地已经有相当发展。新生的美利坚民族已经具备形成的良好基础。一个新人,美国人,经过欧洲移民百余年的融合已真正形成。正如1782年法国农学家克来弗果在《美国农民来信》中写道:"这个新人,美国人,到底是怎样一种人?他要不是欧洲人,就是欧洲人的后裔。那种惊人的混血情况,在别的国家是见不到的……我们可以给你指出一个家庭,祖父是英国人,他的妻子是荷兰人,儿子和法国女人结婚,生了四个孩子,这四个孩子娶的是国籍不同的妻子。这就是

---

① 黄安年:《美国的崛起》,北京:中国社会科学出版社,1992年,第60—61页。

美国人"①。这个勇于开拓新生活、富有进取精神的美国人一经形成，便开始走上了争取自由与独立的斗争。这场斗争不仅是为了摆脱英国老殖民者的压迫，也是资本主义工商业在北美大陆迅速发展后在政治经济上要求独立的必然趋势。

美国是北美大陆新兴的国家，自1776年7月4日《独立宣言》诞生宣布美国成立，只有二百多年的历史。美国的独立战争虽然从1775年4月开始至1783年9月胜利结束了，但作为一场资产阶级的独立革命运动，它从1763年就开始酝酿了；它的结束似乎也不能仅仅从战胜了英国军队并在巴黎签订和约为止。总之，美国的独立革命是新兴的资产阶级的革命运动，在世界范围内具有前瞻性。从《独立宣言》的内容来看，它充分表达了资产阶级争取民主、自由、平等和民族独立的政治主张，体现了资产阶级的革命精神和独立革命的革命性质。宣言全称《美利坚合众国十三个州一致宣言》，第一部分着重阐述资产阶级民主自由哲学的天赋人权和社会契约说。宣言说："我们认为下面这些真理是不言而喻的：人人生而平等，造物者赋予他们若干不可剥夺的权利。为了保障这些权利，人类才在他们之间建立政府，而政府之正当权力，是经被治理者的同意而产生的。当任何形式的政府对这些目标具有破坏作用时，人民便有权利改变或废除它，以建立一个新的政府。"②可见，宣言体现了天赋人权的平等权利原则，政权民授的民选权利原则，即人民主权的社会契约论和政权更替的革命权利原则。马克思称《独立宣言》是"第一个人权宣言"③。尽管《独立宣言》中的基本思想源于英国思想家托马斯·霍布斯

①　黄安年：《美国的崛起》，北京：中国社会科学出版社，1992年，第60页。
②　同上书，第90页。
③　《马克思恩格斯全集》，第16卷，北京：人民出版社，第20页。

(1588—1679)和约翰·洛克(1632—1704);霍布斯主张:"在自然状态里,人是生而平等的",洛克反对君权神授,提出了分权说,拥护代议制;但是显然美国人的《独立宣言》已不是一种哲学观念,而是社会革命的行动纲领,是动员和组织民众进行独立战争的一面旗帜。

正如列宁所说:"美国人民是有革命传统的","这种传统就是18世纪的反英解放战争,其次是19世纪的国内战争"[1],他还说美国革命是"人类历史上最早最伟大的真正解放战争,人类历史上为数不多的真正的革命战争"[2]。可见,美国资产阶级民主革命是符合民众利益的革命,代表了进步的历史潮流。

《独立宣言》第二部分历数了1763年以来英王乔治三世压迫北美殖民地的20多条专制独裁罪状,包括"拒绝批准对公众利益最有益、最必要的法律""拒绝批准便利广大地区人民的其他法律""一再解散各州议会""拒绝批准建立公司法权利的法律"等。宣言说:"一个君主当他的品格已经打上了暴君行为的烙印时,是不配做自由人民的统治者的。"宣言最后以美利坚合众国代表名义郑重宣布:"这些联合一致的殖民地从此是自由和独立的国家,并且按其权利也必须是自由和独立的国家","它取消一切对英国王室效忠的"义务,"作为自由独立的国家,它们完全有权宣战、缔合、结盟、通商和采取独立国家有权采取的一切行动。"[3]

从《独立宣言》的内容可以看出,它不仅是资产阶级革命的纲领性文件,也是宣传的战斗檄文,也可以说是较早的公共关系宣传材料。

---

[1]　黄安年:《美国的崛起》,北京:中国社会科学出版社,1992年,第97–104页。

[2]　同上。

[3]　同上。

(二)公共关系在北美新大陆的开发热潮中诞生

北美新大陆的开发既是人类的一次大迁徙、大融合,也是理想主义的一次伟大实践。在一个全新社会的组织、建设过程中,由于参与其中的人们主要是基于自主意愿,即使是存在宣传,人们终究需要自主抉择。在这个过程中,传播沟通的实践达到空前发展。目前能看到的主要是印刷品宣传,就技术层面而言,这些宣传跟主张存在古代公共关系的学者们所列举的久远历史中的事例似乎没有什么差别,但是,仔细分析会发现,在无差别的形式背后,其实存在着时代的巨大差别。追根到本质上,就是工业文明正在崛起,工商业社会的生产方式必然会酝酿与之匹配的社会意识和社会关系状态。这是历史上从未有过的情况。可以说,正是北美新大陆的开发热潮改造了人们的生活方式,殖民者的宣传鼓动与移民的自主抉择,作为一种社会互动模式,它预演了高度发达的商品经济时代人们的消费行为,也预演了民主社会的政治活动模式。因此,北美新大陆开发中的宣传已经有了本质的变化,那就是信息的共享与人的自主抉择,其中包含了民主、平等、自由和自我管理等现代社会的文明因素,也就是工商业社会的时代精神。为了便于理解这一结论,下面简单列举一些论证材料。

1. 弗吉尼亚的开发与宣传

按照斯各特·卡特里普在《公共关系史(17—20世纪)》第一章"为殖民地、大学和西部开发造势"中的叙述:"美国人在宣传方面的天赋可以追溯到16世纪东海岸的第一批移民者们",他们往往通过带有夸大的宣传,吸引更多的人口移民到新大陆;具体的宣传手段包括出版书籍和印制小册子。比如,托马斯·哈里尔特(Thomas Hariot)的《新大陆弗吉尼亚的真实报告》(A Brief True Report of the New Found Land of Virginia),是第一个对北美大陆的实地描述;此书是沃特·拉雷爵士(Sir Walter Raleigh)负责出版的,以协助他在特许状过期之前筹集到资金和人力,实施其殖民计划。再比如,詹姆斯敦(Jameson)殖民地成立不久,伦敦公司开始大肆宣传,鼓励移民,在接下来的几年里产生了弗吉尼亚历史上规模最大的一批宣传小册子。第一个小册子是《弗吉尼亚殖民地的真实宣言暨对如此有价值事业之诋毁的反驳》,目的是为了粉碎关于殖民地艰苦的言论。虽然无法评估这种宣传材料的有效性,莱夫勒描述说,1609年,罗伯特·约翰逊(Robert Johnson)发表的《新不列颠:弗吉尼亚的耕耘结出丰硕果实》(Nova Brittania: Offering Most Excellent Fruited by Planting in Virginia),确实大大增加了移民到弗吉尼亚的人口数量和对伦敦公司的投资。

2.马里兰的开发与宣传

马里兰州(Maryland)移民计划刚刚开始筹备的时候,欧洲人还没有狂热到认为新大陆是充满机遇和浪漫的富饶之地。这个州的第一个宣传出版物是查理一世(Charles Ⅰ)在1622年印制的《马里兰宪章》(Charter of Maryland)。另一本是出版于1663年的《关于反对马里兰的回应》(Objections Answered Concerning Maryland),而《巴尔迪摩勋爵的马里兰殖民地宣言》(A Declaration of the Lord Baltimore's Plantation in Maryland)发表日期是1633年2月10日。1633年印刷的招股说明书表明,巴尔迪摩勋爵(Lord Baltimore)在组建他的探险队的时候一直充当着殖民地宣传者的身份,所附的关于"马里兰方舟"离港的时间和地点向公众广而告之。在另一本《1635年马里兰的关系》(A Relation of Maryland of 1635)的出版物中,除了简要介绍前一年的成功移民之外,它还包括了该地的全面说明,预言各行业可获得的报酬,对印第安居民慷慨的政策大纲,土地使用权的条件等,甚至种子、肥料、武器、新的土地需要的工具和农具等方面都为移民做了明确指导。马里兰的出版物中也有移民手册等宣传资料，还有跟英国上议院斗争的宣传品，比如《一项稳健的投资》(A Moderate and Safe Investment)在1645年出版，就是为了呼吁人们不要考虑上议院提出的废除马里兰宪章的提议，说服天主教徒移民马里兰的宣传品。

3.乔治亚的开发与宣传

乔治亚(Georgia)曾经是英国和欧洲的穷人、流亡者以及被驱逐的人的聚居地，它的开发资金来源主要是私人捐款和议会拨款。以奥格莱索普勋爵(Lord Oglethorpe)为首的乔治亚殖民地的创始人们打着人道、慈善和无私奉献帮助穷人的旗号，依赖英国的慈善组织和议会，进行了声势浩大的宣传和游说，它们的宣传活动与当今的手段不相上下。18世纪30年代、40年代和50年代早期的乔治亚宣传运动，运用了很多现代非政府组织的宣传方式与手段，如筹款、出版、符号化、特别事件和舆论权威等。

4.边境拓展中肯塔基州的"偶像塑造"宣传

美国的中西部因为有广袤的草原、雄奇的山川和美丽的海岸，加上印第安武士在一些地方的坚守，使得欧洲移民们向西发展的时候经历了特别的艰辛，甚至是一种具有英雄色彩的冒险。因此，西部，在美国成了一个"使人想到刺激和魅力"的单词，以至于形成了一种"西部精神"的传奇文化。这种文化的创造者是拥有肯塔基(Kentucky)州六月禾土地的地主丹尼尔·布恩。与其说丹尼尔·布恩是一位传奇人物，不如说他在销售肯塔基州的土地的时候，借用教师出身的约翰·菲尔森的妙笔，把自己塑造成了一位传奇人物；而这种看似与销售土地毫无关系的人物冒险传奇的故事宣传，最终却推动了土地销售，加快了人们向西部移民的速度。

5.大学的筹款宣传

按照艾伦·布林克利著的《美国史》(1492—1997)的叙述，北美洲早期的大学在创立时大都具有宗教色彩。没有任何地方能像殖民地美洲兴起的大学和学院那样更能体现传统宗教信仰和新兴启蒙精神的结合。到1763年为止建成的六所大学中,四所是宗教团体为培训牧师而建立的。然而在所有大学里,新的科学与理性的教学方法明显可见。美国第一所大学哈佛大学由马萨诸塞州议会应清教徒神学家要求于1636年开始兴建,目的是办成神甫培训中心。两年后的1638年,哈佛大学在剑桥开课。大学以查尔斯顿牧师约翰·哈佛的名字命名, 因为他在死后将全部藏书和一半财产赠给了这所大学。几十年后的1693年,英国国教徒在弗吉尼亚威廉斯堡市建立威廉和玛丽学院(以英国国王和女王名字命名)。像哈佛一样,这也是一所训练牧师的学院。1701年, 保守派公理会教徒不满于哈佛在他们看来日渐增长的宗教自由主义, 在康涅狄格的纽黑文成立耶鲁大学(以最初赞助人之一伊莱休·耶鲁命名)。1746年, 新泽西学院建立,后据所在城市改名普林斯顿大学。大学虽然建立在宗教基础上,但多数院校的学生可以从课程设置(不仅包括神学,而且还有逻辑、伦理、物理、几何、天文、修辞、拉丁文、希伯来文和希腊文)中接受比较自由化的教育。哈佛从最开始就不仅是提供神学教育,而且还要"增进学识、传延后代"。1754年成立于纽约的国王学院,后更名为哥伦比亚大学,更致力于传播世俗知识。宾夕法尼亚大学的前身费城学院完全是一所非宗教大学, 由一批受到本杰明·富兰克林启发的世俗人士于1755年创设,设置了偏重实用的机械、化学、农业、政府、商务和当代语言等专业课程。

也许正是由于北美大陆的大多数大学在创建时与宗教紧密联系在一起,因此它们比较容易从社会上筹集到捐助。从而形成了一种办学模式,就是利用一切机会向社会各界推销自己,获取募捐。比如,哈佛学院于1641年派遣三个传教士到英格兰去执行一项"乞求的使命"。他们一到英格兰就通知哈佛,他们需要一份筹集资金的小册子,这已经成为现在筹款活动中的一个标准项目。

大学除了印制小册子开展募集资金的活动,还利用报纸向社会宣传学校。比如,1758年,国王学院(今哥伦比亚大学)在纽约举行了历史上第一次毕业典礼,学院的管理者们意识到了举行公共活动在突出其工作方面的巨大价值,于是他们就去寻找方法来宣传此项活动,结果,报纸成了大学的宣传媒介。普林斯顿大学也是利用报纸进行宣传的先驱。具体的做法就是在报纸上发布关于学校事务的信息,尤其是那些能够吸引潜在学生家长眼球的信息;还有就是利用校友在报纸上给母校送上诚挚的问候,也产生了很好的宣传效果。

(三)公共关系在美国资产阶级民主革命中融入强大生命力

如果说美洲新大陆的开发是资本主义工商业的胜利,其开发过程中组建的一个个殖民地是资本主义工商业文明的理想实践,在这个实践过程中,不仅殖民者的宣传鼓动具备了民主、自由、平等和理想主义的召唤品质,封建的上层贵族、新兴中产阶级、普通劳动者、狂热的宗教传播者和宗教异己分子、契约奴等各类社会成员的重新组合,并成功地形成了自我管理的殖民地,这个人口迁移和安置过程本身就是一次空前的传播沟通活动,显示了各种利益、动机的协调和融合,孕育着全新的生活观念和生活方式。正是在这个意义上,我们判定公共关系在美洲大陆的开发过程中已经诞生了。而美国的独立运动使公共关系的时代精神更加明确,具有了更强大的生命力。

在美国资产阶级进行民主革命的独立运动中,"民主""自由""平等""人权""公众利益"这些观念首先被《独立宣言》作为反英独立战争的最充分理由提了出来,也被作为革命运动的终极目标确立了起来。也正是在这些观念的基础上,过去长期以来被人们运用的种种宣传技巧和手段,才焕发出了无比巨大的力量,萌芽出了新的价值。政府公共关系的源头就孕育在这种为民众事业、为人的权利平等和自由解放而进行的宣传事件中。这种宣传行为也只有到了资产阶级民主革命这个时代,人权观念深入人心,民权意识高涨,公众利益真正成了社会行为的第一准则,才能产生巨大的效应,从而逐步转化为一种社会管理行为,最终发展成为公共关系这样一种社会管理思想和管理职能。而这样的社会条件和历史机遇首先在美国出现了,于是公共关系便首先在美国孕育、发展起来了。

关于公共关系在美国资产阶级民主革命中的具体实践,斯各特·卡特里普认为:"从1763年至1783年,20年的斗争使美国成了独立的国家。约翰·亚当斯估计,当初市民中有三分之一的人是效忠英国一派的。……从1763年开始到1776年结束的美国独立战争,这14年的战争给当今的说服者们上了最为基础的一课:改变公众的意见,并不会如同闪电般的迅速,而是会像冰块移动一般的缓慢。"①"当今公共关系的实践模式的确深受塞缪尔·亚当斯和他的革命同伴们创立的舆论动员模式的影响。在酝酿反抗英国的过程中,革命宣传者暗中发展并证明了以下技巧的伟大力量:

1. 宣传活动的需要使得成立一个组织来执行行动成了一种必须。例如,1766年1月在波士顿成立的'自由之子',以及1772年同样是在波士顿诞生的'通讯委员会'(Committees of Correspondence)。

2.标志符号便于辨认又能唤起人们的情感。例如,'自由之树'。

3.标语口号使得复杂的事情变得易于提出、易于记住。例如,'没有征求民意的税收就是专政'。

4.升级的事件能够吸引公众注意,从而使尚未明确的公众意见

---

① [美]斯各特·卡特里普:《公共关系史:(17—20世纪)》,纪强华、焦妹、陈易佳译,上海:复旦大学出版社,2012年,第18–19页。

显性化。例如,波士顿倾茶事件。

5.在第一时间告诉公众所发生的事情的重要性。抢得了先机,你对该事件的诠释就会被公众广泛接受。例如,波士顿惨案。

6.持久地运用所有可利用的媒体和以上诸手段,将一种新的想法、新的理念灌输到公众脑中。群情激昂的革命宣传为国家接下去的政治斗争设定了模式。"①

结合美国的历史,可以更好地理解斯各特·卡特里普阐释的几点所谓公共关系的"伟大力量"。关于成立专门的组织,资产阶级革命家们显然十分精通这种运作。例如,在美国资产阶级民主革命运动中,从1765年开始,围绕反印花税法的斗争,北美大陆各地出现了由手工业者、工人、农民、水手、渔民和革命知识分子组成的"自由之子"社和"自由之女"社,他们四处活动,波及各阶层。新英格兰地区"自由之子"领导群众示威游行,捣毁税局,烧毁税票,赶走税吏。"自由之女"社提出"宁穿土布衣,决不失自由"的豪迈口号。他们自制土布衣抵制英国的纺织品,用深红色树叶泡茶,抵制英国送来的进口茶。可见,一些专门的组织在政治运动中成了"公众"之间"关系"广泛连通的"发动机",并引导着运动朝向一定的目标方向产生力量。促使这种"关系"连通的原始动力不是来源于外部,而是来源于人的真正解放的内在追求。这样的公共关系当然只能在特定的社会历史条件下产生。它明显地表现出公开性、民主自觉性和正当合理性,人人懂得自觉维护人的权利,公众利益公开地成为人们行动的旗帜,人们公开地为正义、人权而联合并协调行动。再比如,抓住事件引起公众注意,引起讨论,由此使原来没有形成的公众舆论明确化;在这

---

① [美]斯各特·卡特里普:《公共关系史:(17—20世纪)》,纪强华、焦妹、陈易佳译,上海:复旦大学出版社,2012年,第19页。

个过程中，注意协调公众的观点，从而牢牢掌握舆论的方向。例如
1768—1769年，北美殖民地普遍发生了抵制英货的运动。1768年2月
11日，萨缪尔·亚当斯起草了马萨诸塞议会反对英国颁布的汤森税法
的传阅文件。1770年1月19日，纽约自由之子社同英国士兵发生冲突，
导致一人死亡的流血事件；同年3月5日，波士顿发生屠杀案，英军开
枪打死了拒绝提供营房的殖民地居民5人，打伤6人，酿成影响极大的
"波士顿惨案"。1772年底到1773年初，萨缪尔·亚当斯抓住这一事件，
倡议在波士顿建立通讯委员会，讨论事态，引导舆论，以加强各地革
命力量的联系和反英行动的统一。很快各地80至90个城镇成立了通
讯委员会，它们在反英斗争中起着核心作用。1773年波士顿茶叶事件
中，又形成了"波士顿茶俱乐部"。

在掌控舆论方面，资产阶级革命家们十分娴熟地利用报纸、宣传
册、讲坛说教、城镇会议、通讯委员会等各种沟通渠道向公众渗透新
的思想与观点，抨击英国统治者。1774年7月，在弗吉尼亚议会第一次
会议上，托马斯·杰斐逊起草了《英属美洲权利综述》，主张各个殖民
地没有必要承认英国议会的权利，"我们移民到这个国家，就不再给
予英格兰对我们的统治权"[①]。同年夏，宾夕法尼亚律师詹姆斯·威尔
逊在费城出版了《英国议会权限探讨》小册子，提出反对英国议会征
税的论据，同样可以适用于反对英议会的立法权。这两个文件在第一
届大陆会议上被广泛传阅。1776年初，托马斯·佩因发表了小册子《常
识》，首次有力地提出了美利坚人的事业，反对英国所强加的殖民地
地位。小册子发表后几周内，无数人开始信仰此事业。各殖民地议会
与费城大陆会议开始讨论各殖民地宣布独立的问题。7月间，由托马

---

① [美]吉尔贝、希纳尔：《杰斐逊评传》，北京：中国社会科学出版社，1987年，第
58-59页。黄安年：《美国的崛起》，北京：中国社会科学出版社，1992年，第
94页。

斯·杰斐逊起草的草案,成为正式的《独立宣言》。《独立宣言》宣布后,战争进入了更加严酷与咄咄逼人的阶段。①

通过考察美国在独立运动中的一些历史事件,特别是资产阶级革命家在宣传鼓动方面的卓有成效的实践,可以清楚地看到传播沟通、协调关系、引导舆论等这些古老的技术在美国资产阶级民主革命运动中,是如何焕发出了全新的含义;从而孕育形成了公共关系这种社会管理职能。这种社会职能后来在美国社会民主化、法制化的建设中,也就是在选举活动和推广法律观念的过程中,特别是在19世纪60年代前期的南北战争中和其后的南方重建中,以及20世纪初期打击垄断资本主义的"揭丑运动"中,得到了进一步的培育和更全面的发展。

所以,公共关系是人类社会发展到了一定历史阶段,在美国大陆这个特定的社会环境条件下,在美国资产阶级民主革命的进程中,经过一些革命者的政治宣传鼓动活动的推动,注入了维护公众利益的强大生命力,从而使公共关系在全世界范围内最先开创了一种有效的既非神秘因素也非权威体制化的公众力量管理模式。正如美国学者所说:"与这些革命者有效的公众沟通相比较,支持乔治国王及英帝国主义者的保守党们的工作则是软弱无力的,他们没有更多地依靠宣传而主要依靠法律和军事力量的压力,实际上这样做是毫无益处的。……萨姆·亚当斯和他的同事们作为宣传家进行了出色的工作。这样诱发与培养感情的革命运动为以后的政治斗争建立了一个可供运用的模式。"②

---

① [美]加尔文·D·林顿:《美国两百年大事记》,谢延光等译,上海译文出版社,1984年12月,第17页。

② [美]斯各特·卡特里普,阿伦·森特,格伦·布鲁姆:《有效公共关系》,北京:中国财政经济出版社,1988年11月,第28页。

二、生长期

(一)公共关系在美国工商业发展中获得迅猛生长

如果把公共关系比作大树，它应该是那种同根丛生的树木。它最初的根块应该是混合了殖民者的商业动机和牵引民众创造新世界的理想精神的复合体，以此为基础，在时代演变的推动下，并生出两棵主株，就是政府公共关系和企业公共关系；其他行业的公共关系都是后来的伴生树。也就是说，公共关系在萌芽的根基上就并生出两棵新芽，一棵在美国资产阶级民主革命中孕育成长，一颗在美国工商业发展中滋养壮大。

1.城市化和"便士报"对公共关系的推动

自从欧洲列强在北美殖民以来，资本主义工商业就开始在新大陆兴起。开始阶段由于受欧洲大陆社会条件的历史局限，资本主义生产方式的移植还不同程度地带有封建色彩。独立战争以后，美国进入自由资本主义发展时期。首先，在政治上巩固地建立了资产阶级民主共和国体制，其中包括逐步确立的共和制，由邦联制发展为联邦制，三权分立体制下的总统制，稳定成文的联邦宪法体制及资产阶级两党制的形成。其次，经过第二次对英战争，排除了美国资本主义发展的最大外部威胁，为近代工业化和长期的和平发展打下基础，有利于美国民族工业的崛起和国民经济的独立发展。第三，西进运动和领土扩张，为资本主义工商业的发展提供了稳定、广阔的市场，也为美国经济大国的形成创造了充分的条件。第四，南北战争和其后的南方重建，以北方工业资产阶级战胜南方种植园奴隶制而告终，排除了美国资本主义发展的最大内部障碍，最终确立了工业资产阶级的主导地位。到了19世纪后期，经过一百年的发展，美国开始了以电力技术发明为标志的科学技术革命时代，在较高水平上完成了近代工业化，在主要工业指标上赶上了英国和德国成为世界头号工业大国。与此同时,美国工业生产进一步集中,资本积累,出现了托拉斯和控股公司等垄断组织,由自由资本主义发展为典型的托拉斯国家,进入了一般垄断资本主义为主导的社会阶段。

公共关系的第二棵萌芽就是附着在美国资本主义工商业的机体内,在19世纪报刊业蓬勃发展的时代,在企业的报刊宣传活动的直接催动下获得了迅猛生长。

报纸是随着资本主义的发展逐步发展起来的一种信息扩散方式。在美国的资产阶级民主革命中,报纸在调动民众力量、制造社会舆论、传输政治思想等方面发挥了巨大作用。但公开为政府服务的报纸,后来在美国社会完全成了党派斗争的工具,主要读者是少数政客和知识分子。到了19世纪30年代,由于大量移民,人口增加,工商业发展使城市开始迅速崛起。据统计,1790年,美国8,000以上人口的城市只有6个,共131,472人,占全国人口的3.3%;1840年,有44个,共1,453,994人,占全国人口的8.5%;1860年,有141个,共5,072,256人,占全国人口的16.1%;1880年,有286个,11,318,547人,占全国人口的22.5%;1900年,有547个,30,797,185人,占全国人口的40.5%。① 特别是内战后,大中型城市不断涌现,1860—1880年间,百万以上人口的大城市只有纽约一市,由117万人增加到191万人。到1900年,百万以上人口的大城市有3个:纽约343万;芝加哥169万;另有费城。50~100万人的中等城市,在1860年有2个,1910年5个。10~50万人口的三等城市,1860年有7个,1900年有32个。1~10万人的小城市,如雨后春笋般出现,1860年84个,1900年达402个。②

美国社会近代城市的迅速扩大,是其近代工业化的直接后果,

---

① 黄安年:《美国的崛起》,北京:中国社会科学出版社,1992年,第373页。
② 同上。

它给美国社会生活带来了深刻的变化和一系列新的社会问题,使美国社会进入了名副其实的现代社会。到19世纪末期,美国社会基本从农业共和国变成了一个都市国家。

报纸作为一种传播媒介,在美国社会工业化和市民化开端的19世纪30年代,由于印刷技术的进步(如蒸汽机带动的印刷机取代了手摇式印刷机等),也获得了迅速发展的新机遇。"独立战争时期大约只有50来份报纸,到19世纪30年代猛增到1,000多份"。但"这些报纸除少数几份完全属商业性的广告报外,大多数仍然是政治性的党派报纸"①,与大众生活距离较远。而且,当时报纸不零售,必须预先付款订阅;全年订费一般在5~10美元,相当于一个普通工人一个星期的工资。因此报纸销售量都很低,最多也不过4000~5000份。这与工业化市民社会的大众生活极不相称。于是一种新型的报纸——便士报,应运而生。便士报的出现,开创了美国新闻事业的新时代,使报纸成了最早的大众传播媒介。

所谓便士报,就是用一便士(一美分)可以买到一份报纸。这种报纸不仅在价格上创历史新低,一般社会大众都能买得起;而且它在内容、形式、出售方法方面也有创新。便士报的内容,除商业新闻外,很少或根本没有政治、哲学方面的大块文章,大多数是关于暴力、犯罪、色情的消息,琐碎的社会新闻及缠绵的"人情味"故事(其中一些是编造的)。在形式上,文字通俗,情节夸张。发行方面以街头零售为主,不在依靠传统的订阅办法。报童从报社那里以较低的价格成批买来报纸,然后在街上向行人兜售,高声叫卖。

第一家成功的便士报是1833年9月3日由本杰明·戴创办出版的《纽约太阳报》。该报雇用一个叫乔治·威斯勒的人专门采访警察局

---

①　刘有源:《美国新闻事业概况》,北京:人民日报出版社,1984年,第7页。

及法院，报道各种犯罪活动。此外它还大量刊登各种趣闻，招徕读者。不到6个月，发行量达8,000份。发行量增大引起广告商重视，广告增多，报纸收入更大。这就是《纽约太阳报》成功的秘诀。19世纪30年代，在《纽约太阳报》的带动下，美国社会掀起了一场"便士报运动"。

本杰明·戴的成功使效法者接踵而至。1853年，詹姆士·戈登·贝内特在纽约创办了另一家便士报——《纽约先驱报》。该报不仅刊登种种耸人听闻的社会消息，还首创了对华尔街金融活动的报道(辟了一个"金钱版")，对体育、宗教等活动的报道以及刊登读者来信。《先驱报》注意搜罗新闻，利用信鸽、电报(1844年发明)等各种条件进行广泛的采访活动，出版一年后，发行量就达两万份。

1844年，霍勒斯·格里利创办了《纽约论坛报》，被称为是当时美国便士报中最严肃、正派、开明的报纸。格里利是个资产阶级社会改良家，提倡建立一个能兼顾劳资两方利益的"有益的资本主义"。他对广泛的社会问题发表评论，要求进行劳动改革，废除奴隶制，给妇女更多的权利，反对酗酒等。他还主张对"联合主义"方案进行实验。这种方案设想人们能以集体生活、互相帮助的方式来医治资本主义的弊病。他允许各种意见，包括社会主义理论，在《论坛报》上争论。马克思曾应聘担任该报的伦敦通讯员多年。《论坛报》在广大工人农民中很有影响，1860年的一期特刊发行量达20万份。

便士报是美国现代大众化新闻事业的开始，也为世界报业的大众化趋势开辟了道路。便士报的大量兴起，使报纸在19世纪中期的美国已成为一般大众都可购买阅读的获取信息的窗口，新闻事业与社会的关系日益密切。在这种情况下，为节省广告费用，获得报纸的免费宣传，很多企业便聘请专门的宣传人员充当新闻代理人，编选一些离奇的故事或煽动性新闻为组织做宣传，以吸引公众的注意。而报纸为了迎合大众的心理，招徕读者，也乐于发表。这样，企业组织和报界两相配合,便出现了所谓的"报刊宣传活动"。企业的报刊宣传活动使公共关系获得了广阔的实践空间,也使报纸宣传找到了利益空间,这种利益共享关系推动了企业公共关系的发展。

2.巴纳姆的报刊宣传活动

最有代表性的报刊宣传代理人,也是新闻代理活动的开创者,是费尼斯·泰勒·巴纳姆(Phineas Taylor Barnum)(1810—1891)。巴纳姆于1810年7月5日出生于康涅狄格州丹伯里(Danbury)附近的伯赛尔(Bethel),是小零售商的儿子。19世纪末期,81岁的巴纳姆以举世闻名的新闻代理人、娱乐业的伟大天才、千万富翁的身份辞世。"巴纳姆吸引公众的才能是很卓越的,这在于他有超人的能力,使他能够满足公众的要求。每一个人都有自己的突出之处,巴纳姆的突出之处正在于他的宣传才能。"①巴纳姆本是马戏团的一个老板,为了推动马戏演出,制造宣传舆论,巴纳姆曾编造了许多宣传"神话"。比如,马戏团里有一个黑人妇女叫乔伊斯·海斯(Joice Heth),据说她是乔治·华盛顿父亲的奴隶,根据一张伪造的1727年的卖身契,号称已经160岁。尽管那名妇女已是半瘫半盲,没有半颗牙齿,巴纳姆却能教她对着观众畅谈她"亲爱的小乔治"。巴纳姆付给海斯1000美元,并让她在纽约市首次亮相。同时,巴纳姆亲手题写海报和广告,并将它们刊登在报纸上。他还雇了一个叫莱曼的人,撰写了一部乔伊斯·海斯的回忆录。报纸发表这一"消息"后立即引起轰动。巴纳姆顺势以不同笔名向报纸寄去"读者来信",人为地引起一场讨论。有的信说,巴纳姆的故事是一个骗局;有的信说巴纳姆发现了海斯,是一大功劳。巴纳姆说,只要报纸没有把他的名字拼错,随便怎么说他都无

①　斯各特·卡特里普、阿伦·森特,格伦·布鲁姆:《有效公共关系》,北京:中国财政经济出版社,1988年11月,第31页。

妨。他的信条是"凡宣传皆好事"。海斯死后,医生对她的尸体作了解剖,结果表明,海斯不过80岁左右,根本不像巴纳姆所说已届160岁。对此,巴纳姆表示"深感震惊",声称自己也"受了骗"。但实际的情况是,在诸如此类的种种瞒天过海的"神话"背后,巴纳姆的马戏团每周都能够从那些希望一睹海斯风采的纽约人那里获得1500美元的收入。再比如巴纳姆还曾通过报纸大肆宣传说马戏团里有一个矮小的汤姆将军,他当年曾率领一群侏儒,赶着矮种马拉的车觐见维多利亚女王。如此等等,不一而足,都是为了鼓动人们的好奇心,不惜以欺骗的手段实现宣传目的,从而获取利益。

巴纳姆式的报刊宣传活动使企业界认识到了宣传活动的巨大力量,使报刊宣传活动成了企业的一种经营手段。但是人们很快也认识到了"编造神话"的欺骗性本质和非道德性,在推广报刊宣传活动的过程中开始逐步剔除这些不合理因素。政府公共关系中的公众利益原则也逐步成为企业公共关系的准则。后来的公关理论家和实践者之所以都称巴纳姆时期的公共关系是"公众受愚弄的时期",是反公共关系的黑暗时代,就是因为这一时期的报刊宣传活动基本不注重维护公众利益,大多数报刊代理员都不择手段地制造种种神话,以获得免费的报纸宣传版面为满足。

巴纳姆式的报刊宣传活动只是当时企业公共关系活动中比较热闹的一道风景。"铁路行业的公共关系专家们在西部安顿家园过程中发挥了重要的作用","从19世纪50年代开始,一些铁路和土地开发者便利用公共关系和其他宣传手段吸引人民到西部去。在1858年发动了波灵顿铁路公共关系运动的查尔斯·拉塞尔·洛厄尔(Charles Russell Lowell)写道:'我们发现如果想在西部建筑铁路,就必须要有人口和企业。''我们必须根据巩固我们事业的要求进行大肆宣传。'从那时起直到将近那一世纪结束,公共关系是鼓动人民迁移到新的地区进行新的生活的主要力量"①。

3. 企业公共关系部的诞生

最早创立专门公共关系部门的人,是乔治·威斯汀豪斯(George.Westing.house)。1889年,乔治·威斯汀豪斯在他新成立的电气公司设立了公共关系部门。威斯汀豪斯于1886年创建电气公司的目的是为了促进他的关于交流电系统的改革和革新。当时,托马斯·爱迪生(Thomas.A.Edison)运用直流电系统的爱迪生电气总公司已经成立。托马斯·爱迪生在他的精明强干的得力助手塞缪尔·英索尔(Samuel.Ensall)的协助下,发起了著名的"电流之战",反对威斯汀豪斯的交流电系统。麦克唐纳(Mc.D onald)记载道:"爱迪生电气总公司通过肆无忌惮的活动甚至采用不体面的宣传手段企图阻止交流电系统的发展……这些宣传手段是利用公开展示攻击交流电产生的令人吃惊的高电压禁区,最耸人听闻的就是惩罚罪犯工具电椅的出现和发展的情况。"②

在这种情况下,威斯汀豪斯认识到有必要让公众了解他的公司及交流电的情况和知识。为此他聘用了新闻记者黑瑞(E.H.Heinriches),黑瑞直到1914年3月去世之前一直受聘于威斯汀豪斯电气公司。黑瑞曾说,他受聘于威斯汀豪斯公司不是因为"电流之战",而是因为威斯汀豪斯像今天的企业经理一样,没有时间亲自和新闻界打交道。而企业需要那种能够从各公众圈子内听到反映并通过报纸等中间媒介将企业情况传播出去的具备专业技能的人。黑瑞是把威斯汀豪斯公司情况传递给新闻界的主要渠道。

---

①　[美]斯各特·卡特里普、阿伦·森特,格伦·布鲁姆:《有效公共关系》,北京:中国财政经济出版社,1988年11月,第31-32页。

②　同上书,第34-35页。

如果说新闻记者黑瑞在威斯汀豪斯公司的工作仍然带有报刊宣传代理活动的影子,那么,20世纪初大约从1900—1912年间,在美国社会大量涌现的"宣传事务所""公共事务所"等专门机构,则标志着公共关系职业的最终形成,也表明了公共关系职能的进一步发展,说明公共关系已进入全面生长阶段。

(二)竞选与政治变革使公共关系大行其道

1. 两党竞争模式对公共关系的依赖和推动

美国两党制的历史可以追溯到建国初期。按照艾伦·布林克利(Alan Brinkley)在《美国史》(1492—1997)第6章"国家宪法和新共和国"中的叙述,建国的时候议会代表中因为宪法的讨论就产生了联邦派和反联邦派。宪法中没有提到建立政党,因为大多数自耕农,特别是乔治·华盛顿,相信结党十分危险,应该尽力避免。多数立国者认为,人们在具体问题上存在分歧是不可避免的,但这种分歧不足以,而且不应该导致永久性派别的建立。麦迪逊在《联邦党人文集》中写道(第10篇,也许是所有政论中最有影响的一篇):"敌对党派的冲突忽视民众利益,而且……在太多情况下决策并非根据正义的原则和少数派的权利,而是根据利益相关和独断专行的多数派的上层意愿。"① 然而在宪法批准后的短短几年里,麦迪逊等人便坚信汉密尔顿及其追随者已成为"利益相关和独断专行的多数派"。这不仅表现在联邦派推行了一个许多其他领导人反对的计划,更危险的是,他们认为,汉密尔顿本人在竭力编织一个全国的势力网,联邦派利用其任免和奖赏等政府特权以及所有其他部门的权力,犒赏他们政策的支持者,并赢得了更多的同盟。他们鼓励组织地方协会(本质上

---

① 艾伦·布林克利:《美国史》(1492—1997),海口:海南出版社,2009年,第170页。

大多具有贵族特性),以提高和加强他们在地方社会的政治地位。这些反对者相信,联邦派所做的许多事情都是18世纪初不列颠政府曾经做过的。反对派觉得,联邦派似乎在建立一种危险而独裁的权力结构,他们除了联合组成强大的反对势力而别无选择。于是便产生了另一个政治团体"共和党"(这个最初的共和党并非现代共和党的直接始祖,现代共和党诞生于1850年)。到1790年,共和党在建立党派影响机制上比联邦派走得更远。它在每个州成立委员会、社团和核心小组,各州的共和团体跨州界彼此联络,联合起来影响州级和地方选举。两党都认为,自己的支持者网络是代表着国家唯一合法利益的集团,代表着人民的合法利益。双方均不愿承认自己是一个政党,双方都否认对方存在的权力。尽管两党在全国各地、各个阶层都有支持者,但因为政治观点和利益上的差别,联邦派一般聚集在东北部商业中心和南部像查尔斯顿这样的港口城市,共和派则比较集中在南方和西部等农村地区。在这种情形下,当华盛顿在1797年卸任后,总统选举竞争就在所难免。

在竞选事业的推动下,美国出现了竞选活动管理者,和企业的报刊宣传代理人一样,他们是专门从事政治公共关系的人,可以看作是公共关系职业化的一种苗头。据斯各特·卡特里普在《公共关系史》(17—20世纪)第四章"约翰·贝克利:第一位宣传活动家"中的叙述,约翰·詹姆斯·贝克利1757年8月4日出生于英国,他的家庭以及他在英国的童年往事鲜为人知,在快12岁时来到弗吉尼亚。他来美国是因为当时的弗吉尼亚种植园主、贵族出身的官员约翰·克莱顿需要一位年轻的抄写员,他的舅舅詹姆斯·维特斯在伦敦的一家公司跟克莱顿有贸易往来,收到克莱顿的需求信件后,就推荐了他。甥舅二人在1769年5月到弗吉尼亚。贝克利在克莱顿家抄写文案,不仅学会了如何处理公务中的往来通信,如何圆通得体地应对公众,更重要的是克莱顿私家图书馆藏书甚丰,他接触到了法律、科学、宗教和文学方面的书籍。经过一段时间,贝克利成了当时教育水平较高的人才,并成为一名律师。1773年12月,约翰·克莱顿逝世后,17岁的贝克利来到里士满(Richmond),在当地的酝酿新国家的安全委员会里找到了工作。1776年2月,他前往威廉姆伯格(Williamsburg),当了弗吉尼亚州委员会的助理职员。1777年开始也为弗吉尼亚参议院工作,1779年10月成为弗吉尼亚州议会职员, 直到他入选美国众议院职员。贝克利早年即显示出政治才能,他先是入选里士满市政府议会,在1783年7月当选里士满第二任市长,年仅26岁,在任6年。1789年3月9日, 贝克利辞去里士满市长之职, 前往纽约,经过活动,在1789年4月被新众议院选为干事。进入政治中心圈的贝克利处于两派激烈的政治斗争中。一派是以华盛顿总统和财政部长亚历山大·汉密尔顿领导的联邦党人,一派是由麦迪逊、门罗和杰弗逊领导的新共和派系(这个词是为了避免用负面的"反联邦主义者"一词)。贝克利开始为共和党积极宣传,并作为非正式的政党领袖着手杰弗逊的竞选事宜,最终帮助杰弗逊出任总统职位。可惜,这位被称为早期政治公关人的约翰·贝克利在1807年4月8日即去世,享年50岁。

"在1880年到1890年间, 政党领袖们对于公共关系技术的运用随着美国国内条件的变化而有所改变, 主要是由于印刷技术的提高而引起的。例如印刷术的改善和活字铸造机的产生,廉价纸张的大量供应和报纸数量的增加, 都为政党领袖竞选创造了良好的条件" [①]。比如1896年的总统大选,"两党都在芝加哥设立了竞选指挥部,掀起了一股出版宣传手册、张贴标语、召开新闻发布会及采用其

① [美]斯各特·卡特里普,阿伦·森特,格伦·布鲁姆:《有效公共关系》,北京:中国财政经济出版社,1988 年,第31-32 页。

他宣传方式的热潮。这些宣传活动在今天的政治运动中仍然是重要的组成部分"①。直到20世纪中期无线电广播出现和30年代飞机旅行出现，以及60年代后电视走进千家万户。虽然技术的进步使公共关系宣传方式不断花样翻新，但早期爆出的那些创造性火花依然光亮照人。

可见，到了19世纪后期，不论在企业界还是在政治活动中，公共关系的应用已十分普遍。1882年，美国律师、文官制度的倡导者多尔曼·伊顿（Doyrman.Eaton）在耶鲁大学法学院发表题为《公共关系与法律职业的责任》的演讲，使用了"公共关系"这一词语。1897年，美国铁路协会编辑的《铁路文献年鉴》也使用了"公共关系"这一词汇。这说明到了19世纪末期，公共关系在美国社会，不仅在实践方面，而且在观念方面，被各行各业关注。

2."揭丑运动"对公共关系发展的促动

这个新阶段的开启是与美国社会大约在1903—1912年间兴起的"揭丑运动"分不开的。揭丑运动是在美国政府的直接推动下，由新闻界掀起的一场大规模揭露企业和政府丑行的运动。19世纪末20世纪初，美国资本主义进入垄断时期，出现了钢铁—卡内基、石油—洛克菲勒、华尔街—摩根等超大型垄断集团，也出现了美国棉籽油托拉斯、火柴托拉斯、烟草托拉斯等垄断企业，在制铝、制糖、酿酒等许多部门都产生了托拉斯。总之，美国当时的工商企业通过联营与控股，许多大大小小的资本家集团构成了错综复杂的网络，控制着整个社会的经济活动，也支配着政府的权力。有位参议员曾描述了政府与工商界赤裸裸的交易："你们把我们送进国会，我们就通过法

① [美]斯各特·卡特里普，阿伦·森特，格伦·布鲁姆：《有效公共关系》，北京：中国财政经济出版社，1988年，第32—33页。

案使你们赚钱。你们再把赚得的一部分利润捐献作为我们的竞选经费,让我们再进国会去制定更多的法律,使你们发更大的财。"①

　　资本家凭借垄断势力形成的种种特权巧取豪夺,肆意妄为,践踏公众利益,从而造成劳资关系空前紧张,公众舆论强烈不满。早在1881年3月,亨利·乔治在《大西洋月报》上发表《大垄断企业的故事》,揭露洛克菲勒石油公司成功的内幕,认为"垄断这种形式和制度像病菌一样传播到整个美国的工商业系统,腐蚀着美国的经济"②。爱德华·贝拉米在1888年出版《回顾》一书,书中揭露垄断资本造成了富人的天堂和穷人的地狱,认为资本暴政"比任何暴政更为可怕"③。1894年,亨利·劳埃德出版《危害共和国的财富》一书,揭露私人垄断已成为压制公众的专利;他在谈到垄断组织时说:"一小部分人拥有这样的权利,即他们可以不许其他任何人把现代生活上和工业上所需要的各种各类的热、光和能供给居民。从火柴起,直到火车头和电力为止。"④

　　可见,垄断组织在诞生的过程中就引起了美国社会的广泛关注。早在1890年7月,美国就通过了《谢尔曼反托拉斯法》,授权联邦政府对任何签订限制洲际贸易的合同,或限制与外国经商的公司和个人进行起诉。不过该法案实施的头几年中处于被告地位的主要是工会,很少用来反对垄断公司或托拉斯。1901年9月14日,西奥多·罗斯福成为美国第26届总统,他在12月3日向国会发表第一个年度咨文中说,大企业是现代工业结构所造成的不可避免的产物,"工业巨头……总的来说对我国人民做了大好事……"但咨文同时"要求进

____

① 张蓉:《西奥多·罗斯福与美国公关史》,《公关世界》月刊,1997年第11期。
② 黄安年:《美国的崛起》,北京:中国社会科学出版社,1992年,第386–394页。
③ 同上。
④ 同上。

行广泛的社会改革和经济改革,管理大企业财团的活动"[1],认为"那些号称托拉斯的大公司, 他们活动的某些方面和他们某些发展趋势,对于公众利益是有危害的……从事违反公益的活动,就应该对他们加以管制"[2]。1904年11月8日,西奥多·罗斯福经过选举继任合众国总统,继续推行改良政策。

在政府大力打击大财团垄断国家经济的种种不法行为与不正当经营,以及官商勾结等腐败行为的良好契机下,从1903年起,美国新闻界对一些不法资本家和政府腐败行为进行揭露和抨击。到1912年,10年间共计发表了2000余篇揭露文章。同时还出版了不少小册子和大量漫画作品。这场运动不仅从舆论上有力配合了政府的社会改革和经济改革,声张了正义,使公众利益观念得到深入广泛的推广,而且把不少垄断企业置于不利的舆论环境中,使其声名狼藉,陷入生产发展的困境。从而迫使他们重视社会舆论,注意与社会的传播沟通,寻找兼顾企业利益与公众利益的有效方法。

正是在这样的社会环境下,公共关系获得了极好的发展机遇和良好的生长土壤,在20世纪初的10多年里迅速成长壮大起来。首先是工商企业界开始普遍认识到公众舆论和传播媒介的重要性,大规模聘用新闻宣传代理人。其次,一批专门从事公共关系业务的"宣传事务所""公共事务公司"挂牌营业,造就了一批真正的公共关系创业者和职业家。

美国的第一家专业宣传企业——"宣传事务所",是由乔治·迈克尔利斯(George.V.S.Michaelis)、赫伯特·斯莫尔(Herbert.Small)和托马斯·马文(Thomas.O.Marvin)于1900年在波士顿创办的。其宗旨

---

① [美]加尔文·D.林顿:《美国两百年大事记》,上海:上海译文出版社,1984年,第273页。

② 张萼:《西奥多·罗斯福与美国公关史》,《公关世界》月刊,1997年第11期。

是"进行新闻代理业务,为尽可能多的雇主服务,收取营业所必需的报酬"。作为营业机构,宣传事务所还聘请了经理和其他专业人员,曾为电报电话公司设计并实施了宣传计划。1906年,这个宣传事务所已声振美国。不仅扩大了波士顿的机构,还增设了纽约、芝加哥、华盛顿、堪萨斯的分支机构,并在南达科他和加利福尼亚及其他地区雇用了代理人。这个公司有效地运用了调查事实、公众宣传、个人联系等方法开展活动,既满足了报纸宣传的需要,也拓展了公共关系的职能。

(三)艾维·李对公共关系发展的贡献

在当时众多的宣传事务所和公共关系从业人员中,最有代表性、在企业界最有影响并取得了卓越成就的人物是艾维·李(Lvy. Lee,1877—1934)。艾维·李生于佐治亚州一个牧师家庭,毕业于普林斯顿大学。毕业后来到纽约,曾受聘于美国报业大王赫斯特的《纽约时报》做记者,后在《纽约时报》《纽约世界报》当记者。作为企业界有影响的新闻记者,他发现为一个需要制造舆论的私人企业服务可以得到更多的报酬。于是他辞去干了5年的记者职务,开始了他的公共关系活动生涯。1903年,他为纽约市长组织了一次宣传活动,1904年总统竞选期间,他在国家民主委员会的新闻机构中担任过职务。实际上是被请去协助乔治·帕克为罗斯福竞选组织公关活动。这次竞选后不久,他与曾是著名记者的政治宣传家乔治·帕克(George.F. Parker)一起在纽约成立了帕克和李(Parker and Lee)公共关系公司,这在当时美国是第三家开办的公共关系公司。经营4年后,1908年,艾维·李被聘为宾夕法尼亚州铁路公司的公共关系顾问,他们的公司解体。但这时艾维·李早已是公关服务行业名望极高的专家。

早在1904年12月,艾维·李被聘为小约翰·洛克菲勒(John.D. Rockefeller.Jr)的私人顾问。当时,洛克菲勒正由于科罗拉多州燃料公司和钢铁公司的罢工运动而受到舆论的猛烈攻击。艾维·李建议洛克菲勒改变对公众沉默的做法，主张认真调查核实造成罢工的具体原因，将真情公之于众，并如实向公众报告财团各项政策；邀请劳工领袖协商解决劳资纠纷，广泛进行慈善捐赠，比如投资建学校、医院、公园之类。这些公关举措终于改变了公众的看法，使洛克菲勒财团渡过了难关。

　　1906年，艾维·李发表了著名的《共同原则宣言》，这既是他个人对所从事的职业的思考和总结，也是公共关系理论探索的开端。艾维·李在这一时期使用"宣传"一词的含义来描述什么是公共关系，并不断用开创性的实践来增加这一概念的新含义。《原则宣言》的发表，被看作是公共关系活动由"新闻代理向宣传阶段发展"的宣言书，也对"宣传朝向公共关系阶段发展起到了很大的促进作用"①。《原则宣言》的确像坐标一样首次为公共关系明确界定出了一个发展基点。艾维·李指出："我们的计划是公开而坦率的代表企业和公共事务的机构，向新闻界和公众提供公众需要了解的、有关公众利益和价值的准确资料。"他的《原则宣言》是在被邀请去帮助处理一件煤矿的罢工事件时通过报纸宣布的，我们可以把他的思想归结出基本的两点，即"公开事实真相"和"维护公众利益"；也即"说真话"和"公众必须被告知"。艾维·李的这些思想纠正了巴纳姆新闻代理时代宣传的欺骗性和非道德性，为公共关系的健康发展奠定了坚实的基础，至今仍然是公共关系事业的基本价值取向。特别是他在《原则宣言》中还呼吁企业不要唯利是图，应实现企业人性化，倡导公共关系工作应进入企业最高管理层次。这些具有远见卓识的思想，不

---

① [美]斯各特·卡特里普、阿伦·森特、格伦·布鲁姆：《有效公共关系》，北京：中国财政经济出版社，1988年，第41页。

仅开拓出了公共关系的新价值和新职能,对工商企业乃至整个社会的管理进步都具有深远的影响。

艾维·李用大量开创性实践推动着公共关系事业的发展,特别是推动了企业公共关系部门的创立并培训了许多宣传顾问。他不仅用成功的实践让人们认识到了公开事实真相所带来的好处,还把公共关系作为一种管理方法,确立起了"公众利益"与"诚实"这两块基石。他的理论主张标定了公共关系的发展方向,《原则宣言》对公关事业产生了良好的规范作用,也是对公共关系本身的最好宣传。艾维·李在公共关系领域的31年内,从一个"单纯的代理人"成为"企业最可信任的顾问",并成为这一行业最有说服力的发言人。罗彻评论说:"第一次世界大战以前,艾维·李作为一个公共事务专家的声誉轻易地埋没了创造这一崭新行业的其他人的力量。在20世纪初期,艾维·李通过为大企业解决问题建立了他的威望。"[①]

(四)公共关系在各个行业的生长

19世纪末至20世纪20年代,公共关系不仅在政府和企业界得到大量应用,取得了卓越成就,在其他社会领域也有不同程度的发展。例如,一些学院和大学开始设置公共关系活动项目和机构。耶鲁大学1899年将秘书室改为校友室和公共关系室;宾夕法尼亚大学从1904年确立学校公共关系部时,主要目的在于调整各种关系,并为校长提供咨询服务。

1908年,美国红十字会聘用了它的第一个公共关系代理人。卫生组织方面另有成立于1908年的美国国家结核协会,曾成功地运用公共关系技术开展了募捐活动。1907年,美国国会成立公众咨询委

---

① [美]斯各特·卡特里普,阿伦·森特、格伦·布鲁姆:《有效公共关系》,北京:中国财政经济出版社,1988年,第51-53页。

员会,该委员会的宗旨是通过宣传国际公共关系活动,保障世界安全。可见美国政府公共关系已开始把视野扩大到全世界范围。

总之,美国这一时期公共关系得到了大规模发展。据《纽约世界报》企业版编辑唐·希斯(Donc.Seitz)1909年向美国新闻出版协会大会的报告说,新闻代理人的数量在迅速增长,有些人每年可得到6000~12000美元的报酬。几乎每个企业都雇用了新闻宣传代理人,甚至纽约孤儿院每个月都付给公共关系人员75美元。一些广告代理商自己创建宣传部门,每月收取服务费用。汽车制造商们每天向《世界导报》发送一篇消息,其他如水泥、食品、保险、公用事业等行业都在紧张地进行公共关系的有关活动。

特别是第一次世界大战期间,政府公共关系的空前活跃和成功的工作,锻炼了一大批公关人员。战争爆发后,威尔逊总统组织了公众消息委员会,专门负责组织公众舆论支持战争。当时还没有可利用的广播电台和电视台将消息迅速传遍全国,于是他们成立了一个"四分钟人"组织,这是一个由志愿者组成的传递消息的网络。这些志愿者一旦收到华盛顿打来的电报,就迅速力争在四分钟内将它传递到附近的学校、教会、服务俱乐部和其他人群聚集的地方。到战争结束时,这一组织一共传递80万条消息。战争结束后,公众消息委员会培养成熟的一批公共关系人员,把他们丰富的经验用于工商业的营利事业中。这些人中的杰出代表是爱德华·伯纳斯(Edward.Bernays)。爱德华·伯纳斯和艾维·李一样,开办过公共关系公司,为企业做过公共关系咨询服务。但他对公关事业的贡献主要表现在理论总结方面,他用大量的著述和理论推广实践,为公共关系成为一门学科奠定了基础。爱德华·伯纳斯在公共关系实践如火如荼的时代出现,标志着公共关系进入了成熟阶段。

三、成熟时期

（一）公共关系实践的成熟

20世纪20年代，公共关系在美国经过企业界和政府长期大量实践，已获得了社会普遍认可。第一次世界大战以后，美国工业化和城市化的进程大大加快，公共关系也同社会的其他方面一样飞速发展。除了又新创立了一大批咨询公司、顾问公司等公关专业企业外，更多企业在开展公关活动时有了明确的理性认识和独立的目标追求。例如，1920年伊利诺斯中心铁路公司开展了一次大规模公共关系运动，旨在追求与公众的"相互理解与良好关系"；1921年，美国机械公司召开第一次公共情报大会，出版了一份以"机械行业公共政策"为题目的专辑；1923年，通用汽车公司把通过宣传销售其产品作为了一项制度；1924年，美国公用事业行业的公关人员伯纳德·穆林尼（Bernard.J.Mullaney）说："对于公共关系方案应以诚实和明智为准则"；"如果公共关系方案中掩盖一些不光明正大的东西，则迟早会毁掉自己。"①企业公共关系活动中这些理性化和目标化的追求，表明公共关系在美国社会的应用已进入成熟阶段。

公关实践中的这种新变化在继承了艾维·李的公关思想的基础上，超越了他以危机事件为依托的被动公关活动，开始积极主动地追求各种具体目标的实现。这表明公共关系在技术上已经成熟，具备了独立解决问题的系统性和普遍适用性。这一时期，不仅社会科学界开始普遍研究公众舆论，分析宣传的方式与效果，而且公关实践领域也开始应用市场调研、社会调查、民意测验等一系列科学方法。

---

① [美]斯各特·卡特里普·阿伦·森特·格伦·布鲁姆：《有效公共关系》，北京：中国财政经济出版社，1988年，第51–53页。

（二）公共关系行业中协会的产生

随着公共关系实践的成熟，美国公共关系行业内产生了一些协会。比如1915年几个大银行组建了"金融宣传协会"，主要目标在于促使其成员"变革思想"。这一组织于1947年更名为"金融公共关系协会"①。1917年成立了"美国高等院校新闻协会"，该组织在1930年更名为"全美高等院校公共关系协会"②。这些协会的出现表明公共关系职业已发展为较成熟的行业，开始实施行业管理。

（三）公共关系理论的成熟

公共关系在社会生活中的强大作用也引起了社会科学学者们的重视，从公共舆论的力量到公共舆论的性质以及公众沟通的作用都引起了研究者们的兴趣。许多学者在研究公众舆论、分析宣传方式与效果、观察社会压力集团的形成及其作用形式等方面，都取得了丰硕的成果。这方面最卓越的就是爱德华·伯纳斯。

爱德华·伯纳斯1891年生于奥地利维也纳，刚满一岁时随父母移居美国。第一次世界大战前，他是一名记者，1913年曾被聘为福特汽车公司公共关系经理。第一次世界大战中，他参加了由乔治·格尔（George.Creel）直接领导的大众消息委员会。战争结束后，他预见到被他称为"公众支持发动机"的公共关系行业可以成为他的终身职业，1919年，他与夫人多丽丝·E.弗雷奇曼一起创办了一家公共关系公司。1923年，伯纳斯出版了第一本论述公共关系的专著《掌控舆论》（Crystallizing Public Opinion），并在纽约大学首次开设公共关系学课程。1928年，他又出版了《舆论》一书。伯纳斯的其他著作还有《宣传》《赞同工程》《公共关系学》等。通过这些著作，伯纳斯对美国

---

① [美]斯各特·卡特里普、阿伦·森特、格伦·布鲁姆：《有效公共关系》，北京：中国财政经济出版社，1988年，第51—53页。

② 同上。

的公共关系实践进行了总结，探讨了公共关系的内涵及其活动的原则、方法等，为公共关系学科的形成和进一步发展打下了坚实的基础，作出了突出贡献。伯纳斯堪称传奇人物，不仅因为他舅舅是名声显赫的精神分析学家西格蒙·弗洛伊德（Sigmund Freud），也不仅因为他在1995年以103岁的高寿去世，更传奇的应该是他的肥皂雕刻大赛公关案例和火炬游行烟幕下的香烟营销案例，以及他对柯立芝总统的"吃酸黄瓜长大的"满脸严肃的公众形象的改变活动策划。

如果说艾维·李是从实践上开始把公共关系从新闻界引导出来的第一人，那么，伯纳斯则正式从理论上使公共关系彻底确立了起来。是他首次把早期的"公共关系"这个词汇与艾维·李的思想结合起来，从理论上阐述了其科学含义。他在《掌控舆论》一书中第一次提出了"公共关系咨询"的概念，并论述了其作用。认为："公共关系咨询有两种作用，其一是向工商业组织推荐他们应采纳的政策，这种政策的实施可以保证工商业组织的行为符合社会利益；其二是把工商业组织执行的合理政策、采取的有益社会行为向社会广泛宣传，帮助工商企业组织赢得公众的好感、信任和支持。"①从伯纳斯的论述可见，这时的公共关系已完全超越了新闻代理时代的"宣传""告知"观念。特别是他还提出了公共关系在策略上应"投公众所好"的主张，发展了艾维·李讲真话的宣传思想。他主张企业或组织在决策前，应先了解公众爱好什么，对企业或组织有什么要求或愿望，在确定公众价值取向与态度后，再开展宣传工作，以迎合公众要求。这里实际已经提到了组织与公众的双向沟通问题。

爱德华·伯纳斯关于公共关系的研究和著述，充分说明了公共关系发展的成熟。因为任何事物如果没有达到实践上的相当成熟，

---

① 熊源伟：《公共关系学》，合肥：安徽人民出版社，1990年，第34页。

是不可能从理论上进行概括和研究的,尤其是公共关系学这样的应用学科。据统计,1917年以前,在美国有关公共舆论、公众宣传、公共关系的著作仅有18种,而1917—1925年8年间出版了至少有28种。[①]此外,1924年,《芝加哥论坛报》发表社论指出:公共关系已成为一种专门职业,它既是一种管理艺术,也是一门科学,社会各界都应该重视公共关系。可见,公共关系在当时的美国已成大气候,走上了成熟发展的道路。

(四)美国公共关系在不断迎接新挑战中发展

1.30年代至第二次世界大战前公共关系的新发展

1929年,美国爆发了经济危机,并迅速波及各资本主义国家,形成了1929—1933年的经济大萧条。在世界经济危机的严重打击下,德国、日本和意大利先后走上了法西斯统治的军国主义扩张道路。1932年,富兰克林·罗斯福当选美国总统,实施"新政"。采用国家干预经济的办法来消除经济危机,在力图保持资本主义的"自由企业制度"的同时,也采取一些有利于工人和小生产者的措施,以缓减国内的矛盾,刺激工业活动,拉动经济复苏。美国的公共关系在这场经济灾难和社会改良中获得了广阔的用武之地。

首先,政府部门和其他事业机构的公共关系有了很大的扩展。经济萧条和新政实施过程中所发生的事件,使各个政治集团都认识到了赢得公众支持的必要。新政的实施者也很快认识到,这一点对实施彻底的经济改革是必需的。政府的社会教育部门认识到公众不了解经济政策是危险的,因此自觉地进行政策宣传。各高等院校在财政窘迫的困境中更多地利用公共关系筹措资金。1933年,特莱姆·蕙特科和利奥内·巴克斯特(ClemWhitakerand.Leone.Baxter)夫妇,创

[①]　[美]斯各特·卡特里普、阿伦·森特、格伦·布鲁姆:《有效公共关系》,北京:中国财政经济出版社,1988年,第39页。

办了第一家政治运动服务公司，总部设在旧金山和加利福尼亚，专门负责组织和策划政治运动。从1935年到1958年，这个事务社负责组织了80次大型政治运动，除6次以外，其余全部获得成功。这种专门组织政治活动的公关公司的产生和长期存在，也足以说明政府管理对公共关系需求的增长。

其次，企业家们则求助于公共关系专家来应付罗斯福的新政和他的立法改革。同时，经济危机中不断兴起的劳工运动也促使企业积极地寻求公共关系的指导与帮助。比如经济大萧条时，"6万名工人流落到街头，资本家们却拒不接受提供事业基金的原则。1931年3月7日，当群众在寒冷的天气里游行时，公司的卫队竟然诉诸武力，用机枪向游行队伍扫射，造成4人死亡的惨剧"①。面对资本家的顽固、不人道与无法无天，罗斯福用微笑的"新政"来避免革命造成的严重威胁，让那些惊慌失措的不幸者对社会秩序重新建立信心。为了使这种"微笑"、这种亲切和这种友情融进个人和社会各阶层的关系中，必须同大部分有产阶级进行斗争。1933年3月初，当总统无奈地宣布关闭银行、延期付款时，似乎整个文明都崩溃了。那些实业家们第一次显得束手无策了。社会的空气也发生了变化，既不可能谈到什么父道主义，更谈不上什么高工资。必须向工人解释清楚，为什么付给他们的工资在急剧减少；还必须在企业主和员工之间架起桥梁，通过坦率、真诚的解释，完完全全地沟通和持续不断地交流，来改善陷入困境的劳资关系。那些在不久前的繁荣时期被奉若神明的老板们，转瞬间成了顾客恼火、职工仇视、股东抱怨的对象，公共关系于是成了他们拯救自我的希望和切实可靠的手段。总之，经济大萧条时期社会和经济的动乱刺激了企业界公共关系的进一步发展。

---

① [法]让·肖默利、德尼·于斯曼：《公共关系》，侯健译，冯韵文校，北京：商务印书馆，1996年，第7—9页。

1937年,美国《商业周刊》(Bussiness.Weekly)发表第一篇公共关系行业报告,估计当时美国约有5000名公关从业人员和250家公关咨询公司,约有20%的大公司设有公共关系部。1938年,《幸福》杂志在一篇文章中提到:"公共关系是当今商界对一种社会现象的叫法,商界将这种现象视为体现公共利益的实体,并在实践中遵从公共利益原则。如果目前对公共关系表现出的巨大兴趣,可以带动相当数量的商人,在他们的决策中将普遍利益放在首位,那么一个新的历史纪元就将开始。"[①]

第三,广播媒介在社会生活中的影响作用逐渐增强,为公共关系活动提供了新的途径。广播虽然在美国早已产生,但一直到30年代才成为公共关系活动的重要手段。早在1902年,美国第一家领取营业执照的广播电台,也是世界上最早开办的广播电台——匹兹堡西屋电器公司的商业电台开始播音[②]。由于技术的局限,也由于其商业性质所限,类似的广播电台当时在社会上的影响十分有限。到了1920年11月2日,美国真正大众媒介意义上的第一个无线电广播业务才开始。"宾夕法尼亚州东匹兹堡的KDKA广播电台播送总统选举结果","住在匹兹堡附近的无线电台听众则第一次可在家中的收音机旁收听选举结果"[③]。但是到了30年代,广播在传播速度和范围方面的威力都充分显露出来。1933年3月4日,富兰克林·德拉诺·罗斯福在总统就职演说中向全世界千百万听众说:"……让我表明我的坚定信念,即我们唯一不得不感到害怕的东西就是害怕本身——难

---

① [法]让·肖默利、德尼·于斯曼:《公共关系》,侯健译,冯韵文校,北京:商务印书馆,1996年,第7-9页。

② 孙有为:《广告学》,北京:世界知识出版社,1991年,第56页。

③ [美]加尔文·D.林顿:《美国两百年大事记》,谢延光等译,上海:上海译文出版社,1984年,第310-312页。

以名状的、不动脑子的、毫无道理的恐惧,它涣散了反退为进的必要斗志。"同年3月12日,罗斯福总统又在其首次"炉边谈话"广播节目中向全国发表演说。他称其听众为"我的朋友们",他说明了全国银行休假的目的以及处理财政危机正在采取的各种措施。①

可见,广播作为大众传播媒介在30年代的美国,已成为政府公共关系的有力手段,发挥着良好的作用。特别是总统富兰克林·罗斯福利用"炉边谈话"节目通过收音机向美国人民进行宣传,不仅鼓舞了处在经济大萧条中的美国人民,坚定了人民信心,也宣传了他的货币及社会改革的基本主张,从而赢得了人们的理解和尊敬。对美国政府度过艰难、缓和危机发挥了极大的作用。

2.第二次世界大战中的美国公共关系

1939年9月,法西斯德国突袭波兰挑起了第二次世界大战。1941年12月7日,日本突袭珍珠港,挑起太平洋战争,第二次世界大战进一步扩大。1942年1月,苏、中、美、英等26国在华盛顿发表宣言,世界反法西斯统一战线建立。

第二次世界大战给社会环境带来急剧变化,这一条件促进了公共关系的发展。美国政府首先继承了在政治活动中利用公共关系的良好传统,用令人信服的工作说明了情报沟通运动的力量。

1941年12月7日,日本轰炸珍珠港得手,暴露了美国情报系统的缺陷。在这种情况下,罗斯福组建战争情报中心,任命埃尔莫·戴维斯为主任。戴维斯曾经是个老练的新闻记者和电台评论员,他和战争情报中心的主要功绩在于加快了公共关系在军队、工业和其他领域内不断扩大其作用和范围的速度,特别是新的公关技术和更多的

---

① [美]加尔文·D.林顿:《美国两百年大事记》,谢延光等译,上海:上海译文出版社,1984年,第340-341页。

公关人员被培训出来。1935年,当时为军队最高领袖的道格拉斯·麦克阿瑟,任命了一个年轻少校组建公共关系支部,其任务主要是帮助新闻机构宣传美国军队的故事。二战爆发后,军队公共关系组织的工作人员由3人增加到3000人。当时空军部队的公关人员确立了明确的任务,即向具有"战壕思想"的一代人宣传空军的力量。

1942年,美国又成立了战争宣传委员会。这一组织负责加强政府与工业的联系,利用宣传鼓动人们生产战争物资,推销战争债券,鼓励青年服役。另外,宣传的力量这时还被用来增加理解,减少摩擦,调整国内关系。比如当时开展的"私人企业对公众负责"运动,要求企业可以按照自己的方式经营但必须对公众负责。特别是公共关系活动的手段除了继续利用报纸、广播、传单等,还强调在艺术、电影和文学等各个方面都要注意宣传。比如传播学家提出的"两面宣传说",就是在对军队士气进行研究的过程中,分析一部电影鼓舞士气的效果时概括出来的。

3. 二战后美国公共关系的繁荣与发展

第一次世界大战曾使美国垄断资产阶级大发横财。战后,美国由债务国变成了债权国,取代欧洲国家掌握了世界经济霸权。世界金融中心,由伦敦移到了纽约。正如第13届总统卡尔文·柯立芝在1925年3月的演说中所说:美国已到达"一种前所罕见的心满意足的状态"①。二战后,美国不仅加强了它的世界头号工业大国的地位,并负担起"自由世界"领袖的使命。美国的经济逐步转向稳定生产并以消费为导向,这为公共关系的进一步发展创造了良好的社会条件。特别是二战中又一次雄辩地证明了公共关系在促进战争物资生产、

---

① [美]加尔文·D.林顿:《美国两百年大事记》,谢延光等译,上海:上海译文出版社,1984年,第320页。

提高军队士气、赢得公众支持等方面的作用。战争中培育出的近10万公共关系人员,加速了公共关系的进一步发展,扩展了公共关系已经取得的社会服务地位。

二战后的四五十年代,电视逐步发展成为一种成熟的大众传播媒介,特别是50年代美国首创彩色电视后,电视对社会的影响越来越强大。这也为公共关系的发展带来了新的机遇和课题。

总之,电视走进千家万户,使公共关系工作又增添了一种强劲的手段,为公共关系活动开辟出了许多新形式。可以说,电视是改变人类社会生存方式的一种力量,无论是政府公共关系还是企业公共关系,都把电视作为可资利用的最有效媒介。据说,1952年的总统大选,艾森豪威尔因"曾在电视上亮相60秒钟就导致了这场政治活动的根本性变化"①,登上了总统宝座。可见,"美国政治家们已领悟到,电视已成为支配大选的主要力量。因此,越来越多的政治斗争专家被推上了屏幕,他们极力依赖于电视新闻和电视广告节目"②;电视也使企业和其他组织的公关活动增添了魅力。

1945年,华盛顿公共关系协会的创始人雷克斯·哈罗(Rex.Harlow)筹办了一份公共关系杂志,1947年,这份杂志成为美国公共关系协会的月刊。

1947年4月,东海岸公共关系委员会与西海岸公共关系委员会在芝加哥通过决议,成立新的全国性组织——美国公共关系协会。

1947年,第一所公共关系学院在波士顿大学成立。

1952年,斯科特·卡特李普、阿伦·森特和格伦·布鲁姆三位公共

---

① [美]斯各特·卡特里普、阿伦·森特、格伦·布鲁姆:《有效公共关系》,北京:中国财政经济出版社,1988年,第351页。

② 同上。

关系专家合著的《有效公共关系》出版。该书分为公共关系的基本理论与程序和公共关系实务两部分,是第一本比较全面地论述公共关系与实践问题的著作,被西方公关界誉为"公关圣经"。

二战后,教育已成为推动公共关系活动专业化的重要力量。1946年,被调查的59个主要高等院校中有30个开设了公共关系课程。10年后,由美国公共关系协会所做的调查发现,开设公共关系课程的学院增加了3倍。到1964年底,14个学院授予公共关系学士学位,29个学院有这一专业未毕业学生的系列年级,280个学校通过不同的课程传授公共关系专业知识。[1]到了1978年,美国已有10所大学设有公关专业博士学位,23所设有硕士学位。[2]

60年代以来,随着高科技的发展,特别是交通和通信技术方面的巨大进步,使得整个社会的交往愈加频繁,关系更加密切,大众传播的渠道也在不断扩展与加宽。世界贸易不断增长,国际政治交往日益加强。工商企业经营越来越重视品牌战略、市场营销、广告运作。所有这些都使公共关系的职能在重要性与复杂性方面不断增强。据统计,1960年美国公关从业人员已达10多万人,有1350家公关咨询公司,75%的大公司设有公关部。另有调查显示,1967年,资产在500万美元以上的公司约有85%设有公关部或外聘公关顾问,它们的年度公关预算总额一般超过20亿美元。进入80年代后,公关行业持续发展,公关公司已达2000家之多,并涌现出一些跨国性的世界知名大公司。据美国劳工部估计,1985年,全美职业公关人员已超过15万人。《幸福》杂志1980年编列的500家全美最大公司中有436家设有

---

① [美]斯各特·卡特里普、阿伦·森特、格伦·布鲁姆:《有效公共关系》,北京:中国财政经济出版社,1988年,第60页。

② 李强:《公共关系学概论》,北京:中国人民大学出版社,1991年,第40页。

正规的公关部。①

90年代以来,全球经济一体化的步伐日渐加快,和平与发展成为世界的主潮流;特别是手机和互联网的不断升级发展,深刻改变了人类的生活方式。人类社会已步入信息时代、知识经济时代,信息管理与趋势研究,市场开发与跨文化传播沟通,全球背景下的政府公共关系,管理创新,组织形象策划与管理,民主化管理的深层次发展等,这些新的更高层次的课题,都对公共关系这门社会科学和管理艺术提出了新挑战,创造了新的发展机遇。

第二节 公共关系在世界各地的传播发展

一、公共关系在市场经济体制国家和地区的发展

公共关系在美国兴起并于20世纪20年代发展成熟后,迅速向世界各地传播,首先在各发达的工业化国家得到应用,同时也得到因地制宜的改造和适应不同情况的生长。

1920年,公共关系由美国传入英国。1926年,英国建立了公关机构——皇家营销部。1948年,英国公共关系协会宣告成立。1968年,英国著名公共关系专家弗兰克·杰弗金斯(Frank.Jerkins)开办了公共关系学校。杰弗金斯大学毕业后曾在一家公司从事公共关系工作,开办公共关系学校后,讲授公共关系学、广告学、市场学等方面的课程,是出色的公共关系教育家,也是世界知名的公关理论家。他一生著述甚丰,主要有《公共关系学》《广告学》《有效的市场战略》《公共关系与成功企业管理》《市场学、广告学和公共关系学词典》等,他提

---

① [美]罗伯特·罗雷:《管理公共关系学》,李景泰译,天津:南开大学出版社,1990年,第11页。

出的"公关计划六步曲"：估计形势、确定目标、辨认公众、选择媒介、编制预算和估计效果在公关界颇有影响。他的"六步曲"是对美国学者斯科特·卡特里普等人在《有效公共关系》中提出的"公共关系发挥解决问题管理职能"应依照的四个基本步骤，即公共关系问题的确定，公共关系计划与方案的设计和制定，沟通及其他公共关系活动的实施，公共关系活动评估这四个步骤程序的应用和发展。

1940年，公共关系传入加拿大。1947年，在蒙特利尔和多伦多成立了公共关系协会。

二战后，欧洲资本主义各国在经济复兴中效仿美国，公共关系迅速传入法国、比利时、荷兰、联邦德国、希腊、意大利、挪威、瑞典、芬兰等国家。1946年，公共关系在法国的大公司中开始应用。同年，荷兰出现了首批公关事务所。挪威在1949年，芬兰、意大利等国从1950年相继成立了正式的公共关系协会。1959年5月，英、法、比利时、荷兰、联邦德国、希腊等国联合成立了欧洲公共关系同盟。该组织集中了许多欧洲国家的专业人员，并在1965年通过了《国际公共关系道德法则》，也称作《雅典法则》。

从1950—1955年间，在中美洲、南美洲、澳大利亚、新西兰、南非等地区和国家，陆续出现了公共关系顾问这个职务。

日本及东南亚一些国家的公共关系也是在二战后传入的。1947年3月，驻日盟军总部的民间情报教育局，用行政命令的方式在日本各地方政府设立"公共关系办公室"，公共关系的概念及应用得以在日本逐渐扩展。同时，战后的日本也"意识到应从军事大国转变过来，新时代要求由长官命令型的管理方式变为重视协调与国民之间的关系，从上到下的部门机构都成为当地民众交流的窗口……除政府外，一些有代表性的企业也逐渐开始研究企业的公共关系理论……五六十年代以后，公共关系在促进新的生活文化方式的形成和经济的发展方面起了很重要的作用"①。

1955年5月,国际公共关系协会(简称IPRA)在英国伦敦成立,促进了全球公关事业的协同发展。

1966年,南美洲国家各公共关系职业组织成立了泛美公共关系协会。

1967年,亚洲的印度、菲律宾、韩国、新加坡和中国台湾、香港地区,建立了泛亚公共关系协会。

1975年,非洲公共关系协会联盟在肯尼亚首都内罗毕成立。成员包括肯尼亚、埃及、尼日利亚、赞比亚、加纳、南非等国家的公共关系组织。

二、公共关系在计划经济体制国家的应用

第二次世界大战结束后,世界形成社会主义和资本主义两大阵营,而且两大阵营曾长期敌视、对抗。在"冷战"的背景下,攻击与对峙代替了对话,防范代替了合作。这种冲突状态让人类陷入了猜疑、仇视、排斥、战争的焦虑与苦难中。两种社会制度的分裂与对抗,造成公共关系发展的两种不同景观,一方面,公共关系在市场经济的资本主义世界如火如荼,另一方面,在计划经济的社会主义阵营由于社会运行模式的不同,除了国家外交,基本没有公共关系的用武之地。

在50年代以来的大约30年时间里,"通常情况下,公共关系专家们在有计划经济国家的机构代表在场时,拒绝谈论'公共关系'"②。公共关系成了资本主义世界的专利。社会主义阵营各国因推行计划经

---

① [日]加固三郎:《日本公共关系发展的脉络》,载郭惠民《当代国际公共关系》,上海:复旦大学出版社,1995年,第214–215页。

② [法]让·肖默利,德尼·于斯曼:《公共关系》,侯健译,冯韵文校,北京:商务印书馆,1996年,第11页。

济体制,主要依靠行政指令手段组织社会生产,工商企业根本上不具备公共关系生存的条件。首先,企业与外部环境之间的一切事宜包括最基本的原料供应、生产协作、产品销售,都由政府包办了,企业既没有自主经营的权利,也缺乏自我发展的内部动力。因此,品牌推广与维护、产品促销、各种外在关系的协调等问题所需求的公共关系管理职能,长期与计划经济体制下的企业无关。这些政府羽翼下的社会主义企业,一旦被推向市场,就显得脆弱而不成熟,缺乏自我调节的适应能力和有效开展竞争的手段。其次,企业与内部职工关系的处理上,也因为体制的公有化而与西方的内部环境差别甚大,尽管这一点在后来的变化中证明并不影响企业应用公共关系技术开展内部公关活动;但在冷战阴云笼罩的时代,观念上的对抗使计划经济体制下的企业先天地排斥了公共关系而另辟蹊径,比如中国大陆企业用思想政治工作凝聚内部力量。

公共关系虽然长期与计划经济体制国家的工商企业无缘,但在这些国家的外交活动和行政管理中,还是或多或少有应用的。两大阵营虽然长期对抗,但也有交流。尽管这种交流各怀“心思”,但最终还是有益的。有交流就有促进,交流就是合作。这就是广义的公共关系。

早在1947年2月17日,“美国之音”就开始向苏联控制的广大地区的人民广播,[①]当然苏联也有相应的措施。另外,1949年4月,以美国为首的西方12国(美、英、法、荷、比、卢、加、挪、冰岛、葡、意和丹麦)的代表,在华盛顿签订了《北大西洋公约》(1954年又吸收联邦德国参加),成立了北大西洋公约组织,也称北大西洋联盟或北大西洋

---

① [美]加尔文·D.林顿:《美国两百年大事记》,谢延光等译,上海:上海译文出版社,1984年,第379页。

集团。为了对付北大西洋公约组织，苏联和东欧社会主义国家于1955年5月在华沙签订《友好合作互助条约》，通称为《华沙条约》，建立了华沙条约组织。尽管这些政治联盟的出发点是为了对抗，内部成员也不一定平等，但也可以看作是政府公共关系在国际政治舞台上的应用。

1959年，经过几年的冷战之后，美苏关系似有改善的可能。7月23日至8月2日，理查德·尼克松副总统访问苏联，主持莫斯科美国展览会开幕式，并与赫鲁晓夫总理进行会谈。尼克松在电视与无线电广播中向苏联人民发表演说，并在一件被大肆宣传的小事中与赫鲁晓夫就共产主义与资本主义的相对优点问题展开辩论。此次辩论被称为"厨房辩论"，因为这场即兴辩论的地点系美国展览会一间模范厨房内。早在6月29日，苏联文化技术展览会在纽约市大博物馆开幕，该展览会系根据1958年1月签署的一项议定书举办，该议定书规定美苏两国进行各种交流。7月24日，美国展览会在莫斯科开幕。两国展览会在开放六周期间，参观人数均创空前纪录。9月15—27日，赫鲁晓夫访问美国。他在联合国大会发表演说，主张所有国家全面裁军。演说后，他进行了一次被大肆宣传的周游美国的旅行，访问了超级市场和农场。旅行结束时，在戴维营与艾森豪威尔总统进行了两天会谈。①

冷战中美苏间的政治活动，以及其他社会主义国家的大量外交活动，显然都是典型的政府公共关系行为。

20世纪80年代以来，冷战的阴云开始消散，两极世界逐渐向多极化转变。从1989年下半年开始，在匈牙利、罗马尼亚、波兰、捷克斯洛伐克、德意志民主共和国、保加利亚、阿尔巴尼亚、南斯拉夫执政

① [法]让·肖默利，德尼·于斯曼：《公共关系》，侯健译，冯韵文校，北京：商务印书馆，1996年，第410—413页。

的共产党先后丧失政权,由于各国执政党改变,社会制度也随之发生变化,国家也更改了名称。1991年底,苏联解体。历史演变的这个结果虽然主要是因为这些社会主义国家内部存在严重问题,但恐怕也与深谙公共关系之道的美国的所谓"和平演变"战略不无关系。

三、公共关系在中国的发展

(一)洋务运动时期

自从1840年帝国主义的坚船利炮打碎中国封建王朝的尊严,割地、赔款、开放口岸,外国资本主义势力在中国迅速发展。中国社会沦为了半封建半殖民地国家。19世纪60年代,清朝统治阶级内部出现了洋务派。从60年代至90年代,他们掀起了一场"师夷长技以自强"的洋务运动。洋务运动使中国的现代资本主义工业有了初步发展,中国社会出现了资本主义的生产方式,中国民族资产阶级产生了。

中国民族资产阶级兴起之时多为与封建王朝关系密切的官商,所办工业也以军事为主,后来民用工商业逐步兴起。在洋务运动大发展的几十年里,中国不仅从西方引进了近代科学生产技术,培养了一大批科技人员和技术工人;也从西方引进了资产阶级民主文化。比如"1899年,福州美华书局出版了美国蔚利高撰写的《大美国史略》,黄乃裳在协助出版的序言中称:'一时所立国制,下令人民,共商可否而后行。此固天下万国所无,而美国独有也。'1903年,邹容在《革命军》一书中主张待革命成功后,中华共和国立宪悉照美国宪法,参照中国性质而定。孙中山从事革命活动初期以美国为师,称美国共和制'为他日我国新政府之师范','革命成功之日,效法美国选举总统,废除专制,实现共和国'"[1]

---

[1] 黄安年:《美国的崛起》,北京:中国社会科学出版社,1992年,第139页。

在近代中国社会被迫转型的进程中,由于追求现代化要学习的样本就是西方社会,因此,资本主义文化的大量传播是必然的。在这个过程中,公共关系作为一种经营管理思想也传入了中国,成为最早一些民族工业资本家的经营法则和技术。关于这点,虽然一时还没有看到准确的文字记载表明公共关系传入了中国,但从上面有关中国知识阶层对西方文化、特别是对美国文化的引进和重视情况来看,19世纪末20世纪初在美国社会已基本孕育成熟并在工商业管理中开始普遍受到重视的公共关系,不可能没有引起当时中国企业家们的注意。

而且,从公共关系产生的内在条件来看,它是资本主义工商业发展的伴生物,也就是说,只要有资本主义工商业的发展,就会有公共关系的萌芽。因此,在洋务运动的几十年里,随着资本主义工商业的初步崛起,公共关系也开始在中国悄悄兴起。这一点,可以从中国近代企业的许多开拓者身上得到印证。比如当时声名显赫的实业家胡光墉,就有一套独特的生意经。他在经营商业方面的一整套自觉的思想和举措,与当时美国社会工商企业界正在应用的公共关系比较起来,应该说是更成熟、更完备。

胡光墉的生意经首重信誉,用他为胡庆余堂制定的"店训"来说,就是"戒欺"两字。他把这种经营理念制成匾额,悬挂在该店的店堂上。旁有跋文:"凡百贸易,均着不得欺字,药业关系性命,尤为万不可欺。余存心济世,誓不以劣品弋取厚利。唯愿诸君心余之心,采办务真,修制务精,不至欺余以欺世人;是则造福冥冥。谓诸君之善为余谋也可,谓诸君之善为自谋也可。"①

---

① 孔令仁、李德征:《中国近代企业的开拓者》(下),济南:山东人民出版社,1991年,第184—185页。

这是绝好的公关范例。胡光墉高悬的"戒欺"匾额及其跋,既是店训,可以用来自律;也是宣言,对顾客产生极好的宣传效应。可贵的是,他不仅是挂了一个牌子,喊出了一些响亮的话;而是把这种承诺落到了经营服务中。"他无论是做生丝生意还是经营药店,都很重视所经营的货物品质,自我检查一丝不苟。胡庆余堂在当年采办原药材,'在产地自设坐庄,选派得力里手'认真收购,'或隔年贷款,俾药农预为周转'。凡'采购驴皮必去河北新集、山东濮县;采购山药、生地、牛膝、金银花,必去淮河流域;采购当归、党参、黄芪,必去秦陇;采购麝香、贝母、川莲,必去云、贵、川;采购人参、虎骨、鹿茸,必去关外'。这么做,不但能减少周转环节,损耗少,价格便宜;更主要的是能取得上好地道的药材"[1],"据说该店开张之日,胡光墉身穿命服,亲自在店堂招待顾客。一乡农对所购药物'微露不愉之色',他立即'趋前审视''致歉''调换'。乡人惊喜之外,逢人便说,形成了佳话"[2]。

不难看出,胡光墉经商不仅有一套自己的思想,也就是经营理念,而且有一套行之有效的办法,把经营理念贯彻到了经营行动中。他的这套办法,就是人们常说的靠优质产品和优质服务创名牌。特别是胡光墉身着朝廷赐的官服,亲自在店堂招待顾客,为乡农换药,这会产生极大的广告效应。

胡光墉不仅在管理上注重言传身教,为企业赢得赞誉;他还善用其他各种手段,推广企业形象。比如,药品包装中附有详尽的仿单;在《申报》上大登广告;特别是胡庆余堂特设鹿苑,任人参观,显

---

[1]　孔令仁、李德征:《中国近代企业的开拓者》(下),济南:山东人民出版社,1991年,第184—185页。

[2]　同上。

示了实物传播直观、生动、真实、可靠、说服力强的传播效果。另外，胡光墉在公益事业上也做了一些实事，使他的美誉度大大提升。"19世纪70年代后期，直隶、甘肃、陕西、山东、山西、河南等省连续发生灾情。他捐输棉衣、粮食、银两、制钱，加上'水陆运解脚价'，据左宗棠估计，'已在（银）二十万（两）以外'，认为他的'义声著于遐迩'，'诚足愧当世诸公'。鉴于浙东西中隔钱塘江，特捐银10万两首创义渡，以便往来"①。他还经常冬舍寒衣，夏施暑药。这些善举使胡光墉至少在长江中下游各地声名知著。

从胡光墉的经营活动和他一生事业来看，他是深知公共关系的。他不仅懂得只有维护公众利益才是"善为自谋"这样的公关法则，也成功地应用了各种传播手段。特别是他把中国文化中重情义、讲诚信的伦理内涵融汇到管理中，使工商业行为富有了鲜活的人格内涵。使企业人格化，也就是形象化，也即重视品牌效应。这方面应该说是中国的企业家们走在了世界的前面。西方企业在19世纪末开始探索标示企业身份的所谓CIS管理系统，开始时只是一种企业外表的宣传设计，实际上就是商标设计。到了20世纪50年代，据说是美国的IBM公司才完整地创立所谓CIS管理模式，方开始注重企业的理念设计，也就是注意企业的人性化或称人格化。

当我们翻开一本本中外公关学著作时，没有谁提到洋务运动时的中国大批实业家和他们对社会的贡献，更不会提到胡光墉当年也懂公共关系，并且在这方面做得不仅不比西方企业差，而是更好。人们都说公共关系是从美国传来的，这大概不假；但要说是在20世纪70年代才传来的，就显得很不尊重历史。

---

① 孔令仁、李德征：《中国近代企业的开拓者》（下），济南：山东人民出版社，1991年，第184–185页。

应该说,是中国封建政治的腐败断送了胡光墉一代实业家们开拓的事业,包括他们对公共关系的引进、应用与发展。胡光墉作为一个商人,后来也失败了。他是在与帝国主义殖民势力拼搏中惨败的。这是半封建半殖民地社会条件下民族工商业必然被帝国主义殖民势力吞没的结果。从这个意义上说,洋务运动时期的公共关系,有也形同于无;萌芽了或是引进了,也只能在一些小环境中偷生、残喘。整个社会的封建专制统治和帝国主义势力横行这种大气候,注定了没有它生存的完备土壤。

（二）"中华民国"时期

"中华民国"从1912年至1949年,作为一个资产阶级民主政权,它推翻了在中国存在了两千年的封建制度,建立了资产阶级民主共和国,颁布了反映资产阶级民主主义精神的约法。人民获得了一些自由和民主的权利,政治上、思想上得到了一些解放,民主共和国的观念也深入了人心。"中华民国"也打击了帝国主义在中国的殖民势力,为中国民族资本主义的发展创造了有利条件。38年间,中国的民族工业也确有发展,出现了范旭东、侯德榜等一批民族工业资本家和一批新兴的现代工业。但是,由于日本帝国主义侵略的干扰,加上世界无产阶级革命运动的发展,"中华民国" 始终处在战争风云中,资本主义工商业并没有得到充分发展机会,因此,公共关系的发展也十分有限。

公共关系在"中华民国"时期,在政府活动和民族工商业的管理中都有运用。但总的来说,38年间战乱连绵,社会一直动荡不安。没有工商业的大发展,也就没有公共关系的广泛应用的空间。所以,公共关系的应用与发展十分有限,普及更是无从谈起。可见,"中华民国"时期,虽然中国与欧美世界关系密切,已经在美国孕育成熟的公共关系,并没有在中国获得发展机会。

(三)中华人民共和国成立以来

1949年中华人民共和国成立,开启了中国社会的新时代。不过,直到20世纪80年代,中国大陆社会一直实行计划经济,公共关系的运用主要是一种政府行为,基本局限在外交领域。但是,在香港、澳门、台湾地区,由于其经济活动深受西方模式影响,公共关系在工商企业和其他社会管理中一直有广泛应用。1956年,台湾成立了公共关系协会。1974年,台湾影响最大的联太公关公司建立。香港在20世纪60年代初开始,公共关系也有较大发展。

公共关系在中国大陆社会的发展,主要是从20世纪70年代末80年代初开始。以前的洋务运动时期、"中华民国"时期,虽然有过萌芽和发展,但已被历史巨变的沧桑埋没了,在社会上基本没存留什么影响。所以,改革开放以后,公共关系是完全被作为一个新事物引进和推广的。

从1979年开始,中国政府进一步开放改革,在深圳、珠海、汕头等地创办了经济特区。大批中国香港地区及外国商人到经济特区谋求商机,因而产生了一批较高档的中外合资酒店、宾馆。在这些酒店、宾馆中,公共关系作为一种管理职能被应用,于是公关部和公关人员在中国大陆的工商企业中登台亮相, 一种崭新的职业诞生了。开始的时候,公关专业的人员主要来自海外;不久,一批赴海外接受专业公关培训的国内管理人员陆续回国,形成了我国首批公关专业人员。逐渐地沿海其他城市和内地一些城市,特别是北京,开办了一些公关活动和公关培训班、公关讲座等。于是公共关系作为一个时髦的字眼, 一种新兴的观点和新奇的职业,开始备受人们注意,引起人们思考,逐渐被理解和接受。总之,20世纪80年代以来,公共关系在中国有了突飞猛进的发展。

1. 公共关系在工商企业的普遍运用

改革开放以来,工商企业对公共关系这种管理职能有了越来越普遍的认同和广泛需求。这主要是因为随着改革开放的不断深入,商品经济、市场经济和市场全球化这样的客观社会环境,要求企业必须改变过去计划经济体制下形成的一套管理方式。公共关系的种种管理职能可以帮助工商企业适应市场经济这种社会环境。特别是外资企业直接进入大陆社会和海外产品越来越多地被允许进入大陆,使中国的企业面临着严峻挑战,企业家们别无选择地再次被迫"师夷长技以自保、自强"。在改革开放这样的客观社会环境下,中国工商企业界在改造技术、创新机制的同时,把公共关系作为一种现代化的管理手段引入了企业管理中。据说这方面开先河的是广州白云山制药厂,在1984年率先在企业内部设立公共关系部,并每年拨出产值的1%作为信誉的投入。20世纪80至90年代,中国的许多企业成功利用公共关系思想和技术,导入CIS管理并得以发展壮大。比较典型的如海尔集团,1984年的时候还是一个亏损147万元的资不抵债小厂,经过狠抓产品质量和实施品牌战略,到2011年11月15日,世界权威市场调查机构欧睿国际(Euromonitor)发布最新的全球家用电器市场调查结果显示:海尔在大型家电市场的品牌占有率提升为7.8%,第三次蝉联全球第一。海尔同时拥有"全球大型家电第一品牌、全球冰箱第一品牌、全球冰箱第一制造商、全球洗衣机第一品牌、全球酒柜第一品牌与第一制造商、全球冷柜第一品牌与第一制造商"共8项殊荣。2012年,海尔集团全球营业额1631亿元,在全球建有21个工业园,5大研发中心,19个海外贸易公司,在17个国家拥有7万多名员工,用户遍布世界100多个国家和地区。

还比如广东TCL集团,1981年初创时由5000元起家,在基本没有国家资本投入的情况下,经过18年的发展和积累,已成为一个拥有资产总额49.35亿元,员工2万多人,年销售收入98亿元,年出口创汇

2.2亿美元，年利税8.2亿元的地方国有企业集团。①另有像新飞、长安等成功实现了军转民的企业，还有伊利、蒙牛乳业和鄂尔多斯羊绒纺织品等新崛起的供应衣食消费市场的企业。通过研究这些企业的成长过程，我们看到了公共关系在推动中国企业腾飞中所发挥的巨大作用。

2. 公共关系教育和理论研究的蓬勃发展

由于中国社会在政治、经济、社会治理等方面的深刻变革，工商业、政府和非政府组织对公关人才有巨大需求，导致了公关教育在大陆的蓬勃发展。80年代中期，公关教育主要采用短期培训班的方式，培训一些应急人才。比如深圳市总工会于1985年1月创办了最早的公共关系培训班；北京大学研究生院也于1985年6月举办了公共关系培训班性质的系列讲座。此后几年间，全国各地的大专院校、企事业单位及各种社会团体，纷纷开办各种形式的公关培训班，使公共关系观念和技术得到迅速扩展。特别是从1985年开始，我国许多高校把公共关系学列入大学课程。据统计，当时有复旦大学、中山大学、浙江大学、国际关系学院、南京大学、兰州大学、南开大学、天津大学、清华大学、北京大学等百余所高校开设了公共关系课程。公共关系教育走进大学课堂，不仅使公共关系的普及工作系统化，提高了质量，而且也启动了公共关系学的研究工作。

我国高等教育为公共关系的发展准备了大批人才，同时也从理论上较系统地介绍了公共关系，并开始对公共关系进行适合中国情况的理论改造和研究。"据统计，到1989年底，在我国正式出版的各种公共关系学教材和专著已达100多种，出书速度之快，品种之多，

---

① 邬柳成:《广东 TCL 集团高速发展调查》,《管理世界》双月刊,1999 年,第213–214 页。

是任何一门新学科都不能比拟的。"①"到1993年为止,全国的大专院校,包括部分中专、技校都不同程度地开设了公关专业,或设置了选修课和必修课,大专院校中的公关教学、研究中心纷纷设立。公开出版的专业书籍达200多种,遍布全国的教学网络已基本形成,各种类型的专职教研人员可达数千人。"②而到了2010年,据《中国公共关系发展报告》(2006—2010)的统计,5年内出版了143本公共关系理论和实务著作。基本上是5年内出版的著作超过了20世纪80年代10年的出版总量,加上90年代"公开出版的专业书籍达200多种"的统计数字,可以得出结论:我国公共关系职业的学术研究队伍在不断壮大,研究热情持续高涨。

21世纪以来,公共关系教育在我国更是飞速发展。大专院校中不开设公共关系课程的几乎没有,加上电大、函授和自学考试,还有一些中专、技校,以及各种社会力量办学,公共关系教育已形成多层次、多格局的完整体系。估计从事公关专职教研的工作人员有数万之众。1998年,中山大学毕业了我国首届公关专业本科生。越来越多的高校开办了从本科到研究生层次的公共关系专业。有一个统计表格(表2-2)③,可以看出我国高等教育的公共关系专业建设发展情况。

表2-2 全国高校设置公共关系学本科专业情况一览表

高校名称	公关专业始招生时间	公关专业所在院系	学校地位
中山大学	1994年	传播与设计学院	985
中国传媒大学	2001年	广告学院	211
东华大学	2001年	人文学院	211
上海师范大学	2004年	女子文化学院	普通

① 熊源伟:《公共关系学》,合肥:安徽人们出版社,1990年,第50页。
② 居易:《中国公关职业的发展与思考》,《公关世界》,1997年,第11期。
③ 杨晨:《全国高校公共关系学本科专业发展现状调研报告》,2011年9·月。中国高等教育学会公共关系专业委员会网(http://2012.moban.siteserver.cn/gongguan/contents/Theoreticalstudy/2011-11-30-18-57-0-28814.htm)。

续表

高校名称	公关专业始招生时间	公关专业所在院系	学校地位
大理学院	2005年	政法与经管学院	普通
上海外国语大学	2006年	国际工商管理学院	211
海南大学	2006年	政治与公共管理学院	211
上海第二工业大学	2006年	人文学院	普通
浙江传媒学院	2007年	文化创意学院	普通
广西财经学院	2007年	文化与传播系	普通
南昌大学	2008年	公共管理学院	211
内蒙古财经学院	2008年	公共管理系	普通
华东师范大学	2009年	人文社会科学学院	985
中山大学南方学院	2009年	公共管理学系	独立学院
中国计量学院	2010年	人文社科学院	普通
北京师范大学—香港浸会大学联合国际学院	2010年	人文与社会科学学部	民办大学

分析表2-2，不仅能够看到一些现象，也能够概括一些结论。

第一，从16所高校设置公关本科专业的时间来看，中山大学设置于1994年，这是我国高校公关本科专业发展的第一个阶段；2001—2005年有4所高校即中国传媒大学、东华大学、上海师范大学、大理学院设置了公关本科专业，其中2001年有2所，2002、2003年空缺，2004、2005年各有1所，这是我国高校公关本科专业发展的第二个阶段；2006—2010年有11所高校设置了公关本科专业，其中2006年有3所，其余年份各有2所，呈现出较规律的增长状况，这是我国高校公关本科专业发展的第三个阶段。

第二，从16所设置公关本科专业的高校地位来看，985高校有2所，211高校有5所，普通高校有7所，独立学院和民办大学（中外合作办学）有2所。这个数量比例与我国高校中985高校、211高校、普通高校的数量比例基本是一种正比例状况。

　　第三，在设置公共关系学本科专业的高校所在地区分布上，上海5所，广东3所，浙江2所，北京、江西、云南、广西、海南、内蒙古各1所。可见，经济发达的沿海地区高校成为开设公共关系学本科专业的主要阵地，其中又以上海为最，迄今先后有东华大学、上海师范大学、上海外国语大学、上海第二工业大学、华东师范大学5所高校设置公共关系学本科专业，占全国16所高校的32%。这种状况也反映了我国公共关系行业发展存在着一线城市与二三线城市分类的地区差异现实。上海是"国际大都市和国际经济、金融、贸易、航运中心之一"，吸引着众多的大型国际企业入驻，成为中国公共关系行业一个重要一线城市，这样的条件非常有利于开展公共关系学本科专业人才的实践教学，也极有利于专业学生的就业。此外，上海的公共关系师资力量雄厚，上海市公共关系协会是1986年成立的中国内地第一个省级公共关系协会；2005年中国国际公共关系协会与复旦大学新闻学院合作，建立了国际公共关系研究中心；2008年上海外国语大学与上海市公共关系协会和信诺传播顾问集团联合，成立了公共关系研究院。这些机构集中了一批杰出的公共关系学者、专家和业界精英，他们中既有上海市公共关系学界的领军人物，也有我国公共关系学界的中坚力量，在全国公关师资普遍短缺的情况下，上海显示出专、兼职公关教师资源比较丰富的优势，这样的条件使上海成为我国公共关系学本科专业教育的重镇。

　　3.公关公司、公关社团和公关专业刊物发展势头良好

　　这方面的成就表明中国公关职业化已达到了较高水平，中国公关实践和理论探索两方面都已具备了独立和健康发展的条件。20世纪80年代以来，首先是海外的公关公司进入中国市场。1984年，美国的伟达公关公司率先进入中国市场，在北京设立办事处。1985年，美国的博雅公关公司与新华社合作，踏入中国市场，同时也促成了大

陆第一家公关公司——中国环球公关公司诞生。1985年，还出现了第一家合资公关公司——中法公关公司（Lnterasia）。90年代以来，特别是1992年、1993年，更多的外国公关公司进入中国市场，像美国的爱德曼、奥美、福莱、兰德等公关公司，英国的宣伟公关公司等。与此同时，我国的各大城市也纷纷出现了一些公关咨询服务机构、点子公司、广告公司等，其中的确也有一些素质较高的公关专家，为中国公关职业的发展做着切实的努力。有资料显示，早在20世纪80年代，"美国的杂志就将公共关系列进最热门的20个职业之一，1999年9月美国在线依然将公共关系经理列为20大热门职业之一（排名第10）。《北京晚报》1999年也将专业公共关系列为21世纪中国最热门的职业之一。世界排名前10位的公关公司先后进驻中国"①，表明了公共关系职业在中国的大好发展前景。

随着公共关系的不断发展，80年代中期以来，我国各地不断涌现出各种公关社团比如学会、协会等，也组建了一些全国性的具有行业协调性质的社团。比如1986年1月，中山大学在广州成立了中国第一个公共关系研究协会。1986年11月，上海市公共关系协会成立。1987年6月，中国公共关系协会在北京成立。1988年1月，天津市公共关系协会成立。1988年6月，北京公共关系学会成立。1991年4月，中国国际公共关系协会成立。1995年6月，中国高等教育管理研究会公共关系教育专业委员会成立。到90年代初，全国各省市都成立了公共关系协会、学会、研究会等行业性组织，更低层次的地方性公关组织更是不计其数。这些社团组织的成立，大大推动了公共关系在各地的发展，也有助于公关行业的管理、协调，表明了我国公共关系行业的形成与繁荣。到1999年，每年召开一次的全国省市公关组织联

---

① 李兴国：《中国公共关系回顾与展望》，《公关世界》，2000年第5期，第7页。

席会议已经开到第12届。

截至2010年底,中国公共关系公司的数量已达近5000家,营业额达210亿元人民币。公共关系公司主要的服务产品是传播、媒体执行、咨询顾问、活动传播代理、危机管理和城市营销等。20世纪90年代后期以来,网络公关(PR on line)又叫在线公关或"e公关",成为新的行业亮点。不过,在利用互联网开展公关活动方面,所谓的第三方网络公司中,也产生了一些违反公共关系职业道德的网络推手,需要行业和政府管理加以规范。

另外,一些公共关系学方面的报刊创办并公开发行,在交流信息和促进公共关系理论研究及实践发展方面,发挥了重要作用。其中影响较大的有两个刊物,一是1989年在西安创办的《公共关系》,原为双月刊,从1999年开始改为月刊;另一个是1993年在石家庄创办的《公关世界》,为月刊。

4. 政府公共关系大展宏图

90年代以来,政府公共关系不只局限在外交活动中,也在国家和地方政府的行政管理中得到了广泛、深入的应用。比如地区形象建设,城市形象建设这些观念的提出,不只表现在理论探索方面,也促成了我国各级政府管理的新思维、新动向。比如,不少城市的绿化、美化工程,可能也存在一定程度的负面的形象工程、政绩工程,但总的来说,推动了城市公共设施的改善,提升了城市的宜居、生态条件。在国家层面上,像2008年夏季奥运会的成功申办和圆满举办,对提升国家地位、凝聚社会力量产生了极好的作用。另外,一些地方政府承办的大型国际活动也产生了很好的宣传效应,比如,1990年北京亚运会,1999年昆明园艺博览会,2010年上海世博会,2010年广州亚运会,2014年南京青奥会等,都产生了推动地区建设,促进国际政治、经济、文化和相关领域的交流和合作的良好作用。

2006年1月1日，中华人民共和国中央人民政府门户网站，简称"中国政府网"，正式开通，标志着政府管理的高度信息化。各级地方政府也陆续开通了门户网站，推动了公共管理的创新，有利于政府与社会的高效沟通。

另外，政府在救灾、反恐、处理国际关系危机和人民内部矛盾危机等方面也有卓有成效的表现。

5. 非政府组织的公共关系任重道远

非政府组织是指不以营利为目的的，不属于政府结构体系和政府正式关系行为的，为某种公益目标或互益目标而合法、志愿组建起来的，公开进行社会活动的公民自治团体或国际协作组织。按照性质不同，非政府组织可以分出许多种类。国际上较为普遍的初级层次分类是划分为公益性组织和互益性组织。公益性组织包括非营利学校、研究所、文化场馆、公园、福利机构、非营利医院、基金会等，其宗旨是提供公共服务，受益对象是社会上的大多数人，在税收方面可以享受较高优惠或免税，甚至享受一定政府补贴。互益性组织主要是一种互助合作团体，包括一些非主流政治团体、健身娱乐团体、学习和研究社团、同学会、同乡会、兴趣爱好协会等，受益对象主要是组织内部相对固定的成员。

在中国影响较大的非政府组织是一些与政府有牵连的，或者叫作有政府背景的社会团体、新闻传媒机构、书刊出版和影视音像制作发行机构、基金会、学校、医疗机构、研究院所、国际论坛、各种协会等。就非政府组织自身的公共关系状态来看，近年来出现的一些热点问题表明这类机构还没有开展专业的公共关系管理业务。比如，学术期刊的版面费乱象问题，红十字基金会的郭美美事件，学校的官僚化问题，医疗机构的商业化问题，等等，可以看出，我国非政府组织的公共关系任重道远。当然，这里面有些问题属于社会治理的深层次问题,不只是具体的非政府组织机构的公共关系问题。

第三节　公共关系产生发展的条件

公共关系作为一种社会管理职能,其产生和发展有一定的政治、经济、文化和技术应用条件。认清这些条件与公共关系的联系,有助于我们深刻地理解公共关系的性质和发展规律。

一、社会政治生活的民主化是公共关系产生、发展的政治条件

这一点可以从以下几个方面来认识。

(一)公共关系是民主运动的手段,也是现代工商业生存和发展的方式

公共关系是在美国资产阶级民主革命过程中萌发出来的,从当时的情况来看,它是民主运动的一种实现方式。当资产阶级用民主革命来取代封建专制统治的时候,需要调动民众的力量,在这个过程中,公共关系首先表现为一种宣传鼓动活动。这种宣传鼓动活动与工商业文明时代的人的解放运动结合起来,形成了推动社会进步的民主政治运动。

封建专制统治是害怕民众觉醒和联合的,它想方设法通过土地和血缘基础,利用种种强制手段,把人们束缚在一种隔绝状态中。而资产阶级发展工商业的本性决定了它要解放民众,给人们充分的自由,以确保市场上有自由流动的劳动力资源。于是资产阶级提出了新的政治观念,如《独立宣言》《人权宣言》等,并为建立新的政治制度而斗争。这就开启了人类社会政治生活的民主化进程,也就是使民众解放、独立、平等、自由。有了这样的社会政治条件,广大民众就被解放出来了。而分散的、自由的民众仍然需要被组织起来,开展工商业生产。这时候,以宣传、鼓动、沟通为特点的公共关系就有了用武之地,成为调动和组织社会力量的有效手段。因为旧的社会专制

秩序打碎了,必然要求有新的管理职能来建立、维护新的社会秩序。从民主政治社会的管理来看,公共关系是一种必要的社会关系维持职能。它不是靠强权,而是靠充分的宣传、鼓动、沟通,在充分尊重人的权利、自由、平等、尊严等条件下,确认共同的利益和理性。于是,传播沟通成了一种协调、组织社会各方力量的技术,公共关系也就由此孕育发展起来了。正如美洲大陆的殖民开发和美国的西部开发,工商业发展的利益驱动固然十分重要,但是,公共关系的推动也必不可少。

(二)选举权使政治生活离不开宣传、鼓动、对话、沟通

民主政治条件下"普选权"的确立使民众成了社会政治生活的主体,任何政治团体必须与广大选民真诚对话,向选民清楚地表达施政纲领,与民众建立起良好的关系,才能在政治上取得地位,从而实现其政治抱负。公共关系就是与民众建立联系,争取民众理解支持、合作的工具,是民主政治得以实现的方式。

(三)民主政治的实施离不开公共关系

民主政治需要了解民意、掌握民情,这是民主决策的重要依据,也是民主制度不断发展、长治久安和高效统治的前提条件。同时,民主政府还必须让民众了解各种施政纲领和各种方针政策。公共关系在传播沟通方面卓有成效的方法正符合了民主政治的这一要求。于是它被越来越多地应用于治国施政的活动中。

(四)政治民主化往往存在多元化利益集团,复杂的社会关系调节离不开公共关系

民主政治条件下,必然产生多元化的利益集团,社会的各种利益集团之间的关系处理再也不是靠权威维护、用高压手段强制结合,而是需要在平等的前提下,依靠对话、交流、协调关系,互相合作。这就要求有一种科学理论指导下的行之有效的专门业务来做一

种沟通、协调的工作,维护各集团利益之间的合作。公共关系正可以满足各利益集团之间沟通联络、协调关系的需要。

二、商品经济的发达使公共关系成为工商企业重要的管理职能

现代社会的工业化生产导致商品经济高度发达。封建社会也有商品经济,但毕竟范围不广,程度不高,总体上是一种自给自足的小农经济。在宗法制、领主制的控制下,一家一户、一乡一里的小农,终生守在一块土地上辛勤劳作,几乎不与外界发生联系,活动天地极小。以这种封闭性经济为依据的人际关系仅局限于血缘、辈分和土地的经纬之中。由于商品经济不发达,人们进行劳动协作和产品交换的需要非常微小,社会关系比较简单,社会生产管理的中心问题不是各种社会关系的协调、处理,也不是市场,而是生产劳动本身。一旦到了现代社会的大工业生产时代,情况就发生了对比性的变化。由于建立在社会化大生产基础上的商品经济高度发展,它代替了封建小农经济,并通过市场和分工两个支点,由竞争杠杆进行调节,使整个社会的生产活动变成了一个极其活跃而又无限扩展的开放性整体。社会的分工协作,大规模的商品交换,冲破了狭隘的地域界限和家庭关系,使所有的社会组织或个人成为整个社会关系的一环,它不得不与其他的社会组织发生联系,完全丧失了以往的独立性。因此,社会组织要想生存和发展,必须以全新的观念,借用全新的媒介,以全新的方式,应付全方位的社会交往,协调复杂多变的社会关系。于是,公共关系有了广阔的用武之地。这方面主要表现为以下几点。

(一)工业化和社会分工的精细化使社会生产中的协作越来越重要

大工业生产的典型特征之一是生产的协作化,单个企业已难以解决商品生产中的全部技术和工艺问题,某个完整的产品可能有几个不同的专业化团体来共同创造完成。这样,各类工商企业组织之间的横向联系越来越频繁,越来越深广。各个工商企业组织都把寻找可靠的生产协作伙伴和经营伙伴视为自身生存和发展的条件,并最终通过市场交换来实现其价值。这就客观上要求有一种良好的社会关系和条件促动这种交换,公共关系正是工商企业营造良好社会关系、推动社会生产、完成交换的重要管理手段。

(二)企业追求长远利益的需要使公共关系的开展成为可能

资本主义发展过程中的多次经济大萧条的结果,使资本主义企业家们意识到,企业作为社会有机体的一部分,其生存与发展的远景与母体社会的状况紧密相连。如果不顾消费者利益,不顾社会整体利益而盲目地追求利润,不过是一种饮鸩止渴的行为。公共关系作为一种管理职能,以维护公众利益为最高准则,这正可以防范企业的种种短期行为,在维护社会整体利益的过程中,确保企业长远利益的实现。于是在企业里,公共关系被视为维护企业长远利益的纽带,寄托了企业的希望,从而得到了越来越大的投资。

(三)商品交换由"卖方市场"向"买方市场"的转换,使公共关系的职能变得越来越重要

在商品经济不发达的情况下,市场供小于求,形成卖方市场。卖主具有较大的主动性,它可以选择顾客。商品经济的高度发展使产品越来越多,同类产品的竞争越来越激烈。市场上供大于求,卖方市场变成买方市场。失去主动性的卖方必须以优质的产品、有竞争力的价格和良好的服务同买方建立良好的关系。"顾客是上帝"的观念代替了"愿者上钩"的旧观念。顾客关系、消费者关系是企业必须处理好的管理问题。公共关系成为市场经济条件下工商企业经营管理的重要内容。

(四)消费观念的转变和消费行为的多样化,推动了品牌管理的

诞生

　　商品经济高度发展,在促成社会消费品极大丰富的同时,也促使消费者的消费活动从满足基本生存需要转向满足多方面的需要。消费观念转向物质需求与精神需求并重,从而导致个性需求突出,形成选择性消费。因此,企业或社会组织不仅要树立组织形象,形成品牌效应,赢得消费者的喜爱;还需把握消费者和社会的不断变化的需求动向,从而不断调整自身的行为,积极主动适应社会和消费者的需求。公共关系的组织身份管理技术、传播沟通职能、调查研究手段,正可以成为企业与其消费者或其他各种公众之间建立联系的桥梁。

　　(五)股东关系管理是现代企业管理的重要内容

　　"股东制"是现代企业的典型特征。许多大企业越来越依赖于面向广大社会公众征求资本,而企业要争取到足够的资本,首先得争取公众的信任和关注,使他们最终向企业投资。这种资本多元化的现象,也促成了越来越多的企业重视发展公共关系,以吸引社会投资。

　　三、传播手段和通信技术的进步是公共关系产生与发展的物质技术条件

　　人类社会进入工业化时代以来,传播手段不断丰富,通信技术迅猛发展。公共关系正是借助于这样的物质技术条件才发展起来的。当初如果没有报纸这种新兴媒介的大规模发展,不论是资产阶级的民主政治运动,还是工商企业的宣传活动,社会的影响力都会大打折扣,也不会取得强大的社会效果。如果没有后来的广播、电视、电脑网络等新兴传播手段的发明创造,没有卫星通信、光缆通讯、数字技术等现代科学技术的不断发展,新闻宣传、产品推销、组织身份推广、公众信息管理等公共关系职能就不会丰富发展起来,公共关系也就不可能成为专门的管理技术和完善的学科体系。

四、以人为本的现代管理思想的形成为公共关系发展提供了理论基础

"管理"是一个使用十分广泛的概念,比如行政管理、经济管理、教育管理、文化管理、信息管理、形象管理、问题管理、建设工程管理,等等。可以说,人类的一切社会活动都需要得到有效管理。管理也是人类社会有悠久历史的行为,可以说有人类社会就有了管理。早在部落社会时代,人们打猎之前都要跳一种舞蹈,以调动群体的力量,这可以看作是最早的劳动生产管理。原始初民们也用舞蹈来回忆和表演各种劳动场面和劳动动作,以引起他人特别是年幼者的模仿,这种传授技能的方式,也可以称为最早的教育管理。氏族社会时代部落都有首领,首领对部落事务的决断就是行政管理。后来原始部落之间也经常发生战争,特别是奴隶制时代,战争十分频繁,战争的组织与实施,就是军事管理。今天我们仍然可以亲眼看见的"以世界奇迹著称的埃及金字塔、巴比伦古城、中国的万里长城,其宏伟建设规模就是管理和组织能力的生动证明。……在当时的技术条件下,这样浩大的建设工程,不但是劳动人民勤劳和智慧的结晶,也是历史上的伟大管理实践"①。

"管理思想的萌芽,散见于古代埃及、巴比伦、中国的史籍中。据文献记载,希伯来人的领袖摩西的岳父耶特鲁曾批评摩西处理政务事必躬亲的做法。他提出三点建议:第一是制定法令,昭告民众;第二是建立等级,委任管理人;第三是责成管理人分级管理,只有最重要的政务才提交摩西。这些原则符合现代管理组织程序的基础。我

---

① 朱镕基:《管理现代化》,北京:企业管理出版社,1985年,第10页。

国古代典籍如《周礼》(约在公元前1100年成书)也载有对行政管理制度和责任制的具体叙述。《孟子》《孙子》等书对于管理的功能如计划、组织、指挥、用人等,都有不少适用于今天的精辟见解。"①

现代管理思想是指20世纪二三十年代兴起的以人为本的新兴管理科学,它是相对于19世纪末期以来以泰勒为代表的所谓"古典管理学派"来说的。自从18世纪下半期从英国开始发生了工业革命以来,产生了工厂制度,发展了专业化协作,生产的基本组织发生了变革,企业管理开始成为人们越来越关注的话题。"但是,在整个19世纪还没有形成一个完整的生产经济学和生产管理的科学理论体系。进入20世纪,随着生产力的高度发展和科学技术的飞跃进步,管理作为一门科学,才真正蓬勃兴起。"②

"回顾管理的起源,可以把管理思想的长期历史发展概括为三个主要方面:第一是着重生产过程和行政控制的古典研究;第二是着重人群关系和行为科学的研究;第三是着重管理科学和系统理论研究。"③其中,人群关系和行为科学为公共关系处理内部关系提供了理论基础和方法原则;而管理科学和系统理论为公共关系处理外部关系及完成各种公关项目提供了理论根据和方法原则。

(一)着重生产过程和行政控制的管理理论

这方面的理论就是西方早期的企业管理理论,形成于19世纪末到20世纪初,以泰勒的标准化管理理论、法约尔的经营管理理论、韦伯的权威结构理论为代表,统称为"古典管理理论"。其实,西方学界关于工业管理的研究从18世纪60年代工业革命后不久就开始了。

---

① 朱镕基:《管理现代化》,北京:企业管理出版社,1985年,第10页。
② 同上。
③ 同上,第12页。

1776年，英国古典政治经济学的代表人物亚当·斯密(Adam Smith)第一个提出了生产经济学的概念。他分析了劳动分工的经济效益，提出了生产合理化的概念。关于动作与时间的研究，他早在泰勒之前就作出了与其后的巴贝奇大体相同的观察与分析。他还指出，装备一项价值高的机器，在用旧以前所做的工作应能赚回本金，并至少能提供正常利润。他所谓"正常利润"是指当时信贷利率的一倍。实际上他提出了计算投资效果的概念。

1832年，英国数学家巴贝奇(Charles.Babbage)发表了《机器与制造业的经济学》。在用科学方法研究管理方面，他的见解高于同时代的研究者。他在亚当·斯密的劳动分工学说的基础上，对专业化的有关问题进行了系统的研究。他对制针工序的观察使他得出结论：劳动分工可以缩短学会操作的时间；可以节约变换工序所费的时间；同时，由于简单的重复而产生的熟练技巧，可以促进专用工具和设备的发展。他对制造程序和工作时间的研究，以及专业技能作为工资与奖金基础的原理，是后来所谓"科学管理"的基础。现代工厂的流水生产线就是这个思想的应用。

19世纪60年代美国南北战争以后，资产阶级民主制度在美国这个新兴的工业国家得到牢固确立，这为资本主义工商业的迅速发展铺平了道路。南方重建和西部开发，为北方资本主义工商业提供了广阔的市场和机遇，促进了工业的大规模发展，使美国在迅速向垄断资本主义过渡的同时，也成了世界工业强国。随着强大的现代工业在美国崛起，工业管理的中心也移到了美国。1886年，美国汤恩(Henry Twine)在一篇《作为经济学家的工程师》的著作中指出：工厂管理问题同工程技术一样重要，但没有受到应有的重视。补救之方不应从行政事务和会计人员，而应从具备生产技术和行政事务两方面训练和经验的人员那里去找。这被看作是点燃了"管理运动"的火星。①现代大工业的崛起,带来了工商企业经营管理面临的种种复杂问题,过去那种凭个人经验的传统管理,即管理者就是企业所有者(工厂主),这已经不能适应生产的发展。现在需要有管理的哲学,从工程技术里独立出来;需要有专门的职业管理人员,代替资本家的个人管理。正是在这样的社会需求背景下,泰勒和他的同时代的一些人一起,创立了"科学管理"的理论。

1. 泰勒及其科学管理理论

泰勒(Frederick Winslow Taylor,1856—1915)是美国的古典管理学家,科学管理的主要倡导人,出生于美国费城。受过专科学校的教育,1878年到米德维尔钢铁公司当工人,当过徒工、技工、工长、总技师,六年后他刚28岁时升任总工程师。他在工厂中研究企业管理二十多年,进行了一系列的试验,例如为探求搬运生铁和使用铁锹的最好方法,找出铲一锹的最适宜重量,进行了有名的试验,大大提高了搬运效率。泰勒探索企业管理的时代,一方面资本主义工业蓬勃发展,一方面工厂管理是家长式的行政制,单凭粗糙的传统经验办事,效率低,浪费大,企业的潜力得不到发挥,工人怠工现象严重。于是,提高工厂生产效率、改善经营管理、寻找合理组织生产的方法,成了许多工程师和管理实践家急需研究解决的问题。

泰勒认为,当时的企业管理没有用科学方法,不懂得工作程序、劳动节奏和疲劳因素对劳动生产率的影响;工人缺乏训练,没有正确的操作方法和适用的工具。这些都大大影响了劳动生产率的提高。1895年,泰勒发表了《计件工资制》一文,指出了计件工资制的原则。1903年,他又发表了《工厂管理》,提出了一些具有管理哲学意义的观点,主要包括:①良好的管理目标在于使工资提高而生产成本

---

① 朱镕基:《管理现代化》,北京:企业管理出版社,1985年,第13页。

降低。②为了达到这个目标,企业管理当局必须用科学方法研究和实验,以便制定出能控制制造作业的原则和标准程序。③必须把职工科学地安排在各种工作岗位上,并科学地选择材料和工作条件,以便达到定额。④应该对职工进行训练,以提高他们的技术水平。⑤必须在劳资双方之间培养出亲密而友好的协作气氛,并维持这种心理状态。

1911年泰勒发表了《科学管理原则》,彻底动摇了当时流行的企业管理组织和方法(泰勒称之为"放任管理")。他把"科学管理"称为一场"全面的智力革命"。他认为在一切管理问题上都能够而且应该应用科学方法,主张一切工作方法都应通过考察由管理人员决定。他把管理的职能概括为以下四点。

第一,搜集、整理、分析企业所有经验数据,以发展科学的方法。这种科学的方法称为动作与时间研究(Motion and Time.Study)的科学试验,用这种研究制定出标准的操作方法。除了使工人掌握标准的操作方法以外,还必须把工人使用的工具、机器、材料以及作业环境加以标准化。

第二,对工人进行严格挑选和培训,以发挥其最大能力。

第三,在工人和管理人员之间培养合作精神,以保证工人按科学方法完成任务。

第四,在工人和管理人员之间进行明确、适当的分工,以保证管理任务的完成。

这些原则至今仍不失为企业生产管理科学的基础,因此泰勒被称为科学管理之父。他在管理领域里做了许多开拓性工作,如在生产组织方面,确立管理工厂者不是工厂主,而是职能管理机构;在工资支付理论方面,他制定了"级差计件工资制"。泰勒的"科学管理"提供了解决企业管理中两个主要问题的方法:一个是提高工人的劳动生产率，一个是提高企业管理的效率。但这两个"提高"显然主要着眼于劳动方法，即工作方法科学化、作业程序标准化。在泰勒的科学管理中，人基本被看成了一种工具。虽然也提倡"在工人与管理人员之间培养合作精神"，但目的是"保证工人按科学方法完成任务"。

和泰勒同时还有吉尔伯斯、甘特、爱默生等一些人，对发展科学管理作出了重要贡献。在后来一个相当长的时间里，科学管理的基本思想没有更大的进展。这大概有两个原因，一方面是限于那个时期知识和工具水平，例如要测定一个工人或一个人机系统的生产率就很不容易，因为这要看是什么人，在什么条件下，做什么工作。即使在一定条件下，同一个人每日每时的工作成果也有很大变化。只有到今天借助于概率论和统计学的方法，我们才能获得接近实际的结果。另一方面是由于管理问题的复杂性，许多变数交错在一起，无法求解。即使可以找到求解的数学方法，但是由于计算工作量的浩繁，靠人工运算要耗费成年累月的时间，算出来也没有现实意义。这就需要等到高速的电子计算机出现以后才有可能。

2. 官僚行政管理理论和经营管理理论

管理理论的古典研究的另一方面，是着重管理的行政方面，也被称作官僚行政管理。官僚行政管理以马科斯·韦伯的理想行政组织体系为代表，重点研究组织设计、等级层次、组织结构等内容。因此也被称为行政管理理论。其中，关于企业组织理论有三个发展阶段。第一阶段是古典组织理论阶段，主要是以马科斯·韦伯、亨利·法约尔等人的行政组织理论为依据，强调组织的刚性结构。第二阶段是近代组织理论阶段，是以行为科学为理论依据，着重强调人的因素，从组织行为的角度来研究组织结构。第三阶段是现代组织理论阶段，是从行为科学中分离出来的一种学派，主要是以权变管理理论为依据，既吸收了以前各种组织理论的有益成果，又强调应按照企业面临的内外部条件而灵活进行组织设计。

(1)马科斯·韦伯的权力与权威研究

马科斯·韦伯(Max Weber,1864—1920)是古典管理学派在德国的代表人物。他生于德国的富裕家庭,拥有教授、政府顾问、编辑、作家等多重身份。他提出了理想的行政组织体系理论,把组织结构体系主要分成三层,相当于现代社会人们广泛了解的高级管理阶层、中级管理阶层和低级管理阶层。

韦伯关于最好的管理制度的概念同泰勒的想法十分相似。他们都认为,管理意味着以知识为依据进行控制,领导者应有胜任工作的能力,应该依据事实而不是依据主观猜测进行领导。韦伯的理想的行政组织体系的主要内容是:①把组织中为了实现目标的全部活动都划分为各种基本作业,作为任务分配给各个成员。每一个职位都有明文规定的权力和义务。经过最大限度的分工,在组织的每个环节上,由拥有必要职权的专家完成各项任务。②各种职务和职位按职权的等级原则组织起来,形成一个指挥体系或阶层体系,每一个下级接受他的上级的控制和监督,这个下级不仅对自己的行动负责,还要对他的下级的行动负责。为此,他必须对自己的下级拥有权力,能发出下级必须服从的命令。③组织中人的任用,完全根据职务的要求,通过正式考试或教育训练来实现。每个职位的人员必须称职,同时也不能随意免职。④除了某些按规定必须通过选举产生的公职外,管理人员是委任的。⑤这些管理人员并不是他们所管理的单位的所有者,只是其中的工作人员。⑥组织中人员之间的关系是一种不受个人感情影响的关系,完全以理性准则为指导。这种公正态度,不仅适用于组织内部,也适用于组织同顾客的关系。⑦管理人员是专职的,领取固定的薪酬,有明文规定的升迁制度,按照年资、工作成绩或两者的综合考虑升迁。但管理人员是否升迁,完全由上级决定。通过这种制度，在组织的成员中培养集体精神，鼓励他们忠于组织。⑧管理人员必须严格遵守组织纪律。组织要明确规定每个成员的职权范围和协作形式，以便正确行使职权，减少摩擦和冲突。

韦伯认为，理想的行政组织体系最符合理性原则，效率最高，在精确性、稳定性、纪律性和可靠性方面优于其他组织形式，能高度精确地计算出组织的领导人和成员的成果，适用于各种管理和日益增多的各类组织。

(2)亨利·法约尔的现代经营管理理论

亨利·法约尔(Henri.Fayol，1841—1925)出生于法国，1860年从采矿学校毕业后，被聘为康门塔里——福尔香包矿冶公司(S.A. Commentry Four-chambault)的采矿工程师，1888年升任该公司的总经理，1918年退休。他出任经理的时候，该公司濒于破产，经过他的努力经营，转危为安，财政基础臻于巩固，业务蒸蒸日上，至今仍是法国中部最大的矿冶集团的一部分。他在实践中探索出了一套经营管理理论，第一个阐明了关于管理和协调的一系列指导原则。法约尔也是一个工程师，但和泰勒不同，他从进入企业开始就参加了企业的管理集团，后来又担任经理。他退职时，不仅为公司留下了坚强的财政地位，也留下了一个闻名法国的行政和技术领导班子。与泰勒研究分析个别工人不同，他着重分析高层管理的问题。他认为他在管理上的成功不是由于他个人的领导能力，而是应用一般行政管理原则的结果。他提出了一般工业管理的十四条原则。包括：①分工。实行劳动专业化以提高生产效率的原则。他比巴贝其进了一步，把分工应用于一切管理人员，而不只是工人。②权威和责任。权威是发号施令的权利和要求服从的威望。权威和责任是互相联系的，委以责任而不授以相应的权威就是组织上的缺陷。当然权威也不能滥用。③纪律。纪律是组织内部所有成员通过成文协议对自己在组织内行为的控制。纪律为行政管理所绝对必须,没有纪律任何企业办不好。纪律应尽可能明确和公正。④指挥统一。组织内每个人只能从一个上级接受命令。⑤指导统一。和指挥统一不同,不是指一个人,而是指一个集团,为了同样目的的所有行动,只能有一个头、一个计划。⑥个人利益服从一般利益。个人和小集体的利益不能超越组织的利益。⑦个人报酬。补偿应该公平而且尽可能做到公私兼顾。⑧集中。集中为组织所必须,也是组织工作的必然结果。集中和分散允许有弹性,根据组织的性质、问题和工作人员的能力而定。⑨等级链。或称权威链,从基层到最高层建立关系明确的权威等级。⑩秩序。泰勒提出过"物皆有位,物在其位",意思是说材料、工具都有固定的位置,以保证工作效率。这里是指人,就是说组织应该规定每个人的岗位,"人皆有位,人称其职"。⑪公平。要在组织中树立公平和公正的观念。⑫个人任期的稳定。每个人适应自己的工作需要时间。⑬主动性。提高组织内每一级的工作热情都要靠主动性。⑭集体精神。这条原则强调协作的必要和维护人与人之间的关系。

法约尔的独特贡献,是他把行政管理(高层管理)从管理功能中分离出来,进行了深刻的分析。他的关于管理组织和职责划分的思想,对于后来管理组织系统化的研究有深远影响。法约尔的管理理论主要包含在1916年发表的《工业管理和一般管理》一书中。他认为自己的理论不仅适用于公私企业,也适用与军政机关和宗教组织等社会机构。但他的研究把企业组织看成一个于外界环境无关的系统,把管理要素概括为计划、组织、指挥、协调和控制五个方面。其中的协调虽然谈到了"让企业人员团结一致",但目的只是"使企业中的所有活动和努力得到统一和谐","并使组织中所要进行的一切活动与组织的总目标相统一"。这显然与公共关系的协调内部关系以激发人的创造潜能有差别。当然,公共关系协调的内涵中也有法约尔所谓协调的职能。

（二）着重人群关系和行为科学的管理理论

1."霍桑试验"和人群关系理论

早在1828年,英国空想社会主义者欧文(Robert Owen)发表了关于管理的正式著作,鼓吹人群关系的研究。他是一家苏格兰纺织工厂的经理,对于影响生产率的人的因素进行了长期观察。他把工人称为"有生机器",以别于"无生机器"。他指出:正如维护得好的机器,效率高、寿命长,可以获利更多一样,保养得好的"有生机器"也可以使获利超过他所花费的50%。

100年以后, 乔治·埃尔顿·梅约 (George Elton Mayo,1880—1949)和他的哈佛研究小组创立了人群关系学派,也叫人际关系学派。1927年,梅约在芝加哥西方电器公司(Western Electric Company)的霍桑工厂进行了有名的"霍桑研究",即有关工作条件、社会因素与生产效率之间关系的实验。研究小组从各方面改善工人的工作条件,如改善照明,增加工间休息,供给午餐,缩短工作日等,但是并未观察到规律性的变化。不论条件如何改变,产量总是上升,而且当取消改善的条件以后, 产量还是增加。经过他们同21000千名职工谈话, 发现职工的心理因素和社会因素对他们的生产积极性影响很大。这些工人平日地位低下,生产积极性不高,现在搞试点,受到重视,不管工作条件是否改善,都比平日努力,没有试点的小组也不甘落后,比着干,因此生产普遍提高。

梅约在1933年发表了《工业文明中人的问题》, 提出了以下观点:①以前的管理把人假设为"经济人",认为金钱是刺激积极性的唯一动力。霍桑实验证明人是"社会人",具有复杂性,影响人积极性的因素除了物质条件,还有社会和心理的因素。②以前的管理认为生产效率主要受工作方法和工作条件的制约;霍桑试验证明生产效率的上升或下降,主要取决于职工的工作情绪,即职工的"士气"。而"士气"又取决于两个因素:职工从家庭生活和社会生活中所形成的态度及企业内部人与人的关系。③以前的管理只注意组织机构、职权划分、规章制度等;霍桑试验发现除正式团体外,职工中还存在非正式的小团体,这种无形组织有它特殊的感情和倾向,左右成员的行为。正式组织以效率逻辑为重要标准,组织成员为提高效率而保持形式上的协作;非正式组织以感情作为重要标准,成员会在感情上表现出对非正式组织的忠诚。④新型领导应能提高职工的满足感,善于倾听和沟通职工的意见,使正式团体的经济需要与非正式团体的社会需要取得平衡。

这些观点在泰勒的科学管理和法约尔的现代经营管理理论之外,开辟了一个新领域。从此,"人群关系"的研究逐渐闻名于世。

2. 行为科学的研究成果

在开展"人群研究"的基础上,50年代初,美国一些著名大学教授集会研究,把心理学、社会学、人类学和管理学的成果综合起来,建立关于人的一般理论,正式采用"行为科学"一词,成立了"行为科学高级研究中心"。行为科学是研究人的行为如何和为何这样的科学。行为科学认为:人由于受到内部或外部因素的刺激,精神的或肉体的刺激,都会做出某种反应;而这种反应都会对人从事工作的效率产生影响。据此,行为科学强调从社会学、心理学的角度研究管理,重视社会环境和人群关系对提高工作效率的影响。从此,行为科学学派逐步取代了人群关系学派。

(1)马斯洛的需要层次理论

需要层次理论,也叫需要和动机的理论,是行为科学的核心部分。该理论是研究需要与行为动机关系的一种理论,认为人类行为是由动机驱使的,而动机又是由需要决定的,需要是人类行为的原动力。美国心理学家马斯洛(Abraham H.Maslow,1908—1970)在1943年和1954年先后发表了《人类动机的理论》《动机和人》等著作,提出了需要层次理论。按照该理论,企业管理的首要问题是如何调动职工的积极性,用心理学的术语来说,就是如何激励动机。

马斯洛在《人类动机的理论》(A Theory of Human Motivation Psychological Review)一书中讨论需要层次理论时,认为该理论的构成根据3个基本假设:①人要生存,其需要能够影响他的行为。只有未满足的需要能够影响行为,满足了的需要不能充当激励工具。②人的需要按重要性和层次排成一定的次序,从基本的需要到复杂的需要。③当人的某一级的需要得到最低限度满足后,才会追求高一级的需要,如此逐级上升,成为推动继续努力的内在动力。马斯洛认为人类需要的层次可以划分为5个,如图2-1。

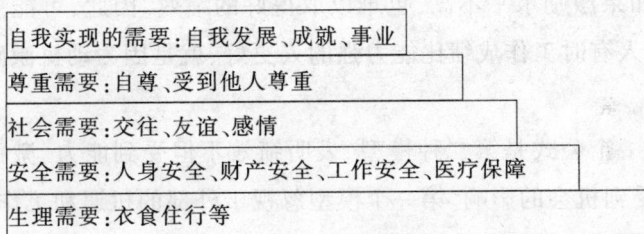

自我实现的需要:自我发展、成就、事业

尊重需要:自尊、受到他人尊重

社会需要:交往、友谊、感情

安全需要:人身安全、财产安全、工作安全、医疗保障

生理需要:衣食住行等

图2-1 马斯洛的需要层次图

马斯洛的需要层次理论认为,需要是人类内在的、天生的心理活动,已满足的需要不再是激励因素,当任何一种需要基本上得到满足后,下一个需要就成为主导需要。个体顺着需要层次的阶梯前进。从激励的角度看,当需要激励某个人时,就应该知道他处在需要的哪个层次水平上,然后去满足这些需要和更高层次的需要。这就为公共关系中的顾客关系处理和员工关系处理提供了依据。

从需要层次理论的实践来看,激励是一个关键因素。对于激励的理解,应注意其两层含义。一是指能够激发人们长期努力工作的内在的动力因素,是激发行为、指明行为方向和强调坚持某种行为的力量,即激励等于激励因素。二是指通过不断满足员工的需要来调动其积极性的方法,是启动、激发、指导和维持某种行为的内在心理过程,即激励是实现组织目标的一种管理方法。可见,在管理意义上,激励是为了实现绩效。"激励—绩效"有两种模型。它们之间的关系可用公式表示。

$$绩效=f(能力,激励)$$

$$绩效=f(能力,激励,机会)$$

前一个公式是第一种模型。可以看出,工作的成绩和效果,是能力和激励两个变量乘积的函数。表明人的工作绩效取决于他的能力和激励水平(即积极性)的高低。能力固然是取得成绩的基本保证,但是,如果激励水平不高,也难以取得好的绩效。因此,可能一个能力差的人有时工作成绩比能力强的人更好,就是因为动机激励的程度不同。

后一个公式是第二种模型。表明绩效不但受到能力、激励的影响,还受到机会的影响。第一个模型忽视了外部的机遇和工作条件,在实际生活中,一个能力较强的人即使受到了良好激励,如果不具备基本的工作条件或者应有的机遇,也难以取得好的绩效。

(2)X理论—Y理论

X理论—Y理论是美国社会心理学家道格拉斯·麦格雷戈(Douglass McGregor,1906—1964)提出的管理理论,是后期行为科学经典理论之一。它围绕"人的本性"来论述人类行为规律及其对管理的影响。

麦格雷戈在1935年取得哈佛大学的博士学位,并在哈佛大学教授社会心理学。1937年起在麻省理工学院任副教授,此后,除6年时间在安第奥克学院任院长外，一直在该校执教至去世。1948—1954年任安第奥克学院院长时，他开始对传统管理理论中关于人的本性的看法提出质疑。在1957年11月号的美国《管理评论》上发表《企业的人性方面》(Human Side of Enterprises)一文，第一次提出了X理论—Y理论。1960年正式出版《企业的人性方面》一书。

麦格雷戈认为，传统的管理理论在对人的看法上是不正确的，对人的本性做了错误的假设。他将这种把人性建立在错误假设上的传统管理观点称为X理论，与之相对的做出相反假设的新的管理观点称为Y理论。这两种理论的内容相当类似我国古代荀子提倡的"性恶论"和孟子提倡的"性善论"。

X理论关于人性假设的观点包括：①人天生懒惰，尽可能逃避工作。②人天生缺乏进取心，不愿负责任，宁愿听从指挥。③人天生就以自我为中心，漠视组织的需要。④人习惯于守旧，反对变革，把个人安全看得高于一切。⑤只有极少数人，才具有解决组织问题的想象力和创造力。⑥人缺乏理性，容易受外界和他人的影响，做出一些不适宜的举动。

按照这些假定，管理的对策就是指导和控制，管理的任务就是告诉被管理者做什么、该怎么做，并且监督、控制和激励他们的行为。

Y理论关于人性假设的观点包括：①人并非生来就是懒惰的，要求工作是人的本能。人们从事劳动同娱乐、休息一样自然。②在适当条件下，人不但愿意而且能够主动承担责任。逃避责任、缺乏抱负以及只关心个人安全是经验的结果，不是人的本性。③人追求满足欲望的需要，与组织需要没有矛盾。只要管理适当，人们会把个人目标和组织目标统一起来。④人并非必然会对组织目标产生抵触情绪和采取消极态度，出现这种状况往往是由于组织压力造成的。⑤人对于自己的工作目标，能进行自我指挥和自我控制。对企业目标的参与程度，同获得的报酬直接相关。自我实现的满足感是最重要的报酬，他对促进人们努力工作具有显著作用。⑥大多数人具有解决组织问题的丰富想象力和创造力。在现代工业社会，人的智力还没有充分利用。

Y理论曾对美国企业管理产生广泛影响。20世纪60年代盛行的"无缺点计划"①就是建立在"Y理论"基础上。

按照"Y理论"提出的管理任务就是要发挥职工的潜力，创造条件使个人和组织的目标融合一致，前者的满足就是后者的成就。1956年美国管理学家杜拉克(Peter.Druker)提出所谓"目标管理"。1965年由奥迪恩(G.Odiorne)加以发展，把参与目标管理的人扩大到整个企业范围，有利于把个人需要与企业目标结合，发挥职工的主动性。在国外企业中发展了各种形式的"参与管理"制度，如职工大会或职工代表大会、初级董事会制度，让各级管理人员和职工有提出建议和参与决策的机会。另外还出现了"分权与授权""扩大工作范围""协商式管理""鼓励员工进行自我工作成绩评价"等管理办法。

行为科学的研究产生了很多理论成果，还有权变理论、成就需要理论、期望理论、挫折理论、强化理论等，公共关系作为一种实践型职业，公共关系学作为一门应用科学，对这些理论成果都有应用。

---

① 所谓"无缺点计划"，是一种依靠从业人员人人注意，人人想方设法消除工作缺点，依靠高度的产品(或服务)可靠性、较低的成本和严守交货期，使顾客更加满意，并为此而不断赋予从业人员主观能动性的计划。1962年开始在美国推行。后来也在日本推行，称为"无缺点运动"。朱镕基:《管理现代化》，北京:企业管理出版社，1985年，第20页。

(三)着重管理科学和系统分析的管理理论

现代工业生产力的迅速发展，国际资本对世界市场的激烈争夺，生产管理越来越需要把注意力集中于经济前景的预测，并且据此作出正确决策。决策错了，管理效率越高，经营越不利，其结果是背道而驰。因此，管理的内容不能只限于过去那种工厂管理，管理的功能不能只偏重指导与控制，管理的重点已逐步向经营转移，而经营的中心问题是决策。获得1978年诺贝尔经济学奖金的美国管理学家西蒙(Herbelt.Simon)甚至说，也许最好是把"决策当作管理工作的同义语"。

随着数学方法用于解决经营管理问题取得的重大进展，以及电子计算机的广泛运用，于是包括决策论在内的"管理科学"便蓬勃发展起来。

管理科学的理论基础是运筹学。运筹学起源于第二次世界大战中英国科学家为解决雷达的合理布置问题而发展起来的数学分析和计算技术，后来，它的应用又扩展到反潜艇战和其他领域。1952年美国成立了运筹学协会。现在差不多每家美国大公司都设有应用运筹学的机构，政府机关也广泛应用运筹学于军事和其他各个领域。运筹学的定义可以大体上表述如下：运筹学是一种分析的、实验的和定量的科学方法，它通过评价一个管理系统中可供选择的行动的所有方面，提供改进管理的决策的基础。

运筹学在企业管理上的应用就称为"管理科学"。但是，由于运筹学的发展还只有三十多年的实践，一些名词的含义并不严格，使用也不统一，有的把运筹学和管理科学视为可以交换使用的同义词，也有的将它们并列。运筹学的内容包括许多分支，例如，规划论、排队论、博弈论、模拟方法等。

"运筹学"一词的英文原意是"作业研究"，意译为"运筹学"，是因为中国很早就有田忌赛马一类的筹划、博弈故事,《史记·世家第二十五·留侯》中也有"运筹策帷帐之中,决胜于千里之外"的记载,是汉高祖刘邦对他的智囊张良的赞语。的确,在我国历史上很早就产生了朴素的运筹学思想。公元前4世纪战国时代田忌赛马的故事就是一例。齐威王与大将田忌赛马,共赛三局,每局以千金为赌注。田忌的宾客孙膑了解到双方马的优劣相差不远,并且预知齐王出场的马有上中下之分,于是对田忌说,你大胆去赌,我可以保你获胜。临场时,孙膑要田忌把自己出场的马分为上中下三等,以下马去与齐王的上马对阵,以上马对齐王的中马,而以中马对齐王的下马。结果三局中负了第一局,胜了后两局,净赢一千金。通过这件事,田忌把孙膑推荐给齐王,齐王向他请教兵法,并尊他为军师。这个事例可以说明运筹学中的一个分支"博弈论"或称("竞赛论""对策论")的基本方法。不同的是现在运筹学可以应用复杂的数学和科学技术,把决策问题变换成数学模型,利用电子计算机求出最优解答。

系统分析,或称系统工程,同运筹学一样,也是一种科学分析方法。客观事物都不是孤立的,而是相互联系着。在现代化大工业生产的条件下,部门与部门、企业与企业之间更是有着千丝万缕的复杂联系,要求人们完整地、全面地,而不是孤立地、片面地处理问题、进行决策,否则就要犯错误。系统分析就是研究一个系统内相互影响的因素的组成和作用情况的一种科学方法。它告诉人们要把系统中人和物及其所处的环境等要素结合起来进行全面分析,明确一切和问题有关的因素同实现目标之间的关系,把复杂的管理问题简化为表示不同因素相互联系和作用的方框图,建立数学和逻辑模型,提供解决问题的基础,实现计划、方案、设计、办法的最优化抉择。

系统分析在国外广泛流行,但它并不是最近才出现的新事物。它起源于传统数学、物理学和天文学,早期的系统研究可以追溯到

1687年牛顿对太阳系进行的系统分析。

系统分析在我国也可以追溯到更早的年代。据历史记载，北宋真宗时期(公元1015年)，皇城失火，烧毁宫殿，真宗命丁谓主持皇宫的修复工程。当时的主要问题是取土的地方远，太费工。丁谓把与这个工程有关的因素看作一个系统，进行了全面而缜密的分析，提出了一个经济合理的施工组织方案。具体办法是：先把皇宫前的一条大街挖成一条通渠，引入京城(开封)附近的汴水，一直通到宫门，作为运输建筑材料的河道。利用挖出的泥土作为砖瓦的原料，就地烧制砖瓦。皇宫竣工后，再把废砖碎瓦填入河渠，修复原来的大街，这样一举三得，省钱以亿万计。很可能这是当时条件下一个多快好省的最优方案。丁谓这个人颇具系统分析的头脑。

系统分析和运筹学一样，也是由数学、统计方法的发展和电子计算机的应用才得以风行，在60年代空间系统研究中取得重要进展。例如阿波罗宇宙飞船计划由一百五十多万个分系统和汇编程序组成，每一个分系统和每一道程序都必须万无一失地发挥作用，由于在计划、组织、管理和实施的过程中运用了系统分析而获得成功，因而促使世界各国都纷纷研究、推广系统工程。

系统分析适于应用在自然科学和有关技术方面，因为在这些领域里有严密的一般定律和完善的数学方法。在社会领域里，系统分析在经济管理方面的应用比较领先，因为经济问题涉及许多复杂因素，需要通过系统分析才能实现有效管理。系统分析的应用范围从工业生产、交通管理、空间探索，逐步扩展到城市规划、资源利用、生态保护、能源决策以及其他管理问题。

系统分析和运筹学，作为逻辑手段和计量方法，它们的共同性很多。一般认为系统分析研究的范围更为广泛，属于战略性质的高级决策，而运筹学的研究范围较狭窄，属于战术性质的决策。例如，国家决定建设一支导弹部队，运筹学可以考察各种导弹的性能、投资成本、维护费用、使用效果，提供装备何种导弹的抉择方案。而系统分析则要考虑这笔国防开支究竟是用于导弹，还是舰艇、飞机、坦克，甚至最后得出的研究结果，可能是不增加任何武器，而是把经费用于国防科研。在一般情况下，作为决策工具，系统分析和运筹学是可以同时使用的。

公共关系往往把公众看作一个组织生态系统，实施系统管理。公共关系在实践上也存在许多项目，也涉及人力资源、资金、项目之间的关系研究等统筹问题，每一个项目的策划也需要考虑时机、可行性、效益等，要进行系统研究。

（四）公共关系在现代管理思想的"丛林"中生长

工业化以来，围绕工业生产出现了许多管理思想。泰勒的工作方法科学化、作业程序标准化的科学管理研究有助于提高生产效率，虽然对人的因素重视不够，但是，公共关系作为一种管理职能，在组织行为规范方面也需要"工作方法科学化、作业程序标准化"问题。可见，古典管理理论也有公共关系应该汲取的营养。"霍桑试验"开启了以人为本的管理研究的新时代，推动了行为科学的诞生，扩展了管理作为一门科学的领域。随着现代科学技术的发展，数学方法和电子计算机在管理上的应用，形成了管理科学，又开拓了管理的另一个广阔的领域。管理从定性的描述变为定量的预测。

但是，管理思想的发展永远在路上，从没有止步，不断产生各种各样的流派。因此，一位管理学家孔茨（Harold Koontz）把它们称为"管理思想丛林"。1961年，他介绍了六种管理理论学派，即管理程序学派、人际行为学派、经验学派、社会系统学派、决策论学派、数学学派。过了两年，他发现"丛林"更加枝叶繁盛，至少可以分成十一种学派了。

　　孔茨把泰勒、法约尔等的思想都看作"管理程序学派"，把强调人群关系的研究都看作"人际行为学派"。所谓"经验学派"是通过对成功的经理人员的经验分析来研究管理，从中引出一系列的原则作为管理的基础。"社会系统学派"的主要代表者巴纳德(Chester. Barnard)，曾担任美国贝尔电话公司的董事长，他把组织看成一个社会系统。他对权威的看法不同于管理程序学派，他认为权威不应看作是随所有权而来，并随着组织贯彻下去，而是来源于组织内成员所接受的程度。"决策论学派"，并不只是研究决策，而且研究决策程序和决策人的行为方面。西蒙就把管理看作是一种管理决策的新科学。"数学学派"和决策论学派关系密切，相互交叉，因为许多管理决策都可以转换成数学模型，并用数学方法求解。

　　按照其他方法分类的管理学派还不一而足，而且，随着时代的发展，仍然有新的管理理论产生。比如70年代在美国等地又兴起了情景理论学派。情景理论是在批评管理理论中的"经典"学派和其他非经典学派的过程中建立的，代表人物有伍德沃特(J.Wood ward)、汤普森(G.Tompson)、劳伦斯(P.P.Lawenle)和洛斯奇(J.W.Lorsch)等。这一学派认为，在企业管理中要根据企业所处的内外条件随机应变，没有什么一成不变、普遍适用的"最好的"管理理论和方法。这个学派之所以于70年代在美国等地风行一时，就是因为科技、经济、政治上的剧烈变动越来越普遍化、经常化，职工队伍结构及其文化技术水平的改变也越来越频繁。信息爆炸时代，一切都在迅速变化中，不只是技术产品在不断更新换代，人才的流动和更新也日益频繁、加快。这给企业管理带来了许多新挑战，使得情景理论有了一定的实用价值。"经典"和其他非经典学派的理论中，总是喜欢建立所谓万能的原则和模型，似乎这就是企业组织与管理中的"理想"形式。这些理论还设想和保证，可以在所有的情况下提高管理活动的效果。

事实上,任何管理理论都不是万能药方,不可能对所有类型、不同情景中的管理都有效力。

情景理论是在情景方法的基础上发展起来的。所谓情景方法,实际上是降低了管理中系统分析的水平,用研究组织信息和其他系统的更为具体的特性来替代任何管理系统的万能特性。这一方法是建立在分析个别对象的大量经验材料基础上,然后概括为"情景和决策"的模型,以说明管理与被管理之间的联系。

用情景方法考察企业组织和管理时,包括以下几个阶段:①为了确定主要问题,要通过情景诊断形成管理目标,以及阐明达到结果的原则道路。②研究情景特征并找出影响决策的主要因素。③制定动作并选择规程和路线。④尽量多地估计到每一种选择和决定,并分别以最佳的形式同情景相适应。⑤将目标、计划转为具体的动作路线,这对实现企业目标来说,应该是最为有效的。

当然,情景方法的实质,并不在于以上这种步骤和程序,而是要形成一套典型的情景管理技术,然后在实践中应用到组织生产和管理的不同类型的决策中,解决实际问题。

公共关系能够由一种最初的宣传技术发展为一种应用广泛的独特管理职能,并形成一门独立的学科,不仅在实践上大量借鉴了各种管理理论及其他社会学科的方法,也在理论上吸收了各种管理理论、传播学、社会心理学、社会学等多种学科的营养。特别是直接得到了人群关系理论、行为科学理论、系统学、运筹学的理论支持;正是在这些管理理论的基础上,公共关系的员工关系管理和外部各种公众关系的协调以及信息管理、形象管理、传播沟通等职能才有了理论依据。没有新的现代管理思想的形成和发展,按照泰勒的传统管理理论,管理的重点一直停留在只关注工作程序的设计、劳动纪律的规划,而不是发展到了人群关系理论和行为科学理论通过关心人和爱护人,对人的自觉行为进行调动与激励,特别是通过民主管理对人的创造潜能的发掘, 员工公共关系是不可能发展起来的。同样,组织身份建设是以系统地看世界为基础的,而传播沟通、协调关系离不开对人的需要的研究。可见,公共关系在实践和理论建设上都离不开现代管理思想的支撑。

第三章　公共关系的实践主体——
社会组织和公关人员

第一节　社会组织的性质、特点和类型

公共关系作为一个职业,公关人员是实践主体,这是毫无疑问的。为什么说社会组织也是实践主体呢?这是因为公共关系作为一个理论体系,在构筑其知识结构时,需要确立一个思考问题的立足点,也即是说,公共关系作为一种独特的管理职能,谁在运用它?如果说公关人员在运用它,那么,公关人员代表谁?自然是代表一个一个具体的社会组织。因此,社会组织是公共关系的最终主体。当然,也有一些特殊个人因为具有较大的社会影响力,也会产生个人公共关系问题。社会组织既然是公共关系的主体,公共关系学在构筑其理论体系时,认识社会组织的性质和特征,了解社会组织的类型,就是理论建设的基础性工作。另外,由于社会组织的公共关系业务最终要由公关人员完成,因此,认识公关人员的一些职业素养也是有价值的理论话题。还有关于个人公共关系,是一个特殊的话题,就理论探索而言,应当受到鼓励;但是,就公共关系的定义所规定的它是"社会组织身份管理职能"这一点看,个人公共关系的提法难以纳入公共关系学理论体系。

一、社会组织的性质、特点

（一）社会组织的性质

社会组织的概念有广义和狭义的区别。广义的社会组织，泛指一切人类共同活动的群体。它或者是依据血缘、情感、共同生活等因素建立起来的群体；或者是以共同的劳动生产为基础，通过政治、经济、文化交往等方式而建立起来的社会结合体。包括家庭、家族、部落、民族等。狭义的社会组织，是特定的群体为了共同的目标，按照特定原则通过组织设计使得相关资源结合，并以特定结构运行的共同体。简单地说，社会组织特指按照一定目的、任务和形式建立的社会实践集体，简称组织。

公共关系学所说的社会组织是狭义的社会组织。它有明确的目标和清楚的界限，内部实行明确分工，形成有机结构，并确立了旨在协调成员活动的正式关系。包括工商企业、政府机构、教育文化单位、医疗部门、金融服务机构、各种群众团体等。

（二）社会组织的特点

一般来说，公共关系学视野下的社会组织具有如下几个方面的特征。

1.具有一定的物质基础和精神条件

社会组织是人们有意识建立的从事一定社会活动的共同体，而一切社会活动的开展都需要一定的物质基础，如财力、物力、技术装备等。社会组织是人的结合体，出于群体力量调节的需要，也可能是由于共同利益和兴趣、价值观等原因，社会组织会形成特有的精神内容，如对人员的知识、能力、道德品质等的要求；社会组织也会在自身的文化建设过程中有意识地创造独特的精神体系。

2.社会组织是依法按章程建立的有目的的群体

社会组织是依法并依据一定章程创办的，需要确立清楚的目标,形成协调人们行动的宗旨,以凝聚人们的力量。组织的目标是它确定组织原则、宗旨、规章制度的依据,是引导成员通力合作、发挥组织的群体效应、实现共同利益的前提和基础,也是辨别组织性质、类型的基本标志。

3.社会组织是一个有约束机制的系统

社会组织需要按照一定的方式组合各种资源,因此会形成一定的组织结构,并以特定的结构形式存在和活动。尽管组织中的人们具有相互合作的愿望,为了保障内部活动的有效开展,组织结构必须受到各种正式关系的约束。这种正式的约束关系往往表现为权力的分配模式。

4.社会组织是一个动态的系统

任何社会组织都需要在与社会的互动中生存发展,而社会是不断变化发展的,因此,社会组织也需要随着社会环境的变化而变化。这就会造成组织机构的调整、发展战略的转型等。另外,组织自身也会有扩张或萎缩,这也会给组织系统带来变化。所以,社会组织是一个动态的系统。

5.社会组织是一个资源有机结合的群体

社会组织的资源要素包括人、财、物、权力、权利、信息、价值和规范等,这些资源经过有机整合,被合理配置,形成一个有实践能力的结合体。组织内部按层次、部门、单位和个人分解各种资源,为了实现组织目标,必须动员和结合相应的组织资源。因此,社会组织其实是各种资源要素的有机组合。

6.社会组织的活动具有协作性

从活动的角度来看,社会组织本质上是人们之间的相互协作关系。社会组织产生和有效发挥作用的原因,是人们在生产和社会活动中感到单个能力的不足,必须通过相互协作和帮助来弥补这种不足,以完成依靠个人能力所不能完成的任务。另一方面,人们通过组织形式的相互协作和共同活动,会形成强大的整合力量,实现社会组织创建的意义。

二、社会组织的类型

人们可以根据不同的标准,对社会组织进行不同的分类。不同的学科,对社会组织的分类有不同的着重点。下面从有助于深刻理解社会组织的性质,有助于更好地理解行业公共关系的特殊性,认识不同类型的社会组织所应承担的公共关系任务的角度,介绍一些分类标准及分类结果。

(一)根据社会组织的目标分类

1.互益组织、公益组织、营利组织

社会组织的目标是依据创办章程确立的,一般是用简洁的描述说明组织该干什么,希望达到什么样的境地。组织目标尽管也会调整,但一般具有连续性。否则,难以进行分类认识。社会组织都是为了实现一定目标而建立的,依据组织目标,可以把社会组织划分为三类:互益组织、公益组织、营利组织。

互益性组织的目标是实现共同理想并使成员受益;包括政党、宗教、工会、俱乐部、群众团体、商会等。公益性组织的目标是实现特定社会的整体利益和保障公众的权益;包括行政机构、立法和执法部门、国家武装力量、学校、社会福利机构、医疗机构、公安消防部门等。营利性组织的目标是让所有者和经营者获得利益;包括工商企业、银行、服务性经营机构等。

2.政治组织、经济组织、军事组织、事业组织、社会团体

由于组织的目标本身可以进行多种标准化的划分,因此,依据目标对组织类型的划分也会有其他结果。比如,我国习惯上按照目标把组织划分为五类:政治组织,经济组织,军事组织,事业组织,社

会团体。

政治组织是一定社会阶级为维护自身利益和实现其意志而组织起来的一种社会集团或社会集团系统。包括了政治党派组织、政权机构、司法机关和武装部队等。

经济组织是社会生活中最基本的组织形式,担负着向人们提供各种物质生活资料、生产资料和生活保障性服务的任务。具体包括生产组织、商业组织、金融保险机构、交通运输组织及宾馆、饭店、旅游等其他服务性组织。

事业组织,俗名事业单位,是专门从事或主要从事精神活动的社会组织,非物质生产性是其主要特点。具体包括教育、科学研究、文化艺术、体育、医疗、新闻出版、宗教等各种类型的组织。

社会团体是各种群众组织的统称,指人民群众或其他民间力量为某一共同目标而依法自愿组成的具有公益或互益性质的社会组织。我国的不少社会团体实质上是国家政权团结各种社会力量的手段,也是社会各界进行自我管理、维护自身利益、参与社会事务的一种方式。比如,中华全国总工会、中华全国妇女联合会、中国共产主义青年团、中国科学技术学会、中华全国工商业联合会、中国作家协会等;另外,社会上各种以职业或共同兴趣为基础成立的、开展专门活动的协会、学会或俱乐部等,也是群众组织;还有一些以开展社会救助为宗旨的社会救助机构也属社会团体,比如一些基金会等。

3.公共组织和非公共组织

在现代社会中,组织的公共目标和非公共目标,构成了组织目标的两大类,并对组织的不同类型具有深刻的影响,据此,人们可以把社会组织划分为公共组织和非公共组织两类。

公共组织是以实现公共利益为目标的组织,它一般拥有公共权力或者经过公共权力的授权,负有公共责任,以提供公共服务为职能,包括管理公共事务、供给公共产品等。

公共组织又包括政府和非政府组织两大类。其中,政府组织指拥有公共权力并行使公共权力或提供公共服务的社会机构,如行政机关、立法司法机构、军队、公安部队、武警消防部队等。非政府组织是指不以营利为目的的,不属于政府结构体系和政府行为的,为某种公益目标或互益目标而合法、志愿组建起来的、公开进行社会活动的公民自治团体、公益服务机构或国际协作组织。比如,城市公共交通服务组织,邮政服务机构,自来水、燃气、教育、医疗等公益性组织,慈善救助机构等。有些非政府组织也开展经营活动,但不以营利为目的,而是以服务社会为宗旨,政府对这类公益性组织给以免税政策。

非公共组织一般不以公共利益为组织的目标,在市场经济条件下,作为市场主体的工商企业是典型的非公共组织。工商企业以自身的利益为目的,创造利润是他们的基本追求。只有创造了利润,它才能够持续发展,不断壮大,因而可以吸收更多的人就业,为社会缴纳更多的税,承担更大社会责任。因此,非公共组织最终还是为公益作出了贡献。

(二)根据社会组织的性质分类

1.正式组织

正式组织是指为实现某种目标而依法建立的,具有明确而具体的规范、规划和制度的组织。它是管理者按照实现组织目标的要求而设定的。因此,它带有明确的管理者的意图和价值取向。一般具有如下特征。

(1)专业分工性

按照组织总体目标及其分解目标和组织工作的特征,设计明确的内部专业分工,设置相应的工作职位并配置资源。

(2)明确的结构层次性

根据组织的任务，在内部设计出权力和职责统一的职能部门，形成结构层次。按照层次设计配置人员，形成组织人员之间的正式等级关系。

(3)法定的权威性

按照法定权力配置和职位授权的结构而形成的正式组织，其管理活动具有刚性的合法权威性，以保证管理组织意志的贯彻和信息的沟通，这种权威性对于组织成员具有强制性的约束力。

(4)统一的规范性

组织一般制定统一的制度、规范和规则，以支撑组织的结构，保证组织的秩序，维持组织的正常运行，实现组织的目标和任务。

(5)相对的稳定性

在人为规划和建立的组织中，组织秩序和结构功能相对稳定，制度规范和规划程序也相对稳定。因此，具有稳定的内部环境。即使经常需要做一些适应性变化，并不足以动摇整体的稳定性。

(6)职位的可替代性

在组织中担任职位工作的成员，必须符合职位的要求，否则，随时有被其他成员取代的可能。即使人人都符合职位要求，也可能因为竞争或其他因素出现职位的调整。

(7)物质的交换性

组织运用自己拥有的物质资源，换取组织成员的工作和能力的发挥，如利用加薪、提职等方式，谋求成员对组织的贡献，使得组织与成员之间形成了物质交换关系。

2.非正式组织

非正式组织是组织成员在共同的工作和劳动过程中，为了满足特定的心理需要，自发和自然形成的群体。一般具有以下特征。

(1)基于特定的需要形成

非正式组织最主要的作用是满足组织成员不同的需要,包括组织成员的情感交流、社会交往、尊重、理解、认同、安全、维权等需要。一般来说组织成员形成非正式组织的需要,都是正式组织所不能满足的。

(2)没有明确的组织目标

非正式组织的形成是基于组织成员的心理需要,形成的小团体并无明确的组织目标, 这种心理需要可能与正式组织的目标一致,也可能不一致,甚至完全背离组织目标。

(3)组织成员自发形成

非正式组织的建立是以组织成员之间共同的兴趣、爱好或思想、感情、经历为基础,成员之间往往文化素质相当,相互欣赏、相互喜爱、相互依赖,在一些自愿组织的活动中自发形成。

(4)没有明确的规章制度

非正式组织在活动中可能也会渐渐形成一些规矩,但这些规矩不具有强制性,成员可以自觉遵守,也可以不受其约束。因此,非正式组织没有正式组织那样的具有权威甚至法律意义的规章制度。

(5)多样化的存在形式

非正式组织的存在形式远比正式组织复杂。一般有三种形式。一是水平集团。即由地位大致相同的组织成员构成,是非正式组织最常见的一种形式。二是垂直集团,即由组织内不同层次和职位的人员组成。其构成因素在于组织成员之间具有特殊的利益或心理需要。三是混合集团,即由组织成员不同地位或职位的成员交叉构成。在非正式组织中,混合集团往往呈现复杂多样的特点。

(6)对正式组织具有两面性

社会组织内部的非正式组织往往会发挥正反两方面的功能。其正面的功能主要是：可以增强组织成员的归属感，形成有利于组织稳定和目标实现的凝聚力；可以协调组织成员的关系，调解矛盾和纠纷，形成协作的氛围；有利于组织成员的沟通以及工作积极性的发挥。其负面的功能是：如果组织成员的心理需要与正式组织目标指向相反或相悖时，会阻碍正式组织目标的实现，以满足心理需要为目标的非正式组织，有时会破坏以理性为基础的正式组织的制度和规则；非正式组织形成的人际集团，可能造成组织中成员的分裂，严重妨碍组织的正式结构群体的稳定和团结。

（三）从社会组织的结构模式划分

组织结构（Organization Structure），是指具体的社会组织内部各种职位之间、各种职员之间关系的安排，是组织机构的横向分工和纵向隶属关系的总称。

由于组织的结构方式会影响组织的行为方式，不同的结构模式会形成不同类型的组织。组织的结构设计并不是随心所欲的，而是依据了一些关键因素，主要包括：部门划分、工作专门化、管理跨度、指挥链、集权和分权、正规化、职位界定和职位描述等。不同的社会组织在这些因素的选择、处理上采取了不同的方式，就会形成不同的组织结构模式，因此形成不同的社会组织类型。

部门划分也叫部门化，是建立组织的基础，是指按照不同的工作任务类别将组织中的人员进行分工的过程。部门划分有很多标准，比如按职能划分，一个企业可以分为：生产部门、营销部门、财务部门、人事部门、科研开发部门、质量监控部门等。如果按照产品划分，一个企业可以根据经营的产品，划分出一些独立程度较高的部门，比如食品生产部、服装加工部、家用电器部等。按顾客划分，比如一个服装企业可以划分为老年服装部、成年服装部、青少年服装部、婴幼儿服装部等。一个跨国公司还可以按照业务的地理范围分为亚洲公司、欧洲公司、大洋洲公司、非洲公司、北美洲公司、南美洲公司等。

工作专门化就是进行劳动分工,使不同的人从事不同职位类型的工作;也即把工作任务划分成若干步骤,每个人专门从事工作活动的一部分,而不是全部活动。从20世纪40年代开始,工作专门化一直被管理者看成提高组织运行效率的重要手段,但到了60年代以后,越来越多的证据表明,在某些工作领域由于工作过分专门化,在人的心理上造成了厌烦情绪、疲劳感、麻木心态等不良劳动心理,这些心理因素在工作上产生的负面影响超过了专门化产生的积极经济效益。因此,有些公司开始扩大而不是缩小员工的工作范围,通过允许他们做完整的工作,让他们加入到需要相互交换工作技能的团队中,使工作的满意度和劳动效率得到提高。

管理跨度,又称为管理幅度或者控制跨度,是指一个上级直接监管的下级人员的数量。由于管理者受自身知识、能力、经验的限制,能有效管理下属的人数是有限的。在其他条件相同时,控制跨度越宽,组织效率越高。现代企业制度发展的总趋势是加宽控制跨度。这种追求与降低成本、削减一般管理费用、加速决策过程、增加灵活性、缩短与顾客的距离、授权给下属等趋势是一致的。

指挥链又称命令链,是指一种不间断的权力路线,是层层指令形成的链条。

集权和分权,即管理方式上的集权化和分权化。集权组织是指决策的制定和权威集中于总部或者某个高层管理者的组织。其特点是权力和责任高度集中,各种决策均由高层作出,各下属部门没有处理权,必须逐级请示。集权制的典型形式是直线制组织形式。分权组织是指决策的制定和大部分权力被转移到下属部门的组织。其主要特点是权力和责任分散,各部门可以根据环境变化和本部门的工作需要作出决策。分权制的典型组织形式是事业部制。

正规化是指组织中工作的标准化程度。如果一种工作的正规化程度高,就意味着做这项工作的人在工作的内容、时间、程序、手段等方面基本没有自主权。在高度正规化的组织中,各个岗位、各个环节都有明确的职位界定和职位描述,有繁杂的规章制度,对各项工作过程都有详尽规定。而在正规化程度较低的组织中,工作执行者将有较大灵活性,工作日程安排等也不那么僵硬,员工对自己工作的处理权限比较大。

根据组织结构设计时对以上部门划分、工作专门化、管理跨度、指挥链、集权和分权、正规化等因素的重视程度的不同,可以把组织分成以下两大类。

1.集权化人治组织

集权化人治组织的部门划分随意灵活,控制跨度宽,权力集中于一个人或几个人手里,正规化程度低,指挥链清晰。其优点是简便灵活、反应敏捷、费用低廉、责任明确;不足是权力过分集中,不利于人才培养和组织的长远发展。特别是由于权力和责任寄托在一个人身上,风险极高。小企业和家族企业往往处于这种集权化的人治状态。封建社会和奴隶社会的国家制度基本上是集权化的人治组织。

2.民主化法治组织

民主化法治组织建立了标准化的工作程序;职务专门化,职位界定明晰;部门划分相对稳定,并依法拥有较大自主权;制定正规的制度和规则,依法管理,控制跨度窄;命令链受制度和法律约束;横向和纵向的沟通公开化、透明度高。具有稳定和可持续发展的优点,但也需要防范僵化和官僚主义倾向,特别是机构臃肿、人浮于事、职务腐败等问题,需要通过改革和有效监管加以解决。

第二节 公共关系人员的职业素质和技能

公共关系人员简称公关员,在我国的职业资格鉴定中,公关员分为初级、中级和高级三等,另有公关师和高级公关师。其中,初级公关员属于国家职业资格五级,中级公关员属于国家职业资格四级,高级公关员属于国家职业资格三级。公关师属于国家职业资格二级,高级公关师属于国家职业资格一级。按照中国就业培训技术指导中心编写的国家职业资格培训教程,初级公关员、中级公关员、高级公关员和公关师及高级公关师的职业素质要求各不相同。由于职业资格鉴定考核是由低到高有序进行的,所以,各级公关员和公关师的职业素质要求也是由低到高具有连贯性。本书参照国家职业资格培训教程①,主要对公关员的职业素质和技能做了梳理,并对有些素质和技能模块进行了补充、完善和改革性阐释。

一、初级公关员的职业素质和技能

(一)基础知识

初级公关员的基础知识包括三大块内容。一是基础理论。主要包括以下内容:①公共关系的含义;②公共关系学的一些重要概念,如社会组织、公众及其一般类型、传播及其主要形式;③公共关系的职能;④公共关系工作的一般程序。二是公共关系发展史。主要包括:①中国公共关系事业的发展历程;②中国公共关系的职业现状;③国外公共关系发展概况。三是公共关系职业道德规范与相关法律。从职业资格鉴定教材的内容看,我国公关界并没有形成普遍认

---

① 中国就业培训技术指导中心组织编写:《公关员·基础知识·初级》,北京:中国劳动社会保障出版社,2006年6月。中国就业培训技术指导中心组织编写:《公关员·中级·高级》,北京:中国劳动社会保障出版社,2006年7月。

可的职业道德规范文件。公关人员应该了解的相关法律比较明确，主要包括：①《中华人民共和国合同法》；②《中华人民共和国反不正当竞争法》；③《中华人民共和国消费者权益保护法》；④涉外经济法的相关知识，包括《中国涉外经济合同法》《中国对外贸易法》《中国涉外投资企业法》《中国涉外技术转让法》《中国涉外货物运输、保险法》《海关法》《商检法》《涉外税法》《外汇管理法》等诸多方面。⑤《中华人民共和国广告法》；⑥有关知识产权的法规，主要包括《中华人民共和国商标法》《中华人民共和国专利法》《中华人民共和国著作权法》；⑦《中华人民共和国劳动法》；⑧国家有关新闻出版、信息传播方面的法规。

（二）职业技能要求

初级公关员的职业技能要求包括沟通协调、信息传播、调查与评估、公共关系活动管理四个方面。具体的工作内容、技能要求和相关知识可用表格列举如下。

初级公关人员的职业技能一览表

职业功能模块	工作内容	技能要求	相关知识
一、沟通协调	（一）接待联络	1. 接待工作及其礼仪。 2.电话接待联络及其礼仪。 3.社交礼仪公关文书的起草与运用。	1. 日常礼仪的基本内容和要求。 2. 电话接待联络的注意事项。 3. 社交礼仪类文书的类型和文体。
	（二）演讲介绍	1.能讲普通话。 2.能进行公关演讲。 3.能组织一般的演讲活动。	1.掌握演讲的基本要素。 2. 了解公关演讲的主要形式和作用。 3. 掌握介绍性演讲的特点和组织技巧。
	（三）公众关系处理	1.公众问询和投诉处理。 2.能与内部和外部公众进行事务性联系。	1. 了解公众关系协调的一般方法。 2. 了解协调公众关系的原则。

续表

职业功能模块	工作内容	技能要求	相关知识
二、信息传播	(一)组织信息传播	1.熟悉大众传播媒介的基本类型和国内及地方重要媒体的情况。2.能与相关媒介进行交往联络。3.能收集与整理信息资料。	1.了解大众传播媒介及其类型、特点。2.掌握与媒介打交道的原则和方法。3.掌握新闻追踪和收集、整理信息资料的方法。
	(二)新闻发布	1.能参与新闻发布的准备工作。2.能准备新闻发布资料。3.能协助邀请有关新闻媒介人员。4.能协助布置新闻发布会会场。5.能在新闻发布会会场做一些协助工作。	1.了解新闻发布会及其功能。2.熟悉新闻发布会的程序。3.了解参与新闻发布会的礼仪要求。
三、调查与评估	(一)公共关系调查的目的、意义和程序	1.能够收集调查和评估所需的资料。2.能够承担调查的联络工作。3.能够进行问卷的发放与收集。4.了解调查的目的、意义和程序。	1.了解调查的目的、意义和程序。2.了解公共关系调查的信息获取范围。3.熟悉公共关系调查的程序和实施注意事项。
	(二)文献调查法	1.能够进行一般性文献调查。2.了解并掌握文献调查的步骤与技巧。	1.了解文献调查的含义和类型。2.掌握文献调查的步骤与技巧。
	(三)数据统计	1.能够对数据统计进行简单的统计和整理。2.了解数据统计的步骤。3.掌握数据统计的简单方法。	1.了解数据统计的含义和意义。2.掌握数据统计的一些必要的数学知识。3.了解数据统计的基本步骤和简单方法。

续表

职业功能模块	工作内容	技能要求	相关知识
四、公共关系活动管理	(一)公共关系活动及其特点、作用、类型	1.了解公共关系活动的含义和构成要素。 2.了解公共关系活动的特点和作用。 3.能够识别不同类型的公共关系活动。 4.了解开展不同类型的公共关系活动的基本要求。	1.了解公共关系活动的含义和构成要素。 2.了解公共关系活动的特点和作用。 3.了解公共关系活动的类型及其举办的基本要求。
	(二)公共关系活动策划原则和程序	1.能够执行策划所需的调查。 2.能够进行调研资料的整理和分析。 3.能够组织公关活动策划会。 4.熟悉公共关系活动策划原则。 5.掌握公共关系活动策划的一般程序,能承担策划辅助工作。	1.熟悉公共关系活动策划原则。 2.掌握公共关系活动策划的一般程序。 3.了解公关活动策划会的组织技巧。
	(三)公共关系活动的执行管理	1.能够绘制活动场地布置图。 2.能够正确运用投影仪、幻灯机、照相机、摄像机、电脑多媒体设备、音响设备等工具。 3.能够独立执行公共关系活动计划。 4.掌握编写公共关系活动实施计划的要素。	1.掌握投影仪、幻灯机、照相机、摄像机、电脑多媒体设备、音响设备等工具的使用知识。 2.了解公共关系活动计划执行的注意事项。 3.了解场地布置的原则和技巧。 4.了解公共关系活动实施计划编写的重要内容。

二、中级公关员的职业素质和技能

中级公关员职业资格一般需要在初级公关员的基础上获得，因此，在基础知识部分是通用的。中级公关员的职业技能包括沟通联络、信息传播、调查与评估、公共关系活动管理、危机处理五个方面。具体的工作内容、技能要求和相关知识可用表格列举如下。

中级公关人员的职业技能一览表

职业功能模块	工作内容	技能要求	相关知识
一、沟通协调	（一）接待联络	1.熟悉迎接、会见、送别中外宾客的接待工作程序。2.掌握接待中外宾客的常用礼仪。3. 能够撰写和使用公函、通知，并能够编写公关简报。	1.掌握中外宾客接待活动的基本程序及其礼仪规范。2.了解日常工作公关文书的类型和撰写与使用要求。3. 了解简报的性质、特点和撰写、使用要求。
	（二）演讲介绍	1.能讲普通话。2.能进行公关演讲。3.能组织一般的演讲活动。4.能撰写演讲稿。5.能通过演讲推广组织身份。	1. 掌握演讲的基本要素。2.了解公关演讲的主要形式和作用。3.掌握介绍性演讲的特点和组织技巧。
	（三）公众关系处理	1.能够围绕主要公众开展信息收集和信息发布工作。2.能够协调公众关系。3.能够组织与管理领导与公众交流的协调会议。	1.了解与主要公众进行信息沟通的意义。2.掌握收集和发布信息的方法。3.掌握重要的关系协调会议的方法与技巧。

续表

职业功能模块	工作内容	技能要求	相关知识
二、信息传播	(一)大众媒介传播	1.熟悉大众传播媒介的记者和编辑角色。 2.了解国内外和地方的重要传播媒体的情况，能够根据传播需要确立关系。 3.能通过相关媒介实施宣传计划。	1.了解大众传播媒介的记者、编辑角色。 2.熟悉国内外和地方的重要传播媒体的情况。 3.了解利用各种有关大众传播媒介的法律、法规。
	(二)新闻传播与新闻稿写作	1.了解新闻传播的一般程序。 2.能核实新闻发布资料。 3.能撰写喜庆性新闻发布稿、专业性新闻发布稿和突发性新闻发布稿，并了解其适用范围。 4.能处理现场媒体采访活动出现的问题。 5.了解新闻稿的结构，能撰写动态新闻、特写新闻、评述新闻、经验新闻、综合新闻等。	1.了解新闻、新闻价值和新闻宣传的程序。 2.熟悉新闻传播过程中稿件的流程。 3.了解新闻发布资料的核实步骤。 4.掌握各类新闻稿的适用范围、写作要求和撰写新闻稿的其他相关知识。
	(三)编写内部刊物	1.了解内部刊物的功能。 2.熟悉内部报纸、杂志、简报的特点。 3.掌握内部刊物的编写与发行程序和方法。	1.熟悉报纸、杂志、简报等的编辑、排版知识。 2.了解内部刊物的编辑团队要求。
	(四)编写宣传册(页)	1.了解宣传册和宣传页的特点、意义、内容和使用注意事项。 2.掌握宣传册和宣传页的编写原则，能制作宣传册和宣传页	1.熟悉宣传册和宣传页的编辑、排版知识。 2.了解宣传册和宣传页的编辑团队要求。

续表

职业功能模块	工作内容	技能要求	相关知识
三、调查与评估	(一)调查方法	1. 掌握访谈调查法的步骤与技巧，能设计访谈调查提纲。 2. 掌握观察调查法的步骤与技巧，能设计观察调查提纲。 3.能够利用访谈法、观察法、文献研究法、问卷调查法等进行调查。	1. 了解公共关系调查的基本类型。 2. 掌握观察法和访谈法的实施步骤和注意事项。 3. 了解小型调查及其运用程序。
	(二)调查方案的写作	1. 了解调查方案的内容与结构。 2.能起草小型调查方案。 3. 能设计媒介文献调查方案。 4. 掌握调查方案的写作要求。	1. 了解方案设计的性质和意义。 2. 了解调查方案的结构和写作原则。
	(三)调查问卷设计	1.了解问卷的结构,掌握设计各种问卷的方法。 2. 掌握问卷的提问设计与答案设计。 3.能够审核问卷。	1.了解问卷的含义、结构。 2. 掌握问卷设计的原则和方法。 3. 了解问卷设计的注意事项。
	(四)统计分析	1.掌握数据统计的类型、方法与技巧。 2. 能够对调查数据进行统计分析。 3. 能够编制调查评估图和表。	1. 了解调查评估的原则、方法。 2. 掌握数据统计的集中趋势分析、离中趋势分析和相关分析的方法。 3. 了解统计表及其结构、内容、种类,以及制作统计表的注意事项。 4. 了解统计图的类型和制作要求。

续表

职业功能模块	工作内容	技能要求	相关知识
四、公共关系活动管理	（一）公共关系活动策划	1.掌握公共关系活动目标制定的原则。2.掌握目标公众的定性分析和定量分析。3.掌握目标公众关系协调的原理。4.能够设计公共关系活动主题。5.能够进行公共关系活动创意。6.理解公共关系活动构思及其采用的思维方式。7.掌握公共关系活动策划构思的头脑风暴法和案例排列法。	1.了解公共关系活动目标、类型和制定目标的原则。2.了解公共关系活动的目标公众及其确定程序。3.了解公共关系活动主题设计的要求。4.理解公共关系活动创意及其主要特征。5.理解公共关系活动构思，并了解构思的思维方式。
	（二）公共关系活动策划文案的撰写	1.掌握执行公共关系活动策划文案撰写准备工作的过程。2.能够撰写公共关系活动的策划文案。3.能够编写公关活动预算书。4.掌握策划方案发布的准备工作和技巧。	1.掌握公共关系活动文案的准备和撰写过程。2.掌握公共关系活动文案的撰写要点。3.熟悉文案的排印和装订要求。4.掌握预算书及其编写的要求。5.了解活动策划方案的发布要求。

续表

职业功能模块	工作内容	技能要求	相关知识
	（三）公共关系活动的执行管理	1. 掌握选择公关活动场地的方法。 2. 能够对公关活动的人员进行管理。 3. 能够对公关活动项目进行分解和管理。 4. 懂得公关活动的过程控制与管理。 5. 能够制作公关活动的宣传品。	1. 掌握公关活动场地的确定方法。 2. 熟悉公共关系活动人员的管理业务。 3. 了解公关活动项目分解和管理的原则和技巧。 4. 熟悉公共关系活动过程控制与管理的内容和方法。 5. 掌握公共关系宣传片的内容和制作方法。
五、危机管理	（一）危机的性质、特点、类型和影响	1. 掌握危机的定义，能够区分危机。 2. 能够分析危机对组织的影响。 3. 掌握危机的类型。	熟悉危机的性质、特点、类型和影响。
	（二）危机处理的原则、过程和程序	1. 掌握危机处理的基本原则与程序。 2. 能够协助处理一般危机事件。	1. 了解危机处理的基本原则。 2. 了解危机的过程和处理程序。 3. 了解处理一般性危机事件的主要工作内容。
	（三）危机期间的传播	1. 能够在危机期间与相关公众沟通。 2. 能够在危机期间协助新闻发布工作。 3. 掌握危机期间传播的原则。 4. 掌握危机期间针对不同公众的传播对策。	1. 熟悉危机期间传播的原则。 2. 了解危机期间公众传播的对策。 3. 熟悉危机期间答复问询的技巧。 4. 掌握新闻发布会准备工作的基本内容。 5. 熟悉新闻发布会中的注意事项。

三、高级公关员的职业素质和技能

高级公关员是在初级和中级公关员职业素质基础上的进一步提升,基础知识部分被认为在初级阶段已经合格了。高级公关员的职业技能包括接待联络、信息传播、调查与评估、公共关系活动管理、危机处理、公共关系咨询六个方面,具体的工作内容、技能要求和相关知识可用表格列举如下。

高级公关人员的职业技能一览表

职业功能模块	工作内容	技能要求	相关知识
一、沟通协调	(一)接待联络	1.能制定和审核公关接待计划。 2.能运用谈判的各种策略和技巧。 3.能做好谈判中的准备、接待、会谈工作。	1. 掌握公关接待计划的主要内容。 2. 掌握审核公关接待计划的注意事项。 3. 掌握谈判的含义及其基本程序、策略与技巧、应注意的礼仪。
	(二)演讲介绍	1.掌握大型演讲活动的特点及其组织策划工作。 2.能起草演讲稿。 3.能成功主持演讲会。 4.了解组织的政策与远景规划。 5.熟悉主持人应具备的各种技能。	1.了解组织的政策、文化、发展战略。 2. 了解大型演讲活动的意义。 3. 了解演讲活动准备工作的内容。 4. 掌握主持演讲会的注意事项。
	(三)公众关系处理	1.能够编制与公众沟通的计划。 2.熟悉公共关系策划的要求。 3.能够编制公共关系计划方案。 4.了解与公众沟通的原则和策略。	1. 了解与公众沟通的原则和策略。 2. 掌握公众关系沟通计划的要素和要求。 3. 了解公关计划文案的基本格式。

续表

职业功能模块	工作内容	技能要求	相关知识
二、信息传播	（一）制定媒介传播计划	1.了解选择媒介的原则和运用媒介的方式。 2.能编制媒介计划清单。 3.能提供媒介资料包。	1.了解选择媒介的原则。 2.了解运用媒介的各种方式及其优缺点。 3.了解编制媒介计划清单的内容。 4.了解媒介资料包的内容和准备程序。
	（二）制定新闻发布计划	1.了解制定新闻发布计划的程序、原则和内容。 2.能组织新闻发布活动。	1.了解制定新闻发布计划的原则和程序。 2.了解新闻发布计划的内容。
	（三）担当新闻发言人	1.了解新闻发言人的地位和作用。 2.了解新闻发言人的五种素养，即忠诚意识、信息意识、控场能力、坦诚态度、配合意识。	1.了解新闻发言人制度。 2.了解新闻发言人的作用。 3.了解新闻发言人的五种素养。
	（四）制作内部声像资料	1.了解内部声像资料的特点、内容、及制作程序。 2.能起草内部声像资料的编写方案。	1.熟悉内部声像资料的含义、特点。 2.了解内部声像资料的内容。 3.了解内部声像资料的制作流程。
三、调查与评估	（一）调查立项与公共关系评估	1.了解调查项目的来源和立项技巧。 2.了解调查项目分析的内容。 3.能够进行调查立项的洽谈和合同订立。 4.能够评估公共关系项目。	1.了解公共关系调查项目的来源,掌握立项技巧。 2.掌握调查项目分析的内容。 3.了解立项的洽谈和合同订立的注意事项。 4.了解公共关系项目评估的意义和主要内容。

续表

职业功能模块	工作内容	技能要求	相关知识
三、调查与评估	(二)调查方法	1.掌握各种调查方法的取舍原则。 2.能够设计各种调查问卷。 3.能够设计观察调查方案。 4.能够设计实验调查方案。	1.了解各种调查方法的类型。 2.了解调查方法的取舍原则。 3.掌握实验调查的方法及技巧。 4.掌握抽样调查的方法及技巧。
	(三)实施调查与评估	1.掌握实施调查的知识与技巧。 2.能实施调查方案。 3.掌握实施评估的知识与技巧。 4.能实施评估方案。	1.掌握实施调查的知识与技巧。 2.掌握实施评估的知识与技巧。 3.了解公共关系评估的标准与方法。
	(四)统计分析	1.掌握数据统计的类型、方法与技巧。 2.能够对调查数据进行统计分析。 3.能够通过数据统计分析研究、解决问题。	1.掌握数据统计的集中趋势分析、离中趋势分析和相关分析的方法。 2.掌握数据统计研究的必要数学知识。
	(五)编写调研评估报告	1.能够撰写各种类型的调查报告。 2.能够撰写各种类型的评估报告。 3.能够运用知名度和美誉度测评社会组织的公共关系状态。	1.掌握调查报告的类型和写作技巧。 2.掌握评估报告的类型和写作技巧。 3.了解社会组织公共关系状态测评的知名度和美誉度量表。
	(一)公共关系活动的可行性研究	1.能够对公共关系活动进行优势、劣势、机遇、挑战等分析。 2.能够对公共关系活动进行可行性分析。	1.了解公共关系活动分析的优势、劣势、机遇、挑战等因素的含义。 2.掌握公共关系可行性分析的基本思路。

续表

职业功能模块	工作内容	技能要求	相关知识
四、公共关系活动管理	（二）公共关系活动效果的预测与评估	1.能够预测公共关系活动效果。 2.能够评估公共关系活动效果。	1. 掌握公共关系活动效果预测的原则。 2. 掌握公共关系活动效果预测的程序。 3. 了解公共关系活动效果评估的过程。 4. 掌握公共关系活动效果评估设计的原则。 5. 掌握公关活动评估标准设计的方法。
	（三）公共关系活动的传播策略	1.掌握不同目标层次的传播策略。 2.能够制定媒介组合策略。 3.能建立大众传播媒介资料库。	1. 了解公共关系传播的三个基本层次。 2.了解不同目标公众、不同传播阶段的传播策略。 3. 了解不同媒介的特点。 4. 了解制定媒介策略的方法。
	（四）公共关系活动的策略管理	1.了解公共关系活动的人力资源策略。 2.能够组织公共关系活动的演练。 3.能够对公共关系活动的风险进行管理。	1. 了解公关活动的人力资源管理特点。 2. 了解公关活动涉及的人力资源的具体工作描述。 3. 了解公关活动方案培训的意义和方法。 4. 了解公关活动的模拟演练方式。 5. 了解影响公关活动的基本风险。 6. 了解风险分析评估的主要内容。 7. 了解风险管理的基本思路。

续表

职业功能模块	工作内容	技能要求	相关知识
五、危机管理	（一）危机管理计划与危机预警	1.了解危机管理计划的内容。 2.能够根据危机管理计划处理危机。 3.熟悉危机管理的阶段。 4.掌握危机预警的步骤。 5.了解危机预警系统的类型。 6.能够制定危机预警方案并通过实施演习不断完善方案。	1.了解制定危机管理计划的作用。 2.了解危机管理书面化的作用。 3.熟悉危机管理的阶段。 4.了解危机预警的信号。 5.掌握危机预警的步骤。 6.了解危机预警系统的功能、类型。 7.了解危机预警方案演习的目的、过程和演习总结应注意的问题。
	（二）危机期间的媒介管理	1.了解媒体对危机传播的重要性。 2.掌握危机期间组织与媒体互动的原则。 3.熟悉危机期间组织与媒体联系的方式。	1.认识媒介在危机处理中的重要性。 2.了解危机期间与媒介互动的原则。 3.了解危机期间与媒介联系的方式和技巧。
六、公共关系咨询	（一）公共关系咨询及其类型和工作流程	1.能够拟定公共关系咨询计划。 2.能够开展公共关系咨询服务。 3.能按要求对公共关系咨询实施监控。	1.了解公共关系咨询的含义、目的和意义。 2.了解公共关系咨询的类型。 3.了解公共关系咨询的一般流程。
	（二）公共关系咨询报告的撰写	1.了解撰写公共关系咨询报告的原则。 2.能够撰写公共关系咨询报告。	1.了解公共关系咨询报告的意义和作用。 2.了解公共关系咨询报告的基本结构。

以上列表从职业功能模块及其对应的工作内容、技能要求、相关知识四个方面梳理了初级公关员、中级公关员和高级公关员的素质和技能要求，概括起来看，三个级别的公关员的素质和能力要求既有连惯性的发展，也有一些超越性的提升和扩展。就能力而言，初级公关员的能力主要涉及沟通协调、信息传播、调查与评估和公共关系活动管理四个方面；中级公关员的能力包括沟通联络、信息传播、调查与评估、公共关系活动管理、危机处理五个方面；高级公关员的能力包括接待联络、信息传播、调查与评估、公共关系活动管理、危机处理、公共关系咨询六个方面。这些能力基本可以概括为传播沟通、协调关系、管理信息、策划与组织公关活动、管理危机、决策咨询等几个方面，与公共关系的职能是基本一致的。

对于公共关系从业人员来说，其知识素养方面的要求肯定不是如列表概括的这么简单，除了职业要求的一些直接的基础知识外，还会涉及很多拓展的知识。因为公共关系学作为一个应用性学科，具有多学科交叉的特点，至少涉及社会学、心理学、管理学、组织行为学、市场营销学、传播学、人际关系学等学科。

另外，公关人员的心理品质也是重要的素质要求内容。一般来说，公关人员应该具备热情、开放、竞争、意志坚强、公正、诚实等心理品质。特别是公关职业的实践性较强，涉及较多法律、法规，懂法、守法，依法开展公关活动，也是公关人员的基本素质。

第三节　公关公司、公关社团、公关部

公关公司、公关部、公关社团是公共关系的主要运作机构。它们在社会生活中承担着不同的职责，共同推动公共关系职业的发展。

一、公共关系公司

（一）公共关系公司的含义

公共关系公司简称公关公司,又称公共关系咨询公司、公共关系顾问公司、公共关系服务公司等;它是由各具专长的公共关系专家和其他公关从业人员组成,运用专门知识、技能和经验,受客户委托,专门从事公共关系策划服务、活动运作和调查、评估、咨询等公共关系业务的服务性机构。

有资料显示,"最早具有公共关系性质的公司是1900年在波士顿成立的宣传公司,这家公司经营了几年后才关闭;1902年,法国记者威廉·W.史密斯在华盛顿成立了第二个公司,他经营了几十年时间;1903年,美国著名企业关系专家艾维·李创立了具有公司性质的公共关系事务所;1920年美国人N.W.艾尔正式开办了公共关系公司。公共关系在克服20世纪30年代美国经济危机中起到了不可忽视的作用,确立了公共关系在近代企业经营中的重要地位。到20世纪40年代,美国至少有75家公共关系公司。……1999年左右,美国就已经有1500家公共关系公司,其客户占美国企业总数的74%以上"①。另据斯各特·卡特里普等人的著述记载,"美国的2300多个公共关系咨询公司和代理在规模大小和服务范围方面分布广泛。……总部设在纽约的最大一家公司——博雅公共关系公司——在全世界雇用了2100多个人员,……在纽约,博雅公共关系公司的办事处雇用了350人,德鲁·芬恩公司285人,埃德尔曼全球公共关系公司275人,凯切姆环球公共关系和伟达公司各150人"②。可见,公共关系公司在美国不仅数量大,一些公司的规模也很庞大,表明其业务量很多。

目前已形成了一大批国际著名的跨国公关公司,比如美国的博

---

① 薛可、余明阳:《公共关系学:战略、管理与传播》,北京:科学出版社,2010年,第201页。

② [美]卡特里普等:《公共关系教程》,明安香译,北京:华夏出版社,2001年,第65页。

雅公关公司、伟达公关公司、爱德曼公关公司、奥美公关公司、福莱公关公司、罗德公关公司、英国的宣伟公关公司等,这些公司在全球建立业务网络,在中国也设立了分支机构。国内的不少大型活动,都有这些公关公司的参与。比如,1999年9月27日至9月29日,《财富》杂志在上海举办"中国——未来50年"全球论坛,奥美公关公司就是论坛的合作伙伴,协助《财富》杂志进行论坛的新闻媒体宣传工作。

据中国国际公关协会的一份行业调查报告显示,"2001年度中国大陆公关市场(不包括港澳地区)继续保持快速增长势头,整个行业年营业总额估计达到20亿元人民币,比2000年的15亿元人民币增长了33%。国际公关公司年营业收入平均增长20%,其中,博雅、罗德、普乐普等公司情况较好。本地公关公司继续高速增长,年营业收入平均增长40%,其中,宣亚智杰、海天网联、上海哲基等公司表现突出。TOPIO—international和TOPIO—local的年营业额总和达到8亿元人民币,占整个市场份额的40%。其中,近一半公司的年收入超过或接近3000万元人民币。全行业具有3个以上长期客户、员工人数超过20人的专业公关公司数目估计超过100家,全国专业公司的从业人数可能超过10000人"①。

(二)公关公司的基本类型

从不同的角度观察,公关公司可以被划分为不同的类型。从业务活动范围看,有跨地区、跨国度经营的大公司,也有局限于一个地区、小范围的小公司;从业务内容区分,有实力较强的可以承办数项大型公关活动的公司,也有力量相对薄弱以承办单项具体业务为主的公司;从服务对象的性质划分,有为各行业服务的综合性公司,也有为特定行业服务的行业公关公司。

① 陈向阳:《中国公关业继续保持较快发展势头》,《公关世界》,2002年第5期,第36页。

总之,可以综合各方面情况,把公关公司划分为具备开展综合性业务的集团型大公司和以单项业务服务为主的顾问型小公司两类。

集团型大公司组织机构庞大,实力雄厚。多为跨地区、跨国度经营的公司,在许多地方甚至全世界范围内设有分支机构,触角多,影响大。这类公司除了为具体的社会组织特别是大型集团企业提供公关咨询服务或承办其他公关活动项目外,也能够为地区性或国际区域性经济开发、政治合作等提供咨询服务,还可以帮助一个国家制定外交政策或规划发展战略等。

顾问型小公司机构较简单,多为有一处办公点;人员也较精干,一般为3~5人,至多不过十几人。这类公司一般有几位公关专家,能够提供公共关系方面或某一行业公共关系方面的咨询服务,也能够独立承担或指导完成具体实践性的公共关系项目,比如组织形象评估与推广、市场调查、产品促销、危机处理等。

(三)公关公司的工作特点

公关公司作为专门经营公关业务的机构,之所以能够在世界范围内蓬勃发展,就在于有它自身的优势。国外许多企业不仅内部设置公共关系部,还聘用公关公司的专家或公关公司作为顾问。在美国,1/3工商企业的公关活动由公关公司代理。公关公司从事或代理公关业务有以下一些特点。

1.观察分析问题具有客观性

由于公关公司与委托办理业务的组织没有隶属关系,公关人员能够从局外人的角度冷静客观地考察具体问题并作出客观评价。

2.有成熟、广泛的信息网络

公关公司长期专门从事公关业务,已经建立起一套较为完善的信息网络,同政府部门、新闻媒介、社会各种服务团体等有密切联系,信息来源广泛,渠道畅通,客户可以充分利用这方面的优势,确保在大量占有信息基础上进行科学决策。

3.咨询建议具有权威性

公关公司不仅拥有成熟、广泛的信息网络,还拥有各具专长的公关专家,这些专家具有深厚的理论素养和丰富的实践经验,分析问题较全面深刻,解决问题视野开阔。这些优越条件使公关公司的咨询建议服务具有较高权威性,容易受到决策者的高度重视,从而有助于具体公关项目的实施。

4.公关公司开展服务的局限性

公关公司在代理客户的公关业务时,也有一个明显的劣势即不能马上对客户情况有深刻了解。一般需要与客户有一个较长时间的沟通了解过程。而客户往往是面临问题了才聘请公关公司。这可能会给公关公司的代理工作带来一些障碍。因此,社会组织应及早聘用长期公关顾问,最好是以内设公关部门为主,聘用公关公司为辅。

(四)公关公司的工作原则

公关公司虽然是独立的经营公关业务的社会机构,营利是其生存的重要目标之一,但因其所从事职业的特殊性,在实际工作中必须注意以下原则。

1.自觉遵守国家法律、法令和有关方针政策

公关公司作为一个经济实体,在为社会提供服务时,首先要懂法、守法,自觉维护法律的尊严,遵守国家的方针、政策。特别是提供涉外服务时要同时兼顾本国法律与相关国家法律的规范。

2.充分考虑公众利益和社会利益

公关公司在代理客户业务时,既要考虑客户利益,也要考虑公众利益。应该懂得只有帮助客户维护了公众利益,才能求得客户自身的利益。不能从营利出发,忘记了公关职业的宗旨,满足客户一时利益,损害公众利益。另外在为客户策划、操作具体公关活动时也要充分考虑积极健康的社会文化价值取向，审美品位及民众风俗、习惯等,以维护社会利益。

3.为客户保密

公关公司在代理委托单位的公共关系业务过程中,需要充分了解对方的情况,可能有些情况带有保密性质,这要求公关公司必须严格为其保密。特别是双方合作结束以后,更应强化自我约束,自觉遵守职业道德,不损害客户利益。

4.注重自身形象

公共关系公司作为专门从事公关职业的机构,自身首先要有形象意识,有职业道德观念;讲信誉,讲服务质量,竭诚为客户谋利益,并自觉维护公众利益。特别是在收取服务费时,应自觉严格控制标准,精心编制预算,事先向客户介绍清楚服务项目收费标准等,尽可能为客户节约经费。

5. 保护委托者利益,不为相互竞争的委托者同时提供无限制条件的服务

公关公司在开展咨询或代理业务时,应首先考虑到对委托者利益的保护,不在没有限制的条件下,为相互竞争的委托者服务。这正如律师不能同时为原告和被告辩护一样,是起码的职业道德。

(五)公关公司的收费方式

公共关系公司通过为社会提供有偿服务,满足客户需求并获取一定盈利,为自身生存发展创造条件。

公关公司收费方式(也即客户付费方式)主要有以下几种。

1.项目收费

公关公司依据客户委托的公关活动项目,计算完成项目所需费用并按这种预算收费。具体内容主要包括:①劳务费,指参与完成项

目的一切工作人员的工资、报酬。②行政管理费,按项目总费用的一定比例提取,用于公司行政管理和办公开支。③咨询服务费,因项目需要,由公司专家或公司帮助聘请有关专家对委托单位提供咨询并给予指导所需的费用。④项目活动费,指为完成项目而开展的一些专项公关活动所需费用。

项目收费的优点是专款专用,有利于保证公关项目的质量,便于考核和管理。比如委托方可按项目实际需要分次逐项付款,确保合作中的主动地位。

2.计时收费

按照一定工资标准和所委托的公关活动项目难易程度,确定单位时间的收费标准,最后按项目完成所需时间计费。

3.综合收费

双方根据业务需要,协商确定费用的总金额。这种费用一般在业务开始时由客户支付。它有利于公关公司根据有限的资金统筹安排,并在开展活动时灵活调动资金,发挥创造性,增强应变性。缺点是不利于客户监督、管理资金使用情况。

4.项目成果分成

由公关公司和项目委托单位(或个人)共同承担风险,共同受益。项目最终取得收益时,按一定比例分成。

总之,公关公司的收费方式是多种多样的,没有固定、统一的模式。具体的公关公司可根据公司的声誉,具体业务的难易程度和其他公司的收费标准,作出具体规定。

二、公共关系部和公共关系社团

(一)公共关系部

1.公共关系部的含义

公共关系部指设立在企业、政府和非政府组织等各类社会组织内部的以具体社会组织的公关业务为工作职责的专门职能部门。在管理体制上,中国大陆政府组织中,公共关系的业务可能分散在多个部门,比如,新闻办公室,主要是对外进行信息发布;信访办公室,主要负责公众的来访接待和问题处理反馈;政府组织的内部公关主要由办公室、工会或党组织承担。企业的公共关系部也有的叫企划部、公关广告部、客户服务部或公关办公室等。非政府组织的公关部有的也叫外联部。

公共关系部与组织的人事部、财务部、总务部等一样,是重要的职能部门。它的产生是依据了社会组织在现代社会的特殊需要,这种特殊需要表现为身份管理、信息管理、传播沟通、危机管理、协调关系等职能的专门化及其日益重要。最早的公共关系部出现在企业,是由美国的威斯汀豪斯电气公司(Westing House Electric Corporation,又译西屋电气公司)在1889年创立的。目前,公共关系的管理职能早已得到社会的普遍认可,企业、政府和其他社会组织内大都设有公关部。"据调查,美国年产值超过十亿美元的巨型企业的公共关系部的工作人员,平均有44人;大中型企业平均人数是十几人;而其他医疗、文教、工会等组织,公关人员一般也有6~7人"[1]。在中国大陆改革开放以来,随着企业内部管理体制改革的不断深入和现代企业制度的建立,设立公关部的企业在不断增加;有些地方政府在机构改革中也设立了公关部性质的职能部门,如1992年5月,作为"湖南省县级机构改革试点的双峰县,在全国首家设立了具有政府职能的公共关系局,堪称'中国公关第一局'"[2]。

2.公共关系部的工作原则

---

[1] 王金平,丁维东:《公关关系概论》,延吉:延边大学出版社,1992年,第125页。

[2] 罗依平:《政府公关的拓荒牛》,载《公关世界》,1998年第9期,第19页。

公共关系部作为社会组织的特殊职能部门,必须正确把握自我位置,认真注意以下几项原则,才能很好地完成职责。

第一,工作职能专业化原则。公关工作是一种特殊的管理职能,公关部门应该首先认清自己的职责范围,并时刻把握公关工作的专业化方向,有能力应用专门的公关技术实现公关目标。坚决防止把公关工作浮泛化,停留在似乎人人都能做的一般性事务水平。

第二,参与决策的服务性原则。公关部通过管理信息,发现问题,预测趋势,制定解决问题或适应变化的组织行动方案,这个方案只是供组织决策层参考的。公关部门通过这种方式参与组织决策,只是一种咨询服务。公关部要认清自己参与组织决策只起"智囊"作用、"思想库"作用。公关部只有在决策层的授意下才能直接发挥其他非公关性质的管理职能。当然,公关部可以充分发挥它的劝服及其他影响技巧,推动其目标的实现。

第三,实现目标的协同性原则。公关部的服务性地位及其为组织整体利益服务的目标,决定了它在开展工作时必须得到组织其他部门的协同配合,才能完成目标。所以,公关部在制定了任何一项目标后,必须首先考虑到内部关系的协调。比如要想树立组织优秀形象,必须首先从内部完善行为。这要求每个部门甚至每个员工的协同努力。

第四,开展工作的创新性原则。公关工作特别强调创新,只有创新才能使事业有新进步,社会组织身份建设才能有新突破,组织的知名度和美誉度才能不断向更高境界发展。因此,公关部在做每一项工作时,都应力争出新意,开创出新局面。这样才能积少成多,在内外公众面前树立起组织的新形象,从而增强组织的凝聚力和吸引力。

（二）公共关系社团

1.公共关系社团的含义

公共关系社团指社会上依法建立的以从事公共关系理论研究和信息交流以及公关行业自我管理为目标,兼做一些公关业务但不以营利为目标的群众团体。

2.公共关系社团的特征

公共关系社团自身的性质决定了它具有以下特征。

第一,广泛性。公关社团中的成员来自社会各阶层,包括企业、新闻、科研、文教和党政机关等各行业各方面的人士,且在地区分布上一般也较广泛。公关社团的这种广泛性使成员可以广结良缘、互通信息、共同受益。另外,公关社团既包括研究机构、出版物,也包括不同层次的协会、论坛等,在社会上分布比较广泛,渗透到社会的各个领域。

第二,松散性。公关社团是在成员自愿的基础上联合而成的,虽然有章程,依章程开展活动,但其管理的基础是全体成员的自觉参与性,一般没有严格的权力约束系统,不具备强制性管理功能。

第三,服务性。公关社团作为一种互益性的民间组织,是为参与者服务的,为成员提供各种学习、交流、提高的机会是其重要的职能。公关社团也是为社会整体利益服务的,通过开展各种社会活动,传播维护公众利益的公关观念,促进社会文明进步。

第四,非营利性。公关社团作为行业服务机构,公益性、互益性、非营利性是它的基本属性,这些性质决定它开展任何活动不能以营利为目的。

3.公共关系社团的类型

公共关系社团的形式多种多样,基本可以归纳为以下几类。

第一,综合型社团。这类社团一般是民办官(政府)助,肩负着区域性公关行业的管理职能,比如制定公关行业职业道德规范、规划区域性行业发展纲要、举办或承办各种公关活动等。1986年11月,中国大陆第一家区域性公共关系协会——上海公共关系协会成立。1988年1月,天津市公共关系协会成立。1987年5月,中国公共关系协会在北京人民大会堂宣告成立。这些社团的宗旨基本可以归纳为:服务、协调、联络、指导、促进、监督。

第二,学术型社团。包括公共关系学会、研究会、研究所等学术团体。以公共关系学术研究和举办理论研讨活动为主要职责,兼做人才培训、社会服务等公关业务。

第三,行业型社团。社会各行各业的公关工作有着不同的侧重点。公共关系职业的进一步专门化、具体行业化是一种必然趋势。比如,1930年美国成立了"全美高等院校公共关系协会";1952年成立了美国铁路公共关系协会等。行业型社团有助于促进公关职业在具体行业的发展。我国高校的公关教师成立了高等教育学会公共关系专业委员会,这个组织应该是一个过渡性机构;随着公共关系学专业在越来越多的高校创办和发展,专业教师队伍不断壮大,可望不久可以出现类似"中国高校公共关系学会"这样的社团。

第四,联谊型社团。这种类型的公共关系社团形式松散,一般没有固定的活动方式,没有正规的组织机构,没有严格的会员条例。其主要作用是在成员之间沟通信息,联络感情,建立良好的人际关系。常见的有各种公共关系俱乐部、公共关系联谊会、PR同学会等。

第五,媒介型社团。以公共关系专业性报纸、杂志等媒介为依托组建的公关社团。这种社团直接利用媒介,探讨公共关系理论,普及公共关系知识,交流公关活动经验,举办各种形式的公关人才培训班,是一种社会影响力较大的公关社团。

4.公共关系社团的职责

公共关系社团形式多样,起码应该能够完成以下一些职责,才能够发挥较好的作用。第一,发展和联络会员。第二,制定职业道德规范并倡导成员遵守。第三,普及公关知识,培训公关专业人才。第四,编辑、印制专业出版物和信息交流材料。第五,通过开展公关实践项目,维护公众利益,推动公益事业发展。第六,积极主动与世界各地的公共关系机构开展交流、合作项目,共同促进公共关系职业的发展和学科理论建设。

三、公关公司和公关部的组织结构模式

公关公司和公关部虽然是两种不同类型的公关活动承担机构,但所发挥的社会职能基本相同,只是公关公司的工作涉及范围更广泛,而且是一个独立的经济实体。所以,从组织结构模式来看,公关公司或各类社会组织的公关部可以互相借鉴,也可以基本作为一个问题来讨论。而公关社团的组织形式要简单一些,一般是采用理事会议事、秘书机构执行的制度,理事会会议一般由会长或理事长负责召集。

公关公司和公关部的机构组建方式是灵活多样的,常见的有以下几种。

（一）按照公共关系工作的手段设置公关部（见图3-1）

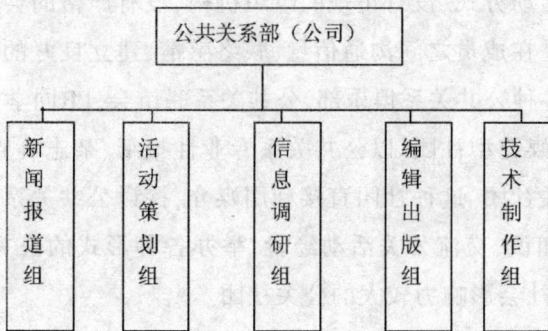

图3-1　按工作手段设置公关部

(二)按照公共关系工作的对象设置公关部(见图3-2)

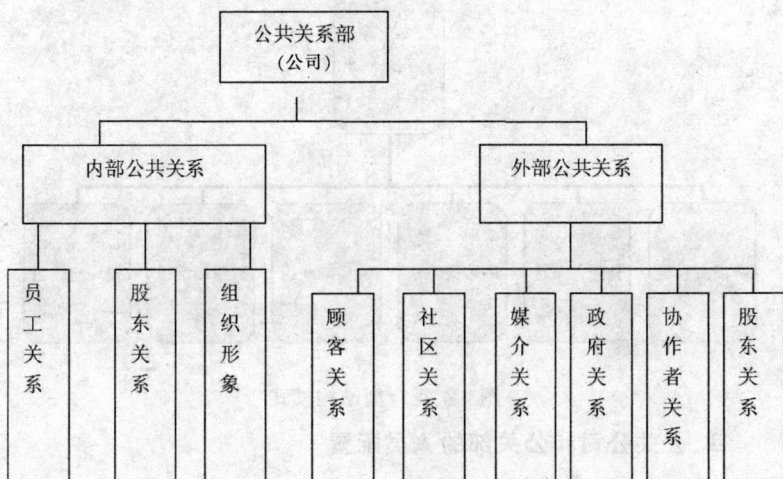

图3-2　按工作对象设置公关部

(三)按照公共关系工作的区域设置公关部(见图3-3)

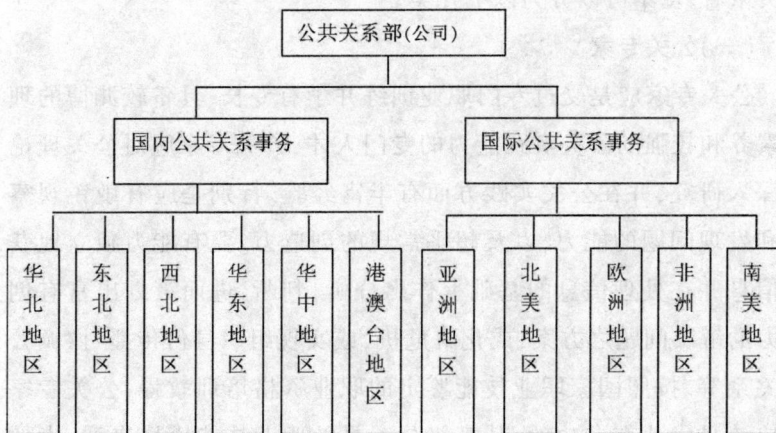

图3-3　按工作区域设置公关部

（四）复合型结构模式（见图3-4）

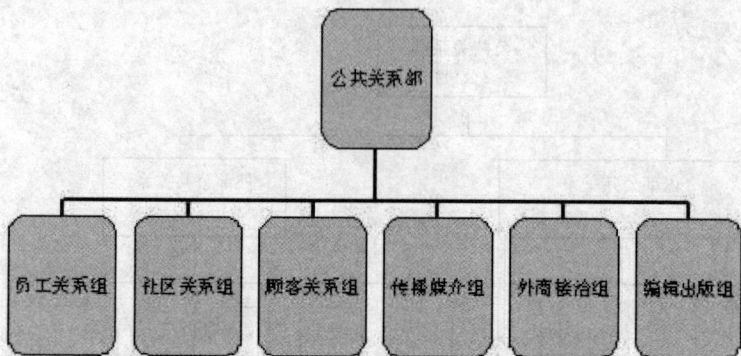

图3-4 复合型结构模式

四、公关公司和公关部的人员配置

公关公司和公关部应该由受过专门职业训练的公关人员组成。当然，稍大一些的公关公司，内部还应该有人事管理、财务管理、后勤服务等其他业务人员。就公关部（包括公关公司）从事公关职业的人员来看，基本可以分为以下几类。

（一）公关专家

公关专家应是受过专门职业训练并学有专长、具备较渊博的理论素养和较强的公关实践能力的专门人才，公关专家应对公关理论有深入研究，并在公关实践方面有丰富经验。特别是应有敏锐观察力和发现问题的能力，以及超乎常规的创造力。要有能力独立地获取信息并在处理信息的基础上作出分析、判断，进而策划出富有创造力的解决问题之方案，或化解危机，或实现组织身份传播、协调公众关系等。按照国家职业技能鉴定的职业资格培训教程，公关专家也应该是术业有专攻的。从高级公关员的职业技能模块来看，大致可以概括出几种公关专家类型。一是传播沟通专家，主要是对大众传播媒介领域十分熟悉，能够利用大众媒介推广组织身份。二是调查评估专家,主要是对公众意愿、需求、兴趣、爱好和组织的情况及其所处的社会环境进行调查评估,为制定公关方案提供咨询服务。三是专题活动的策划创意与管理专家,主要是有创意地策划公关专题活动,并对活动的成功实施进行管理。四是危机管理专家。一般要求既能在信息管理的基础上预测危机并实施干预,也要能够处理突发性危机。

(二)公关业务员

公关业务员是公关专家的得力助手。这类人员主要对具体的公关业务进行实际操作,应该具备比较专业的公共关系学知识,懂得公关活动的一般原则、方法和技巧。他们的主要任务不是去发现问题,想出解决办法;而是身体力行地把公关专家的思想变成实践,就像演员一样把公关专家的"剧本"完美无缺地、甚至是创造性地表演出来。比如公关专家策划了一次公众意向调查活动,公关业务员应能够顺利完成。高素质的业务操作者,应是准公共关系专家,经过学习和锻炼,能够成为公关专家。按照国家职业技能鉴定指定的公关员培训教程对初级公关员、中级公关员、高级公关员的职业技能模块要求,公关业务员至少也是可以进行岗位设置划分的,也就是说,可以设计出一些岗位类型,成为专门化的公关员。比如,擅长沟通协调、处理关系的客户服务公关人员;主要负责传播媒介宣传业务的编辑、撰稿、新闻发布人员;还有组织实施公关专题活动的人员;以及调查评估和信息管理人员等等。

(三)编辑、撰稿人员

编辑、撰稿人员是公关业务员中职业专门化要求较高的一类人员。公共关系工作中有大量工作需要受过良好专门训练的编辑、撰稿人员去完成,比如新闻稿的写作,广告文词的撰写,内部刊物的编辑,产品说明书及其他宣传品的撰写,方案策划书的拟定等。因此,公关部或公关公司中这类人员发挥着重要的不可替代的作用。高素质的编辑、撰稿人员不仅能够使公关宣传工作锦上添花,也能从细微处使组织形象熠熠生辉。比如一份设计精美、用语准确、表达明白晓畅的产品说明书,与一张粗制滥造、语句不通的产品说明书比较,对组织身份的影响效果是有天壤之别的。

(四)其他专业技术人员和辅助作业人员

这方面的人员配置要根据公关机构的具体情况来确定,比较灵活。主要包括情报档案管理人员,摄影、摄像和其他美工技术人员,司仪或专业新闻发布人员等等。其中有些业务也可能不设专门的人员,而采取服务外包形式,比如美工设计人员、摄影、摄像人员。

第四章　公共关系的客体要素之一
——公众

　　公众和组织一样,是公关学的重要概念。它们像基石一样构成了公关学理论体系的两个核心支撑点。有必要指出,公共关系的客体不是只有公众一个对象;在具体的公关工作中,特定社会组织的管理方式及其形象状态,组织所在的社会环境的发展趋势等等都是公共关系"认识和实践"的客体。不过,其他客体都是围绕"组织—公众"这两个核心支撑点存在的。因此,公共关系工作的主要对象也即公关管理的主要客体,就是公众。

第一节　公众的性质及其特征

一、公众的性质

　　公众是一个被经常而又广泛使用的词汇,一般情况下与"群众""民众""大众"同义,指"社会上的大多数人"。公共关系学领域的"公众"是个专门术语,有特殊含义,不同于一般意义的"民众""群众""人民大众"。当人们在普通情况下谈到"社会公众""公众生活"时,是一种泛指。这时的公众包括了社会上各种各样的人,我们无需认识它的确指对象,也可以任意列举它的所指对象。"社会上生活着的人们"被统称为"公众",这是"公众"的一般含义。

　　公共关系学所说的"公众"概念,是与具体组织之间存在着某种利益关系或利害关系的人群。通过分析这种利益关系或利害关系，可以明确地把公众划分为各种利益群体。在公共关系活动中公众是具体的，明确的，与组织存在着现实的或潜在的互动关系；公共关系工作可以明确地分析研究这种关系，并对这种关系施加影响。所以，公关学所谓公众，指与特定的公共关系主体相互联系和相互影响的个人、群体或组织的总和。

可见，公众是以具体社会组织为中心而集聚成的人的群体或组织的集合。比如一个企业，它的公众不是社会上所有的人或广大民众，而是具体的与该企业有明确利益关系的社会群体或社会组织的集合；包括产品或服务的消费者群，原料供应商、产品经销商、员工、政府管理机构、大众传播媒介等。

总之，公众是社会组织赖以生存和发展的基础，也是公关工作的主要对象。公众对某一组织的态度和行为反映着这个组织的公关工作状态，是检验公关工作的重要标准。因此，早期的公共关系学著作也把公共关系称作公众关系。公众关系的确是公共关系的核心，维护公众利益被社会组织奉行为最高准则，因为离开了公众这个客体，公共关系的传播沟通、关系协调、信息管理、组织身份管理等各种职能，都将无所依附。

二、公众的特征

（一）多样复杂的整体性

从组织角度来看，公众的存在形式是多样的，既可以是个人，也可以是群体或组织。这些个人和群体或组织广泛地存在于各种社会层面中，其社会角色是复杂的。作为组织的公众，这些个人、群体或组织总是以具体的公关管理主体为中心构成一个整体，成为具体组织的公众环境。这个环境在内容上具有多样性，在结构上具有复杂性，与组织的关联上具有整体性。

（二）利益相关性

一群人或某些团体之所以成为某一组织的公众，是因为他们与该组织具有一定的相关性、互动性。即他们的意见、观点、态度和行为对该组织的目标和发展具有实际或潜在的影响力、制约力；同样，该组织的决策和行为也对这些公众具有实际或潜在的影响力、作用力，制约着他们的利益的实现、需求的满足、问题的解决等。所以，公众群体的出现是因为有某种利益凝聚力量，组织的公众都是利益团体，因共同利益而聚集，利益消除即解散。比如某一组织的消费者投诉团体或因环境污染问题而出现的投诉团体，问题解决即行消散。

（三）变化性

公众作为组织的整体环境，处在不断变化之中。有的公众产生了，有的公众消失了。组织的任何一个利益团体都不会凝固不变地永远与组织保持相同的关系状态，只能在公关工作中建立一种动态平衡。比如一个企业，它的消费者群体可能在不断扩大，或逐渐缩小；企业能做的事情就是面对问题，调整自身行为，趋利避害。在现代社会中，任何组织都不可能拥有绝对稳定的公众。即使是相对稳定的员工群体和社区公众，对组织的态度也处在变化中，也需要对他们进行公关管理。特别是员工公众，在人才争夺激烈的时代，"跳槽"司空见惯，任何社会组织都需要在积极引进人才的同时，采取措施防范人才流失。

（四）确定性

一个组织的性质决定了其公众的构成内容，任何社会组织都可以通过利益分析，确定出它的基本公众对象。一般来说，这些基本公众是比较稳定的，具有长期确定性。即使是最具变化性的公众，在具体的公关活动中也是可以经过利益分析确定出来并对其施加影响。总之，公众是可以认识的，与组织有明确关联性。

（五）作用差异性

对于特定的组织来说，公众之间有轻重主次之分。有的公众对组织的生存和发展有举足轻重的影响，有的则作用差一些。比如学校，上级主管部门决定其投资情况、发展方向，教师决定其教学质量，所以，上级主管部门和教师是重要因素，而社区、新闻单位、学生家长作为公众，其作用就相对轻一些。所以，分清各种公众对组织作用的主次轻重，有利于确定恰当的公关政策，抓住工作重点。

第二节　　公众的分类

一、公众分类的意义

对公众施加影响，在组织与公众之间建立起牢固的合作关系，这是公关工作的重要任务。而公众的构成成分是复杂的，不同的公众有不同的特性，对组织的作用也不同。要想有针对性地对公众施加影响，必须充分地研究和认识公众。对公众进行类的划分是研究和认识公众的有效方法，也是开展公关工作的前提条件。其意义具体表现在以下几个方面。

（1）对公众分类有利于公关工作分清主次，确定重点

对于具体的社会组织来说，公关工作总是千头万绪，需要依据不同的情况抓住重点，分清主次。由于公众的作用是有差异的，通过分类可以确定出主次对象，合理地安排时间、人力、资金投放重点和工作的优先顺序等。

（2）划分公众是正确地选择有针对性的工作方法的需要

在传播沟通、协调关系、危机处理等公关活动中，需要根据不同的公众制定有差别的方案，划分公众是选择有针对性的工作方法的前提。

(3)划分公众是传播沟通过程中选择媒介的需要

不同的公众在获取信息过程中有不同的媒介渠道,在对公众施加影响时,需要通过划分类别后,研究不同类型的公众惯常接触的媒介,这样才能够选择有效的媒介对公众开展传播沟通。

二、划分公众的方法

在公共关系的实际工作中,公众的分类方法是多种多样的。采用什么样的分类方法,一般要根据具体的公关项目的目标来确定。对于公众的分类,最重要的是找出公众与组织间的各种利益关系,根据不同的利益关系,划分公众的类别。在公众基本信息管理方面,也用到人口学的方法。

(一)根据人口学方法进行分类

这是最基本、最一般的分类方法。即按照性别、年龄、职业、经济状况、教育程度、政治或宗教信仰、种族和民族背景、居住地等方面来划分公众。在任何情况下,都可以对公众进行这种人口学的结构分析,积累基本的统计资料。

(二)根据公众的性质来划分类别

这是公共关系工作中最重要也是最常用的分类方法之一。任何组织的公众在构成上都是多元的,它们与组织间具有不同的利益关系,面临着需要解决的不同问题。所以,以性质不同划分公众,抓住了公众与组织间的利益关系,把同一类的公众放在一起,使公关工作认清了公众的性质并采取有针对性的措施,便于问题的解决。由于不同性质的组织涉及的利益关系群体千差万别,依据性质划分公众很难获得一致的结果。所以,这种划分方法不可能得出适合于各种组织的通用的结论。我们仅以企业为例,划分出以下公众类别。对于其他类型的组织来说,了解企业组织的公众,可以触类旁通,举一反三。

根据公众的性质,企业组织主要有以下一些基本公众。

1.内部职工

内部职工即企业的员工和管理阶层的成员,这是最基本的公众,它与组织有归属关系,是组织的构成部分。它是组织直接面对而又最接近的公众,是组织赖以生存和发展的细胞。任何组织的公众都可以划分为内部和外部两部分,所以有的公关著作提出了员工公共关系问题,并试图将其发展为公关学的一个理论分支,专门研究内部职工的公关问题。

对于一个企业来说,内部公众还可以进一步划分为技术人员、管理人员、工人、职员等;也可以划分为老年公众、中年公众、青年公众、妇女公众等。任何进一步分类,都要根据具体公关项目而定。

应该注意到,内部职工作为组织的一部分,不仅是组织的公关客体,同时也是组织的公关主体。他们既是组织传播沟通和行为规范的对象,又要用他们的实际行动在他们不同的工作岗位上对全社会做出承诺,从而成为组织树立形象、对外开展公关工作的一个窗口。

2.顾客和服务对象

对于企业来说,顾客和服务对象没有本质的区别。但广义地讲,服务对象不等于顾客。例如政治组织、群众组织、宗教组织,它们都有广泛的服务对象,我们不能把这类服务对象称为顾客。

3.大众传播媒介

大众传播媒介指面向社会大众公开发布信息的报纸、杂志、广播电台、电视台、网络服务机构、广告商等专业组织机构及其公共信息服务承载平台。在公共关系学看来,大众传播媒介是公共关系的客体,是组织必须竭力争取的公众;而且是一种具有特殊性质的公众,它是社会组织与其公众间实现传播沟通的一个重要的桥梁纽带,具有工具性。这种特殊性决定了它的重要地位。

4.社区公众

社区指按照一定特征划分的居住区。具体的社会组织可能是融入某一个社区里,也可能是自成一个独立的社区。社区既是一个地理环境,也是一个社会关系环境。社区公众是指组织所在的地方的社会管理部门、群众团体、居民、左邻右舍的其他组织机构等。社区是组织的立身之地,社区公众是组织的邻居,与组织有着千丝万缕的联系。能否争取到社区公众的支持,关系到组织能否建立一个安宁、和谐的生存环境。社区公众的特点是区域性强,有较明显的空间范围;联系面广,涉及政治、经济、文化、教育等各方面;与本组织一般都发生着社会生活或业务上的种种联系。

5.政府机构

政府是国家权力的执行机关、国家事务和公共事务的管理机关,以统一的政策、法规来管理、指导社会活动。任何一个组织都必须服从政府的管理。企业作为一个有独立法人地位的社会组织,不论其规模大小,总是存在于具体的社会背景中,政府就必然是其最重要的公众之一。任何组织都需要通过与政府建立良好关系,充分了解政府制定的政策、法规,以指导自身的行为;同时,还应该及时地把自身的各种信息传播到政府中去,使之了解组织的真实情况,从而影响政府,使之制定出有利于组织生存和发展的政策、法规,获得政府的支持。政府的支持和认可具有权威性和强有力的社会影响效果。搞好政府关系,能为组织创造良好的外部条件,促进组织的发展。

6.各种社会基础服务组织

人类进入工业化社会以来,社会分工的不断加深和城市化孕育出了各种社会基础服务组织,他们支撑着社会生活的正常运转。任何社会组织都离不开这些社会基础服务组织提供的保障;要想开展业务,都或多或少要与这些社会基础服务组织发生联系。社会基础服务组织种类多样,在不同社会中他们的角色也不尽相同。但由于提供的是社会基础服务,是社会运转的基本保障,所以一般都会受到立法的规范和政府的监管,甚至会由政府直接管理。这些基础性的社会服务组织主要包括邮政、交通运输、水电燃气供应、保险、金融、电信、医疗、教育、图书档案等公共服务机构。这些保障整个社会运转的基础行业,具体哪些应该成为组织的公众或重要公众,要根据具体组织的性质和具体的公关目标来确定。

7.股东公众

股东是企业的投资者,包括董事会和广大股民。股东公众的构成比较复杂,既有内部职工,也有分散于社会上的广大投资人。股东们是企业的财源,对企业的经营管理也有参与权利。建立良好的股东关系,加强企业与股东的沟通联系,可以使现有股东加深对企业的了解、信任,创造良好的投资气氛,从而稳定股东队伍,吸引新的投资者,最大限度地扩大企业的资本,增强企业的竞争能力。

(三)根据公众与组织的关系状态分类

公众与组织的关系状态是可以通过调查了解测知的。根据公众与组织的关系状态,可以把公众划分为知晓公众、合作公众、潜在公众、非公众四类。

1.知晓公众

知晓公众指对组织知道、了解的公众。知道、了解后一般会产生三种态度。一是正向的态度,就是对组织有好感,可以进一步培养发展为合作者;二是负向的态度,就是对组织持有怀疑、抗拒的心态,需要通过传播沟通、协调关系等公关手段转变其态度;三是中性态度,就是对组织持中间立场,态度尚不明朗。

2.合作公众

合作公众一般是由知晓公众中对组织持有正向态度的公众发展而来,他们积极认可组织的政策、产品或服务,并采取合作行动,已经成为组织的消费者、合作者或政策拥护者,能够与组织利益共享,风险同担。

3.潜在公众

潜在公众指可能与组织发生利益关系但还没有与组织建立认知关系的公众。潜在公众也有两种情况。一种是通过传播沟通可以发展为组织的合作公众的群体;另一种是由于潜在的问题可能引发冲突,一旦冲突爆发,利益相关者将与组织产生利益矛盾,成为组织的危害公众或冲突公众。

4.非公众

非公众也称非组织公众,即不是组织的公众。指在一定的时空条件下,不与组织发生任何互动关系的组织、团体和个人。这类公众不受某一组织的任何影响,也对该组织不产生任何影响,因此,被该组织称为"非组织公众"或"非公众"。

(四)根据公众的稳定程度分类

这种分类方法主要是根据组织与公众之间的关系持续程度。可以把公众划分为稳定性公众和临时性公众两大类。

1.稳定性公众

稳定性公众指与组织发生联系,关系比较稳定的公众。如政府主管部门、内部职工、社区公众、有业务联系的单位等。公关工作首先要抓住稳定性公众,让他们全面、深入地了解组织的情况,使他们对组织产生良好的印象,努力维持一种密切合作的关系状态。

2.临时性公众

临时性公众指不经常与组织发生联系,关系较为松散的公众。

临时性公众还可以进一步划分出以下三种类型。

(1)流散性公众。指那些经常流动的、相互间没有任何正式联系的公众。如交通部门的旅客、风景名胜地的游客等。这类公众数量大,流动性大,基本表现为松散的个体或小群体,是最不稳定的公众。

(2)聚散性公众。指那些因某一共同心愿涉及共同利益问题而临时聚集起来的、问题解决后即自行解散的公众。如影剧院和体育场的观众,某些参观团的成员,一些论坛会议的参会者等。

(3)周期性公众。指按照一定规律聚散的公众,也叫规律性公众,如选民、一些纪念活动中的群众团体等。

(五)根据公众对组织的不同态度分类

组织的公众,由于所处的地位、环境、主观认识水平及其他条件因素的差异,对组织可能形成不同的态度。

1.根据公众对组织的不同态度划分

(1)顺意公众。指对组织的政策、行为抱有支持、合作态度的公众。

(2)逆意公众。指对组织的政策、行为持有反感、反对、不合作态度的公众。

(3)独立公众。指对组织的政策、行为保持中立态度,或尚未表态、态度还不明朗的公众。

2.根据公众对组织的关心程度划分

(1)一般公众。指与组织有联系,但本身并不十分注意、关心组织的行动,其行为对组织的发展也无大的影响力的公众。

(2)留意公众。指与组织有联系,而且其本身又十分注意、关心组织的政策、行为对他们造成的后果的公众。留意公众一般靠他们对组织行为的理解,形成支持或反对两种态度。他们可能是组织的顺意公众,也可能是组织的逆意公众。

(3)必须被告知的公众。指那些与组织保持着联系、具有了解组织活动内情的强烈愿望,而他们的意见和态度对组织的发展又可能产生较大的影响作用的公众。对于这类公众,组织必须主动通报自己的政策、行为。

(六)根据组织对公众的态度来分类

在实际工作中,特定的组织根据自身的需要,对不同的公众也会形成不同的态度。这种分类方法可以把公众分为以下三类。

1.受欢迎的公众

受欢迎的公众应该是与组织的目标和利益一致的公众。他们主动地对组织表示感兴趣,接近组织并支持组织。如股东、内部职工、赞助者等。组织与这类公众有一致利益关系。公关管理的任务是维持与加强这种合作关系。

2.被追求的公众

这类公众是组织为实现自身的目标而一厢情愿地刻意追求的公众。如顾客、新闻媒介等。这类公众能为组织带来利益,但他们不一定会对组织感兴趣,因此,需要组织去主动追求,想方设法与他们建立和保持良好关系。

3.组织不欢迎的公众

这类公众指那些抱着既定目标来接近组织,其结果是要损害组织利益,组织害怕受其困扰,而力图躲避的公众。如一些不很正当的索取赞助费的团体、个人,还有那些不解决实际问题的没有多大社会积极意义的各类检查团等。

(七)根据公众对组织的重要程度来分类

不同的公众对组织的生存和发展的影响力是不同的。从组织的角度,根据公众对组织的重要程度,可以把公众分为以下几类。

1.首要公众

凡是对组织的生存和发展具有重要影响力和决定性作用的公众,就是首要公众。如内部职工、投资者、政府管理部门等。

2.次要公众

凡是对组织的生存和发展具有一定的影响力,但这种影响力不具有决定性作用的公众,就是次要公众。如新闻媒介、社区、一般协作组织等。

3.边缘公众

指与组织有联系,但对组织的影响力和制约力很小的公众。如竞争对手、一般的协作者、企业产品零售商等。

以上共介绍了七种划分公众的方法,当然,还可以根据公众的其他特点及其与组织关系的特点,进行其他类型的划分。应该注意到,按照不同方法划分出的各种公众之间,存在着相容关系、交叉关系,如首要公众、次要公众、边缘公众和一般公众、留意公众、必须被告知的公众之间就有相容关系、交叉关系。首要公众包括了必须被告知的公众;次要公众与留意公众之间有交叉关系。

另外,按照每一种方法划分出来的公众,都不是绝对的,随着条件的变化,其公众类型的属性也会发生变化。如首要公众、次要公众、边缘公众,当组织的性质或具体的公关目标发生变化时,它们之间的地位可能相互转化。在实际工作中,究竟采取哪一种方法来划分公众,要从具体的组织和具体的公关目标出发,要从具体的客观条件出发。

总之,任何组织的公众都不是一成不变的,而是随着组织目标的改变而不断变化着。作为公关人员,应当善于把握复杂的、不断变化着的情况,根据组织在不同时期的不同目标和具体的公关项目,采取灵活多样的方法划分公众的类别,从而有针对性地开展公关工作,这样才能取得好的效果。

第三节　公众的心理学分析

公共关系学所说的公众,最终会表现为人或人的群体。从心理学的视角分析公众,属于在分类研究基础上的深化研究。相当于走进一片蔬菜地,类型划分只是分辨出了茄子、西红柿、黄瓜、豆角、葫芦、土豆等,但每一种蔬菜的营养价值如何,就需要进一步深入研究。对公众的进一步深入研究,只能借助心理学方法。心理学作为一门内容广泛的学科,一般分为基础心理学和应用心理学。基础心理学着重于理论体系的建立和基本规律的探讨;它从认知,情绪、情感和意志,需要和动机,能力和人格等方面对心理现象的研究,为公共关系了解公众提供了基础思路。应用心理学则将心理学的理论运用于实际生活,服务于提高人们的生活质量和工作质量。应用心理学形成了很多分支,诸如社会心理学、医学心理学、教育心理学、司法心理学、管理心理学等。公共关系对公众的心理分析也要借鉴应用心理学的一些研究思路。由于公众既可以是单个的人,也会是人的群体或由群体形成的组织,社会心理学、管理心理学甚至教育心理学关于群体和组织的一些研究成果和研究思路,无疑有助于公共关系认识复杂多样的公众,尤其为内部公共关系提供了理论基础。

一、基础心理学的分析思路

基础心理学也叫公共心理学,它对心理现象的研究成果,被广泛应用于许多学科。基础心理学的内容大致可以分为四个方面:认知,情绪、情感和意志,需要和动机,能力和性格。这些方面的研究结论是认识人的基本知识,当然也是公共关系认识公众的基本思路。

(一)认知

认知也叫认识,是指人认识外界事物的过程,即人对作用于感觉器官的外界事物进行信息加工的过程。它包括感觉、知觉、记忆、思维等心理现象。

人通过各个感觉器官认识了作用于它的事物的一个一个属性，产生了感觉。人能够把各种感觉结合起来，产生对事物整体的认识，形成知觉。感觉和知觉都是对事物外部现象的认识，属于感性认识阶段。在感性认识的基础上通过思维产生对事物本质的认识，这是由表及里、去粗取精的过程。这种过程的产生依赖于记忆，记忆提供了过去获得的经验，使人们能把过去的经历和现在的经历联系起来，加以对照，从而认识到事物的本质和事物之间的内在联系，达到理性认识。理性认识使人不仅知道了某种现象，而且知道了现象发生的原因。

1.感觉

感觉是人脑对直接作用于感觉器官的客观事物个别属性的反映。按照刺激来源于身体内部还是外部，感觉又分为外部感觉和内部感觉。外部感觉是由身体外部刺激作用于感觉器官所引起的感觉，包括视觉、听觉、嗅觉、味觉和皮肤感觉(包括触觉、温觉、冷觉和痛觉)。内部感觉是由身体内部来的刺激引发的感觉，包括运动觉、平衡觉和机体觉(机体觉又叫内脏觉，包括饿、胀、渴、窒息、恶心、便意、性和疼痛等感觉)。

人的感觉是有差别的。感觉有适应性。感觉有后像、对比、联觉等现象。

2.知觉

知觉是直接作用于感觉器官的客观物体的整体在人脑中的反映。知觉是各种感觉的整合，来源于感觉，高于感觉。知觉具有整体性、选择性、恒常性、理解性。知觉包括空间知觉、时间知觉、运动知觉、错觉。

3.记忆

记忆是过去的经验在头脑中的反映。过去的经验包括过去对事物的感知、思考和情绪体验，以及进行过的动作操作。这些经验储存在大脑中，在一定的条件下可以被提取利用，这个过程就是记忆。记忆可以帮助人们不断积累知识和经验，并通过分类、比较等思维活动，认识事物的本质和事物之间的内在联系。同时，人们也通过记忆积累所受的各种影响，逐渐形成独特的心理面貌。可见，记忆是智慧和心理发展的基础。

记忆按内容可以分为五种：一是形象记忆，即对感知过的事物的形象的记忆。二是情景记忆，即对经历过的事件的时间、地点、人物和过程的记忆。三是情绪记忆，即对自己体验过的情绪和情感的记忆。四是语义记忆，又称"词语-逻辑"记忆，即对词语概括的各种有组织的知识的记忆。五是动作记忆，即对身体的运动状态和动作技能的记忆。

按照是否意识到，可以把记忆分为外显记忆和内隐记忆。外显记忆是在意识控制下，过去的经验对当前作业产生的有意识的影响，又称受意识控制的记忆。内隐记忆是个体并没有意识到，过去的经验却对当前的活动产生了影响，又称自动的、无意识的记忆。

另外，记忆还可分为陈述性记忆和程序性记忆；瞬时记忆、短时记忆和长时记忆。

4.思维

(1)思维的含义及其主要操作形式

思维是在知觉和记忆的基础上，人脑对客观事物的本质和事物之间的内在联系的认识。思维的主要特征是间接性和概括性。思维作为一种反映形式，可以借助推理间接认识事物；思维也可以把一类事物的共同属性抽取出来，形成概括性认识，产生概念。

思维是大脑对外界事物的信息进行复杂加工的过程，基本操作形式是分析、综合、抽象、概括。分析就是在头脑中把事物分解为各个部分或各种属性的过程。综合就是在头脑中将事物的各个部分或各种属性结合起来,形成一个整体的过程。抽象是在头脑中把事物的共同属性和本质特征抽取出来,并舍弃其非本质的属性和特征的过程。概括就是把抽取出来的共同属性和本质特征结合在一起的过程。

(2)思维的种类

依据不同划分标准,可以把思维分为不同种类。

①根据思维的形态,可以分为动作思维、形象思维和抽象思维。

动作思维是以实际动作为支柱的思维过程,比如舞蹈、体操和一些操作活动过程。

形象思维是以事物的具体形象和表象为支柱的思维。比如,"床前明月光,疑是地上霜。举头望明月,低头思故乡"。在这首客观写实的短诗里,看似冷静的叙述中蕴含着深沉的抒情。它其实是叙述了一个人隐藏着的心理活动:用眼睛感觉到"床前明月光";在知觉活动中引发错觉,"疑是地上霜";由于记忆中知道"月光"与"月亮"的关系,为了验证床前是"明月光",而不是"地上霜",于是,"举头望明月";又由于记忆中知道"月"在中国文化中具有"相思""思念"的意义,引发了情感活动,伴随着推理、想象思维活动,"低头思故乡"。在"举头望明月,低头思故乡"这个思维过程中,是完全借助"明月"这个具体形象来实现的。

抽象思维,又称逻辑思维,是以概念、判断和推理的形式进行思维并得出结论的过程。

②根据思维探索目标的方向,可分为聚合思维和发散思维。

聚合思维又称求同思维、集中思维、辐合思维,是指把问题所提供的各种信息聚合起来,朝着同一个方向得出一个最佳解决方案的思维。主要特点是求同。发散思维，又称求异思维、分散思维、辐射思维，是指从一个目标出发，沿着各种不同的途径去思考，探求多种答案的思维。主要特点是求异和创新。

③根据思维是否具有创造性，可将思维分为再造性思维和创造性思维。再造性思维是用已知的方法去解决问题的思维。创造性思维是用独创的方法去解决问题的思维。

④根据思维是否具有明确清晰的过程，可将思维分成直觉思维和分析思维。直觉思维，又称直觉，是指不经过严密的逻辑推理过程，迅速对问题的答案做出合理的猜测、设想或突然领悟的思维。分析思维，即逻辑思维，它严格遵循逻辑规律，通过一系列的分析、综合、比较、抽象、概括、具体化和系统化的思维过程，得出合乎逻辑的正确答案或做出合理结论。

对于公共关系来说，了解特定公众的认知方式和水平，以及他们的认知世界状态，比如记忆状态，是有效开展工作的基础。

(二)情绪、情感和意志

1.情绪、情感的含义及其特征

情绪和情感是人对客观外界事物的态度体验，是人脑对客观外界事物与主体需要之间关系的反映。

情绪和情感是不同于认识过程的一种心理过程。通过与认识过程比较，可以看出其特征，进而加深对其性质的认识。它们的特征主要表现在以下几个方面。

第一，情绪和情感是以人的需要为中介的一种心理活动，它们反映的是客观外界事物与主体需要之间的关系。外界事物符合主体的需要，就会引起积极的情绪体验，否则会引起消极的情绪体验，这种体验构成了情绪和情感的内容。认识过程则是对事物本身的认识。

第二，情绪和情感是主体的一种主观感受，是一种内心体验。而认识过程是以形象或概念的形式反映外界事物。

第三，情绪和情感会引起一定的生理上的变化，如心律、血压、呼吸和血管容积上的变化。愉快时，血流加快，面部微血管舒张，脸变红；害怕时，血管收缩，心跳加快，呼吸减慢，脸变白。这些变化是通过内分泌腺的作用实现的，认识活动则不伴随这些生理变化。

2.情绪和情感的区别与联系

①情绪和情感的区别

第一，情绪更多地与个体的生理需要相关，而情感主要与个体的社会需要相联系。在起源上，情绪是自然的、原始的，是人和动物（尤其是高等动物）所共有的一种心理过程。比如，喜、怒、哀、乐四种原始情绪，人与动物兼有，且与生俱来，不学就会。情感是人类的高级心理过程，具有社会历史性。比如，道德感、理智感、美感、民族自豪感等。

第二，情绪具有外显性，常伴随明显的外部表现，比如，面红耳赤、垂头丧气、怒目圆睁、欣喜若狂、手舞足蹈、暴跳如雷、春风得意等。情感则比较内隐，一般不直接伴随生理变化，如理智感、道德感，一般不会通过表情流露出来。

第三，情绪是不稳定的，具有情景性和易变性，引发情绪的情景发生了变化，它所引起的情绪就会消失，情绪伴随着明显的生理变化和外部行为表现。而情感是相对稳定的，比情绪更深刻、理性，包含着认知的客观成分。一种情感一旦形成，就具有一定的稳定性。

②情绪和情感的联系

情绪和情感都是人对客观事物态度的体验，笼统地叫感情。但是，感情这一心理现象在发生的过程和在这一过程中产生的体验，又有一些可区别的特征。因此出现了情绪和情感这两个概念。可见，它们指的是心理活动的同一过程和同一现象,只是分别强调了同一心理现象的两个不同方面。

情绪和情感的联系很紧密。一方面,情绪依赖于情感,即情绪的各种不同变化一般都受制于已形成的情感及其特点;另一方面,情感又依赖于情绪,即人的情感总是在各种不断变化的情绪中得以表现。离开了具体的情绪过程,人的情感及其特点就不可能存在。可见,情绪是情感的外在表现,情感是情绪的本质内容。

3.情绪和情感的种类

(1)基本情绪和复合情绪

从生物进化的角度可把情绪分为基本情绪和复合情绪。

基本情绪是人和动物共有的、不学自会的,又叫原始情绪。每一种基本情绪都有其独立的神经生理机制、内部体验、外部表现和不同的适应功能。中国古代有"七情六欲"说。据《礼记·礼运》载:七情谓喜、怒、哀、惧、爱、恶、欲;《吕氏春秋·仲春记》高诱注六欲为生、死、耳、口、目、鼻。现代心理学家对基本情绪的种类有多种说法。有些心理学家持"四情说",认为基本情绪包括快乐、愤怒、悲哀与恐惧;有些心理学家持"五情说",认为基本情绪包括快乐、愤怒、悲哀、恐惧和厌恶;也有心理学家持"六情说",即快乐、愤怒、悲哀、恐惧、厌恶和惊奇;还有持"七情说"的,即快乐、愤怒、悲哀、恐惧、厌恶、惊奇与轻蔑。下面选择"四情说"的快乐、愤怒、悲哀和恐惧简要介绍。

①快乐。快乐指所期待的目标得以实现或需要得到满足之后,内心的紧张状态解除时所产生的一种轻松、满意的情绪体验。快乐的程度取决于多种因素,包括所追求目标价值的大小、在追求目标过程中所达到的紧张水平、实现目标的意外程度等。根据快乐程度的不同,可将快乐依次分为满意、愉快、欢乐、狂喜。

②愤怒。愤怒是由于外界事物或对象再三妨碍和干扰,使个人

愿望受到抑制,目的受到阻碍,从而逐渐积累起来的紧张情绪。愤怒的程度取决于干扰的程度、干扰的次数与挫折的大小。愤怒的引起在很大程度上依赖于对障碍的意识程度。假如一个人完全不知道是什么人或什么事妨碍他达到目的,则愤怒大多不会发生;如果他发现了障碍,并认定它是不合理的、恶意的,那么愤怒就容易发生。愤怒有可能导致对障碍物或阻碍对象实施攻击行为。根据愤怒程度的不同,可将愤怒分为生气、愠怒、愤怒、大怒、狂怒等。

③悲哀。悲哀是个体失去某种盼望或追求的事物时产生的情绪体验。悲哀程度取决于所失去东西价值的大小。当然,人的意识倾向和个体特征对悲哀程度也有重要影响。悲哀的强度由弱到强依次为:遗憾、失望、难过、悲伤、绝望。悲哀是一种消极情绪,在较强的悲哀中常发生失眠、食欲消失、抑郁、焦虑、急躁、孤独等反应。

④恐惧。恐惧是企图摆脱、逃避某种危险刺激或预期有害刺激时产生的强烈情绪感受和体验。个体在恐惧时常有缩回或逃避的动作,并伴随着异常激动的表现,如心慌、毛发竖立、惊叫、预示危险的面部表情和姿态等。

复合情绪是由基本情绪的不同组合派生出来的。比如,悲喜交加;由愤怒、厌恶和轻蔑组合起来形成的敌意;由恐惧、内疚、痛苦和愤怒组合起来的复合情绪称为焦虑。

(2)与他人有关的情绪

人的许多情绪是在社会关系中产生的,是由个体与他人之间的关系引起的,因此具有对象指向性。与他人有关的情绪包括:爱、恨、尊敬、蔑视、钦佩、嫉妒等。

(3)与自我有关的情绪

人的不少情绪与自我评价和自我归因有关,而且直接指向本身。与自我有关的情绪包括:骄傲、羞耻、内疚、惭愧等。

(4)心境、激情和应激

按照情绪的状态,也就是按照情绪发生的速度、强度和持续时间的长短,可以把情绪划分为心境、激情和应激。

①心境。心境是一种微弱、持久而又具有弥散性的情绪体验状态,通常叫作心情。其突出特点是具有弥散性,它不是关于某一特定事物的体验,而是由一定的情境唤起后在一段时间内对各种事物态度的体验。愉快的心境使人觉得轻松、愉快,看待周围的事物都带上愉快的色彩,动作也显得比较敏捷,干什么事都有精神。所谓"山舞银蛇,原驰蜡象,欲与天公试比高";"春风杨柳万千条,六亿神州尽舜尧。红雨随心翻作浪,青山着意化为桥";"到处莺歌燕舞,更有潺潺流水,高路入云端"。这些诗句中的心境开朗愉快,令人欢欣鼓舞。而不愉快的心境使人觉得沉重,感到心灰意冷,对许多事情都不感兴趣,看什么都不顺眼。所谓"感时花溅泪,恨别鸟惊心"(杜甫);"孤城上与白云齐,万古荒凉楚水西。官舍已空秋草没,女墙犹在夜乌啼"(刘长卿)。这些诗句中的心境悲凉、沉重、抑郁、苦闷。

②激情。激情是一种强烈的、爆发式的、持续时间较短的情绪状态,这种情绪状态具有明显的生理反应和外部行为表现。通常由特定的对象引起,有明显指向性,持续时间不长,冲动一过就会迅速弱化或消失。激情往往由重大的、突如其来的事件或激烈的意向冲突引起。激情既有积极的,也有消极的。在激情状态下,人可能做出平常做不出的事情,发挥出意想不到的潜能;也会因为感知、注意和思维等认识功能变窄,分析能力和自我掌控能力受到限制。因此,消极的激情状态可能导致人行为失控,做出一些鲁莽行为,造成不良后果。而积极的激情是人的行为的巨大动力,是一种极度兴奋喜悦的情绪体验,能使人消除畏惧,或者更加积极进取。

③应激。应激是在出现意外事件或遇到危险情景时出现的高度

紧张的情绪状态,是人对意外的环境刺激做出的适应性反应。能够引起应激反应的事物叫应激源,它对个体来说是一种能够引起高度紧张、具有巨大压力的刺激物,是个体必须适应和应对的环境要求。应激源既有躯体性的,如高温、低温、强烈的噪音、疾病等,也有心理、社会性的,如重大生活事件、难以适应的社会变革和文化冲击、工作中的重大危机等。

个体对应急事件做出的反应叫应激反应,包括生理反应和心理反应。人在应激状态下,通常会有两种截然相反的表现。一是使人具有特殊的防御排险功能,这时人会变得精力旺盛、神勇异常,从而化险为夷,转危为安。这种超常反应被称为狮子式应激。另一种情况就是由于高度紧张使人的行为紊乱而不能协调,知觉和注意的范围变得狭窄,语无伦次、惊慌失措、笨手笨脚,甚至瘫软在地。这种情况被称为兔子式应激。

(5)社会情感

情感是一种稳定的、高级的心理现象,一般是与人的社会性需要相联系的体验。情感种类很多,主要有道德情感、审美情感、理智情感、宗教情感。这四种情感和人的思想观念、理想、信念、世界观与个性密切相关,比一般的情绪有更高的稳定性、概括性、复杂性和倾向性。

①道德情感。道德情感也称道德感,是个体在利用所处的社会共同生活的人们形成的行为准则和规范,对人的思想观念、意图和行为等进行评价时所产生的主观体验。道德属于社会历史范畴,不同时代、不同民族、不同阶级有着不同的道德标准。个体的道德情感需要在与社会道德标准的对比中获得,如果个体的行为符合社会道德标准,就会产生满意、肯定的体验,如敬佩、赞赏、热爱、欣慰、荣誉等;如果不符合社会道德标准,就会产生消极、否定的体验,如内疚、

憎恨、厌恶等。在这个心理过程中,普遍认可和共同遵守的道德标准是关键。对于社会来说,道德建设十分重要;对于个体来说,道德感是品德构成的一个重要成分,对人的行动有巨大推动、控制和调节作用,是一种自我监督力量,可使人保持良好行为,防止行为与社会需要偏离。

②审美情感。审美情感也叫美感。美是人类的一种心理体验,美的标准在不同的文化和社会历史时代各不相同,甚至是因人而异。这主要是因为对美的丰富内涵的不同选择造成的。在汉语文化中,美是对人的需要的最大满足;"羊大为美",这大概跟养殖业、畜牧业或者狩猎有关。可见,汉语中原初的"美"是功利的。能让人获得最大限度的满足的事物是美的;人的需要得到充分满足就会产生美的体验。以此推论,最充分地满足了人的需要的事物或者生活状态就是美的,它在情感体验上应该是令人愉悦的,因此,一切令人愉悦的对象都是美的。"美"和"善"与"丑"和"恶"相对。美是利己的,善是利他的;但是由于善也能让人获得愉悦的感受,所以善也是美的;故而中国古代有美善统一观。西方哲学对美的认识似乎不像中国人这么实际,柏拉图认为"美是理念",亚里士多德则主张从事物的物质属性和外在形式特征去揭示美的本质,狄德罗认为"美在关系"(包括事物本身的结构关系和它在与他事物的关系中确立的意义),黑格尔提出"美是理念的感性显现"。总之,美的内涵很丰富,美感是根据一定的认识美的标准评价事物时产生的情感体验。美既有比例、对称、均衡等形式问题,也有符合人的需要的功利问题。追求美是人类的本质需要,也是人类劳动生产和生活的一种境界。

③理智情感。理智情感也叫理智感,是人在智力活动过程中认识和评价事物所产生的情感体验。理智感主要表现为求知欲望、好奇心、兴趣、怀疑等,也会伴生对偏见、迷信、谬误的憎恨,对取

得成就的自豪等情感。理智感是推动人们获得知识、追求真理的强大动力。

④宗教情感。宗教情感是指信仰宗教的人依据宗教教义和教规在认识和评价事物时所产生的情感体验。宗教是人类社会比较普遍的一种文化现象,具有构筑社会共同体、调节社会关系、满足成员生命安抚需要的功能。

4.意志

(1)意志的含义及意志行动的特征

意志是人自觉地确定目的, 并根据目的调节和支配自己的行动,克服各种困难和挫折,实现预定目标的心理过程。

意志与行动密不可分,意志调节支配行动,但又必须通过行动表现出来。离开了行动,意志无从表现。因此,常把有意志参加的行动称为意志行动。无意识的本能活动、盲目的冲动或一些习惯动作都不含有或很少有意志成分。

意志行动的特征主要表现在三个方面。第一,意志行动具有明确的预定目的。第二,意志行动以随意动作为基础。人的动作可以分为不随意动作和随意动作。不随意动作指那些不由自主的动作,如无条件反射动作、睡眠状态的动作等。随意动作是指由意识控制的、后天学会的、有目的的动作。有了随意动作,人就可以根据目的去组织、支配、调节一系列动作,组成复杂行动,从而实现预定目的。第三,意志行动往往与克服困难相联系。简单的意志行动一般不需要克服困难,但复杂的意志行动由于包含有未实现的目标,而目标的实现总是需要付出一些辛苦和劳动,往往伴随着来自个体内部和外部环境的种种挑战,形成一些困难,甚至屡屡造成行动失败。这就需要坚强的意志品质去牵引人的行动,战胜困难,取得成功。

(2)意志的品质

意志的个别差异主要体现在意志的品质方面,意志的品质主要包括意志的自觉性、意志的果断性、意志的坚持性和意志的自制性。了解意志的品质,对培养优良的意志,克服不良意志品质具有重要意义,也有助于认识人的意志状态。

①意志的自觉性。意志的自觉性是指一个人对行动的目的和意义有充分的、自觉的认识,并随时监控自己的行动,使之合乎正确目的的心理品质。这种心理品质的背后往往有坚定的信念作支撑,是人的意志行动的力量源泉,贯穿于意志行动始终。自觉性品质强的人,能按照客观规律提出自己的行动目的,积极主动地去完成具有社会价值的目的和任务。既不轻易受外界的影响,也不拒绝有益的意见和建议;既有原则性,又有灵活性。

与意志的自觉性相反的品质是易受暗示性和独断性。易受暗示性是指易受外界影响,盲目地听信别人的意见,轻易改变行动目的,缺乏原则性,缺乏主见,人云亦云,没有独立的见解和敢为天下先的勇气,为人处事易受他人影响,表现出过多的屈从和盲从。独断性则表现为容易从主观出发,不听别人的忠告,一意孤行,刚愎自用,听不进中肯的意见和合理的建议,盲目做决定。

②意志的果断性。意志的果断性是指迅速地、不失时机地采取行动的品质。果断性以自觉性为前提,绝非草率行事;当机立断,不失时机,也不是碰运气的巧合。果断性强的人,在紧急情况下能审时度势,以勇气和深思熟虑为条件,不失时机地做出决定并加以执行。

与意志的果断性相反的品质是优柔寡断和武断。优柔寡断者的显著特点是无休止的动机冲突。在采取行动时,迟疑不决,三心二意;到了紧急关头,只好仓促决定,做出决定后又后悔,甚至开始行动后,还怀疑自己的决定是否正确。武断的表现是指处事冲动鲁莽,不等到时机成熟就草率从事。处事武断的人或是性格暴躁,不善于思考，或是目光短浅，不计后果，贸然行动。优柔寡断的人往往错失良机，武断的人也往往把握不好机会。

③意志的坚持性。意志的坚持性是指一个人在行动中能够长期保持旺盛的精力，百折不挠地克服困难，坚持到底实现预定目标的心理品质。这种品质又叫毅力或顽强性。目标越远大，需要付出的努力越多，需要花费的时间越长。如果没有坚忍的意志品质，很难达到远大目标。

与意志的坚持性相反的品质是动摇性和顽固性。动摇者遇到困难便怀疑预定目的，不加分析便放弃对预定目的的追求。这种人一遇挫折便对前途望而却步，做事见异思迁，虎头蛇尾，不停地改变自己的行动方向，结果很可能是已经接近目的了，却因为放弃努力而前功尽弃。顽固者主要是不能对自己的行动做出理智评价，看似有坚韧性，很顽强，实际上却是钻牛角尖，执拗而不灵活，不能顺时而动，一味墨守成规，我行我素，固执到底，即人们常说的"一条道走到黑"，结果往往难以适应环境。

④意志的自制性。意志的自制性是指善于管理和控制自己的情绪和行动的能力，又叫自制力或意志力。自制力其实是一种理性选择能力，由于人的精力有限，要想达到一定目的，就必须放弃一些妨碍这一目的实现的其他目标，或干扰这一目标的其他活动，做到有所为，有所不为。这就需要冷静分析，全面考虑，做出合理决策；在执行决定时，善于克服内外干扰，坚决执行决定；而且成功时不骄傲自满，失败时不悲观失望。

与意志的自制性相反的品质是任性和怯懦。任性的人表现为放纵自我，易受情感左右，缺乏理智，肆无忌惮，不能约束自己的言行。任性者在顺利的情况下为所欲为，在不顺利的情况下易受激情所支配，常常因冲动说错话、办错事。怯懦表现为在需要采取行动，迎接挑战的时候却临阵退缩,不敢有所作为。

对于公共关系来说,了解公众的情绪、情感状态,研究他们的意志状态和水平,是传播沟通、关系协调、危机处理等过程中必须做的基础工作。特别是在内部公共关系中,不仅需要准确掌握员工的情绪、情感、意志情况,还需要在此基础上有目的地培养员工的良好的情绪、情感状态,发展员工的良好意志品质。

(三)需要和动机

1.需要的含义及其特征

需要是个体感到缺乏而力求获得满足的心理倾向。它是人生存和发展的必然要求,也是人的活动的基本动力,是个性积极性的源泉。需要往往以动机、兴趣、愿望、价值观等形式表现出来,它促使人朝着一定的方向,追求一定的目标,以行动求得满足。需要越强烈、越迫切,由它产生的活动就越有力。同时,人的需要又在活动中不断产生和发展,伴随生命始终。

需要的特征主要表现在以下一些方面。①对象性。需要总是指向一定对象。个体的缺乏状态与具体的对象相联系,饥饿时需要食物;孤单时需要亲友。②动力性。需要是产生动机的原因,它反映了人对某种目标的渴求或欲望。需要转化为动机就会驱动行为的发生,需要是人从事各种活动的基本原动力,是人的一切积极性的源泉。没有需要,就没有动机,也不可能产生行为活动。因此,需要具有明确的动力性特征,需要越强烈,则动机越强烈,行为的动力性也越大。③社会性。人类满足需要的内容和范围十分广泛。不同历史时期人们的需要会受到社会历史的局限;同一时期,不同文化形态下的人们的需要也各不相同。因此,需要总是在特定社会条件下存在,具有社会性。④无限性。需要的无限性一是指需要的种类无限多样,需要满足的方式无限多样;二是指人一生中的需要是无限的,需要的满足是发展的、无止境的。

2.需要的种类

人的需要是对个体缺乏状态的主观体验,比较复杂,是一个多维度、多层次的结构系统,从不同的角度依据不同标准可以分出不同种类。

(1)生理需要和社会需要

按照需要的起源来分,需要可以分为生理需要和社会需要两大类。

生理需要是与生俱来的,反映了人对延续和发展自己生命所必需的客观条件的需求,如饮食、运动、睡眠、排泄、性等需要。生理需要带有明显的周期性。

社会需要是指与人的社会生活相联系的需要,是社会存在和发展的必要条件。如对知识的需要、交往需要、创造的需要和实现理想的需要等。社会需要具有社会历史性,受社会历史条件制约。

(2)物质需要和精神需要

依据需要所指向的不同对象,可以分为物质需要与精神需要。

物质需要是指对维持个体和社会生存与发展所需的物质产品的需要。物质需要既包括对自然界产物的需要,也包括对社会文化产品的需要。因此,在物质需要中,既有自然性需要内容,也有社会性需要内容。比如对空气、阳光、水的需要是较单纯的自然需要,对住所、服饰等物质的需要,既有自然性内容,也有社会性内容。

精神需要是指个体参与社会精神文化生活的需要。它是人对求知、交往、道德、审美和创造等方面发展的反映。人类在历史发展中最早形成的精神需要主要是对劳动和交往的需要,学习需要和参加社会活动在人的精神需要中也占据越来越重要的位置。

人的需要是复杂的、多层次的,按照马斯洛的需要层次理论,他最初提出人的5种需要,包括生理需要、安全需要、归属与爱的需要、尊重需要、自我实现需要。后来又提出7个层次的需要,并按照优先出现的先后或力量的强弱,呈金字塔形状由低到高排列,形成所谓的需要层次金字塔结构。7个层次的需要由低到高包括:生理需要、安全需要、归属和爱的需要、尊重需要、认识需要、审美需要、自我实现需要。

3.动机及其功能

动机是促使个体从事某种活动,从而满足需要、达到目的的内在原因。动机是在需要基础上产生的,需要是一切行为动力的源泉,但需要并不一定是人的现实的行为动力,需要成为人行为的动力必须转化为动机。

动机是行为活动的内在原因,它不能直接观察到,只能根据刺激情境和行为反应去推测。因此,如何从个体和群体的外显行为或活动中去推测其内部原因,成为现代心理学一个重要而又比较困难的课题。

从动机与行为的关系上分析,动机的功能主要有以下几种。①激活功能。动机能激发人产生某种活动,使个体由静止状态转向活动状态。当个体发现与动机密切相关的刺激时则反应十分敏感,从而激活个体去从事某种反应或发生某种行为。比如为消除饥饿而寻找食物,为上好大学而努力学习。动机激活力量的大小,由动机的性质和强度决定。②指向功能。动机在激发行为的同时,会把行为指向一定目标或对象。需要是个体因缺乏而产生的主观状态,有时可能无明确的具体目标;当需要被明确目标所引导时,就会变成动机。③维持和调节功能。动机总是维持着行动针对一定目标,并调节着活动的强度和持续时间。

4.动机的种类

动机作为需要的表现形式,由于需要的类型多种多样,动机也复杂多样。

(1)生理动机和社会动机

根据动机的起源,可以把动机分为生理动机和社会动机。生理动机又称原发性动机、原始性动机、生物性动机。它是以生物性需要为基础的动机,包括饥渴、睡眠、性欲等。社会动机又叫继发性动机、习得性动机和心理性动机,它是以一定的社会文化需要为基础而产生的动机。包括成就动机、交往动机、权力动机等。由于社会动机是后天习得的,所以人们的社会动机差别很大,一般通过兴趣、爱好加以认识。

①兴趣。兴趣是人认识某种事物或从事某种活动的心理倾向,它以认识和探索外界事物的需要为基础,是推动人认识事物、探索真理的重要动机。兴趣有长期养成的,也有偶然激发出来的。兴趣的品质主要包括:兴趣的倾向性,即对什么发生兴趣;兴趣的广阔性,即有多少兴趣;兴趣的持久性,即兴趣的稳定程度;兴趣的效能,即兴趣产生的推动人的活动的力量。

②爱好。爱好是指当人的兴趣不是指向对某种对象的认识,而是指向某种活动时,人的动机便成为人的爱好了。兴趣和爱好都与人的积极情感相联系,培养良好的兴趣和爱好是推动人努力学习、积极工作的有效途径。

(2)有意识动机和潜意识动机

根据对动机内容的意识程度不同分为有意识动机和潜意识动机。有意识动机指行为者对自己的所作所为能清晰地觉察到,是行为目标明确的动机。潜意识动机是指行为者意识不到,但能产生活动倾向的动机。心理定式就是一种潜意识动机。

(3)内在动机和外在动机

根据动机的起因不同,把动机分为内在动机和外在动机。由内在条件(如兴趣、好奇)诱发的动机称为内在动机。它往往是影响一个人成功的重要因素,如喜欢文学而坚持不懈地学习、创作,这是内在动机。由外在刺激诱发的动机称为外在动机。比如为了多拿奖金而努力工作,这是外在动机。

(4)长远动机和短暂动机

根据动机的影响范围和持续作用的时间,可以把动机分为长远动机和短暂动机。长远动机一般来自对活动意义的深刻认识,它持续作用时间长,范围广,不受外界偶然情境的影响,具有比较稳定的性质。短暂动机一般由对活动本身的直接兴趣所引发,它只能对个别具体的活动起一时的作用,容易受精神的支配和影响,而且不够稳定。

(5)物质动机和精神动机

根据动机对象的性质把动机分为物质动机和精神动机。物质动机以满足物质需要为基础;精神动机以满足精神需要为基础。

(6)高尚动机和低级动机

根据动机的社会价值分为高尚动机和低级动机。高尚动机符合社会需要或道德准则,能为社会或他人做出贡献,能较持久地调动人的积极性。低级动机违背社会要求和道德准则,不利于社会发展。

对于公共关系来说,了解公众的需要和动机是一项基础工作。不论是传播沟通,还是协调关系,都需要了解公众需要什么,有什么追求,在此基础上才能够有的放矢。掌握公众的需要和动机,是信息管理的基本内容,也是危机管理的前期工作;摸不准公众的需要和动机,就抓不住公关的重点方向。更具有挑战意义的是,公共关系往往需要培育和引导公众的需要和动机,这当然也需要建立在对公众的需要和动机的了解基础上。

(四)能力、气质和性格

1.能力

(1)能力的定义及与其相关的概念

能力是顺利、有效地完成某种活动所必须具备的心理条件。比如绘画,需要具备敏锐的视觉辨别能力和观察力,要有良好的形象记忆能力和形象思维能力,如果一个人不具备这些能力,就很难顺利完成绘画活动。能力是保证活动取得成功的基本条件,但不是唯一条件。在实际生活中,活动能否顺利进行并取得成功,往往还与人的个性、知识技能、做事态度、物质条件、健康状况、人际关系等因素有关。对于具体的个体来说,一般存在多方面能力,但肯定有一个特别优长的方面,这需要在实践中自觉认识。

智力是认识事物并运用知识解决实际问题的能力,包括记忆、观察、想象、思考、判断等。在组成智力的各种因素中,思维力是支柱和核心,它代表着智力的发展水平。智力是从事实践活动的基本条件。

知识是人类社会历史经验的总结和概括。技能是通过练习而获得和巩固下来的、完成活动的动作方式和动作系统。技能从本质上说还是知识,是关于具体实践活动的知识。

才能是多种能力的有机结合。例如,教师一般要具备敏锐的观察力、良好的语言表达能力、严谨的逻辑思维能力和组织管理能力等,这些能力的有机结合就形成了教师的才能。才能需要在实践中锻炼发展。

能力的高度发展称为天才。天才是能力的独特结合,它使人顺利地、独立地、创造性地完成某些复杂活动。人的能力的高度发展离不开实践,因此,天才是在特定的实践活动中发展起来的。天才不是天生的。

素质又称天赋,是个体与生俱来的解剖生理特点,包括感觉器官、运动器官、身体的结构与机能和神经系统的解剖生理特点,尤其是脑的构造与生理机能特点。这些解剖特点主要通过遗传获得,服从遗传规律。但是,个体的素质不完全是遗传得来的,也可能在婴儿出生前的孕育期,由于一些原因导致生理缺陷,这些缺陷并不是遗传造成的。素质是能力形成的自然前提,是能力的物质基础。但素质不是能力,素质也不能决定现成的能力。

(2)能力与知识、技能的关系

能力不是知识和技能,但与知识和技能有着密不可分的联系。一方面,能力是掌握知识和技能的前提,决定着掌握知识和技能的方向、速度、巩固的程度和所能达到的水平。比如,如果一个人不具备灵敏的听觉分辨能力、节奏感、旋律的记忆力、想象力和丰富的情感体验等心理条件,就属于音乐能力较低,想在音乐上取得优异成绩就较难。另一方面,在掌握知识和技能的过程中,能力也能达到发展。这就是教育的价值。

(3)能力的种类

依照能力的特征和功能,可以从不同的角度把能力划分为多种类型。

①一般能力和特殊能力

根据能力的指向性,可以把能力划分为一般能力和特殊能力。一般能力也称为智力,泛指在各种活动中表现出来的能力。比如,观察力、记忆力、思维力、想象力和创造力等。思维力中的抽象概括能力是一般能力的核心。

特殊能力又称专门能力,是指某种专业活动中表现出来的能力。它是顺利完成某种专业活动或特殊活动所必需的心理条件。如音乐能力、运动能力、绘画能力、文学创作能力等。

一般能力与特殊能力紧密联系。一般能力的发展为特殊能力的发展创造了条件，特殊能力的发展也会促进一般能力的发展。

②模仿能力和创造能力

根据能力的创造性程度大小不同，可以分为模仿能力和创造能力。

模仿能力又叫再造能力，是指人们通过观察别人的行动和活动来学习有关知识和技能，仿效现成的模式或程序，做出相同的反应的能力。语言学习和生活中的大多数技能学习都是模仿学习。

创造能力是利用已经掌握的知识和技能，发现新的规律和解决问题的思路，找到新的方法的能力。创造能力的客观成果集中表现为首创性。

③流态能力和晶态能力

根据能力在人一生中的不同发展趋势、能力与知识的关系，可以将能力划分为流态能力和晶态能力。

流态能力又称流态智力，是在信息加工和问题解决过程中所表现出来的能力，是由与知识无甚关系的题目测试出来的能力。它较少依赖文化和知识的内容，而取决于个人禀赋。比如，对事物关系的认识，逻辑推理能力，形成抽象概念的能力等。它同个体的先天素质关系比较密切，因而在个体生命的早期发展速度比较快，到儿童后期发展就慢了些，到成年时达到顶点，以后开始缓慢下降。流态能力属于人类的基本能力，其个别差异受教育文化的影响较少。

晶态能力又称晶态智力，是指获得语言、数学等知识的能力。它取决于后天学习，与社会文化有密切关系，是由与知识有关的题目测试出来的能力。晶态能力同个体的先天素质关系不密切，它在人的一生中都在不断发展。只是发展的情况因人而异。

流态能力和晶态能力有一定依赖关系。如果两个人具有相同的经历,具有较高流态能力的人,将发展出较高的晶态能力;一个具有较高流态能力的人,如果生活在贫乏的智力环境中,他的晶态能力的发展会受到影响。

④认知能力、操作能力和社会交往能力

按照能力发挥作用关联的对象,可以把能力分为认知能力、操作能力和社会交往能力。

认知能力指获取知识的能力,即智力。

操作能力指支配肢体完成某种活动的能力。如体育运动、艺术表演、手工操作、书法、机器操作等。

社会交往能力指在社会生活中与人建立良好关系的沟通、协调、交际等能力。

2.气质

(1)气质的含义和特征

气质是个体生来就具有的典型而稳定的心理活动动力表现。即人们常说的“脾气”“秉性”。心理活动动力特征主要表现为:心理活动的强度,比如情绪体验的强弱、意志努力的程度;心理活动的速度,如知觉的速度、思维的灵活程度;心理活动的稳定性,如注意的稳定性、情绪的稳定性;心理活动的指向性,比如有人倾向于外部事物,有人倾向于内心世界。

气质影响着个体活动的一切方面。具有某种气质的人,在内容完全不同的活动中也会显示出同样性质的动力特征,显示出个人独特的心理活动色彩。比如,人们常说的急性子的人,可能就是心理活动速度快的人,表现为思维灵活、反应快、说话快、做事风风火火、走路一阵风等;慢性子的人应该就是心理活动速度慢的人,表现为思维不够敏捷、反应较慢、说话慢条斯理、做事不慌不忙、走路沉稳。

气质是相当稳定的,与能力、性格等其他心理特征进行比较时,气质非常稳定。正如人们常说的"江山易改,禀性难移"。

气质受遗传影响大,主要取决于个体的生物学因素(如人的高级神经活动类型特征),这也正是气质具有较强稳定性的原因。所以,人从婴儿时期开始已具有气质差异。

(2)气质的心理特征

气质的心理结构十分复杂,由许多心理活动的特征交织而成。作为一种人格特征,它表现在人的行为和活动中。构成气质类型的特征主要包括以下几种。

①感受性。感受性是指人对外界刺激的最小强度产生心理反应的能力,即感觉的灵敏程度。它是神经过程强度特性的表现,用感觉阈限的大小来测量。感觉阈限是持续一定时间,能够引起感觉的刺激量。阈限值越低,感受性越高;阈限值越高,感受性越低。

②耐受性。耐受性是人在时间上和强度上经受外界刺激的能力。它也是神经过程强度特性的反映。神经过程强度低的人感受性高而耐受性低,其神经细胞经受不了较强的刺激,也经受不了长时间工作,容易疲劳,疲劳了也不容易恢复。神经过程强度高的人,其感受性低而耐受性高,能经受较强的刺激,也能坚持长时间工作而不致疲劳。

③反应的敏捷性。反应的敏捷性主要是神经过程灵活性的表现。即兴奋和抑制两种神经过程转化速度的表现。它表现在反应的快慢和动作、言语、思维、记忆、注意转移的速度等方面。反映的敏捷性包括两类特性。一类是不随意的反应性,即各种刺激引起心理的指向性,如不随意注意的指向性、不随意运动反应的指向性等。另一类指心理反应和心理过程进行的速度,如说话的速度,记忆的速度,思维的敏捷度,动作的灵活性等。

④可塑性。可塑性指根据环境的变化而改变自己的行为,以适

应外界环境的可塑程度,它也是神经过程灵活性的表现。

⑤情绪兴奋性。情绪兴奋性是指以不同速度对微弱刺激产生情绪反应的特性。它不仅表现神经过程的强度特性,还表现平衡性。例如,有人情绪兴奋性很强,而情绪抑制力弱,这就不仅表现了神经过程的强度,还明显表现出神经过程不平衡的特点。情绪兴奋性还包括情绪向外表现的程度。同样兴奋的人,有些人有强烈的外部表现,有些人则无强烈外部表现。

⑥倾向性。倾向性是指人的心理活动、言语和动作反应是表现于内还是表现于外的特性。表现于内叫内倾性,表现于外叫外倾性。倾向性与神经过程强度有关,外倾性是兴奋过程强的表现,内倾性是抑制过程强的表现。

(3)气质的类型及其行为表现

气质类型是指一类人身上共有的或相似的心理活动特征的有规律的结合。前苏联心理学家研究认为,由气质心理特征的感受性、耐受性、反应的敏捷性、可塑性、情绪兴奋性和倾向性的不同结合,构成各种不同的气质类型。如表4-1所示。

表4-1 气质类型的心理指标

气质类型	感受性	耐受性	敏捷性	可塑性	情绪兴奋性	倾向性	速度
胆汁质	低	较高	灵活	小	高	外向	快
多血质	低	较高	灵活	大	高	外向	快
黏液质	低	高	不灵活	稳定	低	内向	慢
抑郁质	高	低	不灵活	刻板	体验深刻	内向	慢

①胆汁质。胆汁质的人感受性低而耐受性高;不随意反应性强,反应的不随意性占优势;外向性明显,情绪兴奋性高,抑制能力差;反应速度快而不灵活。

胆汁质类型的人,在情绪方面体验强烈,发生快、消退也快;在智力活动方面,对问题的理解具有粗枝大叶、不求甚解的倾向;在行动方面,生机勃勃、表里如一,工作中表现出顽强有力,行为具有突发性。概括地说,胆汁质的人以精力旺盛、易于冲动、反应迅猛、易感情用事为特征。整个心理活动笼罩着迅速而突发的色彩,具有外倾性。

②多血质。多血质的人感受性低而耐受性高;不随意反应性强,具有外向性和可塑性;情绪兴奋性高且外部表现明显,反应速度快而灵活。

多血质气质的人富有朝气,乖巧伶俐,惹人喜爱,具有外倾性。他们的情绪丰富而外露,喜怒哀乐皆形于色。活泼、好动、乐观、灵活是他们的优点。喜欢与人交往,有种"自来熟"的本事,但交情粗浅。情绪易表露,也易变化,很敏感,遇到不如意就情绪低落,稍加安慰又能情绪高涨。在智力活动方面,思维灵活,反应迅速,但常表现出对事和问题不求甚解。在行动方面,动作快,工作有热情,喜欢参加一切活动,但不能坚持较长时间。对环境适应能力较强,灵活多变,情感体验不深,语言表达力强且富有感染力。

③黏液质。黏液质的人感受性低而耐受性高;不随意的反应性和情绪兴奋性均低;内向性明显,外部表现少;反应速度慢而具有稳定性。

黏液质气质的人安静稳重,沉默寡言,喜欢沉思,表情平淡,情绪不易外露,但内心的情绪体验深刻,很像暖水瓶,外凉内热。他们与人交往适度,交情深厚,朋友少但却知心。学习和接受慢,但很扎实。总是四平八稳,火烧眉毛也不着急。这种人行为的主动性较差,经常是别人让去做某事才去做,并不是他们不想做。

黏液质的人在情绪方面,兴奋性弱,心情较平稳,变化缓慢;在智力活动方面,思维的灵活性差,但比较细致,喜欢沉思,头脑冷静;

在行动方面,善于从事已经习惯的工作,热情较高,对新工作较难适应,行动缓慢,但能坚决执行已经做出的决定,工作较踏实。总之,黏液质的人以安静稳重、灵活不足、踏实、有些死板、沉着冷静、缺乏生气为特征,具有内倾性。

④抑郁质。抑郁质的人感受性高而耐受性低;不随意的反应性低;严重内向;情绪兴奋性高并且体验深,反应速度慢;具有刻板性和不灵活性。

抑郁质气质的人情绪体验深刻、细腻而持久,主导心境消极抑郁,多愁善感,给人以温柔怯懦的感觉。他们聪明而富有想象力,自制力强,注重内心世界,不善交际,孤僻离群,软弱胆小。行为举止缓慢而单调,虽然踏实稳重,却优柔寡断。

抑郁质的人在情绪方面,情绪敏感,很少表露,但对情感的体验比较深刻和强烈,如果工作中有失误,会在较长时间内感到痛苦;在智力活动方面,观察力敏锐,能够观察到一般人所忽略的细节,对事物的反应有较高敏感性,思维深刻;在行动方面,动作缓慢,单调,不爱与人交往,有孤独感,不愿意在大庭广众下出头露面,不喜欢表现自己,怯懦。概括地说,抑郁质的人以敏感、稳重、体验深刻、怯懦、孤独、行动缓慢为特征,具有内倾性。

需要注意的是,在实际生活中,单纯地属于某一类型的气质的人并不多;大多数人是四种气质相互混合、渗透,兼而有之。比较单纯地具有某一类型特征气质的人称为"典型型";近似其中某一类型者称为"一般型";具有两种或两种以上类型特征者称为"混合型"或"中间型"。

另外,英国心理学家艾森克(H.J.Eysenck)提出了人格结构的层次性质理论,也是西方心理学比较典型的四种气质类型分类。他主要分出人格结构的两个维度,即内倾与外倾;情绪的稳定与不稳定。

这样,可以把人分成四种类型:稳定内倾型、稳定外倾型、不稳定内倾型和不稳定外倾型。稳定内倾型表现为温和、镇定、安宁、善于克制自己,相当于黏液质气质;稳定外倾型表现为活泼、悠闲、开朗、富于反应,相当于多血气质;不稳定内倾型表现为严峻、慈爱、文静、易焦虑,相当于抑郁气质;不稳定外倾型表现为好冲动、好斗、易激动等,相当于胆汁质气质。如图4-1所示。

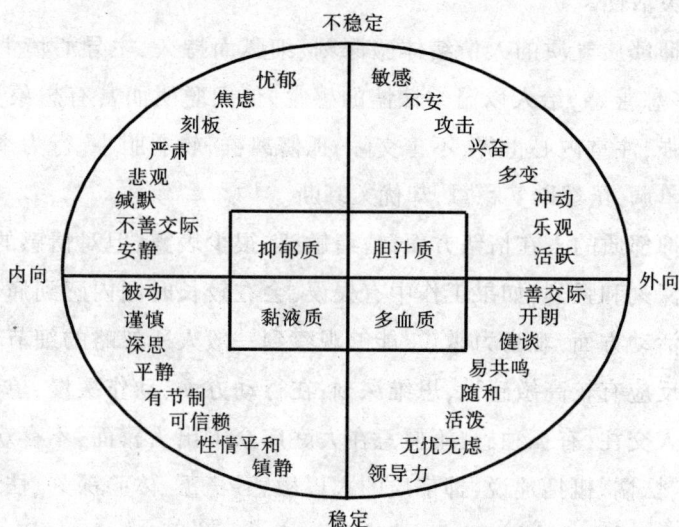

图4-1 以两个维度区分气质类型(Eysenck,1967)

有关人格的基本表现,埃森克后来又提出了更多的维度,以展示复杂的人格。艾森克人格问卷就是测定人格维度的自陈量表,包括四个量表:E(内外倾量表),N(情绪稳定性量表),P(精神质量表),L(效度量表)。前三者为人格的三个维度,它们是彼此独立的。

3.性格

(1)性格的含义

性格是人在对现实的稳定态度和习惯化了的行为方式中所表

现出来的个性心理特征。在心理学中,性格和人格常常混淆,甚至互相代替。准确理解性格,应注意以下几个方面的特点。

第一,性格包含两个要素:一是稳定的态度;二是惯常的行为方式。性格是在社会实践中,在与客观环境的相互作用中形成的。当客观事物作用于个体时,人往往会对它形成一定的态度,并做出与之相一致的行为。人的态度和行为方式在不断重复中保存和巩固下来,就构成个人所特有的、稳定的态度和习惯化的行为方式。这种主体对客体的态度体系和行为方式标志着性格的本质特点。例如,有的人宽以待人,对人热情、真诚;有的人尖刻、虚伪;有的人严于律己,谦虚谨慎;有的人则自高自大,盛气凌人。有的人勇敢,有的人怯懦。

第二,性格具有稳定性,一旦形成就较难改变。由于性格建立在实践中逐渐强化的态度基础上,并固化成了行为方式,一般来说,在心理惯性的推动下,会沿着固定的方向不断强化发展。因此,性格一旦形成,比较稳定。

第三,性格是具有核心意义的心理特征。个人对现实的态度和行为方式是与他的意识倾向和世界观紧密相连的,体现了人的本质属性。在各种个性特征中,性格最能表征一个人的个性差异,它直接影响着气质、能力的表现特点与发展方向,是个性中核心意义的部分。比如,性格会制约能力发挥或发展的方向与水平。良好的性格对一个人的能力发挥或发展具有积极的导向作用,能使一个人的聪明才智用在正道上,在符合集体和社会需要的方向上发挥作用;不良的性格则会把一个人的聪明才智引入歧途。而且,良好的性格,尤其是勤奋刻苦、坚忍不拔、锲而不舍等性格特征,能使一个人的智慧潜能得到充分的发挥和发展,甚至产生勤能补拙的效应,使原有的能力上的不足得到很好的补偿。相反,如果一个人缺乏毅力、不思进取、懒散好闲,能力得不到应有的发挥和发展,即使原本有很好的智力潜能,也会因为"用进废退"而有所下降、倒退。再比如,性格也会掩盖或改造气质。所谓近朱者赤,近墨者黑;就是指个体选择的职业或长期的社会交往会发挥影响作用,掩盖或改造人的一些本性。

(2)性格的结构特征

性格在一个人身上表现出来的是一个有机的整体,是一个十分复杂的心理构成物,包含着多种侧面,具有多种不同的性格特征。概括起来,主要是四个方面。

①性格的态度特征。性格的态度特征是指个体在处理社会各方面关系时表现出来的稳固的个体差异。具体包括三个方面。一是对社会、集体和他人的态度特征。比如,公而忘私或假公济私;忠心耿耿或三心二意;善交际或行为孤僻;热爱集体或自私自利;礼貌待人或粗暴蛮横;正直或虚伪;富有同情心或冷酷无情等等。二是对工作和学习的态度特征。比如,勤劳或懒惰;认真或马虎;细致或粗心;创新或墨守成规;节俭或奢侈等等。三是对自己的态度特征。比如,严于律己或放任自己;谦虚谨慎或骄傲自大;自强自尊或自负自卑;勇于反省或刚愎自用等等。

②性格的意志特征。性格的意志特征是指一个人在自觉调节自己行为方式和水平上表现出来的心理特征。主要包括四个方面。一是对行为目的明确程度的意志特征。如目的性或盲目性;计划性或冲动性;理想或迷茫等。二是对行为自觉控制的意志特征。如自制或放任;纪律性或散漫性;自主或盲从等。三是贯彻执行决定方面的意志特征。如有恒心、有毅力、坚韧不拔,或见异思迁、半途而废、虎头蛇尾等。四是在紧急或困难情况下的抗压力意志特征。如勇敢或胆小;果断或优柔寡断;沉着镇定或惊慌失措等。

③性格的情感特征。性格的情感特征是指个体在情绪情感活动

中经常表现出来的强度、稳定性、持久性以及主导心境方面的特征。良好的情绪特征是情绪稳定,善于控制自己的情绪,常常处于积极、乐观的心境;不良的情绪特征是事无大小都容易引起情绪反应,而且情绪体验比较强烈,对生活、工作和身体的影响较大,意志对情绪的控制能力比较薄弱,情绪总是处在波动中,心境容易消极、悲观。

④性格的理智特征。性格的理智特征是指人在认识过程中表现出来的个别差异,主要指人在感知、记忆、想象和思维等认识过程中表现出来的特点和风格。感知方面的性格特征主要包括:主动观察型和被动观察型;记录型和解释型;罗列型和概括型;快速型和精确型等等。记忆方面的性格特征主要包括:主动记忆型和被动记忆型;直观形象记忆型和逻辑思维记忆型;快慢差异;保持时间差异等等。思维方面的性格特征主要包括是否善于独立思考,能否全面看问题,以及在分析、抽象和综合、概括方面的差异等等。想象方面的性格特征主要包括主动想象型和被动想象型;幻想型和现实型;敢于想象型和想象受阻型;狭窄想象型和广阔想象型等等。

性格的各个方面的特征相互联系,在个体身上结合为独特的统一体,形成不同于他人的独特性格。在态度、意志、情感和理智四个方面的性格特征中,态度特征和意志特征是主要的两个方面。其中,态度特征尤为重要,因为它直接体现了一个人对事物所特有的、稳定的倾向,也是一个人的本质属性和世界观的反映。

(3)性格的类型

性格类型指一类人身上共有的或相似的性格特征的独特结合。这种结合使一类人的性格和另一类人的性格明显不同。性格类型理论是根据某种原则把人划分为几大类,以来解释性格。而性格现象极为复杂,因此,性格理论也有很多种。在此仅举例介绍两种。

①斯普兰格的类型论

斯普兰格(E.Spranger,1882—1963)是德国哲学家、教育家,主张用价值观来划分人格类型。他认为,社会生活主要包括六个基本领域:理论、经济、审美、社会、权力和宗教。人会对这六个基本领域中的某一个领域产生特殊兴趣和价值观,由此形成某一种价值观在个人生活目标和行为方式选择上占有优势,进而发展为某种性格特点。因此,可以把人的性格也划分为六种类型:理论型、经济型、审美型、社会型、权力型和宗教型。这六种类型是理论模型,具体的人通常是倾向于一种类型并兼有其他类型特点。

理论型的人以追求真理为目标,认识成为精神生活的主要活动,情感退到次要地位。总是冷静而客观地观察事物,关心理论,力图把握事物本质。对实用和功利缺乏兴趣,碰到实际问题时往往束手无策,缺乏生存竞争能力。理论家和哲学家属于这种类型。

经济型的人以经济观点看待一切,把经济价值提高到一切价值之上,以实际功利来评价事物的价值,重视人的能力和资力。从经济观点看待人类,把人看作生产者、消费者或购买者,以获取财产和利益为生活目的。实业家属于这种类型。

审美型的人以体验美为最高人生意义,对实际生活不大关心,总是从美的角度评价事物的价值。比较看重生命的自我完善。艺术家属于这种类型。

社会型的人高度关心社会生活,具有博爱的情怀,有献身精神,有志于增进他人或社会福利。社会型的人最典型的性格是母爱。慈善、卫生、教育工作者都属于这种类型。

权力型的人重视权力,并努力去获得权力。喜欢做决定,有强烈的支配和命令他人的欲望。

宗教型的人笃信宗教,把宗教信仰看得高于一切,并按照教义和教规生活。人类的宗教信仰普遍而多样,影响大的宗教主要是佛教、基督教、伊斯兰教,这些宗教在世界各地都拥有大量虔诚的信徒。

②霍兰德的类型论

霍兰德(J.L.Holland)是美国职业指导专家,他提出一种"性格—职业"匹配理论。他认为个体的性格类型、学习兴趣和将来的职业准备密切相关,人总是在寻求能够获得技能和发展兴趣的职业。他把人类的性格分为社会型、理智型、现实型、文艺型、贸易型和传统型。每个人可以主要划分为一种性格类型,每一种性格类型的人,对相应的职业感兴趣。

社会型的人具有爱好交际、活跃、友好、慷慨、乐于助人、易合作和合群等性格特征。适合从事社会工作、教师、护士等。

理智型的人具有好奇、善于分析、精确、思维内向、富有理解力和聪明等性格特征。适合从事科学研究、理论研究、编辑等工作。

现实型的人具有直率、随和、重实践、节俭、稳定、坚定和不爱交际等性格特征。适合从事农业、制图、采矿、机械操作等工作。

文艺型的人具有感情丰富、想象力强、富有创造性等性格特征。适合从事艺术创作、艺术表演和艺术评论等艺术类工作。

贸易型的人具有外向、乐观、爱交际、健谈、敢冒风险、支配和领导他人等性格特征。适合从事商业、管理、推销等工作。

传统型的人具有务实、有条理、随和、友好、拘谨和保守等性格特征。适合从事办公室工作、秘书、会计等。

对于公共关系来说,从能力、气质和性格的角度认识公众是必要的。因为,不论是内部公共关系,还是外部公共关系,要想全面认识公众,就不能停留在认知特点、情感、需要、动机这些方面,能力、气质和性格也是了解公众的重要途径。一般来说,具体的公关项目确定以后,分析公众时需要进行针对性的描述,这种针对性就是指重点关注公众心理的哪些因素。比如,品牌推广,可能更多关注公众的认知因素;而涉及产品开发或促销的公众调查,就要更多关注公众的需要、情绪、情感、习惯等问题;如果是危机处理或员工公共关系,就不可能忽视能力、气质、性格、意志等因素。

二、社会心理学的分析思路

社会心理学是现代心理学的一门基础性分支学科。1908年,美国社会学家罗斯(E.A.Ross)的著作《社会心理学》和英国心理学家麦克多哥(W.McDougall)的著作《社会心理学导论》先后出版,这两本著作的问世被认为是社会心理学作为独立学科的诞生。

社会心理学有两个研究传统。一是侧重心理学的研究,认为社会心理学是"研究个体的社会行为和社会意识的学科"[1]。美国心理学家G.W.奥尔波特认为,社会心理学试图了解和解释个体的思想、情感和行为怎样受他人的现实的、想象的和隐含的存在所影响。他主张采用实验的方法,揭示个体社会行为的依存条件,分析个体心理的变化过程。二是侧重社会学的研究,认为"社会心理学是关于社会互动的科学,以群体生活的心理学为基础。以对人类反应、沟通以及本能和习惯行为的群体塑造类型的解释为出发点","研究个体的社会行为的心理学有赖于对个体生活在其中的历史的与社会环境的理解"。[2]我国学界认为:"社会心理学是关于社会情境中个体的心理现象及其行为规律的科学。"[3]

---

① 中国心理卫生协会:《国家职业资格培训教程·心理咨询师(基础知识)》(2版修订本),北京:民族出版社,2012年,第98页。
② 同上。
③ 同上。

社会心理学的研究一般分为四个层面,即个体层面、人际层面、群体层面和社会层面。

（一）个体层面的分析

社会心理学在个体层面主要研究个体社会化与自我意识、社会知觉、态度、社会动机、社会学习等。

（二）人际层面的分析

社会心理学在人际层面主要研究个体之间的相互作用,如人际沟通、人际关系等。

（三）群体层面的分析

社会心理学在群体层面的研究主要关注群体凝聚力、群体心理氛围以及个体与群体的相互作用、社会影响等。

（四）社会层面的分析

社会心理学在社会层面的研究主要关注风俗、时尚、阶层、阶级以及民族心理特征、国民性等问题。

由于社会心理学在以上四个层面的研究理论体系十分庞大,在此不展开讨论。公共关系学作为一门应用学科,只需要知道这些研究思路,在具体公关实践中研究公众时,可以根据具体公众的情况,利用不同层面的研究思路和成果,或对公众做出多角度把握,或利用其理论对公众实施有效影响。事实上,公共关系学的实践业务部分,就是综合利用了社会心理学、管理学、传播学等学科构筑起来的。

第四节　公众心理、公众态度和公众舆论

认识公众只进行类的划分显然是不够的,还需要进一步从深层次上展开研究,公众心理、公众态度、公众舆论是认识公众常见的三种途径。

一、公众心理

(一)公众心理的含义

所谓心理,泛指人的思想、感情等内心活动,是人的头脑反映客观现实的过程,包括感觉、知觉、思维、情绪、意志等。由于公共关系学所说的公众有独特含义,既可以指个体的人,也可以指人的群体,也包括由群体组成的集团即组织,所以,有必要首先界定公众心理的含义。公共关系学所说的公众终究会表现为人或人的群体,因此,从心理学的角度认识公众是有意义的。个体的心理认识思路在第三节已经比较详细讨论过了,因此这一节主要从群体的角度讨论公众心理。群体心理现象是个体心理现象在社会人群关系中的共性表现和集中表现,主要关注的问题包括社会角色、社会知觉、群体态度、人际沟通、群体凝聚力、群体心理氛围、社会习俗、社会风尚、国民性等。在公共关系学领域,公众心理指作为具体社会组织公关对象的个体、人群或团体的心理特征、心理倾向和心理定式。

公众心理即公众心理现象,是公关学研究的重要内容。它是在普通心理学的个性心理研究的基础上,应用社会心理学、管理心理学和角色心理学的研究成果,通过研究社会组织不同公众群体心理特点的表征,认知公众特性,以便于有针对性地开展公关工作。

(二)公众心理的构成因素

公众是由人或人的群体组成的,最终还是由个体组成的。因此,公众心理现象在构成因素上与个体心理现象呈现出相同的类型性,主要可以概括为公众心理特征、公众心理倾向、公众心理定式三方面。当然,这三个方面与个性心理特征、个性心理倾向和个性心理定式是紧密相连的。公共关系从社会群体的角度认识公众的心理特征,主要还是因为在社会生活中,群体心理既是个体心理的综合体现,又对群体中每个个体的心理活动有制约作用,存在着实际的群体心理氛围。这种群体心理氛围具有集团压力作用,最终会使一定的群体表现出各自不同的心理特征、心理倾向和心理定式。另外,社会知觉与印象、时尚等也是公共关系应该注意的公众心理。

1.公众的心理特征

人的心理是不能直观的,它要通过人的外部行为来表现。通过行为表现出来的心理特点即为心理特征。公众心理特征即特定关系状态下的人群通过行为表现出来的心理特点。

公众心理特征当然首先包括了个体的个性心理特征。公关学中的公众主要表现为人群状态,因此,公众心理特征主要指不同社会角色的心理特征和不同的社会利益群体或社会文化群体的心理特征。

(1)公众的角色心理特征

角色,原义指戏剧舞台的人物。20世纪20年代,由美国社会心理学家米德首先引入社会心理学领域,研究自我意识的发展,称为社会角色。自60年代以来,用社会角色来分析个体心理、行为与群体心理、行为及社会规范之间的相互关系,受到东西方社会心理学的一致重视,使角色理论成为社会心理学理论的一个重要组成部分。所谓社会角色,主要指社会对于占有某一社会地位的人提出的行为模式和行为规范。它的结果是社会群体被类型化。社会角色也是个体与其社会地位、身份相一致的行为方式及相应的心理状态。它是对特定地位的个体行为的期待,是社会群体得以形成的基础。

公共关系学在认识公众时,可以从社会角色的角度划分出不同的公众角色类型,并研究它们的心理特征。因此,公众角色心理特征就是一定社会组织的公众在性别、年龄、社会地位和职业等方面形成的人群类型的心理特点。具体包括:①性别心理特征,男子和女子的心理特征是有明显差别的;②年龄心理特征,儿童、少年、青年、中年、老年的心理特征是不同的;③职业心理特征,不同的社会职业对人有规范性,比如工人、知识分子、农民、军人、商人等,总结他们的心理特征也是各有差异。

(2)公众的群体心理特征

公众都是不同利益的群体,这种群体或集体一旦因利益关系聚集后,会形成一种群体氛围,比如在向心力、凝聚力等作用下,不同精神品质的群体或组织会表现出不同的心理特征。一般来说,公众的群体心理特征主要表现为:认同意识、归属意识、整体意识、排外意识。

2.公众心理倾向

心理倾向指人对现实的看法、趋向与态度,主要包括兴趣与爱好、需要与动机、信念与理想等一系列心理成分。在公共关系活动中,因利益关系或文化因素而形成的具体目标公众在心理倾向上会有许多一致性,从而形成公众心理倾向。

对公众心理倾向的研究,实质上是由对公众心理特征的研究深入到了一个更高的层次。任何公众群体在公关活动中都不是被动的客体,都具有主观能动性;特别是在具体利益关系和文化背景下,必然会表现出某种兴趣、爱好、需要、价值取向和决策特点等。因此,公众心理倾向可以从以下一些方面来认识。

(1)公众兴趣倾向

公众兴趣倾向指公众喜好情绪的指向,在公关活动中,只有了解了公众的兴趣倾向并充分尊重这种兴趣倾向,才能取得良好效果。爱德华·伯纳斯所谓"公共关系要投公众所好",就是指要了解和尊重公众的兴趣倾向,关注他们的利益。

(2)公众需要倾向

公众需要倾向指公众在要求、愿望方面的发展方向。人的需要是多层次的(如图4-2),公共关系工作在满足公众多种需要的前提下,要能够抓住类型公众的主要需要倾向,并给以充分满足。满足公众需要也就是尊重公众利益。

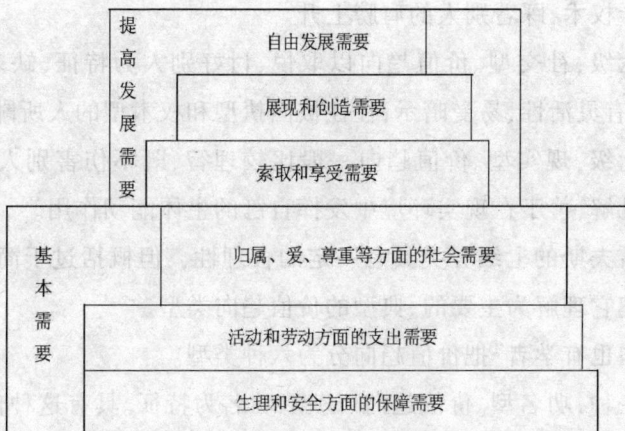

图4-2 需要层次图

(3)公众价值观倾向

所谓价值观,指人对事物的是非、善恶及其重要性的判断、评价以及由此产生的行为取向。公众价值观倾向即特定社会群体在价值观方面的倾向性。不同社会文化背景下,不同社会阶层和具体的利益群体,其价值观倾向是不同的。行为学家格雷夫斯曾把价值取向分为7种类型、7个等级。

第一级,反应型。价值趋向顺从于生理反应,实际上没有自己的价值评价,形同婴儿。这种类型极其少见。

第二级,依赖型。价值趋向服从于传统习惯或多数人的意志和权力,个体的自主能动性很小,缺乏主见,容易受骗。

第三级,自私型。价值趋向是冷酷的个人主义,一切从个人的利益出发,不惜以他人利益和公共利益为代价,难以合作共事。

第四级,固执型。价值趋向具有恒常性,不受或很少受周围的人影响,反过来又以自己的价值观念要求别人,思想比较僵化。

第五级,权术型。价值趋向以权力、地位为目的,手段比较隐蔽,善于玩弄权术,踩着别人的肩膀上升。

第六级,社交型。价值趋向以取悦、讨好别人为特征,缺乏恒常性,但具有灵活性,易受暗示;往往被固执型和权术型的人所鄙视。

第七级,现实型。价值趋向一般比较理智,既不伤害别人,又有独立的见解,善于在现实环境中发挥自己的主体能动作用。

格雷夫斯的七级分类具有一定的合理性,但概括过于简单,所以只能把它理解为主要的、典型的价值趋向类型。

我国也有学者①把价值趋向分为六种类型。

第一种,功名型。价值趋向以获取功名为特征。具有这种价值趋向的人,往往沉湎于精神世界中,为功名而割舍其他的兴趣爱好。这些人时间观念较强,总怀着紧迫感而忙忙碌碌,不太会因挫折和失败而屈服。对金钱、享受、爱情、家庭、健康等关心较少。功名型价值趋向往往转化为事业型价值趋向,即逐渐把获得个人的名誉、地位、成功和自己所从事的事业结合起来,转化成为事业献身的动力。

第二种,安稳型。价值趋向以维持安稳太平的生活为特征。具有这类价值趋向的人往往要求不多也不高,无忧无虑,平衡性较好。

第三种,享乐型。享乐型价值趋向以追求物质享受或精神享受为特征。具有这类价值趋向的人工作上不大有进取心,精力主要放在个人享乐方面。他们或者比较热衷于经营自己的小安乐窝,或者衣食较讲究,或者迷恋于某种感兴趣的活动,或者兼而有之。因为消费水平高,所以对金钱的需求量也大,往往对自己的工作不满意,这

---

① 张云:《公关心理学》,上海:复旦大学出版社,1992年,第86—88页。

山望着那山高,有时敢于铤而走险。

第四种,储蓄型。价值趋向以迷恋和积蓄金钱为特征。具有这类价值趋向的人比较保守和固执,既不像功名型那样忘我地谋取功名,也不像享乐型那样积极享受人生,而是把金钱视同生命,为金钱而奋斗,甚至可为之"牺牲"。他们对分外事和无报酬的劳动无积极性,讲究"投入与产出"的效益,克制消费欲求,以积敛金钱为最大乐事。

第五种,事业型。价值趋向以献身事业为特征。具有这种价值趋向的人对个人利益考虑较少,一心扑在工作上,一般来说品德高尚,不逾规矩,受人敬重。他们在精神上有支柱,事业上有追求,因而往往成为生产、科研方面的骨干,发挥榜样和带头作用,深得领导的赏识。

第六种,模糊型。模糊型价值趋向以综合和多变为特征。具有这类价值趋向的人看风使舵,受外部环境的支配,自己也不清楚自己到底追求的是什么。他们什么都想获取,又缺乏动力和毅力,常常在困难和挫折面前抽身却步,情绪不稳定,无信仰,无理想。

公共关系管理认识公众的价值观倾向,是为了制定影响公众的政策,选择影响公众的有效方法,更好地实现公关管理目标。

(4)公众决策特点

公众决策特点指公众在选择或做决定方面的方式。基本类型有:①直觉性决策,又称反应性决策,即"跟着感觉走",在需要马上做出决定,预计不会产生不良后果的情况下往往采用这种决策方式。日常生活中大量决策都是直觉性决策。这种决策可以节约大量时间,但有一定盲目性。②经验性决策。凭经验办事,相对比较保守。经验性决策一般可以鲜明地反映出价值观倾向,盲目性较小。③理智性决策。它的特点是慎重地思考,权衡利弊、得失,不草率决定。理智性决策多用于事关重大、又有较充分的时间思考时,决策时间较长、做出决定后一般不再反复。习惯于进行理智决策的人喜欢独立思考,有自己的主张,受他人影响较小。一般来说,他们智力较发达,能力较强,但也容易形成拖拉作风,有时会错失良机。所以,理智性决策也有局限性,并非十分理想。④论证性决策。多人参与下经过反复比较鉴别做出决定的一种理智性决策。

公众的决策特点与兴趣、需要、价值观等心理倾向是密切相关的。它实际上是兴趣、需要、价值观等心理倾向的集中表现。通过研究公众的决策倾向,公关人员可以把握主动权,有针对性地影响公众的行为。

3.公众心理定式

所谓心理定式,也称"心理定势",就是长期形成的固定的心理活动方式,即由一定的心理活动所形成的准备状态,对以后的感知、记忆、思维、情感等心理活动和行为活动起着正向或反向的推动作用。它是一种不自觉的心理惯性,有积极作用,比如企业可利用心理定式稳定消费者群;也有消极作用,比如公众负向态度一旦形成心理定式,扭转起来难度更大。

公众心理定式主要表现为地域文化心理、民族文化心理、社会意识形态、社会印象和时尚等。

在全球经济一体化、市场化的背景下,随着社会交往的日益频繁和不断加深,公共关系面临的公众心理定式问题越来越突出。

(1)地域文化心理

不同的地域,由于自然环境和社会政治、经济、历史等条件不同,会形成不同的地域文化;这种文化会对人们的心理活动产生影响,从而形成地域文化心理。地域文化心理是特定环境中的人们在长期的历史变迁中,由于共同的生活条件和类似经验的作用而形成的,比如乡土观念,就是地域文化心理中的一种典型心理现象。地域文化心理有多种层次,国与国之间像中国人与美国人,地方与地方之间如陕西人与四川人。总之,乡土是一个相对的概念,同村同镇同市是老乡,同省同国也可认老乡。乡土观念使人们产生亲缘心理,形成认同感、依从感等。

地域文化心理是普遍存在的,既在人际交往中发挥影响,也表现为各地方的风俗、习惯。公关员应认清具体公众的地域文化心理,在公关活动中要尽量适应和自觉利用这种心理定式。

(2)民族文化心理

民族文化心理主要表现为民族感情和民族习性,它和地域文化心理一样,能使人产生亲缘心理,形成认同感、依存感。民族文化心理与地域文化心理既相容又有差别。民族总是生存于一定地域中,但在长期的社会发展中,民族又有迁移与融合,所以民族文化心理与地域文化心理往往不统一。比如海外华人,他们对中华民族有深厚的民族感情,但如果从地域文化心理角度看,他们对海外长期生息的土地也会有亲缘心理。

民族文化心理是一种更深层的心理积淀,比地域文化心理更具有稳定性、敏感性。

(3)社会意识形态

社会意识形态是特定社会人们关于世界的系统的看法和见解,具体表现为哲学观念、政治信仰、法律思想、道德体系、艺术和宗教等。社会意识形态虽然表现为哲学反映,但它一旦形成,就具有独立性。这种独立性在社会生活中表现为人们在思想和行为上的"惯性",即"心理定式"。比如改革开放要首先解放思想,就是要破除计划经济体制下形成的那种意识形态领域的心理定式。还比如有些人看问题首先要问"姓资""姓社",也是一种典型的意识形态心理定式。

4.社会知觉

知觉是人脑对客观事物的整体反映,是人将感觉获得的信息进行选择、组合、加工和解释,形成对客观事物的完整印象的过程。作用于个体的信息有两类,一类是自然信息,一类是社会信息。由各种自然信息形成的知觉是物知觉,由各种社会信息形成的知觉是社会知觉。

社会知觉包括个体对他人、群体、自我以及对行为原因的知觉。对他人和群体的知觉是人际知觉,对自己的知觉是自我知觉,对行为原因的知觉被称为归因。

社会知觉中的"知觉"不同于普通心理学中个体的"知觉"。个体的知觉指个体对直接作用于他的客观事物的整体属性的反映,是认识的初级阶段,不包括判断、推理等高级认识过程,而社会知觉既有对人的外部特征和人格特征的知觉,又有对人际关系的知觉和对人的行为原因的推理、判断与解释,是一种复杂的认知过程。

社会知觉是一种基本的社会心理活动,人的社会化过程和人的社会动机、态度、社会行为的发生都是以社会知觉为基础。社会知觉的关键是信息刺激,同时,认知者的经验、动机与兴趣、情绪等也会影响社会知觉。正是基于这样的心理学基础,公共关系才十分重视传播沟通、信息管理和教育引导等职能。

5.印象

印象是个体头脑中有关认知客体的形象。个体在接触社会情境时,会按照以往的经验,对人或事物进行归类,确定其对自己的意义,使自己的行为获得方向,这一过程称为印象形成。在印象形成的过程中,有几种心理效应是公共关系应当注意的。

(1)首因效应与近因效应

在印象形成的过程中，信息出现的顺序对印象形成有重要影响。最初获得的信息的影响比后来获得的信息的影响更大的现象，称为首因效应。最新获得的信息的影响比原来获得的信息的影响更大的现象，称为近因效应。

首因效应是第一印象作用的机制。第一印象一经建立，对其后的信息的组织、理解有较强的定向作用。个体对后续信息的解释往往根据第一印象来完成。

一般来说，熟悉的人之间容易出现近因效应；不熟悉或者少见的人之间容易产生首因效应。

(2)光环效应

在形成第一印象时，认知者的好恶评价是重要的因素。个体对他人的好恶评价极大地影响对他人的总体印象。个体对认知对象的某些品质一旦形成倾向性印象，就会带着这种倾向去评价认知对象的其他品质。最初的倾向性印象好似一个光环，使其他品质也因此笼罩上类似的色彩。比如，人们常说的以貌取人，就是因为对一个人的外表有良好印象，进而对其人格品质也给予了肯定评价。

光环效应是一种以偏概全的现象，往往在无意识情况下发生作用。它会夸大一个人的优点或缺点，使其他优点或缺点被引起重视的某一个"光圈"所掩盖。

(3)刻板效应

刻板效应是个体在认识过程中由于经验的作用，形成了对某类人或事物较为固定的看法。这种固定的看法或观念，就像刻在木板上的图案那样难以更改，不易磨灭。比如，人们根据性别、种族、外貌、职业、地域文化等特征对人进行归类，认为一类人具有比较相似的人格特质、态度和行为方式等。

刻板印象具有社会适应意义，能使人的社会自觉过程简化。但在有限经验基础上形成的刻板印象更多具有消极作用,会使人对某些群体成员产生偏见,甚至歧视,不能正确认识对象。

(三)公众心理的认知方法

1.调查研究方法

通过调查研究方法认知公众心理,指应用多种调查手段收集公众的心理行为信息,然后通过这些信息的分析、比较、归纳、演绎、综合等方法处理,探知公众的心理特性。具体的方法包括访问调查、问卷调查、观察调查、实验调查等。有关调查研究的方法将列专章详细介绍。当然,广义地说,所有认知公众的方法都可以称为调查研究法。因此,这里的调查研究法特指通过实证手段探知公众心理。

2.社会角色分析法

角色分析法即从社会角色的角度划分公众类型并研究其心理特性。比如从性别角度可以把女子的心理特征从总体上概括为:胆怯、温柔、狭窄、盲从、善记、心细、固执、感情丰富、自制力弱、善于心计等。而男子的总体心理特征则可以概括为:独立、开朗、刚强、粗犷、合群、随便、务实、坚定、好表现、善于推理等。还比如农民的心理特征总体上较务实、勤恳重情义。而商人则相对灵活、圆滑、虚伪、重实利。

3.心理定式推断法

一定范围内的人群由于社会历史、文化、政治、经济等因素的综合作用,会形成独特的心理特性并表现出相应的稳固性。比如中国人和美国人,日本人和法国人,欧洲和非洲等,在文化价值取向、审美标准等方面都有各自不同的习惯心理。通过研究这种心理定式,可以推出不同社会背景下具体目标群体的心理特征。

(四)影响公众心理的方法

1.灌输劝导法

这是主动影响公众心理最直接、最主要的方式。通过大规模的以劝服、引导公众态度为目的的宣传活动,实现具体的公关管理目标。主要方式有以下一些。

(1)流泻式劝导。指以告知为主的宣传形式,一般没有严格的对象范围,没有特别针对性,只具有一般宣传意图,即广而告之,广而导之。

(2)冲击式劝导。以说服为主要形成的专门性劝导方法。有明确的宣传对象和具体宣传意图,针对性强,冲击力大。在公关宣传中,这种劝导形式多用来转变公众态度、化解具体矛盾。

(3)渗透式劝导。指通过影响具体目标公众的周围舆论,在潜移默化中对公众的心理产生影响。这种劝导方法不易形成表面对抗,作用较缓和、持久。

(4)逆行式劝导。指少数人对多数人或下级对上级进行的劝导方法。公关工作中经常会有这种情况,比如因误解或其他因素导致组织处于不利的舆论中,这时劝导公众转变态度就像逆水行舟一样不易;公关部门有时也需要劝导决策者改变主意,这也是不易的。

2.意见沟通法

公关人员与公众之间通过不断交换对具体问题的意见来影响公众心理,这种方法比较民主、平等,意见沟通的结果实际上是组织与公众之间心理的互相影响与平衡。

3.情感满足法

公众首先是一种利益群体,在公关管理中最终将表现为人的群体,这就决定了他们不是只有利益需求,情感需求是公众群体中普遍存在而又重要的。通过满足情感心理需求来影响公众态度和行为,是生活中常用的方法。

4.暗示引导法

暗示引导法主要是以含蓄、间接的方式向公众传递思想、观念、意见、情感等信息，使公众在理解和无对抗状态下因受启迪而自然接受影响的一种公众心理影响方法。

二、公众态度

（一）公众态度的含义

态度是人们对事物的看法和准备采取某种行动的心理状态。它由认识、情感和行为预备反应三方面的因素构成，是一种比较稳定的反应倾向。换言之，态度是一种认识反应，也是一种情感反应和一种行为预备反应。态度具有内在性，它是内在的心理倾向，是尚未显现于外的内心历程或状态。态度具有对象性，它总是指向一定的对象，具有针对性，没有无对象的态度。态度具有稳定性，态度一旦形成，就会持续一段时间，不会轻易转变。

公众态度，即社会组织的公众对组织所持有的看法和准备采取某种行动的心理准备状态，是一种群体心理倾向。

（二）公众态度的类型及其功能

1.公众态度的类型

公众态度的类别，可以从不同角度划分。下面介绍几种常见的态度类别。

（1）积极态度和消极态度

态度通常表现为赞成或反对，喜欢或厌恶，接近或疏远，肯定或否定；前者是积极的态度，后者是消极的态度。积极态度是产生积极行动的基础，消极态度往往导向消极行动。

（2）正确态度和错误态度

态度虽然是一种主观的内在意向，但在评价上主要依据外在的社会性。也就是说，态度的评价具有客观性。所谓"正确态度"或"错误态度"，主要依据具体社会环境的整体价值评价系统。对于具体社会组织来说,其公众态度的正确与错误也可依据双方的利益关系进行评判,符合双方共同利益的为正确态度,与双方共同利益相悖的为错误态度。

(3)表面态度和实际态度

态度作为一种心理现象,具有内隐性。有时有些人表现出来的态度会与实际态度差别很大。特别是通过陈述、表白反映出来的态度,更容易具有伪装性。另外在外部压力下,有时表面态度和实际态度可能恰恰相反。

2.公众态度的功能

从公众态度与公众行为的关系角度把公众态度的功能概括为以下三方面。

(1)公众态度影响公众判断

公众对某一事物的某种态度一旦形成,会影响他们对这一事物的各方面的判断。比如公众如果对某企业的某一产品形成了好印象,并产生了对该企业的信任和喜爱之情,那么该企业新推出的其他产品只要适合这类公众的需要,就更容易被他们接受。

(2)公众态度预示其行为

态度是一种深层的心理行为,具有稳定性,它总会在行动中表现出来。一定的态度必然会发展为一定的行为。因此,通过分析公众态度,可以预见其行为,从而便于组织及早采取防范措施。

(3)对于组织的内部公众来说,态度会直接影响其工作效果

积极、正确的态度不仅可以使内部公众与组织保持和谐关系,也有助于提高工作效率和创造性。相反,消极、错误的态度会造成员工与组织间的对抗状态,也不利于员工劳动积极性、创造性的发挥。因此,内部公共关系管理的首要任务应是培养和发展员工对组织的积极、正确态度。

（三）强化态度和转变态度的方法

公众的正向态度即积极、正确的态度应该得到加强和发展，负向态度即消极、错误的态度必须被转变。强化态度和转变态度都应依据态度形成和变化的发展规律制定相应对策。这方面的理论成果在管理心理学、传播学、社会心理学中都大量存在，下面简要介绍几种理论和相应的方法。

1.态度转变模型

(1)态度转变的含义及其模型结构

个体或群体形成一定态度后，由于接受新的信息或意见而发生变化，这个过程叫态度转变。态度转变可能是说服过程，也可能是自省过程。

态度转变模型是美国学者霍夫兰德(C.Hovland,1959)等人提出来的。如图4-3所示。

从这一模型可以看出，发生在接受者身上的态度转变，涉及四个方面的要素。第一是传递者。传递者是信息的提供者，也是试图以一定的方式引导接受者发生态度转变的劝导者。第二是沟通信息。信息是促使接受者态度转变的直接原因。第三是接受者，是态度转变的主体。第四是情境。沟通和说服是在一定的背景中进行的，个体所处的情境和情绪状态的差异，都会影响态度转变的效果。

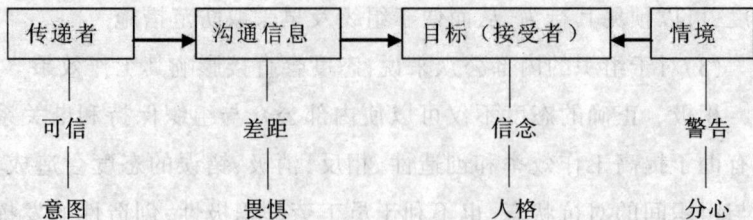

传递者	→	沟通信息	→	目标（接受者）	←	情境
可信		差距		信念		警告
意图		畏惧		人格		分心

图4-3 态度转变的模型

(2)态度转变的影响因素

①态度转变模型中影响传递者的因素主要包括：传递者的威信、传递者的立场、说服的意图和说服者的吸引力等。

信息传递者的威信以及传递者与接受者的相似性都会影响其发出信号的说服效果。威信越高，与接受者的相似性越大，说服的效果越好。

传递者的立场会直接影响其说服效果。如果传递者站在自我服务的立场上，那么，他所提供的信息的影响力就小；传递者站在中立的立场，特别是自我牺牲的立场，就会产生比较大的影响。

如果接受者明显感觉到了传递者的意图，认为传递者在刻意影响他们，则不易转变态度；如果他们认为传递者没有操纵他们的意图，心理上就没有抗拒，对信息的接受就容易，态度也容易转变。

接受者对高吸引力的传递者有较高的认同，容易接受他们的说服。这正是明星代言产品、服务、组织身份的原因。

②沟通信息方面的影响因素包括：信息差异、畏惧、信息倾向性和信息的提供方式等。

研究表明，任何态度的转变都是在沟通信息与接收者原有态度存在差异的情况下发生的；对于威信高的传递者，这种差异较大时，引发的态度转变量较大；对于威信低的传递者，这种差异适中时，引发的态度转变量较大。

信息如果唤起人们的畏惧情绪，一般来说会有利于说服，但畏惧与态度转变不是线性关系。大多数情况下，畏惧的唤起能增强说服效果。但是，如果畏惧太强烈，引起接受者的心理防御，以至于否定畏惧本身，就会使态度转变变得困难。研究发现，能唤起人们中等强度的畏惧的信息能取得较好的说服效果。

研究发现，单一倾向的信息对一般公众的说服效果好；对文化水平较高的信息接收者,提供正反两方面的信息,说服效果较好。

信息提供的方式、渠道也影响说服效果。一般来说,口头传递比书面传递效果好,面对面沟通比通过大众媒介的沟通效果好。

③接受者方面的影响因素包括:原有态度与信念的特性、人格因素、个体心理倾向等。

态度如果已经内化为价值观,不易转变;接受者根据直接的经验形成的态度,也不易转变;与个体的需要密切关联的态度不易转变。

依赖性较强的接受者信服权威,比较容易接受说服;自尊水平高、自信的接受者不易转变态度。社会赞许动机的强弱也是影响态度转变的因素, 高社会赞许动机的接受者易受他人及公众的影响, 易于接受说服。

在面临态度转变的压力时,个体的逆反心理、心理惯性、保留面子等心理倾向会使其拒绝他人的说服,从而影响态度转变。人们通常利用一些自我防卫的策略来减少说服信息对自己的影响,比如拒绝、贬损来源、歪曲信息、论点辩驳等。

④态度转变是在一定的背景下进行的,一些情境因素也会影响态度转变。第一,预先警告有双重作用。如果接受者原有的态度不够坚定,对态度对象的卷入程度低,那么,预先警告可促使态度转变。如果态度与接收者的重要利益有关,那么预先警告可能使其抵制态度转变。第二,分心即分散注意。如果分心使接受者分散了对沟通信息的注意,将会减弱接受者对说服者的防御和阻抗,从而促进态度转变;如果分心干扰了说服过程本身,使接受者不能获得沟通信息,就会削弱说服的效果。第三,沟通信息的重复率与说服效果呈山峰型曲线关系,即倒"U"形曲线关系。中等频率的重复,说服效果较好。重复频率过低或过高,均不利于说服。

2.认知失调理论

这一理论是利昂·费斯汀格(L.Festinger)1957年提出来的,受到很多心理学家的支持。他们认为,人们的认知结构是由知识、观念、信仰等组成,每一个具体的知识、观念、信仰都是一个认知因素的单元。比如"我要为祖国建设做出贡献","我对自己的职业很满意",这些都是独立的认知因素单元。个体关于自我、环境和态度对象有许多认知因素,有的相关,有的不相关,是彼此独立的。

有相关的认知因素之间存在两种情况,一是关系很协调,比如,"文化考试中数学占重要位置""我特喜欢学数学"。另一种情况是关系很不协调,例如有X和Y两个认知要素,由X推出和X对立的Y或由Y推断出和Y对立的X,即两个认知要素不协调。这是影响态度的重要因素。假如X认知要素为"文化考试中数学占重要位置",Y认知要素为"我一学数学就头昏脑涨",两者显然不协调。人的信仰之间的不一致,观点与行为的矛盾以及行为与行为之间的矛盾,都会产生不协调。

当各认知因素出现"非配合性"的关系时,个体就会产生认知失调。认知失调对个体的意义越大,失调的认知成分多于协调的认知成分,则认知失调的程度越大。认知失调给个体造成心理压力,使之处于不愉快的紧张状态。此时,个体就会产生消除失调、缓解紧张的动机,通过改变态度的某些认知成分,以达到认知协调的平衡状态。

费斯汀格认为,认知失调可能有四种原因。一是逻辑的矛盾;二是文化价值冲突;三是观念矛盾;四是新旧经验相悖。

不协调具有程度上的区别,主要有两个决定因素:一是一致性要素和不一致性要素的数量,二是一致性要素和不一致要素相比的重要性。

如果一致性要素多,不一致要素小,不协调的程度就比较小;如果不一致要素多,一致性要素少,不协调程度就大。例如,在X认知要素"文化考试中数学占重要位置"和Y认知要素"我一学数学就头昏脑涨"之外,再加一个Z认知要素"数学可以锻炼人思维清晰、严密。"这样,想通过文化考试并提高思维水平而又不爱学数学的人,对数学的态度的不协调程度就会减小;相反,如果Z认知要素为"有些专业无需学数学",那么,有些人对数学态度的不协调程度就会增大。

另一方面,各种要素的重要性是不一样的。如果认知者把某一方面的认知要素看得很重要,另一对立方面的要素就显得不太重要,不协调程度相对较小;如果认知者把对立的两个方面的认知要素都看得很重要,不协调的程度就较大。

根据认知失调理论,消除或减少认知失调的途径主要有三种:第一,改变或否定不协调的认知因素双方中任何一方的认知因素,使双方趋于协调。比如把"我一学数学就头昏脑涨"改为"我无论如何得学好数学",认知方面的不协调程度就减小。这有助于强化人们对数学的态度。第二,增加某种新的认知要素,以缓和双方的矛盾。例如,在"广告是骗人的宣传"和"应当相信广告宣传"之外,增加两个"广告会受到社会舆论的监督""广告有公共管理监管部门监管"的认知要素。这样,有利于强化或转变对广告宣传的态度,新增加的因素起了解除或减轻原有认知因素之间紧张关系的作用。第三,强调某种认知要素或降低失调的认知因素各方的强度。例如,通过说明广告宣传实事求是的重要性,强调广告宣传真实可信,可以改变有些人对广告宣传的不信任态度;也可以通过建议实地调查或体验产品、服务等,使怀疑广告宣传的人的认知因素强度被降低,也能够实现态度转变。

3.刺激、学习理论

刺激理论或学习理论,可以被看作认知不协调理论的补充。它的主要论点是当人们从事与自身态度相反的行为后,往往获得另外一些知识和经验,从而能够转变态度。例如,当人们对"乘飞机旅行"持一种反对态度的时候,提供他们参加"免费乘飞机旅行"的机会,他们会产生一些新的感受,他们有可能就此而喜欢上"乘飞机旅行",转变过去的态度。刺激理论或学习理论实际上是一种实践教育的理论,或者说带有强烈的实践教育的色彩。当然它不仅能转变态度,也能够强化态度。因为人们在从事与自身态度相反的行为活动时必然会产生内在的抵抗,会充分强调否定这种活动的理由;如果行为活动不能够以事实来说服他们,他们原来的态度必然进一步强化。例如,如果人们对"乘飞机旅行"持反对态度的主要认知因素是无法承受这种高消费,即使提供给他"免费乘飞机旅行"的机会,让他感受"乘飞机旅行"带来的愉悦、方便和轻松,他在了解了乘飞机旅行需较高的费用后,很可能更加坚定反对"乘飞机旅行"的态度。所以,刺激或学习到底产生的是强化态度还是转变态度的效果,关键还在于这种刺激本身是不是具备说服原有态度的能力;而刺激本身只是提供了强化原有态度或转变原有态度的机会。

刺激、学习理论强调奖赏的功能,它的侧重点在转变态度方面。它认为,要使人们从事与自身态度相反的行为活动,最好的办法是给予奖赏;如果一次奖赏不能转变人们的态度,这种奖赏应当一直持续下去。所以,产品推销常运用这样一种手段:广泛地、持续地免费赠送产品,直到人们广泛地喜爱上这种产品。当然这种推销手段需要雄厚的财力基础。在公关活动中,目标公众是具体明确的,因此所采取的刺激、学习方式是与具体公关对象的各种情况相适应的,所以一般来说在转变公众态度方面都是有效的。

三、公众的舆论

（一）公众舆论的含义

"舆论"一词中国古已有之,《三国志·魏志·王郎传》中有"惧彼舆论之未畅者"这样的句子,其中的"舆论"指"众人的言论或议论",这是舆论的本义。后来,"舆论"也被具体化为一定阶级、阶层的意见。比如美国学者伦纳德·杜布认为:舆论指当人们是同一社会集团的成员时,对一个问题的看法。[1]中国也有学者认为:舆论是社会生活中经济地位基本相近的人们或社会集团对某一事态的大体相同的看法。[2]

"公众舆论"在公共关系管理学领域不是指"群众的言论"或"许多人的一致意见"这样的含义,而是指相对于公共关系主体来说的具体利益群体的观点、议论。显然,"公众舆论"也是众人的言论或议论,只是这个"众人群体"是与特定组织相关的或是由特定组织以利益关系标定的。

(二)公众舆论的特性

公众舆论虽然是一种特殊群体的舆论,但与舆论具有一样的特性。

1.公开性

舆论是人们公开发表的议论,一般是围绕一个能够引起人们注意或兴趣的重要事件展开。这种许多人公开的议论活动有突发性的,也有精心制造出来的,总之是能够吸引许多人公开参与其中并积极表达意见,并形成一定的威慑力量。

2.评价性

舆论是含有评价的议论,一般带有明显的态度倾向性,不是赞同,就是反对。假如人们对某一问题普遍没有明显的态度倾向性,自

---

① 张云:《公关心理学》,上海:复旦大学出版社,1992年,第302页。
② 同上。

然不会有很多议论,也就难成舆论。

3.鼓动性

舆论不仅表达了一种倾向性明显的态度，而且有时会在群体一致性意志的拉动下,形成强烈的群体情绪氛围,并最终导向某种行动。因此,也可以说舆论具有预示性,某种舆论可能预示着某种行动。

4.警示性

一定的舆论预示着一定的后果。有时某种舆论会反复出现,当一种舆论再次出现时，人们可以依据历史教训采取防范或引导措施。公共关系管理的重要职能就是监控公众舆论,通过分析研究把握其警示性。

(三)引导舆论和制造舆论

舆论有正确和错误的区别,也有不利和有利的不同。对于正确的和有利于组织的舆论,应通过引导加强其态势;对于错误的和不利的舆论,要通过引导转变其状态。引导舆论的方法可参照影响公众心理的方法。

制造舆论是公关工作中树立组织优秀形象的常用方法,指通过精心策划,举办一些宣传活动和其他公关事件或活动,提高组织知名度和美誉度。常用的方法有召开新闻发布会、记者招待会,举办展览会、演讲活动、赞助活动、庆典活动、研讨活动和各种联谊活动等。这些活动的具体操作方法在后面的章节中专门介绍。

第五节 企业基本的公众关系协调、处理的原则和方法

一、员工关系

(一)员工关系的含义

员工是职员和工人的简称。员工关系指组织或组织的领导者与职工的关系,也叫内部关系。员工的具体对象包括全体职员、工人、管理者,员工是组织的内部公众,是组织公关工作的首要对象。

(二)搞好员工关系的意义

1.建立良好的员工关系,可以通过员工的认可和支持来增强凝聚力。

一个组织的存在价值和整体形象在取得社会的认可前首先要得到员工的认可,组织的目标和任务首先要赢得员工的配合与支持,否则,组织将无法作为一个协调统一的整体面对外部公众。每个员工都是企业组织的细胞,是这个有机体得以存在的基础。良好的员工关系使员工组合成为一个有机的整体,使每个人都以主人翁的意识处处为组织的荣誉、利益着想,感到自己与组织息息相关,并以成为组织的一员而自豪。这样,便凝聚成了团结协作的强大力量。只有内部团结了,事业才有了坚实的基础。

2.建立良好的员工关系,可以通过全员公共关系状态来增强竞争力

树立组织形象、扩大社会影响,这有赖于全体成员的努力与配合。因为每一个员工都是企业与外部公众接触的触角,都处在对外公共关系管理的第一线,企业的形象在很多情况下要通过员工的实际行动体现出来,他们的一言一行都代表着企业的形象。协调好员工关系,才能培养员工对企业的认同感,不断增强员工对企业的向

心力、凝聚力,从而时时处处自觉地维护企业的形象,对外形成强有力的竞争力。

3.组织内部公共关系协调,有助于沟通信息,推动民主管理

民主化管理是现代管理的标志和潮流,也是尊重员工意志、体现员工权利并调动员工积极性的有效方法。只有搞好员工关系,创造出一种和谐、温暖的群体氛围,员工才能知无不言、言无不尽,从而形成群策群力的局面,共同推动组织事业的发展。

(三)协调、处理员工关系的原则

1.及时原则

及时原则要求组织的领导者和公关人员能及时发现和解决组织内部部门之间、人员之间的矛盾和纷争,并采取有效措施解决。否则,矛盾不断加深,问题越来越复杂化,内部关系长期紧张,影响工作效率,可能会酿成对事业的严重损害。矛盾日久,积重难返,也会增加解决的难度。

2.公开原则

公众必须被告知,对组织内部而言,即职工必须被告知。在职工与组织关系紧张的诸因素中,神秘性、封闭性与随意性是最主要的。为了创造协调的内部公共关系状态,遵循公开性原则,增加内部管理的透明度是极重要的。公开性原则内容主要包括人事管理的公开,组织权限、管理程序的公开,政策、计划、目标的公开等。公开性是减少猜疑与内耗的有效办法。当然,讲公开原则,并不是说组织管理中不要机密。

3.平等原则

平等原则要求在协调组织内部关系时,要公平合理,不偏私袒护。在日常工作中,就要有平等对待员工的观念,一旦出现内部关系失衡的情况,比如参与的不平等、利益的不均衡、义务的不平等,就

会在组织成员之间造成紧张关系,这时,公关工作只有在充分尊重员工利益的基础上,平等协调各方面关系,才能创造出良好的人际关系环境,充分调动员工的工作热情与积极性,使其尽心尽力地投入到组织的事业中。

4.理解与尊重原则

理解是心灵相融的媒介,尊重是相互信赖的基础。在社会生活中,相互间的理解和尊重是极为重要的。人人都愿意在被理解与尊重的环境中工作与生活,这样才能感到心情舒畅,认识到自己存在的价值。理解与尊重的实质,就是不把员工只当作实现目标的工具,而把他们视为主人,有参与决策、参与管理的权利和机会,使他们感到自己是组织中平等的一员。当员工知道自己得到理解和受到尊重时,自然就会萌生一种主人翁意识和责任感,把自己和组织紧密联系起来,把组织的成功当作自己的事业。而人们越热爱自己的事业,对工作的意义理解得越深,就越易于体验工作中的乐趣,专心于工作,形成相互学习、支持、钻研的气氛,个人冲突就会受到抑制,彼此就易于形成同志式的友谊感和认同感,人际关系就会自然协调起来。相反,对人不理解,不尊重,最容易挫伤人的积极性,恶化人的情绪,个人之间的矛盾和冲突就易于产生,所以,理解与尊重是协调组织内部公共关系状态的重要原则。

5.融洽的家庭气氛原则

这一原则要求组织应尽量对员工生活的各个方面给予关心和照顾,使他们感到美好家庭式的温暖、舒畅、安全。这样,员工就会有归属感,就会真心实意地投身于组织的事业中。中外企业界从"感情投资"方面培养员工对企业的忠心、爱心,通过创造大家庭式的气氛调动员工积极性,协调内部关系,这方面的事例很多,在管理上大都产生了良好的效果。

(四)协调、处理员工关系的基本方法

1.加强领导与职工之间的信息沟通

领导与职工之间的信息沟通,包括两个方面:首先是领导者应把社会组织的宗旨、目标、计划,以及实现目标的计划、途径、方法、要求等及时传达给广大职工,让他们心中有数。其次是领导要主动收集职工的要求、愿望、意见和建议,及时反馈职工的信息。具体方法主要有以下一些。

(1)开会

开会是沟通信息的常用方法,根据不同的目的,可以召开各种形式的会议,比如向员工通报、介绍本组织经营管理情况、长远规划目标、人事制度及人事任用情况等;也可通过开会听取广大职工对决策和经营的意见、建议。开会一定要有充分准备,设立明确的议题,忌讳漫无边际地开长会,长篇大论说空话,议而不决,毫无效率观念。开会是面对面沟通的常用形式,既能确保信息准确扩散,又能及时获取反馈。

(2)出版内部刊物

内部刊物是面向组织全体成员的较正式的出版物,包括报纸和杂志两种形式。其内容以宣传和介绍组织情况为主,也可普及法律知识、生产劳动知识等,还可以转载一些国际、国内的重要新闻;同时,也可以辟出专栏,让职工对本组织发展或存在的问题提意见和建议。总之,内部刊物要办得活泼、灵活,要成为组织与员工联系并建立良好关系的重要途径。

(3)编制职工手册

一般管理较完善的社会组织,都有专门编制的职工手册,分发给每一个员工。其内容包括组织的历史情况介绍,精神品格阐述,发展现状和前景描绘,机构及经营活动介绍等;还包括组织及各个部门的规章制度,比如工作纪律、休假制度、薪金制度、福利待遇、奖罚制度等。

(4)编发简报

简报是一种通报情况的印刷品,编印成本低,使用灵活。可以用来通报工作成果或总结专项活动,也可用它传达组织动态,鼓舞士气。定期或不定期的编发简报,有助于内部互通情况,增进了解,促进工作。

(5)利用各种电子通信手段

社会组织常用的电子通信手段包括固定电话、移动电话、网络媒体等。设立职工反映情况的专门电话,或设立收集职工意见或建议的电子信箱,形成制度,及时采集来自员工的各方面信息。特别是网络平台可建立互动空间,组织开展各种议论。广开言路,及时沟通,协调内部关系。

(6)充分利用工作空间

企业总是有办公、生产和生活的区域,可充分利用这些空间,采用公告牌、墙报、橱窗、职工信箱等形式来沟通领导与职工的信息。善于搞文化建设的企业,往往会充分利用员工的活动场所,渗透企业文化。

(7)建立职工接待日

建立职工接待日,由专门领导或人员在固定的时间接待员工反映问题。职工接待日也不一定就是守株待兔,也可以搞成论坛活动,在固定的日子,由职工自由演讲,发表对企业管理、经营战略、职工福利、个人权益维护等问题的看法。

2.开展平等协商对话,妥善解决职工提出的问题

在社会组织中,由于领导与职工各自所处的地位不同,看问题的角度自然有一定差异,在许多问题上会出现分歧,还可能酿成误

解和矛盾。这时,领导应首先放下架子,以平等的身份,诚恳地与职工对话,通过平等协商,说服引导,消除误会,交流思想,联络感情。对于职工的合理意见和要求,应及时做出满意答复,妥善解决;不合理的意见也要解释清楚。有些问题应该由领导承担责任时,要及时、公开地进行自我批评。

3.调动职工参与管理的积极性

在社会组织的管理中,只依靠管理人员是不够的。要充分调动每一个员工参与管理的积极性,人人关心组织的事情,才可能尽量多地堵塞漏洞,消除隐患。另外,通过调动员工积极参与管理,为职工提供自我表现的机会,可以发现蕴藏在职工中的建设性意见,也能够发现新的管理人才。更主要的是在这个过程中,职工能够认识到自己的价值,感觉到自己受到尊重与重视,从而以更大的热情和主动性投入到工作中,把组织目标当作个人的目标,齐心协力,尽心尽力地完成任务。

4.满足职工正当的物质需求和精神需求

员工对组织最基本的需求是物质需求,因此,满足职工正当的物质需求是协调领导与职工关系的基础。当员工享受到较高的工资收入和福利待遇后,自然会感激领导的管理才干,形成向心力。反之,如果职工起码的物质需求得不到满足,工资不能正常到手,工作环境脏、乱、差,住房、医疗等许多福利待遇无保障,必然会出现人心涣散,怨声载道,人心思走,内部关系紧张。

在满足员工物质需求的基础上,也要注意满足员工多方面的精神需求,比如交往、尊重、自我实现、参与管理等。这方面可以通过组织一些旅游、交谊、体育比赛、民主决策活动等各种别开生面的活动,丰富职工的文化生活和业余生活,保障其权益,使员工的精神生活得到多方面的满足。这种精神活动是内部关系的黏合剂和调节器,在这种轻松愉快的场合,领导与职工之间、员工与员工之间,可以更加充分地交流,培养亲和关系,从而使组织内部关系更加和谐、亲善,最终促成团结、合作的良好局面。

二、股东关系

(一)股东关系的含义

股东关系即企业或其他社会组织与投资者的关系。企业的股东包括内部职工中的投资者和社会上的广大股民。

股东关系是市场经济社会企业的一种常见关系。在工商业发达的社会中,不少企业向社会公开征集资本;民众生活水平提高后,手中也有富余的资金寻找多种投资渠道。两方面需求的拉动产生了证券、股票营业机构,社会上出现了大大小小的股东。

改革开放以来,我国也逐步确立了市场经济体制,许多企业进行了股份制改造,越来越多的企业谋求积极上市,进入资本市场。因此,股东关系协调也成了一个重要问题。

(二)搞好股东关系的意义

股东是企业的投资者,协调好股东关系,可以稳定股东队伍,保证企业能够有稳定的发展资金。另外,企业在股东心目中建立了良好的关系后,可以通过老股东吸引来新股东,这样股东队伍会不断扩大,企业可以征集到越来越多的资本,有了雄厚的资本,企业的竞争力自然就强大起来。如果企业与股东关系恶化,导致大量撤股或抛售股票,可能会造成企业经营陷入困境。

(三)协调、处理股东关系的基本方法

1.正确分析股东心理,认真对待股东权利

股东无论是作为企业员工还是社会投资者,也不论是拿出多少资金来入股,都是经过慎重考虑的决定,投资不是捐献,而是为了获取丰厚的回报。因此,企业必须认清股东的心理,认真对待股东的投资,努力搞好经营,争取给股东以满意回报。丰厚的回报是对股东权利的最好尊重。

2.加强组织与股东之间的信息交流

信息交流是增进了解的重要方式,了解是合作的基础。企业应该采取多种形式,通过多种渠道加强与股东之间的信息交流。一方面要向股东通报组织的经营情况,另一方面要广泛搜集来自股东的信息,并加以分析研究,迅速做出反应。

首先,组织应主动向股东输出信息。主要方式包括以下一些内容。

(1)编印、赠阅股东年度报告。年度报告是组织向股东通报一年来经营情况的文件,是组织与股东交流的重要方式。年度报告的内容一般包括财务状况,生产与经营情况,盈利预测与股利分配,组织的经营计划与政策等。股东年度报告应由专业人员编写,内容要简约,文字应通俗,图表、数据等资料要清晰、准确,印制应美观、大方,但不宜有奢华之感。

(2)召开股东年会。股份制企业每年应召开一次股东年会,将重要股东和股东代表请来,听取组织代理人的年度工作报告,审核组织一年来的经营管理情况,并对重大事情包括组织代理人的继任与否做出决定。开好股东年会,需要精心准备,认真实施,重点做好以下工作:①精心准备会议通知书或邀请书;②会场应选在交通便利的地方;③会场布置应庄重,会议议程要紧凑,要开成有效率的会议,切忌摆形式、走过场;④会议宴会要妥善、适度,忌铺张浪费;⑤股东年会应邀请新闻记者并通过大众媒介报道,以扩大组织影响;⑥会议发言应准确记录并迅速整理好,形成会议材料,分发到出席会议者手中。

(3)致函电。当股东购买了企业的股票后,组织应立即发出由总经理签名的欢迎函,并主动通报组织的经营情况。即便股东因资金周转或其他原因撤出了股金,也要发函电表示理解并欢迎以后再做组织的股东。有时也可利用节假日通过电话为股东点歌或表示祝贺,联络感情,通报信息,稳定关系。

(4)召开专项会议。当企业举办庆典活动或有新产品投产,或获得各种荣誉以及有重大决策时,应抓住契机举办一些隆重的仪式活动,邀请重要股东和各界股东代表出席,与股东共享喜悦并互通信息。

(5)个人拜访。对于重要股东,包括大股东和有影响的股东人士,当有重要决策或每逢重要节日,企业应派人主动拜访有关人士,及时沟通信息,征询意见,或祝贺节日,发展友情。

(6)企业也可创办专门的股东刊物或股东通讯,定期与广大股东沟通信息。

其次,组织与股东的信息沟通应该是双向的,在利用各种形式输出信息的同时,也要搜集、整理股东的意见,比如股东本人的状况及其对组织的意见和建议等。对于股东反映的各类意见或建议,要认真分析研究,合理的要积极采纳并迅速加以改进,不合理的要给予耐心说服解释,以免产生误会。

3.争取股东对组织决策的参与和支持

主动争取股东参与组织决策,是协调股东关系的有效方法。股东分布在社会各阶层,各有所长,其中可能有社会某一领域的专家、名流,他们不仅经验丰富,智慧超群,而且见多识广,消息灵通。组织如果能主动争取他们参与决策,不仅能保证决策的科学化,也能够在组织与股东之间建立起信任、亲善的关系,在社会上产生广泛的良好影响,从而使组织决策赢得股东公众的普遍支持。

三、消费者关系

（一）消费者关系的含义

消费者关系指各种产品的生产者、供应者和各种服务的提供者与购买者、消费者之间的关系。它不仅存在于商业部门和服务行业，也存在于一切工业企业和金融机构以及文化、出版等事业单位。凡是提供某种形式的产品或服务供大众消费的组织，都存在消费者关系。消费者关系也叫顾客关系。

（二）处理好消费者关系的重要性

消费者是企业的重要公众，处理好消费者关系是企业公共关系的首要任务，具有重要意义。

1.建立良好消费者关系能够为企业带来直接利益

消费者是企业公共关系中利益关系最直接的外部公众，在市场经济条件下，企业要想在同类产品极多、竞争十分激烈的情况下生存发展，首先要有自己的消费者群体，并能够与他们建立起良好的关系；失去了消费者，企业也就失去了生存的依据。企业只有在一心一意尊重消费者利益的前提下，依靠优质产品、优质服务来赢得消费者，依靠传播沟通等各种公关手段来培养起消费者对组织的信赖、喜爱之情，才能够实现自身利益。企业界所谓的"顾客就是上帝"观念和"顾客满意"经营战略等，充分说明了消费者关系的重要性。消费者关系处理得越好，消费者群体越庞大，企业的利益回报也就越丰厚。

2.消费者是企业身份确立的关键支撑点

企业作为经营组织，在市场经济时代已经难以避免品牌竞争。企业的品牌建设也即身份建设，始终要以消费者为关键支撑点。因为企业是否能够在市场中生存，不是靠文化策划、传播推广来确立起身份，而是要看这些东西能否有助于吸引消费者，推动企业与消费者产生利益关系。也就是说，消费者是社会组织身份建设最权威、最终的裁决者。所以,企业只有与消费者建立起良好关系,在身份确认和确立阶段就把自己和消费者捆绑在一起,找到坚实的利益支撑点,时时处处都能看到消费者的利益、需求、价值要求等,这样才能顺利实现企业身份与市场的融合,在消费者心目中树立起优秀形象。企业的精神风格、行为风格和身份标志系统等,如果不能被消费者认同、接受,不能转化为一种争取消费者的力量,都是毫无意义的。所以,企业公共关系的树立形象工程必须始终以消费者为核心基础,把识别消费者、争取消费者放在第一位。

3.买方市场的消费特性客观地要求企业重视消费者关系

现代社会的大工业生产可以使任何产品的生产能力都处于过剩状态,企业的首要问题不是能不能生产出一定数量的物品,而是怎样才能卖出去更多的产品,也就是市场问题替代生产问题。而市场问题的核心是消费者,消费者在产品极大丰富的市场中具有主动权,从而形成买方市场。买方市场使消费行为呈现出物质需求与精神需求并重,个性化选择需求十分突出。这就要求企业不仅要提供一般意义的优质产品或优质服务,还要满足消费者的审美心理习惯,文化品位等多方面不同层次的精神需求。面对这种新情况,企业必须把研究消费者放在首位,高度重视消费者关系,通过品牌经营战略,与消费者真正建立起相知、理解、合作的良好关系,成为消费者永远的朋友,也使消费者成为企业的忠实用户。

(三)协调处理消费者关系的基本方法

1.从抓优质产品或优质服务项目做起

优质产品和优质服务项目是建立良好消费者关系的基础。企业在面向市场时,必须首先抓好产品质量或所经营的服务的质量。因为这是消费者与企业建立联系的真正纽带。说到底,消费者最终还是要从企业那里获得某种需求满足,谁能为消费者提供出最充分、最佳的需求满足,谁就为赢得消费者打下了良好的基础。如果没有真正能打动消费者的优质产品或优质服务,即使再高明的公关手段也是枉费心机。所以,企业要首先能够创造满足社会某方面需要的产品或服务项目,并努力将其经营为最具竞争力的优秀品牌,有了优秀的产品或服务项目,组织的优秀形象才有了坚实的基础。有了这个基础,就有了争取消费者的资本,就可以大胆地参与市场竞争。

2.提供完善的售后服务

完善的售后服务系统往往是促成消费行为的关键。因此,工商企业在把好产量质量关的基础上,要在售后服务上大做文章。不同的产品售后服务的内容不尽相同,常见的售后服务主要包括送货上门,免费安装,调试,义务培训消费者,定期为消费者提供专业性的产品养护或维修服务,等等。应该看到,售后服务已经成为企业竞争力最具潜力的开拓空间,越是科技含量高的产品,这种趋势越明显。

3.做好传播沟通工作

传播沟通是与消费者建立良好关系的重要方式。企业应该有计划、持续不断地通过广告、新闻宣传、展览活动等形式把企业的产品、经营、参与公益活动等信息传输给消费者,努力提高企业知名度和美誉度。企业有了良好的形象,就会吸引来消费者,当消费者在企业那里得到了良好的服务或某种利益满足,就会产生喜爱之情。这样,企业与消费者的良好关系就初步建立起来了。这种关系需要用不断的公关工作来加强和巩固,为此,企业还需要主动了解、研究消费者,注意收集消费者对产品或服务的反映,从而不断改进产品质量,提高经营或服务水平,更好地满足消费者的需求。这样,企业就可以永远保持和不断扩大消费者队伍。

4.妥善处理顾客投诉

工商企业和旅游、宾馆、饭店等服务组织难免不出现顾客投诉的事情,一旦发生类似事件,组织应高度重视,认真分析研究事件的性质、情况,慎重处理。如果因产品质量、服务质量给顾客造成了损失,应坦诚承担责任,真诚道歉并负责赔偿;争取顾客的谅解。如果发生了误会,应耐心解释,说明情况,求得顾客的理解。消费者的投诉不论问题大小,企业都应认真对待,争取在最小的范围内平息事态,尽力回避新闻界的参与,除非是想借机开展公关活动,宣传企业。

5.建立服务承诺制度

服务已成为企业竞争的重要手段,建立服务承诺制度,可以公开表明企业维护公众利益的姿态,使消费者在选择消费时就知晓了可以享有的权利,心中有数了就会毫不犹豫地做出选择。所以,服务承诺制度是招徕顾客的一种方式,谁能够建立起一套有效保障消费者利益的服务承诺制度并忠实地付诸实施,谁就会赢得消费者的信任、喜爱,从而与消费者建立起良好的关系状态。企业的服务包括售前服务、售中服务和售后服务。售前服务主要指企业所做的市场调查预测、各种宣传活动和义务咨询服务等。售中服务和售后服务主要包括服务态度、服务效率、送货上门及产品的维修养护等。总之,企业应该在服务的这三个阶段都公开地向社会做出承诺,并能够不断地创新,以吸引消费者的注意力。

6.加强感情联络,维持老顾客,争取新顾客

消费者关系是企业必须时刻高度重视的关系,因为这种关系最富有变化性,极不稳定,特别是在激烈的消费者争夺中,任何企业的消费者都可能随时转移。因此,组织要密切关注消费者的行为,开展灵活多变的公关活动,比如邀请用户参加联谊活动,节假日向用户赠送一些象征性礼品或发布祝贺广告等,加强与顾客的感情联络,维持与老顾客的良好关系。当企业在老顾客中建立了良好信誉后,

组织可以凭借老顾客的现身说法结合大众媒介宣传，进行客观、公正而又效果良好的宣传，从而争取到更多的新顾客。

四、政府关系

(一)政府关系的含义

政府关系指社会组织与政府之间发生的各种横向联系。

在市场经济条件下，政府是企业的重要公众之一。企业的政府公众有不同的层次，有各级地方政府机关，也有各种层次的国家权力机关。经常发生联系的是具体的工商税务部门、当地政府、质检、物价、环保、审计、公安、海关等社会管理机关。

(二)政府关系的重要性

1.政府关系是任何社会组织都无法回避、不能选择的关系

任何社会组织在生存发展中都不能摆脱与国家或地方政府的各种关系，政府各级管理部门是企业无法回避的公众，不像协作者、员工、消费者，企业也有一定的主动选择权。因此，企业必须慎重对待与各级政府部门的关系，努力与它们建立起正当良好的关系。

2.政府的法律、法规和管理政策具有不可抗拒的权威性

政府作为社会整体利益的代表，通过法律、法规、政策来管理社会，任何组织的一切活动都必须在法律、法规、政策允许的范围内进行，违法与触犯政策规定，都将受到严厉制裁。政府管理社会具有权威性和强制性，任何组织都必须首先适应政府的管理，在与政府建立了良好关系后，才可能影响政府行为。当然，政府有义务为包括企业在内的全社会服务，但在实际的社会生活中，政府的事务总是复杂的、宏观的，因此，具体的社会组织必须无条件接受政府的管理，主动了解政府的法律、法规、政策，并用它们来规范自己的行为。

3.政府发展社会的方针、政策直接影响企业的发展

政府除了履行各种具体的社会管理职能外，还对整个社会的发

展前景、宏观经济趋势和模式行使决策权,而政府在这些方面的方针、政策对社会的各行各业,每一个具体的社会组织都会带来影响,这种影响可能是新的经营机遇,也可能使企业发展陷入危机。因此,企业应主动与政府建立良好关系,尽可能多、尽量早地获取政府的各种方针政策,以调整自身行为,及早抢占商机或摆脱困境。

(三)协调政府关系的原则

根据我国实际情况,协调政府关系应遵循以下原则。

1.公正无私

社会组织在协调与政府的关系时,应有公正无私的立场。要在法律法规允许的范围内,通过正当的传播沟通手段与政府发展关系。应自觉维护法律的尊严和社会整体利益,要敢于坚持组织的正当权益,决不能以牺牲公众利益和社会整体利益为代价,换取组织的一时利益。

2.主动替政府分忧

政府是全民利益和社会整体利益的化身,代表社会整体利益对社会行使管理职权。企业要想与政府建立良好关系,得到政府的支持与扶植,就应主动为政府分忧,包括积极参与政府倡导的公益活动,自觉维护社会整体利益,帮助社会安置就业人员,自觉资助社会福利事业,帮助政府抵御各种自然灾害等。企业的这些行动将赢得社会的广泛赞誉并引起政府的感激与关注,这样,企业就会成为政府制定政策或规划社会发展纲要的一个重要参考因素。

3.局部利益服从整体利益

政府站在社会整体利益的立场上行使职权,企业利益既是社会整体利益的组成部分,又会与社会整体利益存在矛盾,比如为了保护环境,有些有严重污染源的企业会被强令停产整顿或关闭转产,这时企业应自觉从大局出发,局部利益服从整体利益,争取在政府的指导和扶植下获得新生。

4.原则性与灵活性结合

社会组织在协调与政府的关系时,既要遵守各项法律、规章、政策,按照政府的办事规则与政府打交道,又要根据组织的实际情况,因地制宜,灵活地执行政策。政府的任何政策、法规,都必须经得起实践的检验;具体的社会组织可以根据实际情况对政策进行调整、充实,这样政策才算发挥出了真正的管理效应。因此,任何社会组织在处理与政府的关系时,都应遵行原则性与灵活性结合的原则,这样才能够处理好局部利益与整体利益的关系。

(四)协调、处理政府关系的基本方法

1.加强组织与政府的信息沟通

组织应及时、准确、全面地收集有关国家和地方政府的政策法令信息,注意研究政府管理社会的动向及其对组织可能产生的影响,把这些信息及时提供给组织的各个部门,使组织的一切活动受到法律和政策的约束,同时也确保组织行为能够得到法律、政策的保护。如果组织不能够及时了解政府信息,就有可能出现违反政策或触犯法律的事件。组织也应主动把自身的生产、经营、管理等方面的信息提供给政府,争取政府的了解,以获取政府的理解、支持。同时组织对政府管理有什么意见、要求、建议,也应及时向政府汇报,与政府有关部门沟通。

2.自觉维护政府的权威

政府依据法律和国家方针、政策管理社会,具有权威性。任何社会组织都应自觉维护政府的权威,慎重处理与政府的关系,冒犯政府是危险的,任何组织都应坚决避免政府的打击与制裁。

3.主动承担社会责任

政府不仅是社会的管理者,也是实力强大的消费者,更是社会新闻媒介的控制者，可见政府既可以监督每一个社会组织的行为，也可以直接采购某种产品或促成对某种产品的采购行为；更重要的是，政府可以通过影响新闻媒介，帮助某个社会组织推广形象，这种扶植力量是强大的，可以迅速将某一组织的形象地位确立起来。那么，哪些组织才能得到政府的这种扶植机遇呢？只有那些主动承担社会责任，积极替政府分忧的组织，才可能赢得政府的特别关照。因此，组织应该自觉肩负起社会职责，多做有利于社会文明建设和安定团结的事，比如资助科教文化事业，赞助环保事业，倡导公德行为或推动其他公益活动等。

4.坚决维护大局

任何社会组织都应有大局观念，当组织自身利益与整体利益矛盾时，应坚决维护大局。维护大局就是维护公众利益，没有安定、繁荣的大局，组织利益的实现就难以保障。有了良好的大局面，组织就拥有了可以自由开掘的广阔空间，就可以不断寻找新的生存机遇。

五、社区关系

(一)社区关系的含义

社区即社会上人的居住区。公共关系学所说的社区关系指具体社会组织与所在地的社会管理部门、群众团体、居民及左邻右舍的其他社会组织的相互关系。

社区是组织生存的小环境，社区公众是一个复杂的构成体，社区关系是任何组织的公共关系工作都不能回避的。所谓"公关始于门前"，就是指社会组织要首先处理好社区关系。

(二)社区关系的重要性

中国有句俗话：远亲不如近邻。讲的就是应重视四邻关系。社会组织要生存发展，也离不开友善的社区关系，也需要得到社区的多方面支持。

1.社区是组织形象的组成部分

社区是组织的生存环境,也是体现组织形象的一个因素。社区的生产、生活服务条件直接影响着组织的生产、经营状态。比如社区的交通条件,金融、通信等社会服务条件,以及环境建设情况等,对社区内的每一个组织都会有影响,事实上也是公众感知组织形象的直接因素。组织的宏观生活环境当然不是某一个具体的组织可以独立决定的,但每个组织都是有责任的。因此,组织在初创时期应慎选环境,争取占有地利;一旦成了社区的一员,就应主动把社区作为自身形象的一部分,为社区的发展进步出一分力量。

2.社区公众是组织形象的最好宣传员

社区公众是一个复杂的群体, 包括了社会各阶层各行业的人员,他们在社会上分布十分广泛。组织如果能在社区公众中建立起良好的形象,赢得社区公众的口碑,自然会好名声传扬天下。

3.社区公众是企业的第一消费者

对于那些服务大众生活的工商企业来说,社区公众是第一消费者,他们一般会出于地域上的亲缘关系和各种便利条件,把社区内的工商企业或各种服务行业组织作为首选消费对象。所以,企业应珍视社区公众的这种天然亲缘关系, 高度重视社区公众的利益,努力赢得社区公众的喜爱,使社区公众成为企业稳定的消费者群。

4.社区是员工的生存地

组织的员工是社区的成员,与社区的社会生活发生着千丝万缕的联系。社区是每个员工的生存地;可能还是许多员工的家乡,他们生于斯,长于斯,与社区保持着紧密的社会联系。因此,组织应该懂得爱屋及乌,自觉承担起建设社区、促进社区文明进步的责任。

(三)协调、处理社区关系的基本方法

1.向社区公众宣传介绍本组织的情况

社会组织要想获得社区公众的了解、认同和支持,必须向社区公众宣传介绍组织的情况。主要包括:向社区公众通报组织的精神理念、追求目标、经营项目等情况;表达组织为社区发展做贡献的良好愿望;向社区公众开放组织的文化娱乐设施;邀请社区公众代表来参观、座谈;与社区公众联合举办文化、体育活动等。这些宣传措施和活动形式,都有助于社区公众认识组织,增进了解,加深感情。

2.主动征询社区公众对组织的意见和要求

社会组织既要向社区公众宣传、介绍自身的情况,又要从社区公众中获取信息,主动征询社区公众对组织的要求、期望和意见,从而不断改进组织的各项工作,在社区公众中树立起组织的优秀形象。另外,对于工商企业来说,社区公众的复杂性表明了它具有广泛的代表性,企业如果能够把社区公众作为样本加以研究、分析,可以便利地获取大量可靠信息,节约市场调研开支。

3.同社区的地方政府及其主要领导人建立联系

社区所在地方的地方政府及其主要领导人是社区关系中的关键,社会组织应高度重视与地方政府及其领导人的交往联络,主动通报组织的信息,并注意收集地方政府的信息。通过传播沟通等多种公关活动,求得地方政府对组织的认同、支持。这将为组织的生存发展打下良好的基础。

4.积极参加社区举办的社会活动和公益活动

组织作为社区的一名成员,应时刻注意与社区保持融洽一致,自觉认同社区的精神文化,积极参加社区举办的社会活动和公益活动,诸如各种公益劳动、义务献血、爱国卫生运动等。这样才能得到社区公众的认同与支持,与社会公众真正融为一体,被社区公众视为是"自家人"。

5.帮助社区处理突发事件

当社区出现突发事件时,如发生火灾、交通事故、各种生产安全事故及其他自然灾害时,组织应迅速采取措施,为社区提供应急援助,尽力帮助社区消除灾害。这实际上体现了一个组织的社会责任感,当组织尽力援助社会时,人们自然会看在眼里,记在心上。

6.保护社区生态环境

社区作为组织的栖身之地,是组织的家园,组织应该爱护自己的家园,保护和建设自己的家园。特别是工商企业,应自觉治理生产、经营过程中的废水、废气、噪音、烟尘,不污染环境。组织不仅要有强烈的环保意识、不污染环境,还要积极承担起建设环境、美化环境的职责。不仅要绿化、美化好组织的生产、生活环境,还要为绿化美化社区环境做贡献。当一个企业为社区绿化、美化了一条街道时,或为社区开发建设了一片绿地或一个花园时,组织的美好形象自然会在社区公众中树立起来。

7.妥善处理与社区公众发生的各种矛盾

组织在社区中生活,可能会与社区公众发生一些矛盾,比如在生产经营中与其他组织发生一些利益冲突或误会,员工也可能与当地居民发生一些民事纠纷等。这些矛盾组织都应视为公共关系管理的危机事件,高度重视,认真对待,及时组织力量排除。通过化解矛盾,平息事态,使组织与社区公众互相谅解,和睦相处。

8.努力促进社区的经济发展和精神文明建设

工商企业或社会事业机构及其他各类社会组织,在社区中应找准自己的位置,真正把社区作为自己的家园,为社区的经济发展和精神文明建设做贡献。比如通过提供资金、技术、咨询服务或合作开发等形式,帮助社区发展经济。经济的繁荣将使社区充满活力,既有利于提高组织的形象地位,也会给组织带来利益。组织在注重自身精神文明建设时,也应注意影响社区的精神生活,比如通过赞助社区教育和文化事业,投资建设各种文化、娱乐设施,举办各种文化活动,建设各种职业培训基地等,推动社区的精神文明建设。这也是为组织自身的精神文明建设创造良好环境。

六、新闻媒介关系

(一)新闻媒介关系的含义

新闻媒介关系指具体社会组织与报社、广播电台、电视台、网络媒体等新闻机构之间的关系。

新闻媒介是专门从事向社会大众传播信息的职业化机构,它是社会组织开展公关宣传的重要渠道,任何社会组织都应该把新闻媒介看作重要的公众,并与之建立良好的关系。这不仅有利于组织的信息向社会扩散,也有助于组织在出现失误时争取媒介谅解,免受公开批评。

(二)新闻媒介关系的重要性

新闻媒介作为职业传播机构,具备完备的传播技术系统和熟练的传播业务人员及现成的信息扩散网络,能在广大的范围内迅速扩散信息;而且在长期发展中形成了严格的职业道德规范,维护社会整体利益是它的天职。在社会大众心目中,新闻媒介代表了正义、公理和大众利益。因此新闻媒介传播的信息可信度高,一般在社会上具有权威性。组织的信息如果能以新闻的形式被正面报道出去,必将在社会上产生极好的影响效果。所以组织应该主动与各类新闻媒介建立良好关系。争取自己的行为和成绩受到媒介的肯定,这将大大有助于提高组织的声誉。

对于面向市场竞争的工商企业来说,在扩大知名度和提高美誉度时,利用新闻媒介是效率最高、最有效的办法。现代化、城市化、信息化使人们把越来越多的业余时间消耗在了广播、电视、电影、书刊、网络等媒体上,企业只有利用这些媒体,让自己的信息进入这些媒体,才能推广知名度和美誉度,与消费者建立起联系。特别是高美誉度的培育,不仅需要组织自身做得好,赢得了消费者的肯定和信任、支持;还需要通过媒介宣传把企业好的信息扩散到社会生活中,形成正面的社会舆论。公众舆论的引导也可以通过大量精心策划的公关活动来完成,例如赞助教育、体育、文化等公益事业,资助社会福利事业等。这些活动通过新闻媒介传播后,在社会上产生广泛的良好影响,相当于给企业的身份带上光环,不仅给现实消费者带来荣誉满足感,也会培育潜在消费者对企业的积极情感。

(三)协调、处理新闻媒介关系的基本方法

1.要有计划地与新闻界广泛联系,建立起可靠的新闻界"关系户"网络。

新闻媒介关系的重要性要求组织必须高度重视发展这种关系,组织的公关管理部门应制定切实可行的计划,与不同层次和性质的报社、广播电台、电视台、网络媒体建立联系,一般应有专人负责这种联系,从而形成一个可靠的新闻界"关系户"网络。

一般来说,社会组织可通过三种途经与媒介建立关系:一是派出公关人员直接拜访新闻单位,主动要求建立联系;二是通过与组织有关联的社会名流、其他友好单位及组织内部与媒介有关系的人员,在他们的引荐下,与媒介建立联系;三是通过社会组织已有的新闻"关系户",介绍结识新的新闻单位。

与新闻媒介建立起联系后,应高度珍视,经常主动与他们保持联系。最好由公关部的人员分工负责,与新闻界人士发展良好的个人关系,增加信任感,避免多头联系可能造成的误会和不必要的障碍。

2.仔细研究新闻媒介的特点,掌握新闻工作的规律

新闻媒介是职业传播机构,有自己的一套工作规律。公关人员

必须熟悉这个领域的业务特点，才能协调好与新闻媒介的关系。首先，公关人员应熟知报刊、广播、电视等不同类型大众传媒的基本功能与特点；其次，对于具体媒介的报道方针、报道风格、报道内容、编辑播发和出版规律、发行周期、发行范围、发行方式、主要接受对象群等，都应有深入的了解和研究；一般应由公关人员建立新闻媒介档案，将具体媒介的有关资料整理分类存档，以便随时查阅，使公关人员在与媒介打交道时，心中有数，从而更好地发展与媒介的关系。

3.尊重新闻工作者的劳动与权利

新闻媒介的记者、编辑依据他们的职业原则采集信息，他们的职业决定了他们享有一些特殊的权利，比如调查事实真相、落实数据、掌握细节、独立判断与评论等。因此，公关人员在与新闻媒介人士合作时，应尊重他们的劳动和权利，尽可能地帮助他们掌握真实、准确的情况，不能干涉他们的调查采访活动，也不能试图左右报道角度和报道时机，要充分尊重他们的个人见解和风格。如果涉及不便于公开的组织机密，应明确说明原因，请新闻工作者谅解。任何社会组织不可采用不正当手段要求记者撰写有利于本组织或不利于别的组织的报道。

4.真诚、平等、守信、高效是与媒介建立良好关系的重要原则

(1)真诚

组织在与媒介建立关系时应以诚相待，坦诚地表明自己的要求、愿望；在具体的宣传合作中，应为媒介提供翔实、准确的材料，不应有任何浮夸、虚伪、隐瞒、歪曲。真实是新闻的生命，也是媒介推崇的基本准则，组织在与新闻媒介建立和发展关系时应自觉地持有实事求是的态度。

(2)平等

新闻媒介机构有不同的级别和层次，组织在与各家媒介打交道

时,应一视同仁不能厚此薄彼。除特殊情况,如有媒介要求发布"独家新闻"外,不应对有的媒介通报了一些情况,对另一些媒介则保密。另外,组织在与新闻界交往时也应有平等的姿态,不能靠权势压人,也不能以财多"役使"人,把媒介仅仅看成是可利用的工具。

(3)守信

组织在与新闻媒介交往时,要坚守信用。对新闻媒介的约稿一定要按时高质量完成;对记者在组织中发掘到的独家新闻,应尊重记者个人的意愿,不经同意不可泄露给其他新闻单位。只有守信用,组织与新闻界才能建立起一种长期合作的良好关系。

(4)高效

新闻传播时效性极强,必须讲效率。对于记者的采访工作应迅速给以配合,及时帮助其实现采访目的。这就要求组织的公关部门或宣传部门在平时就做好资料收集、情况总结、事迹储备等各方面工作,当记者前来采访或需要提供新闻稿件时,能迅速满足记者的要求,提供出基本成形的新闻资料。只有主动适应新闻媒介的高效率工作作风,才能赢得媒介的好感,从而与之建立和保持长期的合作关系。

七、协作者关系

(一)协作者关系的含义

协作者关系指组织与它的业务合作单位之间的关系。比如工商企业的协作单位主要包括产品经销商、原料供应商、生产合作单位、技术开发合作单位等,它们都是企业重要的外部公众。其中产品经销商也是消费者或顾客,但因其不是普通的消费者,与组织之间的利益关系比较重大,所以专门列出来。工商企业在协调与经销商的关系时,既要遵循与消费者协调关系的一般原则和方法,也要考虑其特殊地位。

（二）协作者关系协调的原则

1.竭诚合作，互惠互利

组织的协作者关系可能是双边关系，也可能是多边关系。对于以公关主体一方存在的社会组织来说，应该抱定竭诚合作的态度，以互惠互利为准则，平等、公正地协调与各方的关系。特别在利益分配上要友好协商，共同受益，各得其所。如果有一方缺乏合作诚意，总想把自己的利益建立在损害对方利益的基础上，最终必然导致协作关系破裂，双方或多方都将遭受损失。

2.互相帮助，共同发展

合作伙伴之间应该互相帮助，当一方有困难时，另一方应慷慨相助，尽力帮助对方渡过难关。这样，不仅双方事业得到了共同发展，也必然会在合作中培养起深厚的友情，从而使合作关系更加巩固。当一个组织拥有了可信赖的稳定合作伙伴，事业发展就有了坚实的基础，组织可以腾出更多精力在其他方面加强力量，不断扩展组织的事业。

3.信守合同，避免争端

组织在与协作者确立协作关系时，一般都会订立合同，规定双方的权利、义务。合同是具有法律效力的文书，对双方都具有约束效力。一旦合同确立后，组织都应遵守，尽力避免争端。即使确有需要重新修正之处，也应友好协商，共同探讨解决。

（三）协作者关系协调的技巧

协作者关系比较复杂，具体社会组织的协作者是多种多样的，关系协调的技巧也不尽相同。下面介绍两种工商企业的重要协作者及其关系协调方法。

1.经销商关系协调的技巧

企业产品的销售一般采用直接销售和经销商销售两种方式。经销商包括批发商、零售商、制造代理人、经纪人等。企业不仅要靠物美价廉、适销对路的产品吸引经销商合作，还应从以下几个方面维持和协调与经销商的关系。

(1)制定互惠互利的经销商政策

企业特别是大规模生产的企业，不可能完全靠自身力量占领市场，必须组织起庞大的经销商网络。没有这样的网络，企业的销售规模是很难发展起来的。因此，企业必须制定出一套完备的政策，给经销商以充分的利益回报和灵活的销售权利以及发送货物的便利条件等。制定出了能够吸引经销商的政策，有了庞大的经销商队伍，企业才可以择优重点培养其中一些客户，进一步发展良好关系，从而推动企业的市场营销活动。

(2)培养经销商对组织及其产品的信心

企业在与经销商建立起初步的合作关系后，应不断加强这种关系。定期向经销商通报组织的政策方针、生产状况，产品的性能、优点及销售情况，也应向经销商介绍企业的历史和远景规划等；当然也要注意听取经销商的意见、建议。总之，要通过传播沟通和其他公关管理举措，培养和不断加强经销商对组织的信心，牢固地保持双方的合作关系。

(3)为经销商提供技术、销售、管理服务

企业应尽可能为经销商提供各种服务，帮助经销商解决困难，通过帮助经销商实现经营目标，来完成企业的销售目标。首先，要搞好产品的技术和有关知识的服务。企业应定期举办经销商训练班、订货会、用户联谊会等，介绍产品的性能、特点和适用范围，传授与产品相关的技术知识，这将大大提高经销商的促销能力。其次，企业还应帮助经销商搞好销售服务，包括商品的运输、包装，经营场地规划、装修，销售人员的素质培训，售后服务方式等，在这些方面，企业都可以为经销商出谋划策,甚至帮助经销商组织实施。再次,企业还可以帮助经销商改进管理,提高效率。总之,企业应认识到经销商的成功,就是企业的成功。

(4)平等、公正,保护经销商利益

企业在拥有大量经销商的同时,可能也拥有一些直销营业点。对于大小不等的经销商和直销营业点,企业应制定出统一的销售政策,以平等、公正的态度一视同仁。特别要注意保护经销商的利益,切不可在价格政策上自相矛盾,不平等。这样不仅会损害经销商的利益,也会断送组织的信誉,最终损害组织利益。

2.原料供应商关系协调的技巧

原料供应商是企业重要的外部公众,企业拥有了稳定的原料供应商,才能确保生产正常运行。一个企业的产品即使拥有广阔的市场,如果不能找到稳定的原材料货源,时不时"闹饥荒",也就很难把握住大好的发展机遇。所以,企业一般都十分重视与原料供应商的关系。协调、处理原料供应商的关系,可参照经销商关系协调中的一些技巧,并特别注意以下几点:

(1)确立互助共荣的合作观念

企业的生产离不开原材料,原料供应商卖出原料才能实现经营目标。企业与原料供应商是真正的利益合作者,谁也离不开谁。因此,作为公关主体的双方都应确立起互助共荣的合作观念。尽管一般来说买方具有很大主动权,但也应平等与原料供应商对话。企业应在开发产品的高附加值上动脑筋、下功夫,而不应只把眼睛盯在原料的低成本上。当原料供应商认识到与企业合作有丰厚的利润时,会努力为企业服务。

(2)签订责任明确的合作合同

企业与原料供应商的合作关系重大,特别是有些加工企业和冶炼企业,如果突然断了原料会造成巨大损失。因此,企业在与原料供应商合作时,应签订责任明确的合作合同,比如对原料的质量、供货方式、价格等都应有详细的协定,明确双方的责任,以确保合作的顺利。

(3)互通信息,相互信任,共同发展。

企业与原料供应商之间应经常交流信息,比如通过互派代表访问、交流内部刊物、举办联谊活动等,增进双方的了解,加强信任,从而建立起稳固的合作关系,共同发展。

八、涉外关系

(一)涉外关系的含义

涉外关系指一个社会组织的活动进入国际范围,与国外或独立行政区域的公众所发生的关系。

随着世界经济一体化、市场共有化进程的发展,工商企业的涉外关系越来越广泛、频繁,也越来越重要。

(二)协调涉外关系的基本方法

1.了解并尊重涉外关系所在的环境中公众的需求、心理和风俗习惯

涉外关系涉及的公众与国内公众存在着民族、种族、社会制度、信仰、价值观念、生活需求、文化心理、风俗习惯等多方面的差异,工商企业要想与涉外公众协调好关系,必须首先认清这种差异,尊重和适应这种差异。这样才能够得到当地公众的认同、接受,进而赢得他们的喜爱。

2.熟悉和遵守涉外公众所在地的政策和法律、法令

各国和独立的行政区域都有自己的政策、法律、法令,任何组织都不能冒犯。工商企业在开展海外业务时,首先要熟悉涉外公众所在地的政策、法律法令,并严格遵守,一旦触犯了这些绝对权威的东

西,必然会使企业受到利益和社会声誉上的双重损害。

3.充分利用当地人才为本组织服务

工商企业在开拓海外业务时,应尽量利用当地人才,在当地挖掘可靠人才,并委以重任。这些当地人才对当地的政治、经济、文化、风俗、习惯等十分熟悉,可以帮助组织顺利打开局面。利用当地人才,会给当地带来就业机会,从而赢得当地政府和社会的欢迎。

4.努力争取当地政府的支持

工商企业进入海外市场,应高度重视政府关系,通过资助当地政府倡导的公益活动、赞助地方性节日等,争取与政府建立起良好关系,政府的认同与支持将大大有利于企业的发展,在涉外地区尤其如此。

5.尽量利用当地新闻媒介为本组织服务

涉外关系协调需要做大量的传播沟通工作,这类工作一般应利用当地的媒介进行。所以,企业要首先熟悉当地报纸、杂志、广播、电视等传播媒介的特点和影响范围等,与媒介建立起良好的关系,通过当地媒介影响广大消费者和其他各类公众,树立企业的优秀形象。

6.高度重视当地各方面的信息研究,特别要注意竞争者的信息

涉外公共关系面临着更加复杂的政治、经济、文化背景,企业必须密切关注当地的社会动态,认真研究当地社会政治、经济、文化等方面的信息,预测发展趋势,特别是一些社会危机,企业应有敏锐的感觉和预见性,及早采取防范措施。另外,海外市场的竞争者往往带有复杂的社会背景,比如国家利益、民族感情等。所以,企业应慎重处理涉外关系中的竞争者关系,高度注意竞争者的动向,积极稳妥地做好应变。

第五章 公共关系的客体要素之二——社会组织形象

第一节 社会组织形象及其构成因素

一、社会组织形象的含义

(一)社会组织形象这一概念的由来

形象指具体形状或姿态,社会生活中的形象一般都是具体的事物,有实际意义。社会组织形象是个新生的概念,也是一种新兴观念。单从字面意思来看,社会组织形象就是社会组织的存在状态。这种状态显然是社会组织的综合情况的体现,是一种客观的存在。

公共关系学领域的社会组织形象概念,是中国公关学界在20世纪80年代引进公共关系学的过程中创造出来的,也可以说是在引进西方企业CIS管理模式(Corporate Identity System,简称CIS)过程中,引申出来的一个新词汇。当然这种引申是深植于中国文化土壤的。也就是说,中国文化中讲诚信、重人格这种思维方式成了组织形象观念生成的良好土壤。

"有资料显示,1914年德国AEG电器公司在其系列电器产品上以彼得·贝伦斯设计的商标为统一性视觉传达设计,展示统一的视觉形象,形成了CIS雏形;1930年左右由美国著名设计家雷蒙特·罗维、保罗·兰德等人最早提出CIS这一用语;1955年美国IBM公司率先比较系统的导入CIS"①。

事实上,CIS作为公司身份标志系统和产品形象标志手段,早在19世纪末美国出现资本主义垄断企业时,已成为企业开拓市场和推销自我及产品的手段。从美国贝尔公司形象标志的演进和百事可乐公司商标的演进可以看出,早在1889年贝尔公司就启用了象征公司身份的标记,百事可乐公司也从1898年开始使用个性化的统一商标。所谓CIS,是"Corporate Identity System"的缩写,直译成汉语,即"公司身份系统""公司个性体系""公司同一性系统"。由于公共关系的主体是社会组织,再加CIS在实际应用中也超越了"公司"(Corporation)的界线,其他社会组织也可采用这种管理模式,于是中国公关学界在翻译CIS时,更多地考虑了它的实用情况和深刻内涵,将其译为"组织形象标识系统""组织形象识别系统""公司形象标志系统"等,也就是用"形象"这个词代替了"身份"一词。这样,社会组织形象作为一个公共关系学意义的概念就诞生了。其实,CIS作为一种独特的企业管理模式,它在西方产生的时候与公共关系并无直接的渊源关系,但人们后来普遍愿意把它作为公共关系的一种专门技术。这不仅因为它的确也是一种独特的传播方式和行为规范系统,还在于公共关系学从这种管理模式中吸取了营养,在理论建设和实践技术两方面都得到了丰富。

(二)社会组织形象的含义

社会组织形象,简称组织形象,是公共关系学的核心概念之一。它既是中国公关界学者对"Corporate Identity"概念的引申和创新,也是中国特色公共关系学体系对"公众利益"这一公关学核心概念的引申和创新。这种创新不仅符合中国文化特点和社会现实条件,也突出了社会组织作为公共关系主体在整个公关活动过程中的独

---

① 王新驰:《公共关系与 CIS 异同说》,载《公关世界》,1997(10)

立地位和主动性。组织形象虽然是社会组织的客观存在状态,但在公共关系管理中, 它实际上是和公众利益构成了一对共生的统一体。组织形象的建设必须以公众利益为依托,公众利益因组织形象而存在。任何社会组织要想建立良好的组织形象,必然首先维护公众利益;维护公众利益越多,组织形象越好,反之,损害公众利益越多,组织形象越差。而对于公众利益来说,如果社会组织没有追求自身良好形象的动机和努力,实际上也就失去了依存条件。

因此我们把社会组织形象定义为:具体社会组织在运行过程中显示的行为特征和精神风貌,它由组织的内在精神品质、外观面貌和行为风格三方面构成。

二、社会组织形象的基本构成因素分析

(一)组织的内在精神品质

社会组织的内在精神品质是组织形象的根本,是社会组织在长期实践中不断提炼、丰富而形成的一种生存观念和行为准则。其内容主要包括以下一些方面。

1.组织的精神风格

所谓组织的精神风格,特指具体组织的生存信仰。一般表现为个性化的社会观和价值观,是组织身份设计的灵魂。它可以成为凝聚组织力量的核心,也是标示组织发展方向的旗帜,对外则是组织展示自我、增强竞争力的武器。正如美国IBM公司(International Business Machines Corporation) 一位总经理曾说:"在急速变化的世界中将IBM团结在一起的共同因素不是它的技术, 而是它独特的伦理和文化, 作为公司的主要动力不能过分强调信仰有多么重要,这种信仰应成为与其他公司竞争的特殊管理风格。"[1]因此,IBM公司要

---

① 霍洪喜,邬旦生:《公司公共关系》,天津:南开大学出版社,1994.172

求员工必须认同这样一种价值观念:尊重公司内部每一个人的尊严和权利;提供全世界所有公司中最佳的服务给广大用户;相信本公司的每一项目标任务是以卓越的方法完成实施的。

组织的精神风格应该成为驱动组织发展的核心动力,也是组织自我规定性的本质所在,它显示了组织对社会的独特理解。比如日本的百货连锁店八佰伴的企业理念是:"人无论贫富,都一样平等。所以到八佰伴花一元钱和花十万元购物的人,都同样是人。所以要一律的感谢、奉恩,提供亲切的服务。"①在这种理念指导下,八佰伴要求员工"为钱而感谢顾客",自觉为"持币人"——顾客提供优质服务,以谋取商业利润。这种精神风格虽然有点过分实际,但也不是那种空洞的口号,而是融汇进了一种人生哲学的观念,个性特色十分鲜明。

又如我国青岛海尔集团的企业精神是:"敬业报国,追求卓越。"这体现了中国企业在国家民族现代化的特定时代而生成的豪情壮志,表达了海尔人为祖国富强而奋斗的赤子之情和崇高社会责任感。这是一个时代感特别强烈的企业理念,它产生于中国大陆社会的改革开放时代,大批国企面对全球经济一体化浪潮正在重新艰苦创业,走出历史积存的困境,因此,我们感觉海尔的企业理念不只是一句响亮的口号,也是一种冲天的豪情,一种伟大的忠诚与理想。这样的信念当然也是与中国家电第一品牌的身份相符合的。

2.组织的经营理念

对于工商企业来说,组织经营理念是在组织精神风格直接牵动下,在经营方面形成的一种信念和战略指导思想,它决定着企业的

---

① 刘秉君:《CIS 的本质——一种系统化的经营管理方式》,载《公关世界》,1998(4)。

经营作风,也决定着企业的未来。比如海尔集团的经营理念是:"只有创业,没有守业。"所以当海尔家电在国内小有名气时,企业并没有固守在国内挖掘市场,而是主动出击,提出了"国门之内无名牌,冲出国门创名牌"的战略思想,确立了"企业现代化、市场全球化、经营规模化"的目标,使海尔成为世界名牌,力争跨入世界500强企业行列。只有谋划出了雄伟壮阔的战略蓝图,才能导引出相应的事业。

再比如日本松下公司在起步初期, 至少到20世纪80年代初期,一直奉行的经营战略是:做一个追赶者。即不当技术的先驱,而是在质量和价格上下功夫。所谓"追赶者"就是看市场上出了什么新东西卖得好,他们进行改进和仿制。有一个例子:当年索尼公司首先发明了录像机技术,但它的"贝塔马克思"录像机只能放映两小时。松下公司通过市场调查,了解到了消费者的需求,生产出了能放映4至6小时的录像机,而且样式更小巧,价格比索尼公司的低10%~15%;很快,松下的"乐声"和"RCA"两个录像机牌子就占领了日本2/3的市场。松下公司当年的经营战略显然也是一种很独特的发展思路。

3.组织的服务理念

服务理念即社会组织在服务方面的主张和看法。对于企业来说,服务理念实际上是企业经营理念的一部分,只是因为服务越来越成为一种重要的竞争手段,其价值日益突显,才被单独提出来。西方企业近年来推出的CS(Customer Satisfaction)全新经营战略,其主要手段(当然不是全部内容)就是服务。服务理念是企业重要的经营指导思想,对企业的整个经营活动都有影响。特别是今天这个自动化生产的高科技时代,只靠产品的质量优势已经不能在竞争中占据主动,企业如何在市场营销中不断找到突破点,服务是最具潜力的空间。所以要不断通过服务创新为企业开拓新境界。

4.组织的用人理念

用人理念是组织在引进人才、提拔人才和管理员工方面的一种原则。不同的用人思想会凝聚出不同的人群团体。人才竞争已成为一切事业成败的关键。企业也好、其他社会组织也好,怎样用人,如何吸引来一流人才,怎样才能稳定住人才,如何创造出一套激励人、鼓舞人、发展人的机制,从而充分调动人的积极性和激发人的潜能及创造才能,这些问题的解决只有在具备远见卓识的用人观念指导下,才能够胜出一筹。比如海尔集团的用人哲学是"人人是人才",认为每个人都有自己的优势和待开发的潜能,企业要为人才的涌现创造一个良好的竞争机制,使每个人都能找到适合实现自己价值的位置,最大限度地发挥自己的特长。所以,海尔人不搞"伯乐相马",而是让群马奔腾,在竞争中使骏马脱颖而出。他们认为"伯乐相马"有一定局限性,一是如果伯乐水平不高,就会埋没真正的千里马;二是个别地方还有用人方面的不正之风,真正的人才受压制,庸才却受到重用。再比如日本松下公司的创始人松下幸之助在用人方面有一句至理名言叫作"集合众智,无往不利"。怎样才能集合众智?他认为公司有义不容辞的责任帮助雇员提高素质,只要通过企业与社会和个人的联系,使管理者扮演了培训教师和人才培养者的角色,而不是人力资源的剥削者,就可以最佳地实现这一任务。这实际上就是从积极的方面看待人,认真结合具体企业的管理而实践了关心人、爱护人、培养人、发展人的现代管理思想。

5.员工的道德规范和职业行为准则

人的素质决定着他们的劳动质量和效率,人的素质中除了文化程度、技术水平、工作能力等因素外,道德修养和敬业精神等也极为重要。社会组织在管理中不能只把人作为劳动力来看待,员工不只是组织用来实现目标的工具,也是组织形象的重要构成因素。所以,任何社会组织不能只使用人,也要关心人的成长,爱护人的尊严,全面地培养人(包括人的优良品质)、发展人。这就要求社会组织要自觉地把员工的道德品质、敬业精神等作为组织精神品质的一部分,精心管理,认真培育。

员工的道德规范和职业行为准则作为组织精神品质系统的有机组成部分,不能只是一种规章制度,只发挥管理手段功能,而是要将其转化成一种文化动力系统,培养员工忠于职守、爱岗敬业、互助合作、相互尊重的精神,让其发挥出深层的管理效力。比如,有的企业把佛教修善积德观念纳入员工道德规范和职业行为准则中,创造了一种独特的伦理文化系统;还有的企业把儒家"忠、孝、礼、义、信"等思想改造为一种文化系统,培养员工忠于职守、敬业爱岗的精神。

总之,组织的内在精神品质是一个独特的有机系统,除了上面这些基本内容外,还有传播理念、公关理念、质量理念等。不同的组织可以根据自身的实际情况规划和总结出切合身份的精神品质系统,从而构成组织比较稳定的文化体系,在组织整体结构的深层筑成潜在的凝聚力量和指导系统,使其发挥出所谓"独有的伦理和文化"动力效应。

(二)组织的外观面貌

社会组织外观面貌指人们可以直接感觉到的由组织的各种物质因素和精神因素显示出来的组织存在方式。主要包括以下内容。

1.组织名称

组织名称是组织的第一形象因素,人们认识一个组织总是先从它的名称开始的。组织的名称不只是一种符号,也是组织中人们的意志、理想和愿望的体现。新颖别致的名称容易给人留下深刻的印象,有助于提高组织的知名度。

2.组织的规模与实力

规模与实力指社会组织生产、经营或活动的范围大小和人力、资金、技术等方面力量的强弱。比如一家跨国经营的大企业与一个地方性小企业，其实力上的不同对企业形象的显示也不同。在人力、资金、技术等这些可以直接感知的因素中，人的因素十分重要。知识经济时代，每一个社会组织都在通过开发人力资源的潜力、激发人的创新精神来增强组织的能量。人力资源的素质是组织形象构成因素中的核心要素。

3.产品形象

产品通常指生产出来的物品，主要是工、农、林、牧、渔、矿等行业的产出品。产品是这些行业中的各类组织与消费者连接的纽带，直接影响着消费者对生产者的态度。所以说产品形象是树立组织形象的关键。产品形象指产品的质量、外形、名称、商标、包装等给人的整体印象。

另外，产品的含义也可引申开来，包括精神产品。这样非物质生产行业的社会组织也有产品形象问题。比如，科研成果是科研单位的产品；研究成果越多，价值越大，越有助于提高单位的社会声誉。学生和一些学术研究、教育研究成果是学校的产品；学生的素质越高，教育研究成果价值越大，学校的社会形象也越优秀。政策、法规、管理制度等可以看成是政府机构的产品，这类"产品"显然也有质量问题，即形象问题。比如符合实际情况的程度等；越切合实际的政策质量越高，反之则差。

4.组织环境

环境包括社会组织所处的地理环境背景和自身活动空间的建设情况。比如临江近海、深山老林、荒漠戈壁、鱼米之乡等，就是一种地理背景。不同性质的社会组织对地理位置的选择要求不一样，但同一性质的社会组织，比较而言地理位置的优劣之别是很明显的。占据了有利的地理环境，身价自然会倍增。所谓得地利者得势，其组织形象就会相对有优势。

组织的自身活动空间建设即具体组织的生产、生活环境建设，包括占地规模、建筑物的布局设计和风格，生产、销售和生活环境的美化、特色化等。一个组织的环境建设状况体现了其精神风貌和管理水平。重视环境建设，实际上是对人的关心、爱护与尊重，因此，生态、宜居和显示个性化身份是环境建设的基本原则。

5.服务质量

任何性质的社会组织都有服务问题，服务是人们随时随处都可以感觉到的外在因素。服务好坏是衡量组织形象优劣的重要尺度。

服务质量不仅是一个态度问题，还有水平、效率等其他方面的内容。它最直接地体现着一个社会组织的管理状况和人员素质。

6.组织形象标志系统

组织形象标志系统是组织专门设计的用来识别组织身份和传播组织形象的象征性造型图案和旗帜、标准色、品牌标准字、专用印刷书体等，这些经过专门设计的内容构成了统一的个性化系统，被应用到产品包装、交通工具、标志牌、员工服装、办公用品等组织形象载体中，形成了独特的组织外显形象体系，时时处处都在传播着组织形象。

(三) 组织的行为风格

具体社会组织在长期经营管理活动中，在其精神风格直接影响下，会逐步养成一套独特的行为方式，这就是组织的行为风格，也可称为经营管理作风。其内容一般从以下几个主要方面体现出来。

1.管理模式

管理模式主要指组织系统的结构样式和运作方法。每个社会组织都会因传统和具体情况的不同而形成自己独特的管理模式。比如海尔集团依据自己面向国际市场的发展战略，建立起了符合国际大企业惯例的组织结构扁平化,管理与决策信息化、科学化的管理模式,确立了集团为投资中心,本部为产品经营决策中心,事业部为利润中心,分厂为成本中心,员工为质量中心的责任、权利、义务体系。在组织运作方式上,海尔人创造了"日事日毕,日清日高"工作法。要求当日的工作必须当日完成,绝不拖到第二天,今天的工作绝不是昨天水平上的简单重复。要日新月异,只争朝夕。

目前,我国的许多企业和其他社会组织在管理模式上还比较落后,需要在改革创新中不断探索和完善。政府要求国企要建立现代企业制度,就是要从管理思想到管理模式上,通过改革创新,摆脱计划经济体制时代的一套做法,创立出适应市场经济的全新管理机制。

2.服务风格

服务风格指社会组织在服务理念指导下形成的一种服务作风。比如麦当劳快餐实行快捷、准确和友善的服务。在美国,"当你走进麦当劳,可以在50秒钟内买好你所要的汉堡、番薯条和饮料。你所拿到的东西,不论在东西南北,每一家的味道都是一样,汉堡每个正好是1.6盎司重,面包的直径也刚好是3.5寸,配料用一点剥碎的洋葱,也是0.25盎司一点不差。做好的汉堡放在货架上绝不超过10分钟,炸好的番薯条也维持在7分钟内就被售出。同时每一家店都具有维护得很清洁的厕所以及秩序井然的宽大免费停车场"[1]。在中国,麦当劳让顾客排队不超过2分钟,点完所要食品后,服务员在1分钟之内将所要食品送至顾客手中。餐厅还专门为小孩准备了漂亮的高脚椅和有趣的小礼物,特别是有些餐厅还设有供小朋友娱乐的滑梯。这些

---

① 上海市出版工作者协会:《美国工商年鉴》,美国:美国亚系出版公司,上海:学林出版社,1986年,第139页。

专门针对小孩的友善服务,使麦当劳成了中国城市儿童念念不忘的温馨、快乐之所。

3.人才机制

人才机制是用人理念的体现。每个社会组织都有它的用人哲学,在用人观念支配下,形成的一种人事管理制度,包括人才引进制度、人才提拔制度、人事待遇体制等,就是人才机制。比如广东TCL集团的用人观念是"为员工创造机会","他们认为,人力资本是企业最具变量的资本,只有最大限度地满足每位员工实现价值的要求,他们的积极性和创造性才会充分释放出来,企业才会拥有永不枯竭的动力源泉。为此,他们坚持唯才是举、用人所长的原则,把有真才实学的人放到重要的技术和管理岗位上;通过采取走出去请进来的办法,把优秀人才送到国外和国内的大学深造,请专家向员工授课,不断为员工创造学习提高的机会;建立一套公平、公开和公正的表现评价标准,让员工的价值得到公正的认同,择优给予提拔和表彰;设立总裁信箱和创办《TCL通讯》,为员工创造建言的机会;建立和完善住房、医疗、退休、养老保险制度,让员工有归宿感,无后顾之忧"[①]。可见,广东TCL的用人机制比较注重用优厚的待遇激励人并积极地培养人。而海尔集团则从强调公平竞争的方面建立了"三工并存,动态转换"的人才机制,即优秀员工、合格员工、试用员工并存,根据本人工作业绩动态转换,使每个人都有了荣誉感和压力感,通过压力转化出动力来,激发员工发奋向上。

4.经营作风

经营作风是企业依据发展战略在经营理念指导下形成的一套经营方式和策略。比如海尔集团在"冲出国门创名牌"的发展战略指

---

① 邬柳成:《广东 TCL 集团高速发展调查》,载《管理世界》,1999(5),第 213-214 页。

导下,制定了国际化发展的"三·三"制经营方式和进入国际市场的"先难后易"策略。①所谓"三·三"制经营方式是指围绕"质量国际化、科技国际化、市场国际化"目标而推行的一系列经营措施。在"质量国际化"方面完成质保体系认证、产品国际认证、检测水平国际认可的"三标志"工程,实现质量水平全方位与国际接轨。在"科技国际化"方面推行"三部曲",即"引进消化、吸收模仿、引智创新",实现了科技开发与国际水平保持同步发展。"市场国际化"实施"三个三分之一"策略,即国内生产国内销售三分之一,国内生产国外销售三分之一,海外建厂海外销售三分之一。这样,海尔的产品有三分之二销售到国外,把国际市场作为了企业的主攻方向。

在实施"三·三"制经营过程中,海尔集团确立了"先难后易"进入国际市场的策略。即先进入发达国家和地区,取得声誉后再以高屋建瓴之势进入发展中国家。海尔人的经营作风充分体现了他们"海尔出口首先不是为了创汇而是创世界名牌""卖信誉,而不是卖产品"的追求。

5.科研开发机制

市场经济条件下,科研开发能力已成为企业的基础性竞争能力;能否创建一套高效的科研开发机制,已是衡量企业素质的重要标准。科研开发在全球经济一体化的知识经济时代,是企业与生产管理和市场营销同等重要的基本行为。因此,公共关系管理学作为企业的管理哲学和特殊技术,从形象管理的角度把科研开发能力提升为组织形象构成因素之一。这一点对于中国企业在建立现代企业制度过程中如何创新管理制度,很值得思考。

不同的企业由于经营情况的不同,其科研开发行为也会不尽一

---

① 吴爱民、辛培兴:《海尔之海——海尔集团的文化建设》,载《公关世界》,1998(10)。

致。比如广东TCL集团制定了"厚积薄发"的科研开发机制,每年拿出总收入的0.7%作为技术开发资金,组建了一支包括高级工程师、博士在内的科研技术开发队伍达143人,占员工总数的0.8%。"为了推动技术创新,集团从长远发展的战略高度建立三个层次的技术创新体系,即最高层次的中央研究部、中间层次的'广东TCL数字信息技术研究开发中心'、基层企业生产技术部"①。中央研究部承担集团发展战略需要超前3~5年的技术储备研究;中间层次的研究中心的职责是利用中央研究部的研究成果,加快新技术应用,开发设计1~3年内市场适销新产品,完成中试后转各企业批量生产;基层企业生产技术部,职责是编制生产工艺流程,设计工装夹具及改造、解决生产中的技术问题。

6.文化仪式

所谓文化仪式,指具体社会组织已经成为习惯的一系列日常文化活动的总称。这些文化活动既体现了企业对员工的期望与要求,又以生动形象化的形式向员工灌输了本企业的价值观念及管理规则。这种模式化而又风格独特的仪式活动,实际上是培养和暗示人们形成一定价值观念的行为方式,使一些抽象的价值观念和行为规则变成具体有形的东西。具体的文化仪式是多种多样的,包括各种表彰奖励活动、各种聚会娱乐活动等。

第二节　社会组织形象的评价标准和评估方法

一、组织形象的评价标准

社会组织形象首先是管理者策划和建设出来的一种存在状态,可以通过分析其构成因素来做出评价,但这种评价带有主观性。因

---

① 邬柳成:《广东 TCL 集团高速发展调查》,载《管理世界》,1999(5),第213-214页。

为这种分析过程凭借的是少数人的判断能力。所以公共关系管理在认识组织形象时,既使用这种定性的分析研究法,更需要一种客观的量化手段。这种客观的量化手段显然不能依据组织自身的因素,而必须借助外在力量。能够对组织形象做出客观、公正评价的外在力量只能是它的公众。因此,由公众对组织的态度、看法构成的公众舆论,也成了评价组织形象的重要依据。在实际的公共关系管理中,不仅要考察公众对组织的态度,更要掌握公众对组织的行动情况。这样,人们便确立起了评价组织形象的三个标准——知名度、美誉度和认可度。

(一)知名度

知名度就是一个社会组织被它的公众知道、了解的程度。即社会组织的公众总人数中知晓公众所占的比率。

知名度在实际生活中有正向和负向差别。正向知名度即公众对社会组织情况的知道、了解可以导致正向态度生成,比如,"知道、了解→关心→接受→喜欢→合作"。在这个过程中"知道、了解"的应该是组织的好情况,这种"被知晓"对组织是有益的。社会组织可以通过积极的传播沟通和其他公关手段追求正向知名度。

负向知名度指公众由于对组织某种情况的知道、了解而生成负向态度,比如:"误解或确知不良行为→漠视或反感→排斥→防范→敌视、对抗。"这个过程中"知道、了解"的显然是有关组织的坏情况或不利消息,这种"被知晓"对组织是有害的。社会组织往往难以避免这种情况出现,于是公关管理中有危机处理。负向知名度需要社会组织努力防范,一旦出现应积极排除。

知名度作为评价组织形象的一个量化指标,在实际应用中只有正向知名度有量化意义,负向知名度已转化为危机事件。虽然在危机公关处理时也考察其性质或影响范围、程度,但已不是为了评价组织形象,而是为了制定处理危机的政策、措施,因而负向知名度已不属于组织形象评价系统。

（二）美誉度

美誉度指一个社会组织被它的公众信任、赞许的程度。即知晓公众中对组织持有正向态度的公众人数所占比率。

美誉度体现了公众对组织的态度,实质上反映了组织对公众利益的维护、尊重情况。只有真正维护公众利益,才能赢得公众的信任、赞许,组织才会有高美誉度。

（三）认可度

认可度指一个社会组织被它的公众认可、接受的程度。即依据具体的公关管理目标要求,知晓公众中采取了合作行动的公众人数所占比率。

（四）知名度、美誉度、认可度三者的关系

作为评价社会组织形象的三个标准,知名度、美誉度和认可度互为依托,社会组织只有同时重视三个方面,才能树立起优秀形象,最终实现公关目标。知名度是美誉度和认可度的基础,或者说正向知名度是组织追求美誉度和认可度的起点。在公平竞争的环境中,知名度、美誉度和认可度应该成正比例关系,但行为公众即对组织采取了合作行动的公众的产生实际上受诸多因素影响,并不是有了较高的知名度和美誉度,就必然会有相应的认可度。

社会组织的知名度可以通过公关宣传得到提高,美誉度则主要取决于组织自身的因素,比如产品质量、服务质量等;美誉度的提高要求组织既要自己做得好,更要培养公众态度,单纯的宣传不能提升美誉度。美誉度从根本上讲是由公众态度决定的,需要通过大量切实维护公众利益、尊重公众利益的工作来实现。认可度一般来说应该以公众的正向态度为基础,但公众的正向态度并不会自动生成合作行动,有些合作行动可能还是在负向态度情况下产生的。这正说明了公共关系的复杂性和艰难性。

二、组织形象的评估方法

组织形象作为社会组织客观的存在状态,可以从定性和定量两个方面进行评估。

(一)定性分析

1.定性分析的含义

定性分析即组织形象定性分析法,指通过分析研究组织形象的各种构成因素并做出性质评判,从而认定组织形象的状态。比如聘请各方面专家组成专门委员会,对组织形象的基本构成因素体系进行全面评估,通过分析研究组织的内在精神品质、外观面貌和行为风格系统,从理论上主观地评判出组织形象的状态。

2.定性分析法的应用原则

应用定性分析法要注意以下原则:

(1)要以公众利益为准则,兼顾组织利益。

(2)要选定一个比照标准体系,一般应为同行业中几个有代表意义的具体的社会组织。

(3)要精心组织评估专家委员会。

(4)评价过程应客观、公正,实事求是。

3.定性分析的方法

首先,应确定待评估的具体社会组织的形象构成因素,列出详细的项目表格。可参照本章第一节所论内容。其次,根据项目内容选聘评估专家。第三,认真选择参照标准。一般来说,参照标准应是一个等级系统,系统内由不同等级的对比对象构成,比如从某行业内选出优、良、中、一般、差这样一组具体的社会组织,形成参照系统,然后根据组织形象构成因素逐一对比,在比照中评价出社会组织的形象状态。第四,制定评价表格,参照表5-1。

表5-1 组织形象定性分析评价表

内容	项目	性质	优	良	中	一般	差
组织形象构成因素系统	组织内在精神品质	精神风格					
		经营理念					
		服务理念					
		用人理念					
		公关理念					
		其 他					
	组织外观面貌	组织名称					
		规模与实力					
		产品形象					
		环 境					
		服务质量					
		形象标志系统					
		其他					
	组织行为风格	服务风格					
		人才机制					
		经营作风					
		科研开发机制					
		其他					

(二)定量分析

1.含义

所谓定量分析,即组织形象定量分析法,指应用统计测量技术研究公众舆论,从而量化地评价出组织形象在公众心目中的地位。

2.定量分析法的应用原则

(1)定量分析在实际应用时需首先抽取一定数量的公众(即样本公众),通过研究样本公众对组织形象的评价来量化出组织形象在公众心目中的状态。因此控制样本的代表性是关键。

(2)调查公众意向须编制问卷,问卷应客观、策略,避免暗示或引导调查者。

(3)数据统计要准确、真实。

(4)结果分析应与定性研究结合,以便正确判定组织形象状态,并准确把握公关工作的要点和重要方向。

3.定量分析的方法

社会组织形象既是自身构成因素的客观显现,又是公众舆论对这种客观显现的总体评价。也就是说,组织形象实际上由自身因素和外界评价共同组成。自身因素可以通过分析形象构成因素系统即定性研究做出评估;外界评价即公众舆论,则只能通过对公众舆论的调查来把握。调查公众舆论的方法有许多,用来评价组织形象时最常用又简洁的量化手段就是测定知名度、美誉度和认可度。

知名度可以评价出组织在公众中的影响范围,美誉度则能够评价出公众对组织印象的好坏程度。知名度和美誉度结合在一起,构成一个评价组织形象的量化坐标体系。如图5-1所示。

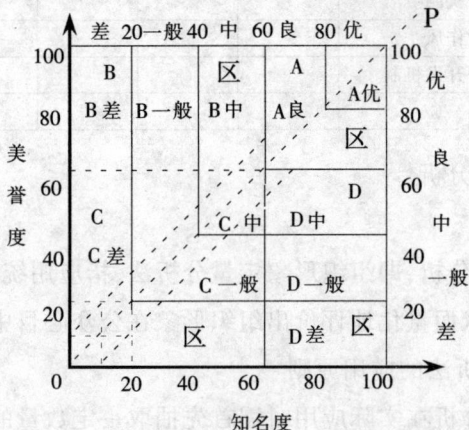

图5-1　组织形象量化分析坐标图

组织形象量化分析坐标图说明:

(1)组织形象量化分析坐标图由A、B、C、D四个区域之间组成,假设100为满足量,其中A区是高知名度、高美誉度区,知名度和美誉度都在60以上;B区是低知名度、高美誉度区,知名度在60以下,美誉度在60以上;C区是低知名度、低美誉度区,知名度和美誉度都在60以下;D区是高知名度、低美誉度区,知名度在60以上,美誉度在60以下。

(2)组织形象量化分析坐标图还可以表示出优、良、中、一般、差五种组织形象存在状态。①知名度和美誉度同时达到80以上,为优秀状态。②知名度在60~80之间,美誉度60~100之间;美誉度在60~80之间,知名度在60~100之间,为良好状态。③知名度在40~60之间,美誉度在40~100之间,美誉度在40~60之间,知名度在40~100之间,为中等状态。④知名度在20~40之间,美誉度在20~100之间,美誉度在20~40之间,知名度在20~100之间;为一般状态。⑤知名度在0~20之间,美誉度在0~100之间;美誉度在0~20之间,知名度在0~100之间,为形象差状态。

(3)组织形象量化分析坐标中的O-P斜线是横轴知名度和纵轴美誉度平面中的斜向中轴。它是知名度和美誉度同步协调发展的最佳轨迹,也是实现组织形象优良状态的捷径。越是靠近O-P斜线的区域,组织形象的状态越正常;同时也表明组织的公共关系工作较成熟,有较好的经济效益。

4.组织形象的不同状态及公关对策提示

(1)A区由优秀状态(A优)和良好状态(A良)组成,是高知名度和高美誉度区。组织的形象地位如果被测定在A区,说明其处于良好的公共关系状态中,公关政策应是在全面维持现状的基础上继续加强优势。

(2)B区由中等状态(B中)、一般状态(B一般)和形象差状态(B差)组成,是低知名度、高美誉度区。组织形象如果被测定在B区,应首先判定属于三种状态中的哪一种,然后再制定相应的公关政策。总的来说B区中的社会组织享有较高美誉度,具备了良好的发展基础;公关政策应在维持美誉度的基础上,加大宣传力度,大力提高知名度。但B差表明组织形象建设过度失调,公关效应差,这种情况往往是因为缺少公关理念造成的。

(3)C区由中等状态(C中)、一般状态(C一般)和形象差状态(C差)组成,是低知名度、低美誉度区。但(C中)区域里的组织形象状态较正常,知名度、美誉度基本同步发展,基础较好。(C一般)区域内的组织形象也具备了初步发展基础,但总体上不成熟。(C差)区域内的组织形象建设总体严重失调,公关效应差,组织形象不佳。总之,C区内的社会组织既需要加强内部管理、完善自身素质,也需要大力开展公关活动,提高组织知名度和美誉度。

(4)D区包括中等状态(D中)、一般状态(D一般)和形象差状态(D差),属于高知名度、低美誉度区。从总体上说,D区已经具备了发展组织形象的一个条件即高知名度,其中,(D中)区和(D一般)区都具备了不同程度的美誉度,公关状态已有一定基础,公关政策应在完善自身行为、维护公众利益两方面挖掘提高美誉度的活动。(D差)美誉度极低,表明其高知名度很可能是负向知名度,社会组织的公共关系正处于危机状态。这种情况如果能通过高超的公关活动化险为夷,反败为胜,则会有事半功倍之效。

第三节 组织身份管理——CIS的策划、经营与传播

一、CIS——组织身份标识系统的含义

CIS 是英文"Corporate Identity System"的缩写。Corporate 指企业法人组织,Identity 指身份、个性、特性,System 即系统;CIS即企业个性系统,或企业身份标识系统,我国学者也意译为"组织形象标志系统"。现在,CIS已经是一种完善的企业形象建设手段。有学者认

为,CIS管理最早开始于第一次世界大战之前的欧洲,德国一家名为A.E.G的厂商率先将此理论应用于其一系列产品上,到50年代,欧美各国相继开发出不同形态的企业识别系统。60年代后,CIS可以说是进入了一个全盛的时期。近年来,则更是成为一种成熟的、流行的、规范化和系统化的企业形象设计方法和传播工具。

　CIS作为企业识别系统,由三个子系统构成:理念识别(Mind Identity),简称MI;行为识别(Behaviour Identity),简称BI;视觉识别 (Visual Identity),简称VI。这三者有机结合,相互作用,构成一个统一体。

二、组织身份识别系统的内容

（一）理念识别（MI）

　理念识别,就是一个企业在经营哲学、经营观念、经营理论等方面区别于其他企业的识别标志,相当于企业的“心”。理念识别包括:经营信条、企业精神、座右铭、企业经营哲学等内容。

　理念识别是CIS系统的核心,完整的企业识别系统的建立,首先必须依赖企业理念的确立。它既是CIS系统的深层内容,也是企业精神文化的集中概括。企业理念识别意在确立企业的宏观发展战略,倡导与此发展战略相适应的企业精神和价值观念,为企业的社会地位和经济地位定向定位。理念识别总的来说比较抽象,它应该既体现出企业的经营性质,又勾画出企业的精神实质,使社会的同一性和企业的独特性有机地融为一体。

　MI是一种内在的力量,是企业的精神支柱,它具有强大的凝聚力、导向力、感染力和影响力。这种内在的精神力量可以激发与强化企业成员为社会服务的意识,激发员工热爱企业的情感,可以强化和再生企业成员有利于企业发展的行为,促进企业物质文化的发展。

（二）行为识别（BI）

　行为识别，是指一个企业在一切经营管理活动诸如生产活动、服务活动、营销活动和社会活动中,区别于其他企业的独特作风,是在理念的指导下,所形成的一系列经营管理活动,相当于企业的"手"。行为识别是实现企业战略理念目标的保证,主要包括两大类,一类是组织成员的生产经营方面的活动,如生产活动、经营活动和科技活动;另一类是关于企业内部人与人之间的行为活动,如人际关系的协调活动、教育宣传活动、文娱体育活动等。行为识别可以说是企业实施其发展战略的必要的行为规范。我们所熟悉的服务性企业的售后服务、微笑服务、全天候服务等,都可以属于不同企业行为识别的内容之一。

（三）视觉识别（Ⅵ）

视觉识别,即根据企业的市场定位、发展战略和经营理念,精心确定和设计最能代表企业形象的视觉标识,它相当于企业的"脸"。任何一个企业要把自己推荐给社会公众,都必须建立一套易于识别的符号系统,以便给社会公众留下深刻的印象,并逐步培育社会的认可度。它包括企业及其产品的命名、标志及商标的设计、产品的外形及包装、广告及厂房设计、标志色的选择、公关礼品的制作、宣传册及招贴画的印发,以及厂徽、厂服、厂歌的设计和创作等。视觉识别就是要运用文字、符号、图案、色彩甚至模型等一切视觉手段,把企业形象、企业文化信息尽可能集中地、概括地、形象地、鲜明地表现出来,使人过目不忘、印象深刻,从而使企业形象具体化,使企业身份特色化。

三、CI设计的基本原则

组织身份识别系统是一个整体的有机系统,进行CIS设计时,应把握以下几点原则。

（一）统一性

CIS在内容上虽然分为三个系统,但在设计时应统一考虑,具体表现为MI、BI、VI的和谐统一。一般来说,一个组织和个体的人一样,有什么样的信仰,就会有什么样的行动,也会通过外观面貌展示其内心世界。CI设计往往是通过VI来展现MI,用BI来阐释MI。

(二)独特性

CI作为组织的一个身份系统,是为具体社会组织独有的,往往是依据组织的目标和发展战略精心策划的,它不只是一个文字描述文本,更是实践的理论蓝图,是独特的文化。

(三)有效性

CIS的有效性主要是指它是便于实践的,是切合具体组织实际的,在实践中能够产生整合效应,产生高效率的管理效应和传播效应,有效地推动组织形象建设和发展。

(四)民族性

CIS作为具体组织的身份系统,应该是一个有民族文化背景的体系,尽管有什么“国际化”“地球村”一类的说法,然而,民族、国家仍然是一个清晰的边界,具有政治、法律、文化的独立性,社会组织除非是国际性的合作组织,需要特意追求国际综合身份,一般都应植根于具体的民族文化中,保持鲜明的民族性。CIS的民族性不仅仅是一种文化偏好,更是市场营销的需要。

四、CIS导入时机的选择

CIS由于是一个策划的身份体系,在设计完成后,存在一个应用导入问题。因为对于具体的组织来说,启用CI不只是穿了一件新衣服,还涉及行为方式的变革,其实是一场自我管理革命。因此,选择理想的时机导入CI,效果更好。具体组织的情况不完全一样,一般来说,企业可供选择的时机有以下几种。

(一)企业重新注册时

新组建的企业集团,改制的上市股份有限公司等,常常要重新进行工商登记,更改公司名称、公司章程,甚至要重新修订企业目标和经营信念。为了让公司内外人员有效地识别企业及其"新面貌",可见机导入CIS。

（二）企业创业纪念日来临时

在企业创业纪念日来临时导入CIS,能激发企业员工及老业务伙伴的自豪感,可使他们产生极大热情,从而有利于形象的内部认同及向外推广。

（三）企业推行多元化经营方针时

在企业面临发展和扩充时导入CIS战略,凭借统一的策划和完整的形象,大大加强各相关实体的团结,企业整体实力将大幅度提高。

（四）进军海外市场,推行跨国经营战略之际

按照国际惯例和标准,重新设计企业及产品标志,可有效地获得国际对产品和企业的认同,逐渐树立起鲜明完整的企业形象。

（五）扭转企业危机,活化内聚力时

在企业面临危机时导入CIS,重新确定经营宗旨和经营风格,可消除负面印象,为企业腾飞创造新的契机。

（六）竞争的需要

市场竞争激烈,为了在同质化的市场环境中塑造出差异性而导入CIS。企业在拓展市场过程中有时会面临品牌标志、商标等出现了区分度较弱问题,不一定是一开始设计的问题,往往是扩张发展进入了更大范围的市场,才出现的新问题,这时,就需要经过创新,重新导入CI,或者,至少是对VI进行创新。

（七）内部革新的需要

组织在发展进程中,有时会进入一个自我革新期,这时可抓住改革契机,进行综合改造,赋予企业形象新内涵,导入CI。

第六章 公共关系的客体要素之三——传播沟通

第一节 传播沟通与传播学的基本理论

一、传播与传播学的产生和发展

（一）人类社会传播方式的发展

1.原始初民的传播

传播是整个世界存在的方式，传播是人类社会得以建立的基础，传播也是人类社会存在的方式。想当初原始初民们像动物一样过着群居生活的时候，已经掌握了一些传播的本领，表情、动作、声音应该是他们基本的传播手段，逐步形成语言系统，发展到用结绳、刻木、图画来记事。这时候他们已经能够用语言建立愉快的人际关系，传达比较抽象的观念，说明事物间的关系；能够用语言来说服别人，对事物已经有了自己的看法和信念，形成了一定的生活习惯和礼仪。原始初民们所获得的这些人生经验和生存本领，是他们生活的一部分，他们用口头传授的形式代代相传。同时，由于早期人类的生存能力还十分低下，思维也不十分发达，还不能很理性地把自我与自然界区分开来，于是他们创造了海神、土地神、山神、河神等神灵，并"发明"了舞蹈、祭祀、礼拜等仪式操演来敬仰、崇拜他们意识中的种种神灵。后来他们又创造了图腾，图腾像一面旗帜一样凝聚着一个部落中人们的力量,使原始初民的人群生活染上了更加强烈的社会化色彩。

如果说早期人类能够用表情、动作、声音甚至语言信号来表达他们的愿望,彼此沟通,从而形成群居化的社会雏形,这与动物群还没有本质区别的话,那么,当人类开始创造出用结绳、刻木、图画来记事,创造出种种神灵并用特定的仪式操演来拜神,尤其是当人类创造出印证自我力量的图腾并跨入了图腾崇拜时代的时候,人类便开始与动物有了本质的区别,开始走上了成为"人"的道路。这是因为人类已经能够创造理性化的符号,能够创造超越本能的物态化思维,也就是能够把生活经验物态化。这意味着人类已经创造出了超越自我的传播信息的工具。只有这种时候,人类才能够建立起强大的社会结构,不断超越自我,战胜自然,从动物界中脱颖而出,一步一步走向更高层次的文明。所以说,传播是人类社会赖以建立的工具,人类社会与其他动物群体的本质差别在于人类更善于传播,能够使用物态化的超越时空限制的传播工具。

用结绳、刻木、图画等手段来记事,用仪式操演来拜神,特别是用图腾来标识自我并形成图腾崇拜来凝结部落群体的力量,这表明人类已经开始有了最初级的文化,就好像有了一面可以照见自己的镜子一样。这种初级文化让人类能够不断地审视自我,继承到前人的一切伟大实践成果,不断修正自我,完善自我,寻求超越,从而走向更高境界。这就是人类的精神生活,而支撑这个精神世界的就是人类所创造出来的那些物态化了的传播方式及其所承载的信息(或者叫作生存含义)。当然,在人类创造原始文化从而开始走出自然界向精神王国迈进的整个过程中,声音语言毫无疑问地在不断得到完善并发挥着重要的传播功能。动物是没有精神世界的,也就是没有文化,因为它们没能像人类一样创造出超越自我本能的传播工具和传播方式,并让这种工具和方式不断发达、完善。

2.文字、造纸术和印刷术

文字的产生使语言被符号化,逐步形成了相对稳定的系统。文字大大突破了口头语言在时空上的传播局限性,并使传播更加精确。中国是一个文化传承基本完整的国家,早在公元前20世纪左右,就有完整的汉字体系。今天的汉字系统就是从那时开始逐步发展而来的。夏、商时代,文字已广泛出现在陶器、石器、甲骨、铜器等物品上,当时的文字作为一种符号,主要用来记族名和祭祀者名或标记个人身份,也用来记数。商朝的甲骨文已是比较成熟的文字,反映了商王的活动和当时的社会情况。人们正是依靠了文字,更好地建立起了社会关系和社会秩序。这就为人类摆脱原始时代的混乱与蒙昧打下了基础。

春秋战国时代,文字在社会生活中被更多地使用并不断得到简化。当时的文字信息主要被保存在竹简、丝帛、木牍、石鼓上。由于这些信息载体或笨重或昂贵,使信息不易复制,人类文化信息的传播也受到了很大局限。

西汉时,我国就出现了用丝絮和麻纤维造的纸。到了东汉蔡伦于105年改进了造纸术,用树皮、麻头、破布、渔网等做原料,制成了植物纤维纸。这种纸原料易得,价钱便宜。从此,纸的产量大增。造纸术在几个世纪后,传到朝鲜、日本、印度和阿拉伯,后经非洲北部传到欧洲。造纸术的发明使文字信息载体轻便易得,大大推进了人类文化的传播。不过,造纸术发明后相当长一段时间,人们靠手抄复制信息,不仅极易产生误传,复制的量也十分有限。后来出现了石刻板和木刻板印刷,但复制信息的质量较低,数量也有限。

到了北宋时,毕昇发明了活字印刷。用黏土烧制的陶字排版印书;元朝又出现了锡活字、木活字;后来又用铜活字、铅活字。活字印刷既经济又省时,大大提高了文字传播的效率。活字印刷术后来传入朝鲜、日本、埃及和欧洲。

造纸术和印刷术之所以被称为人类的伟大发明,就是因为它们使人类在传播技术方面有了大发展,大大提高了信息传播范围、传播速度和传播质量,使更多的人能够有机会享受人类文化的成果,使人类智慧和经验能够得到更广泛深刻的交流,从而推动了人类整体素质的不断提高和进步。从这个意义上说,中国人首先创造了造纸术和印刷术,是对世界文明进步的巨大推动。

3.大众媒介传播的兴起

自从18世纪中期英、法等国家开始工业革命以来,人类社会进入了工业化时代。机器生产首先在印刷技术方面带来了巨大变革,高速轮转印刷使复制信息的能力空前提高,于是资产阶级民主运动的宣传品——报纸诞生。报纸作为最早的大众传播媒介,使人类在共享信息和迅速传播信息方面进入了一个新时代。特别是20世纪以来,人类在传播方面更是飞速发展。广播、电报、电视、电话、电脑,这些电子传媒的广泛应用使人类进入了信息时代。人类社会的基本生存方式已经因为这些传播媒介的普遍应用而发生了巨大变化。

历史表明,人类的发展正是建立在传播方式不断进步的基础上。人类社会的历史也可以解释为是传播方式不断演进的历史。人类创造了传播,传播也创造了人类。人类依靠传播摆脱了自然界的束缚,创造了自己的社会文明,并在使传播方式不断前进中走向更高的理想境界。

(二)传播学的孕育与形成

传播现象和人类的历史一样古老,人类对传播现象的现代意义上的理性研究,最早可以追溯到古希腊时期。在那时及以后的很长时期内,各个学科的研究者都对本学科范围内的传播现象有过或多或少的论述。而意识到信息传递这一传播的本质，从信息的角度去研究传播现象，从而产生了传播学，只是20世纪初的事情。我们大致回顾一下传播学的产生发展过程。

1.古代的传播研究

信息传递现象的普遍存在决定了各个学科都存在着各种形式的传播研究。比如古代希腊哲学中对"灵魂"的探讨，神学中对"启示"的解说，知识发生的学说等等，都可以视为不同形式的传播研究。不过传播学的两个最直接的来源是对人的自我传递的研究和对人际传递的研究。有关人的自我传递的研究可以看作是心理学的传统，人际传递的研究可以看作是社会学的传统。

(1)传播研究的心理学传统

当人类进化到一定阶段，幼年时的物我不分的"神话思维"开始分解为巫术、宗教、自然崇拜心理和理性判断两种发展倾向，产生了自我意识之后，人类便从自然中分离了出来，越来越清晰地"感觉"到自我意识的活动，也就是注意到了信息的内在传递现象，开始关注思维活动。这首先是从找寻精神现象的物质基础开始的。比如6000年前的古埃及人曾认为灵魂存在于心脏；所谓灵魂就是人的思想活动。后来到了古希腊时代，人类才发现大脑是产生喜、怒、哀、乐的器官，哲人希波克拉底提出："只有通过人脑，才能进行思维、认识事物、辨识美丑、判断善恶、产生愉快和痛苦的情绪体验。"古代哲人们不仅发现了产生意识活动的物质器官是人脑，而且对意识活动做了进一步探讨。柏拉图曾区分了感觉、记忆和理性；亚里士多德则逐一探讨了灵魂、运动、感觉、记忆、思想。从传播学的角度看，古代哲人们的这些关于人的思考和研究成果，让人类更明确地认识了自我。人们发现"灵魂"也好，"精神"也罢，这些曾经是很神秘的东西，原来统统都来源于自我，而不是上天或神灵的赐予。这毫无疑问地大大增强了人的自信力，使人开始确立起自我绝对崇高的信念，走上了崇尚自我力量、大胆与自然力搏斗并深信一切都可以被认识、被掌握从而为人所用的道路。这就是说，古代的心理学研究不仅解开了人类的自我传递现象或者叫作内向传播现象之谜，让人类初步明白了灵魂或精神也就是意识活动是怎么回事情；而且，这些研究成果作为人类智慧或者叫作内向传播的信息，使人类在认识自我的过程中迈上了一个更高的境界。人类一旦懂得了精神来源于自我，就必然会寻找我如何才能获得精神，或者说我的精神怎么产生的？这最终会把人的注意力指向人生经验的总结、实践与思考、学习前人或他人的智慧等。这实际上是把人引向了一条更多、更广泛地参与传播活动的道路。人也只有这样才能够不断地强大自我。

事实上，真正意义上的心理学是在19世纪才开始形成的。特别是社会心理学从心理学中独立出来之后，许多研究成果更直接地被应用于传播活动，从而成为传播学的基础理论。心理学是研究人的思维、情感、意志以及人的个性倾向性与个性心理特征等问题的；而传播作为一种人的社会行为，从个体来说必然伴随着心理活动；从社会来说不考虑人的心理是不可能取得好的传播效果的。因此传播学与心理学是不可分割的。传播作为人的存在方式，与许多社会学科都有着密切关系。

(2)传播研究的社会学传统

在古代社会，面对面的交往是最常见的传播形式。亚里士多德的《修辞学》可以看作是最早探讨人际传播的著作。他说："在对话的三个要素即说话者、话题、听者之中，决定对话目的和内容的要素是听者。"通过分析说话者、话题、听者三个要素，亚里士多德探讨了各个要素所具有的特征。并以对话的说服作用为重点，以听者为中心，建立了他的修辞学体系。他认为"修辞学是敦促对话对方决断的一种手段。因此说话者不仅要明确自己的说话内容,取得他人的信任,而且要让别人了解自己的人格,同时应该注意听者的内心"。用传播学的观点来看,亚里士多德已经提出了一个包括四个变量的传播过程模式,这些变量就是:说话者——话题——听者——效果。这与后来被尊为传播学创始人之一的拉斯韦尔所提出的"5个W"理论(即:who-what-which channel-whom-what effect)没有多少差别。亚里士多德之所以没有提到传播渠道,是因为他所在的那个时代还没有报纸、杂志、广播、电视等传播工具,通过"说话者"进行的人际传播是社会的主要传播方式。由此可见,亚里士多德在古代社会的思考,对人类社会的传播活动产生了巨大影响,也为后世的传播学研究做出了先驱性贡献。

后来的哲学家和思想家,如卢梭、孟德斯鸠等人,都对教育民心有过精辟的论述,其中包含着丰富的传播学思想。在中国古代,不论是儒家思想中的君臣父子、孝悌仁爱等伦理纲常,还是法家思想中对于社会舆论的甄别与遏制,都是从维持社会秩序的角度注意到了传播的社会功用。特别值得注意的是,生活在公元500年前后我国南北朝时期的刘勰,从文艺创作心理的角度谈到了"心""思""意"这样的概念,实际上已经在探讨人的心理的深层结构。这比弗洛伊德的精神分析学对人的意识的剖析要早得多。

到了近代,随着自然科学的发展,实证主义哲学日渐强盛,各种社会研究手段开始发达起来,社会学摆脱了思辨的哲学阶段而进入了实证阶段。社会调查、统计分析等研究手段在解决各种社会问题的同时,不可避免地要涉及传播现象与传播媒介。社会学的实证研究发展到现代,大量的理论成果直接地成了传播学的理论基础。比如传播学中关于传递与反馈的研究,就是受到了行为主义理论"刺激—反应"模式的强烈影响,这可以从早期传播学中的"皮下注射理论"和"枪弹论"中看出来。

2.传播学的形成

从广义上说,传播学的研究对象包括了人类社会、生物界乃至自然界的一切信息、信号甚至物质、能量等的传递现象。从狭义上说,传播学就是大众传播学。从传播学的历史发展上看,是先有大众传播学,然后人们意识到传播的信息传递本质,才想到去建立一门传播学。实际上,至今为止,我们还没有研究一切信息传递现象的传播学。目前的情况是把自然界和生物界(包括人脑对信息的加工)的信息传递研究,留给了信息科学,而把社会信息的传递研究留给了大众传播学。大众传播学的研究没有局限于大众传播媒介的传播,它涵盖了人际传播研究以及人的自我传播研究。因此人们一般把传播学与大众传播学作为两个可以互相替换的概念。

传播学形成于20世纪初的20—40年代。从物质基础方面说,从19世纪末到20世纪初,传播媒介发生了革命。一方面报纸印刷和发行规模扩大,另一方面新的传播媒介如广播、电报、电影、电视出现了。历史上每种新媒介的诞生,都给社会带来巨大的冲击。15世纪欧洲活字印刷的出现,助长了文艺复兴和宗教改革;19世纪电报、铁路与高速印刷的发明,为民主政治的崛起创造了条件。从另外一个角度看,媒介的增加、交通的发达,使得人与人之间互动增加,传播现象开始引人注目。正是在这个时期,社会心理学家对小群体的研究,社会学家、政治学家对舆论、竞选、宣传等传播活动的研究,蓬蓬勃勃地发展起来。作为传播学前身的新闻学,这时也开始突破只研究业务的框框,对传播的体制、读者的动机等等进行了研究。社会心理学、社会学不仅为传播学提供了理论基础,而且许多社会心理学家、社会学家本身就是最早的传播学者,他们的研究丰富了传播学的理论。到了40年代末,传播学就基本上形成了。

三、传播学及其研究内容

（一）传播学的含义

传播学也叫传意学，是以人类的信息传递现象尤其是大众媒介传播为研究对象的一门科学。

传播学有广义和狭义之分。广义的传播学主要研究内容有：语言、文字等各种符号的信息意义；人的传播行为及其方式；传播构成和传播渠道；传播效果和传播作用；传播中传者和受者的相互作用等等。狭义传播学的研究对象是大众传播，一般称之为大众传播学。大众传播学的主要研究内容是：大众传播事业的发生、发展及其同社会的关系；大众传播的功能和方式；大众传播的内容和过程等。狭义传播学中又有许多分支，比如报学、新闻学、广告学、编辑学等。

从传播学的形成过程来看，实际是先有报学、新闻学，然后有大众传播学，最后才形成了以人类社会一切传播行为为研究对象的广义传播学。从传播学研究的内容即大众传播、人际传播和人的内向传流这三个方向来看，传播学是一门综合了组织行为科学、社会学、社会心理学、教育科学和人类文化学等多学科的应用性学科。

（二）传播学研究的基本内容

1.传播的性质和特征

（1）传播的性质

从语义学上讲，传播被解释为"广泛散布"；就是把一种消息、情况或信号传递到更广大的范围或更多的人群中间去。传播学作为一门从西方引进的学问，英文叫作"communication"。查大一点的英汉词典，"communication"的解释有"通信""通讯""传达"；（意见等的）交换、交流、沟通；传达的信息等等。众多义项中唯独没有"传播"一说。在一些英汉小词典中，有把"communication"译为"传播"的。可见这个词从本源上说，并没有"传播"的含义，用汉语可以更确切地理解为"传",其意义类似于"由一方交给另一方"的传递、传授、传达、沟通。所以有的学者把"传播学"的英文词"communication"直接译为"传学"。这一点,可从美国著名传播学者宣伟伯的《传媒、信息与人——传学概论》的中译本中得到印证,该译本在目录后开篇的"传学新词"概念介绍中,把"传学communication"阐述为:"研究人与人、人与团体和社会通过传的行为来建立关系的学问。人怎样相互影响,怎样共享智据(笔者注:智据是对"information"的翻译,即信息),接受并报道消息、新闻与知识,怎样受教与教人,消遣与娱人,都是传学的研究范围。"①由此可见,把"communication"理解为"传"而不是"传播",用"传"的观念来考察人类社会的信息流动现象,用"传学"来替代"传播学",将会使许多理论问题在阐述上更加严谨、完善。比如个人与个人之间的交流,特别是人的自我传流即思想活动,的确存在信息的传动,但又不存在"播",即信息的大范围流动。

那么,为什么中国的一些传播学著作把"communication"译成了传播而没有译成"传"呢?这可能与对"mass communication"的误解有关。传播学的产生发展历程表明,人类是从注意到了报纸、广播、电视等大众传播媒介的传播功能并对它们进行研究后才开始创立了所谓的大众传播学,然后才在研究的过程中推及研究人类社会一切信息流动现象的广泛意义的传播学。被中文译为"大众传播"的"mass communication",其中的mass包含着两个意思,一个是"民众的""群众的";一个是"大量的"。在所谓的"大众传播"时代开始的时候,首先是报纸、书刊的大量出现。而报纸、书刊等印刷媒介是印刷机发明后的产物,印刷机能把观念、消息等大量复制,大量生产,因而使书

---

① [美]宣伟伯:《传播·信息与人—传学概论》,余也鲁译,中国展望出版社,1985年2月。

刊的成本大大降低,成为大众也可享受的东西。因此mass communication的确切含义应该是"大量的(信息)传递"或"广泛的(信息)传递",也就是"广泛散布";这应该与汉语中的"传播"一词对应。而中文把它译成"大众传播",不仅显得只注重传播对象,而忽视了传播方法;更主要的是极容易让人们把其中的"mass"理解为"大众""群众",进而把"communication"直接理解为传播。但是"传"与"传播"毕竟是有区别的。汉字中的"播"字既含有方法也说明了对象。个人与个人间进行"传",不能说"播",本身也用不着播;要对大群的人"传",才能说"播",才需要用"播"的方法。因此,mass communication一词,应当被看成一个整体,构成一种特定的意义,表达了人类传播活动的某种状态。可以说,"传播"是最恰当地表达了mass communication,但与"communication"难画等号。

综上所述,所谓传,即 communication,是指两个以上的个人之间,甲的精神内容包括知识、判断、感情、意志等等传递给乙或其他人;或者说,甲的动作、语言、记录等符号效果作用于乙或乙以外的他者。而传播则是指面向大规模人群的大量的信息传输;或者说,是在广大的范围内和众多的人群中进行信息扩散。当然,在日常生活中,人们并不十分严格地区分"传"与"传播"的界线,因此,汉语把"传学"译成"传播学",也无不可。

由于传播作为一种社会现象无所不在,再加上人们的价值观念和观察角度的不同,历来对传播的定义表述众说纷纭。归纳起来,主要有以下几个方面的说法。

① 共享说

持这种理论的人认为"传"的英文单词是 communication,它来源于拉丁文 communicare,有共享的意思。因此,便认为传播就是共享信息的过程。美国学者亚历山大·戈德在他的《传播的定义》中说:

"传播就是使原为一个人或数人所独有的化为两个或更多人所共有的过程。"

共享说显然是有缺陷的,它只注意到了传播的出发点和某些传播的结果。当然,传播者的目的是使除自身以外的受传者对信息的共同占有,可是实际上有些传播能达到这一目的,而有些传播达不到。有时候同一组符号对传播者和受传者意义是完全不同的,或者对其中一些人有意义,而对另一些人则无意义。这样人们即使共同占有了一些符号,也不能说是分享。所谓分享,应该是共同感兴趣。比如,小狗、小熊猫、小白兔一起吃饭,只有牛排,这很难分享。而且一个传播行为发生后,要判定是否达到共享的目的是很困难的。如果以是否共享作为传播的定义,往往很难认定传播行为是否成立或进行。反过来,没有达到共享目的的传播就不是传播行为了吗?

② 劝服说

认为传播是一种劝服行为,突出强调传播的目的性。美国学者霍夫兰等认为传播是"某个人(传播者)传递刺激(通常是语言的)以影响另一些人(受传者)行为的过程"[1]。美国学者戴维·伦罗也认为所有传播行为都旨在以特定人物引出特定的反应。宣伟伯也说,我们可以给传播下一个简单的定义,它是对一组告知性符号采取同一意向。美国学者沃伦·韦弗则说传播是一个心灵影响另一个心灵的全部程序。贝罗德说,我们在传播方面的基本目的是成为有影响的人,去影响他人,影响我们周围的物质环境以及影响我们自己,总之要成为一个具有决断力的人,在决断事情时要有一票。简言之,传播就是影响——有意识地去影响。

---

[1] 戴元光、邵培仁、龚伟:《传播学原理与应用》,兰州大学出版社,1988 年,第 34 页。

从以上众多学者的观点可以看出，劝服说也可称为影响说。它强调了传播者的主观动机，并注重了传播效果。不过把一切传播行为都看成是影响他人，劝服别人，这不符合实际的传播活动。有些传播并不是为了调整或改变别人的行为，比如人际间的交流，有些只是消遣性的如拉家常；即使是公共传播，有些也只是告知一种事实或情况。

③ 反映说

美国学者S.S.史蒂文斯认为传播是一个有机体对于某种刺激的各不相同的反应。这显然有点大传播观念的味道，不过从目前人类传播学研究的范围来看，这种定义太宽泛了。类似反应说的还有美国实用主义哲学家G.H.米德的互动说，认为互动式的传播不仅存在于人类社会，甚至在生物的层次，也是一种传播，如果没有互相的刺激与反应，共同的行动就无法产生。

另外，关于传播的定义还有一些，比如：

交流说——传播即是用语言交流思想。

了解说——传播是我们了解别人，并使自己被别人了解的过程。

需要说——传播来自减少不确定性的需要。

联系说——传播是把分散的现实世界联系起来的过程。

权力说——传播是使权力得以行使的机制。

符号传递说——传播是运用符号——词语、画片、数字、图表等，传递信息、思想、感情、技术等，这种传递的行动或过程就是传播。

精神保存说——所谓传播是人际关系借以成立的基础，又是它得以发展的机理。就是说它是精神现象转换为符号并在一定的距离空间得到搬运，经过一定的时间得到保存的手段。

综合以上众多的关于传播的观点,我们可以简要地把传播看成是信息在时间或空间中的移动和变化。所谓信息是对消息、情报、知识的总称,它在传播的过程中往往转化为声音、手势、文字、图像等符号形式。

(2)传播的特征

关于传播的特征,可以说上面举到的众多有关传播的定义,都从不同的角度展现了传播的特征。我们从现实的社会条件出发,再简要归纳几点:

①信息大量而又广泛地流动。传播活动是否成立或是否发生关键看信息是否在运动或传递。而且相对地说信息是在广大的范围内大规模流动。信息在存在空间上发生了变化,而且是通过"传"的方式实现这一变化的。这就是信息的流动。

②信息可以转换。信息总是以物态化的符号形式存在的,比如文字、图像、声音语言等。在传播的过程中,信息往往要由一种存在状态转换为另一种存在状态,比如把文字转换为声音,或把声音转换成文字;把文字转换成图像,把图像转换成文字。

③传播的内容(信息)具有社会化意义。一般来说,传播是一种社会行为,除了人的内向传播和人际间的一些消遣性或称为无意义的交往外——其实这些传播应该更准确地被称为"传";不过"传"与"传播"的界线确实很难区分,所以我们也只能尊重世俗习惯,笼统地用"传播"一词来概括人类社会的一切信息传递现象。社会行为化的传播,尤其是大众传播,所传播的内容必然具有社会化的意义。所谓社会化的意义,就是对人的社会生活有用、有益。

另外,在人类社会漫长的演进过程中,不同的时代传播的特征是不同的。远古时代,传播处于初级阶段,人类虽然有了语言、文字,但信息较少,且零散、片面,传播的内容和范围都很有限。人类早期传播活动充满了神秘色彩,往往与祭祀、宗教等活动联系在一起,信息更多地表现为神话、传说状态。纸的发明和印刷媒介的出现,使人类传播发生了巨大变化,信息量开始日益增多,人类有能力保存和扩散越来越多的人生经验、社会知识等。出现了一些专门的社会传播机构,比如宗教组织和封建王朝的一些记史机构、教育机构等,这使传播活动由零散无序走向系统有序。不过这种社会传播具有贵族化特征。大众传播的产生使人类逐步走进信息时代,传播的形式越来越多样化,不仅有图书馆、学校,更有专业化的报刊、广播、电视、出版社、音像制作等机构。传播的内容也丰富多彩,越来越大众化、生活化;特别是信息的质量不断科学化、系统化。可以说正是大量的信息、高质量的信息在推动着社会飞速发展。在这个信息时代,人的社会劳动本身,就是在创造信息、操作信息。在这个创造信息、操作信息的过程中,人的自我也将被彻底地信息化,成为信息化的人。

2.传播的基本构成要素

把传播作为一个完整的过程来考察,可以提炼出以下一些基本要素,它们是传播活动中的主要内容,其中大部分是传播活动得以实现的不可缺少的条件。

(1) 信源

信源即信息的源头,也就是信息产生的地方,包括传者和传播者。当然,传者和传播者的信息也是从社会生活中提炼出来的,但把传播活动作为一个完整过程来看,信息是从传者或传播者那里发送出来的,所以把它们看作是信息传动的源头。信息源把头脑中的想法进行编码而生成了信息,在这个过程中,传者或传播者的技能、态度、知识和社会文化背景至关重要。

(2) 信息

信息(message),指信源传递的内容,实质上是对消息、情报、知识等的统称。在传播过程中具体表现为声音、表情、手势、身姿等信号形式或文字、图像等符号形式,事实上是经过信息源编码的物理产品。

(3) 信息编码

指信息的发出者把所要传递的信息,转化为外界所能理解和接收的信号或符号的活动。实际上是表达信息内容的一种方式。

(4) 传播媒介

传播媒介也叫信息通道,指信息传递过程中所应用的中介物,也就是用来记录和保存信息并可以重现信息的载体。

(5) 传播对象

指传播过程中信息到达的地方或信息的接受者,也叫信宿。传播学所说的信宿当然是人或人的群体,传播对象接受信息的过程也被叫作解码过程,即把通道中加载的信息转化成他理解的形式。这个过程也会受到技能、态度、知识和社会文化背景的限制。

(6) 传播环境

指传播过程存在的条件,包括物质的和社会的两个方面。物质环境指天气、时间、地点等宏观环境和传播活动发生的具体场所的空间大小、光照、场景布置等微观环境;社会环境指具体社会的政治、经济、文化状态及传播对象的风俗习惯、审美情趣、价值取向、文化水平和情绪状态等。

(7) 反馈

反馈也叫反馈环(feedback loop),指受者对传者发出的信息的反应,也就是传播主体把信息传递到受者那里后,受者的反应情况被传送回了传者那里。反馈对信息的传送是否成功以及传送的信息是否符合传者意图进行核实,可以确定信息被理解的程度。

(8) 干扰

即传播干扰,指传播过程中使传者所发送的信息产生一定程度的失真或全部失真的行为。这种干扰表现为改变或歪曲原有信息,附加与原有信息无关的冗余信息,使原有信息的强度大幅度减弱等。干扰可以来自传播过程的各个环节,包括来自传播者、传播媒介、传播对象、传播环境等。传播学把各种干扰信息正常传送的因素称为"噪音"。减少和消除噪音干扰是保证有效传播的关键。

3.传播的主要类型

人类的传播活动十分复杂,用划分类别的方法认识人类社会的传播行为,这是常用的研究方法。这有助于我们更深入地认识传播现象。

根据传播的存在方式,一般把人及社会的传播分为以下四种类型:

(1)内向传播

内向传播也叫作自我传播,是指一个人的独立的思想活动。也就是说信息只在人的内部发生了运动。确切地说,内向传播应该叫作内向传流。

按照精神分析学家弗洛伊德的观点,人的精神世界也就是意识,可以分为三个层次,处在底层的叫"本我",是人的本能冲动,按照"快乐原则"活动;中间层叫"自我",是"本我"接受了外界现实世界影响后形成的"现实的我",按"现实原则"活动;处在高层的叫"超我",是从"自我"中分裂出来的崇高的一部分,按"至善原则"活动。弗洛伊德因为他的精神分析学说成为名人,并且是21世纪最有争议的世界名人之一。他关于意识的层次划分,目前基本为人们所认可。他的学说在扩大了心理学研究领域的同时,也受到文学、艺术、医学、哲学等方面的重视。毫无疑问,弗洛伊德关于意识的"本我""自我""超我"的划分,也使传播学的内向传播研究有了依据,并且更便于理论上的阐述。

人的内向传流就是一种意识活动或思维活动。这种传播方式显然是经常存在的,而且是人平衡自身的一种手段。当"本我"按照"快乐原则"想要干某件事情时,"自我"就会从"现实的原则"出发,"考虑"一下这件事是否能做,如果做了人们会怎样看待我;"超我"也会站出来按照"至善原则"权衡一下这件事的善、恶、美、丑。这样,种种信息就会不停地在人的头脑中传流,意识的三个层次之间在经过大量的信息传动后,最后会形成一种决断,从而使意识结构维持在一种平衡状态。一旦这种平衡被破坏,如果是"本我"的信息扩张占了优势,人就会做出一些自私自利、损人利己、甚至是破坏性的事情;如果是"超我"的信息扩张占了优势,人就会做出超凡脱俗的事,比如救助他人、无私奉献等。这就是说,人意识中的"自我"像一层平衡膜一样,在"本我"和"超我"的作用下可上可下,因此,不同的人的"自我"状态是不一样的。有的人接近崇高,心地善良、助人为乐、积极奉献;有的人则表现得以自我为中心,为了自我利益不惜一切手段,只要自我能达到目的,不管一切,极端自私自利,远离崇高。

(2) 人际传播

人际传播是指人与人之间直接的信息交流。具体形式包括面对面的言语交谈,通过文字、图画等形式的书面交谈,以及借助于现代通信手段如电话、电传、多媒体电脑等进行的人与人之间的信息交流。人际传播应用最多的是面对面的言语交谈形式,它可以是在两个人之间进行,也可以是在人群中间进行,比如讨论、演讲、报告等。

人际传播过程首先是展示自我的过程。在具体的人际传播活动中,传播者不仅靠语言输出信息,还依靠表情、身姿、手势等辅助手段,增强传播活动的效果。人在传播的过程中不仅开放了自己的思想、情感、情趣等,也展示了自己的作风、气度等。人作为一种社会存在,本身就是一个传播体,就是一道风景。所以人人都应该注重自我修养,即使是在日常传播活动中,也应该表现出人的高贵与美好,既有高尚的内心,又有美好的外表。

人际传播过程也是认识他人的过程。人们彼此交往,实际上就是依靠"传"建立起了一种人际关系。这种关系是依靠信息的双向流通建立起来的。人在传播的过程中不仅开放自己,也接纳他人。人只有参与到传播活动中来,才能了解他人,认识他人。人在传播中开放自我的属性决定了人在传播中也要认识他人。对他人的认识首先要做到尽量客观,不能感情用事,以偏概全;其次要善于发现别人的长处,发现别人身上好的东西并自觉去学习。对人要爱其长、舍其短。

(3) 组织传播

指社会组织为实现具体管理目标而进行的传播活动。

组织传播的传播主体是社会组织,传播的多数情况是面向群体对象的,也经常应用到人际传播形式。

组织传播是公共关系的重要业务活动,比如新闻发布会、展览会、信息研讨会、谈判活动、庆典活动等。

(4) 大众媒介传播

大众媒介传播,也叫大众传播,指报刊、广播、电视、电影、音像、图书、电脑网络等公共事业传播机构面向社会广大民众的传播活动。

大众媒介作为一种新型的具有强大社会影响力量的传播方式,是传播学研究的重点内容,具有以下一些特点和功能。

① 大众媒介传播的特点

第一,大众传播是一种职业化的事业,拥有专门从事传播活动的社会机构和部门,包括报社、杂志社、图书出版社、电影和音像制作发行部门,以及广播电台、电视台、电脑网络中心等专业新闻机构和信息机构。其中的从业人员如记者、编辑、主持人等都受过专门职业训练。因此，大众媒介传播的信息具有很高的权威性。

第二，大众媒介传播具有专门化的技术和设备，这是信息传播得以实现的"硬件"。如电子传真、卫星通信、电脑、激光照排技术、高速轮转印刷、收音机、电视机等。这些技术和设备由完整的产业系统来支撑。

第三，大众媒介传播的信息是面向全社会公开的，可以在社会上公开相传，不具有保密性。

第四，大众媒介传播的信息流动基本上是单向的，一般情况下受众很少向传播机构做出反馈。

第五，大众媒介传播是建立在科技高速发展基础上的快速、广泛的传播，传播内容一般要受到政府的严格监管和行业的自律约束。

② 大众媒介传播的社会功能

第一，大众传播具有监测功能。大众传播事业运用先进的传播技术，在传播观念的指导下，通过不断地采集社会信息、掌握社会环境的变化，并把掌握的情况及时地向社会通报，从而使组织适时地做出相应的对策。因此，可以把大众传播比作"社会的雷达"，它对整个社会的政治、经济、文化等活动都具有监测功能，发挥着警报系统的作用。

第二，大众传播具有管理职能。社会管理的重要环节是管理者与被管理者之间的信息交流，大众传播则是这种信息交流的最佳手段，如政府通过报纸、广播、电视等向社会公众发布公告，宣传各项政策、法规，对社会行使管理职能；其他社会组织也可以通过大众传播媒介，来制造舆论或引导社会舆论，实现其特定管理目标。

第三，大众传播具有指导和教育功能。大众传播作为一种职业化的事业，它必然要站在社会整体立场上。这就决定了它在人们心目中的权威地位，而且这种权威的社会部门的信息覆盖面很广，信息的时效性也很强，所以它能对整个社会的消费、生产的投入等起到指导作用；也能对人们的生活观念和行为趋向产生影响效果。同时大众传播还可以通过传播先进的知识，对公众普及知识或开展专门教育，也可通过广播、电视直接进行课程教学活动。

第四，大众传播具有娱乐功能。报纸的副刊、广播的音乐和戏曲等节目，电视的文艺活动节目和电视剧以及电影等等，已经在现代社会中发挥着越来越重要的社会娱乐作用。

第五，大众传播还具有设置议题的功能。现代社会，大众传播对社会生活的影响作用越来越深入、广泛。在一定时间内，任何一种或几种大众传播媒介，特别是广播、电视、报纸、图书等密切配合，形成一种立体的传播报道形式，选择某个议题，实行强调报道，必然能够使所选择的问题构成社会舆论的中心议题，引起全社会的强烈关注和重视。

第六，大众传播具有"授予地位"和"剥夺地位"的功能。所谓"授予地位"，即大众传播媒介如果从正面报道一个组织或个人，将会大大提高被传播者的知名度和美誉度，促成其获得较重要的社会地位。所谓"剥夺地位"，即大众传播媒介如果从反面报道也就是批评或揭露一个组织或个人，将损坏被传播者的社会声誉。

四、传播学的主要理论成果

（一）"注射论""靶子论"和"枪弹论"

在传播学研究起步的20世纪二三十年代，一些传播研究者普遍过高估计了宣传媒介的威力，把媒介传播的信息看作是注入受众静脉的针剂，受众则被假定为会以可预见的方式做出反应。在这种认识下，行为主义的"刺激—反应"原则成了宣传效果分析的理论基础。人们以为只要给受众特定的影响，就会产生期望的或可预见的反应。在"刺激—反应"理论影响下,还有一些研究者把受众看成是毫无防御能力的"靶子",只要劝服性信息的"子弹"一击就会立刻做出预期的反应,像"靶子"一样成为传者的俘虏。这种"靶子"理论或称"枪弹论",与"注射论"一样,都把信息接收过程看成是无条件的,受众被看作是毫无选择性、判断性的对象。这显然是有欠缺的,很快遭到了传播学界的否定。不过,这些所谓的强效果论,注意到了大众传播媒介在传播信息时的权威作用,这是值得重视的。

(二)社会相互作用论

20世纪30年代,美国社会心理学、社会学、文化人类学都对小群体中的人际行为做了多方面的研究。其中,芝加哥学派的米德在吸收并发展了詹姆士的自我论、"意识流"说和库利的"镜中我"思想以及托马斯的"情境规定"论基础上,提出了社会相互作用论。

这一理论的基本观点是:社会相互作用是联结个人与社会的"媒介过程",个人行为带有相互性和社会性,这种社会相互作用是人格形成的外部条件。这一理论还强调意识和个人行为的关系,认为意识的存在及其作用,使人能够通过别人对自己的态度看到自己、认识自己。人能形成某种有意义的符号,其他人对此符号产生相应的态度;人又能够意识到他人对符号产生的这种态度,并据此态度来改变自己的行为,继续行动。

社会互相作用论指出了传播对象带有一定的群体性,群体内人的态度的形成与改变具有相互制约性,个人意识在信息处理中会被不断群体化、社会化。这为公共关系传播培养公众态度和转变公众态度提供了理论基础。

(三)传播结构模式理论

这一理论是由传播学的重要奠基人之一———拉斯韦尔提出来的。拉斯韦尔是从研究宣传开始走向大众传播研究的,早在1927年,拉斯韦尔出版了他的博士论文《世界大战时期的宣传技术》描述和分析了第一次世界大战中各交战国之间的政治和军事宣传战。从1935年至1946年,拉斯韦尔与人合作出版了《世界革命的宣传》《宣传与推行》《宣传、传播和舆论》等著作,对宣传做了深入的研究。1948年,拉斯韦尔发表了《社会传播的结构与功能》一文,提出了最经典的传播过程模式,认为"说明传播行为一个简便的方法是回答下列问题:谁传播;传播什么;通过什么渠道传播;向谁传播;传播的效果怎样"。这就是著名的5个W传播模式。1958年,布雷多克又增补了两个因素,即在什么情况下和为什么目的。

拉斯韦尔的传播模式是在研究政府利用大众传播进行宣传时总结出来的,是一种劝服模式,没有反馈概念,又叫直线性模式。

(四)群体气氛理论和"把关人"信息过渡作用理论

20世纪40年代初期,社会心理学家和传播学者勒温在对群体心理进行研究时,以人际互动为主要研究对象,提出了群体气氛理论和"把关人"信息过渡作用理论。他认为人类行为就是各种在个人心理空间起作用的力量的功能。他用大量实验证明,和谐高速的人际关系和人际互动所造成的群体气氛,有利于工作效率的提高。在他著名的对领导方法与效率关系的研究中,证明独裁型和放任型的领导方法,都不利于效率的提高,民主型的方法效果最好。勒温在研究群体生活的途径时,发现人类的群体生活中存在着许多不同的途径,每一条渠道上都有一道"门",这"门"是开放的或关闭的。信息总是沿着包含有"门"的这些渠道流动,而每一道"门"上都有"守门人"或"把关人",信息是否被允许进入渠道或在渠道里流动,这要根据某种公正无私的规定或者是守门人的个人意见决定。

(五)"两级传播"理论

1940年美国大选期间,哥伦比亚大学的学者保罗·拉扎斯菲尔德和他的几名助手在对选民进行调查时，发现许多人在选举时的投票意向与大众传播的宣传没有直接关系。他在1944年发表了题为《人民的选择》的调查报告指出，人们在选举中投票态度的确立，往往不是直接根据大众传播媒介的介绍，而是依据自己生活圈子中有威望的人的所作所为，而这些有威望的人士所接受的信息，又是大众传播媒介介绍的。可见，社会上实际存在着传播的"两级层次"，即媒介信息往往先到达有威望的人士，也就是各种社会群体中的"意见领袖"那里，再经过意见领袖的传播，信息才为广大受众所接受而产生效果。特别是人口中不太活跃的部分，尤其需要意见领袖面对面地劝服。"两级传播"这一观点后来又发展为"多级传播说"，就是说意见领袖也一层一层分出多个级别。多级传播说还指出，各级意见领袖作用很大，他们在传播过程中总是加上自己对大众传播内容的理解和见解。可见，传播活动注意打动意见领袖十分重要。

（六）两面宣传说

这是美国传播学家在二战期间，对军队士气的研究而获得的一项成果。研究表明，对士兵，尤其是对文化程度比较高的士兵，正反两面都说的宣传，接受率要大大高于只说正面观点的宣传。因此，在传播中要想取得好效果一般需要两面都说。两面宣传说考虑到了受众的分析能力和选择能力，看到了受众的主观能动性并给以充分尊重。这比"枪弹论"要高明，也更符合信息传播的实际情况。

（七）选择性接受理论

早在1940年拉扎斯菲尔德等人通过对传播媒介效果的研究，发现大众传播一般只加强人们已有的观念，而不改变其信念。受信者对大众传播的各种内容加以选择、判断，接受那些与自己的信念相符的东西。

在20世纪50年代，又有一些传播学家相继提出了认知均衡理论、和谐理论、认知不协调理论等。按照这些理论受信者为了保持观念的平衡,必定是有选择地接受媒介或其他渠道传来的信息,而且只选择那些与自己观念相符的信息。

1960年,约瑟夫·克拉帕在《大众传播的效果》一书中,把选择性接受过程总结为三个选择性因素:

第一,选择性注意。人们总是愿意注意那些与自己固有观念一致的或自己需要、关心的信息。

第二,选择性理解。对于同一个信息,不同的人可能有不同的理解。这种理解受人们固有态度和观念的制约。

第三,选择性记忆。人们更多地记住自己需要的东西,而忘掉不需要的事。

(八)欧洲批判学派的传播学研究

20世纪70年代以来,传播学研究的另一重要发展,是欧洲批判学派的兴起。美国传统的传播学重视对传播效果的心理学实验研究,而批判学派则扩大到应用各种社会学的成果,把群体的传播活动与对它产生直接或间接影响的各种社会因素联系起来进行考察。想当初30至40年代在美国兴起传播学研究热的时候,欧洲大陆正笼罩着战争的阴云。但是美国的传播学成就还是很快被引入欧洲,并拉开了欧洲传播学研究序幕。当然,欧洲在传播学研究上可能整整落后美国一代人,不过在欧洲特别是在英国,在发展中的大众传播研究方面,批判学派的拥护者和实践者,已经不再处于微不足道的地位。对于国际传播学界,特别是对联合国教科文组织的出版物,他们均已发生了影响。

早在60年代,英国的传播学研究已经很繁荣,在方法论上主要分为四个学派,即以麦奎尔为首的社会学派;以哈洛伦为首的社会心理学派;以奇斯曼和加约姆为首的政治经济学派;以利兹大学电视研究中心为代表的职能学派。比较有影响的传播学家要首推莱斯特大学的彼得·戈尔丁和格雷汉姆·默多克。他们强调研究媒介控制与社会权力结构的关系,注重传播内容的思想含义;强调研究在政治体系中媒介的地位以及媒介传播的信息对各个不同的集团成员的影响。

第二节 公共关系传播

一、公共关系传播的特点及其一般步骤

(一) 公共关系传播的特点

公共关系传播作为一种专门化的职业传播,首先要遵循一般传播的普遍规律,同时又必然带有一些专门化的职业特点。其中最主要的一点是公共关系传播着眼于传者与受者双方的利益关系。公关传播作为组织与公众建立联系的手段,传播目的是使传者与受者的认识趋于一致;而双方的认识趋于一致在公关领域,最终取决于双方的利益关系的一致。因此,公关传播要取得效果,必须建立在对传者和受者双方的利益关系的分析基础上。只有明确了传者与受者双方的利益关系,通过传播沟通使双方的利益摩擦尽可能缩小,甚至达到完全消除,这样,组织与公众就可以在利益限度内最大程度取得信任、理解和合作。

另外,公关传播具有明确的目标,特别看重传播效果。公共关系作为一种管理活动,传播活动是它的重要业务。公关传播与大众媒介传播和一般的人际传播比起来,始终把效果作为其衡量标准。这种效果不仅带有利益的实现因素,也带有社会文化价值取向等评价因素。

(二) 公共关系传播的一般步骤

公关传播作为一种带有明确目标性的特殊职业传播,一般遵循

以下三个步骤,即公关传播活动一般被划分为三个层次:知晓层次、态度层次、行为层次。这是一个由低级到高级的传播过程。

　　1.知晓层次的传播

　　这是最低层次的传播,对于公共关系来说,知晓层次的主要传播对象是潜在公众和一部分将可能与社会组织发生关系的非公众。这种传播主要是通过把社会组织的运行情况和发展趋势、特点和专长等信息用各种传播媒介公之于众,尽量扩大组织的知名度。其目的主要是让公众了解组织,在公众心目中初步建立起对社会组织的深刻印象。在这一层次的传播过程中,由于公众原来对组织缺乏了解,因而对有关组织的信息不一定会感兴趣。所以这一层次的传播要想取得效果,必须注意传播信息的强度、对比度、重复率和新鲜度等因素。

　　传播学的研究表明,信息的强度、对比度和新鲜度越强,重复率越高,就越容易引起人们的注意。所以报纸对重要话题往往采用又粗又黑的通栏标题或套红大标题,或采用加花边等其他强调性处理方法,以增加信息的强度,从而吸引读者的注意。一些优秀的广告不仅在色彩、声音的运用上讲究刺激的强度,而且还特别重视背景转换的反差效果,这样才能增强信息传播的对比度。好奇是人的天性,在信息传播过程中,只有善于标新立异,才能够增加信息的新鲜度,引人注目。信息的重复也是引起注意的一种手段,所以电视广告总是反反复复,不厌其烦,长年累月在固定的时间里走进千家万户。所以,公关人员在信息的制作和传播上,必须对信息进行强化处理,想方设法增加信息刺激的强度、对比度和新鲜度,并要增加传播的重复率。

　　2.态度层次的传播

　　所谓态度,在这里是一个心理学概念,指的是人对特定对象的认识、情感和意向的比较持久的心理结构。心理学研究表明,态度一般具有两种相反的趋向:正态趋向和负态趋向。每一方面的趋向都有不同层次的态度状态,如图6-1所示:

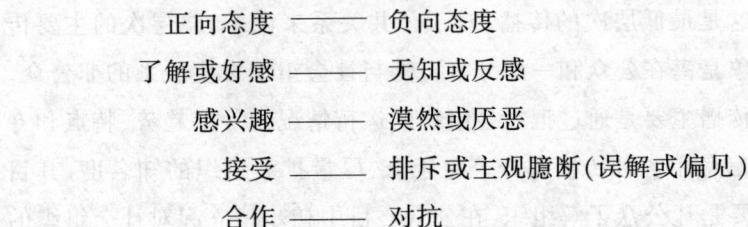

正向态度 ——— 负向态度

了解或好感 ——— 无知或反感

感兴趣 ——— 漠然或厌恶

接受 ——— 排斥或主观臆断(误解或偏见)

合作 ——— 对抗

图6-1

态度层次传播是在知晓层次传播的基础上进一步对公众施加影响的传播,属于传播过程中的中间层次。通过知晓层次的传播,公众已经由潜在的变为知晓的,即对组织有了一定的了解。对于知晓公众,组织要在充分认知他们的基础上,积极开展公关活动,尽力培养他们的正向态度,扭转负向态度。这时的传播活动就进入了态度层次。

一般来说,社会组织要转变公众的态度基本有以下三种情况:第一,公众原有的态度随着社会组织运行变化而需要转变,这叫作"转轨转变";第二,公众在与社会组织的关系过程中抱有不同程度的负态趋向态度,因而需要改变这种态度,这叫作"逆向型转变";第三,公众在与社会组织的关系过程中抱有不同程度的正态趋向态度,这需要维持和发展,这叫作"顺向型转变"。

21世纪以来,传播学在"如何促进人的态度转变"这一课题方面取得了许多研究成果,为公共关系业务的态度层次传播提供了理论和方法上的指导。例如前面介绍到的"两面宣传说",要求在公关传播中要尽可能采取客观态度,实事求是,把传播的事实讲清楚,讲全面,更容易赢得传播对象的信赖。"选择性接受理论"要求传播者必须充分认识传播对象,注意与传播对象的文化观念、价值取向保持平衡,根据对象的特点精心制作传播信息,这样才能取得更好的传播效果。

3.行为层次的传播

这是最高层次的传播活动,它的对象就是对组织有良好印象的公众。这一层次上的传播目的不仅是进一步建立组织的良好形象,更主要的是要求公众有实际的行为表现,如购买某种产品或认购某种股票等。

态度是行为的先导,人们总是先有某种态度,才会有相应的行为。因此,公关传播在这个层次上的工作必须以态度层次的工作为基础。只有做好态度层次的传播工作,行为层次的传播才能顺利展开。但这并不等于说,只要态度层次的传播工作做好了,行为层次的传播工作就一定能取得效果。因为公众虽然有采取行动的可能性,但不一定必然采取行动。要使公众尽快采取行动,就需要行为层次的传播活动做进一步的努力。公关传播在行为层次的传播活动中要尽量做到以下两点:

第一,传播的信息必须提出明确的目标。行为层次的传播是为了促成公众与组织的合作行为,因此要使传播的信息确立起一个能够打动公众的目标。这个目标要与公众心目中的目标相吻合,也就是能满足公众的某种利益需要。比如有人要买洗衣机,他就会注意洗衣机的广告。众多的洗衣机产品,在产品开发及相应的广告宣传上,有的强调省电功能,有的强调大功率,当他发现有一种洗衣机具有烘干功能很符合他的愿望,他就会采取购买行动。因此,行为层次的公关传播必须努力挖掘到一个能够足以打动公众的闪光点,把公众心中的某种愿望点燃起来,促使他们采取行动。

第二,在传播中要提供方便公众采取行动的信息。人们接受某种信息并采取相应的行动,必然会考虑实现这一行动的途径及后果等条件,因此,公关传播要尽量打消公众的种种后顾之忧,以促使他们完成某种行为。比如大件商品,都有送货上门、负责安装和维修及指导使用这类服务,并把销售网点和维修网点公之于众等服务措施,目的就是方便公众,促使他们采取购买行动。再比如一份产品的说明书,不仅要说明产品的性能和使用方法,还要说明它的保养、维修等措施。这些信息的传播都有助于促销产品。

　　总之,公关学把传播活动分为三个层次,只是为了更细致、全面地认识传播行为,以便于实际工作中具体应用。在具体的传播活动中,不一定都要求划分出这样细致的步骤,但了解了传播活动的三个层次,无疑将有助于提高传播的效果,从而增强对公众的影响力。

二、公共关系传播的基本途径及其运用

　　传播的形式基本被概括为:内向传播、人际传播、组织传播、大众媒介传播四种类型。公共关系传播是一种特殊的传播,作为一种管理行为,内向传播不属其应用领域。公关传播作为社会组织的管理行为或公关活动,当然是一种组织传播。这样看来,传播的类型不能被直接沿用到公关传播的类型划分中来。因此,需要从公关传播的实践情况出发,重新划分其实践途径的类型。下面以公关传播应用的媒介为标准,把公共关系传播归纳为三种基本途径类型,即人际传播、实物和图像传播、大众传播媒介。这三种形式是公关传播活动中常用的途径,发挥着各自不同的作用。

(一)人际传播及其在公共关系中的运用

　　人际传播的主要依靠手段是语言,语言又分为口头语言和书面语言两类。因此,人际传播这种形式也可以进一步划分为言语传播和文字传播两种形式。

　　1.言语传播及其特点和在公关活动中的运用

（1）言语传播的含义

所谓言语传播是指传播者（即说话人）通过口腔发声并运用特定的词语和语法结构及各种辅助手段向受传者（即谈话对象）进行的一种信息交流。言语传播通常采用面对面的方式。

（2）言语传播的特点

① 言语传播要有两个或两个以上的传播主体在同一时空范围内共同参与传播。这一特点强调了传播主体参与传播活动的同时性和空间的限制性。就是说言语传播对于参与者来说，在时间上同时占有，在空间上共同享用。因此在日常接待、沟通性公议、公务谈判等公关活动中，公关人员必须善于抓住每一个发言机会，充分发挥其演讲才能，争取主动地位，在有限的时间和空间条件下，实现最佳公关效果。

② 信息交流的过程与信息反馈的过程几乎是同步进行的。这一特点说明言语传播具有很强的时效性，也就是时间效果性。时间是线性流动的，所谓时效性就是不可延误性和不可预见性。正如一个人不能第二次蹚过同一条河，此一时彼一时也。比如一个新闻发言人在记者招待会或新闻发布会上，绝对不能面对某个突然问题说："我下一次再回答你。"因此，公关人员在日常接待、公务谈判、游说策划等公关活动中，必须及时注意信息的反馈，随时调整自己的发言内容。这就要求公关人员具有善于察言观色、洞察心理和反应机敏等本领。

③ 言语传播的信息内容不局限于词语、语法结构等组成句子所表达的思想含义，还包括语气、语调以及身姿、手势、表情等所表示的意义。这一特点表明言语传播具有丰富的表现手法和辅助手段。因此，公关人员应该不仅具有良好的口头表达能力，还应该善于恰到好处地运用手势、表情、身姿等体态语言来加强言语表达效果，从

而增强传播的感染力。

总之,言语传播的优势就是信息反馈迅速,在传播中便于建立感情。但它的不足之处也很突出,就是信息传播的覆盖面不广,空间范围很有限。

(3) 言语传播的技巧

任何传播行为都包括五个要素,即传播主体、传播对象、传播渠道、传播内容、传播效果。我们就从这五个方面探讨言语传播在每一个环节上应该注意些什么问题。

① 言语传播的传播者环节

传播者是传播活动的主角,言语传播主要是一种面对面的传播,从传播者这个角度来看,要特别注意以下几个问题。

第一,要对所传播的内容进行全面深刻的了解,包括对传播的目的和所用的方式都要有清楚的认识。这样才能在传播的过程中始终把握住主题,用恰当有效的方法使信息得以准确、清晰地传播。比如传播的目的是为了推销产品,就应该紧紧围绕产品的性能、质量、价格、维修、保养等来设计内容,并根据具体的传播对象灵活多样地采取不同传播方式,说服、打动传播对象采取购买行动。如果传播的目的是为了建立感情、培养合作态度,那么传播的内容和方式就要从关心人、理解人、满足需求等方面考虑。总之,传播者必须首先明确了传播的性质,才能为言语传播取得好效果打下坚实的基础。

第二,传播者要充分地进入传播角色。言语传播主要是一种面对面的传播形式,这就要求传播者要像演员演戏一样,要满腔热情地投入到传播活动中,根据具体的传播内容,努力做到“声情并茂”。如果只凭借口才而忽视情感的运用,极容易给人留下花言巧语的印象。所以,传播者在言语传播中,必须对传播内容表现出足够的责任感,倾注足够的感情。

第三，言语传播就是口语表达，所以传播者必须具备良好的口语表达能力，并且要具有敏锐的观察力和机敏的反应能力。这样才能在传播过程中驾驭传播环境，实现传播目的。

② 言语传播的传播内容环节

言语传播的内容就是传播者想要表达什么样的思想、感情。这一方面如果有技巧的话，主要表现为以下两点：

首先，传播内容要主题明确，有理有据。传播内容的主题由具体的公关项目及其目标来确定。在具体公关目标的指导下，公关员必须始终对传播什么有个清醒认识。要在认真研究传播对象的基础上，精心准备传播内容，并能够围绕传播主题形成自己的看法。

其次，内容总是要依托一定的形式而存在，形式和内容最终是统一的。因此，我们谈言语传播的内容，当然离不开它的表现形式。言语传播的形式就是口语表达，要谈这方面的技巧，主要是用语要简明扼要，尽量用通俗化的语言，避免华而不实。

③ 言语传播的传播媒介环节

言语传播的媒介主要是口语，口语的特点是稍纵即逝，不留痕迹。还有一些非言语因素如体态语等也是言语传播的媒介因素。因此，在这一环节上，传播者除了要把握口语技巧外，还要运用非言语交往的技巧。这方面主要注意以下一些问题：

第一，选用的词语要准确、简洁。美国哈佛大学语言学家齐夫根据他对言语的研究指出：在言语交谈中，说话者只用一个词来表达一个概念最省力，听话者也是对每一个概念用一个词来理解最省力。因此在口语交谈中应遵循省力法则。这就是传播学中著名的"齐夫定律"。按照这一定律，在言语传播中，用语要力求准确、简洁。尽量避免使用意义比较模糊的词语和文气太浓的形容、描述性语句。少用长句子，努力避免使用容易引起误解的或同音异义的词语。总之，所用的词语，要使听者易于理解，听来轻松。如果听者要在理解词语上花大量精力，那么言语传播的效果肯定要差一些。

第二，语句要流畅、连贯。口语在时间流程上的停留很短暂，因此它的流畅性和连贯性就显得很重要。所谓语句的流畅、连贯，就是句子要通顺、完整，前后意义连贯，过渡自然。这就要求公关人员在言语传播过程中，遣词造句要尽量自然通顺，表达要一气呵成。过多的停顿和词语重复，必然显得啰唆，从而影响语句的流畅、连贯。特别是一些口头禅，毫无意义地侵占语句的流动空间，必须坚决克服。

第三，声音控制要恰当。口语的物质载体是声音，声音的音量、速度、语调、节奏等虽然不是语言，但如有意识地加以控制和运用，也会产生语义效果，因此它们也被称为"副语言"。副语言在言语传播中能起到制造、强化、改变气氛的作用，并且在感情传递上也能起到重要作用。比如"轻声细语"和"粗声大气"所表达的情感是不一样的。公关人员在言语传播过程中，要善于通过控制语言的声调、语气、音量、节奏等这些副语言系统因素来传递自己的感情，增强传播的感染力。

第四，发挥非语言因素的传播作用。言语传播不仅要靠有声语言起作用，还要运用各种表现方式和辅助手段。比如手势、身姿、表情等各种非语言因素的应用，可以使言语传播的效果更具有感染力。美国心理学家阿尔培特的研究认为，在口语信息交流中，言语传播的要素构成=55%体语+38%声音+7%词语。由此可见，在言语传播中，非言语因素起着多么大的作用。非言语因素主要包括了服饰、身材、面部表情、眼神、动作、身姿等，公关人员应该善于在言语传播中自觉地运用这些非语言因素的辅助手段，提高传播效果。

另外，传播环境也是言语传播的重要媒介，传播者应注意传播场地的选择、布置。

④ 言语传播的接收者环节

接收者是言语传播的对象。传播能否成功,关键在于接收者最终是否接受了所传播的信息。因此,在整个传播过程中,必须十分重视接收者这一环节。这一方面主要注意以下几个问题:

首先,尽可能了解接收者。言语传播的接收者,可能是单个的人,也可能是几个人或许多人的群体。人与人之间是有差别的,对不同的对象要采取不同的传播。当传播对象是单个人时,比较好了解;人数越多,了解的难度越大。但传播对象既然是一个群体,一般性的了解还是能够做到的。当然,有时言语交谈是在根本不可能事先了解对象的情况下开始的,比如陌生者的突然来访。在这种情况下,传播者就应当在交谈时设法逐步了解对象,进而不断地调整交谈的内容。总之,了解接收者,就是为了有针对性地进行传播。这种针对性既表现在传播内容方面,也表现在形式方面。对什么人说什么话,需要怎么说,公关人员都应该心中有数。

其次,要尽量尊重接收者。在言语传播中,无论接收者是什么人,公关人员都应当一视同仁,给以充分尊重。公关人员应该确立一种观念,所有的传播对象在人格上,在人的尊严方面都是平等的,都需要得到尊重。这种尊重不仅表现在用语上要礼貌、谦和,还表现在服饰、动作、表情等方面,比如对待传播对象应该热情,在言语传播场合服饰要整洁,动作要文明。另外,出入传播场合在时间上要尽量准时、守时,在传播空间方面,该有的场面要布置得尽量舒适、高雅。

⑤ 言语传播的传播效果环节

传播效果是指用传播的目的为标准,来衡量传播结果达到这个标准的程度。一般来说,只要在前面的四个环节上做得很好,即在传播者环节、传播内容环节、传播媒介环节、传播对象环节方面都准备得很充分,良好的传播效果的取得就是水到渠成的事。但是,言语传播还有一个现场效果,即言语传播的现场气氛和传播者对现场的控制效果。这个现场效果与整体效果既有联系,也有区别。比如说有这样一种情况,某种传播活动现场气氛很热烈,传播者与对象之间一唱一和,交流得很融洽,但热闹过去了,人们一哄而散,很少有实际行动。这样的传播就没能取得良好的终极效果,尽管现场效果很好。

一般来说,现场效果与整体效果是一致的,即现场效果好,整体传播效果也好,反之亦然。因此,如何制造现场气氛和控制现场效果,也是言语传播技巧的一个重要方面。主要注意以下几点:

首先,应该创造一种轻松、愉快的气氛。人们只有在一种轻松、愉快的亲热气氛中,才能够消除紧张和戒备心理,做到知无不言,言无不尽;才有可能表现出一种幽默、风趣的情调。这样,自然会形成一种其乐融融,热烈、美好的场面。但是有必要指出,传播的目的不同,对现场气氛的要求也不同。可能有的传播恰恰要求一种严肃、冷静的场面。因此,追求现场效果不能一概而论,要具体问题具体分析。

其次,要注意传播的具体环境的布置。环境对人的情绪是有影响的。环境对现场气氛也有烘托作用。因此公共关系要把传播环境既看成一种传播媒介,又看作一种制造现场效果的手段。比如,封闭式的安静环境、较小的空间适宜作长时间的深谈;而开放的场所、较宽敞的空间,则比较适合进行大规模的宣传活动。

再次,要注意信息的反馈、调整。言语传播是一种面对面的传播,因此传播者不能目空一切、滔滔不绝,而是要时时关注谈话对象的反应。当对方表现出疑问时,要对自己的话题做出进一步的解释、说明;当对方对谈话不感兴趣时,要对话题做调整或想方设法地对谈话对象进行引导。

以上关于言语传播技巧的总结,只是一种粗枝大叶的概括。这方面能力的培养,主要还是靠公关人员在实践中锻炼与揣摩。其实,每一个人都有自己的语言风格,语言风格是人格魅力的重要体现。

(4) 言语传播在公共关系中的运用

言语传播是公共关系活动中应用最广泛、不可缺少的传播沟通工具,这一点在任何其他社会活动中都一样。但是公共关系把言语传播作为一种与公众建立联系,对外界施加影响的工作方式来加以研究,要求公关人员深刻理解言语传播的特点,熟练掌握言语传播的技巧,并能够在公务接待、信息传递、新闻发布及各种沟通联络活动中,充分运用其特点和传播技巧,从而使公关活动取得最佳效果。比如在各种公关活动中,如何根据具体情况设计语言风格、仪表、身姿等;如何在研究公众的基础上编制信息内容等。这些方面显然很难一概而论,具体的公关人员也会有一些个性化的追求。

2.文字传播及其特点和在公关活动中的运用

(1) 文字传播的含义

文字传播,就是以文字为媒介的传播。文字作为人们记录和传递思想的书写符号, 它的出现是人类文明起源的一个重要标志,也是人类信息传播史上的一个飞跃。文字传播突破了言语传播在时间和空间上的局限性,具有十分明显的优势。应当注意到,文字传播是人际传播的重要手段,但它的应用领域决不限于人际传播。下面关于文字传播的特点和在公关中的应用的讨论,也不是完全从人际传播角度进行的。

(2) 文字传播的特点

① 文字的制作和理解都比言语有难度,因此文字传播对传者与受者的文化要求较高。文字传播不像言语传播,只要是正常的能说话的人都可以进行言语交际, 而文字传播要求有一定的文化基础,文化水平的高低直接会影响文字传播的效果。因此,文字传播的传

者必须具有相当的文化知识,尤其要熟悉文字、词汇、语法和修辞方面的专门知识。从受者来看,理解文字要比理解言语困难。首先得识字;其次还要尽量提高文化修养,才能更准确地理解文字传播的信息。

② 文字传播实质上是一种语言符号传播,比较抽象。文字传播既不能像言语传播那样借用语调、音量、节奏等副言语因素来传递丰富的信息,也不能用表情、动作等非言语因素作辅助手段来表达复杂的情感。作为一种抽象符号,从信息传播方面来看,文字是缺乏生动性的。但它的抽象性使它在表达方面更容易做到准确、精细。比如有些数学内容用言语表达很啰唆,甚至无法说清楚,而用文字表述要清楚、明白得多。

③ 文字传播可以突破时间和空间的局限,长期保存文字传播可以打破时间和空间的局限性,在较长的时间内和较广的空间中发生影响。文字传播的书面材料可以长期保存,具有史料价值。但文字传播在反馈方面效果比较差。

(3) 文字传播的技巧及其在公关中的运用

文字传播在公关业务中的运用,主要表现在新闻宣传材料的撰写、广告文辞的设计、常用公关文书的写作、公关活动方案的设计等方面。所以,要论文字传播的技巧,主要就是如何在这些公关写作中更好地发挥出文字传播的作用。重点应注意以下几个方面:

① 力求文字传播内容的新鲜和简略。好奇、求新是人的天性,文字传播要努力追求给予人以新鲜感,这样才能引人注意。在所谓信息爆炸的时代,文字传播的内容作为一种信息,要力求简短,增强浓缩度,以适应人们快节奏的生活状态。

② 注意文字形式的对比度。文字传播总是要通过一定的排列形式出现的,这种排列形式对吸引受者的注意力也有一定作用。比如

报纸上的通栏标题,字号不同的印刷处理方法,红头文件等等,都是为了加强文字形式的对比度。有些报刊常用加框加边的方法,这不仅是为了版面的美观,更主要是增强版面对比度,以引起人们对加框加边信息的注意。事实说明,这种方法确实能取得理想的传播效果。

③ 注意文字结构的变换性。也就是要注意句式的变化。同样的内容,如果能在表达形式上做得更好一些,就会取得更好的传播效果。形式是为内容服务的,文字结构形式的变化要考虑具体的内容要求。假如是一篇鼓动性的宣传文稿,在句式上就应该尽量用短句子,词语要铿锵有力,句式要富有变化。这样才能表达激昂、澎湃的情感,使文稿在整体上充满激情,从而达到宣传鼓动的效果。假如是一篇纪念性的表达沉重情感的文章,就应该选用陈述的句式,词语要尽量朴实。这样就会产生一种深沉凝重的效果。

④ 要考虑汉字的语言声调。汉字有丰富的声调变化,这是它的一大特点。这种声调的富有变化性使汉语极容易形成音乐感,只要在遣词造句上稍加注意,就可以使文字材料读起来朗朗上口,形成抑扬顿挫的语调变化。这一特点如果被应用得好,可以使文字传播材料富有节奏感和音乐美,从而使被传播的内容易于记忆,便于传颂。比如广告词、管理口号、行为规范准则等公关传播材料的撰写,都应充分考虑汉字的这一优势。

(二) 实物和图像传播及其在公共关系中的应用

1.实物和图像传播的含义

(1) 实物传播

实物传播就是让具体的物品包含某种特定的信息,具体物品充当了信息传递的载体。在公共关系中,可以用来传播组织信息的实物是大量存在的,包括产品、交通工具、员工、象征物、办公用品等。

按照CIS系统中的VI设计与传播观念，一切能够打上组织形象印记的物品，都可以成为传播组织形象的载体。

（2）图像传播

图像传播是指利用图片或录像资料进行的传播活动。图像传播实质上是一种经过现代技术手段处理后的实物传播，主要是应用摄影技术、录像技术、幻灯技术、电脑图像显示等把实物转化成图片资料或录像资料，投影资料等，使信息传播活动更轻巧、方便。

2.实物和图像传播的特点

实物和图像传播与言语传播和文字传播比较起来，主要有以下一些特点和优势：

（1）实物和图像传播所传播的信息都是具体的形象，比较直观可靠，因而也更能打动公众。

（2）实物和图像传播不仅提供了看得见、摸得着的信息，而且在实际应用中，往往要辅以相应的言语传播和文字传播手段以及现场装饰布置或操作表演等。这样在公众面前就形成了多种手段综合组成的生动丰富的真实形象，使公众在身临其境的状态下直接感知信息，从而取得最佳传播效果。

（3）与言语传播和文字传播比起来，实物和图像传播的制作成本较高，技术要求相对复杂，组织难度较大，需要花费较大的人力和物力。

3.实物和图像传播的技巧

在应用实物和图像进行信息传播时，要重点注意以下一些问题：

（1）实物和图像传播是靠具体的物品和它的真实图像来吸引和打动公众的，因此，在信息传播中，具体物品的质量必须过硬。假如一种产品它本身质量低劣，外观形象也很粗糙，用它来传播，只能使生产单位名誉扫地。可见应用这种传播方法,必须拿出真正一流的东西。不仅质量过硬,外观形象也要美观实用,包装也要能跟得上,这样才能够给人留下美好、深刻的印象。

(2) 要注意实物和图像传播的环境布置。环境布置会形成一定的场景气氛,对人们的美感产生作用。所以背景气氛的烘托对实物和图像传播效果起着强化或弱化甚至破坏的作用。比如人们愿意在幽静安全的环境中选购华贵的首饰项链,假如把这种价值昂贵的交易安排在人声鼎沸、拥挤不堪的集市上,人们肯定会怀疑它的真实性。再比如,图片展如果不注意底案色彩、光线配备及排列设计,肯定会影响展览效果。环境气氛的烘托,实际上是调动人们对光、色、形态以及嗅觉、味觉、触觉的辨别感应能力,把人们充分地引入有利于传播者意图的情景, 从而使实物和图像传播取得理想的效果。因此,运用实物和图像传播信息,要有一定的美学知识和美工技术。比如展台的布置、物品和图像阵列的设计等等,都需要一定的审美能力和美工技术。

(3) 要尽可能地使实物、图像等各种信息载体"活"起来。就是说,对于实物,要让它实际运转和使用,进行操作演示。比如有些厂家把产品陈列在商店的橱窗中,让它日夜运转,用这种方法来说明产品的质量。还有的厂家对产品进行"破坏性"演示,以表明其质量达到了某种程度。像把手表从高处坠落在水泥地上或将其浸泡在水中,以表明其优良的防震和防水功能。对于图像信息,所谓"活"起来,就是使图像展示动感化和立体化。比如某一产品,可制作不同侧面、不同部分、不同切面的一组图片,并配有文字说明或辅以言语讲解,造成多角度的传播效果,使公众有立体化的感受。录像资料更可以全方位展示产品的情况。

4.实物和图像传播在公关业务中的应用

实物和图像传播具有其他传播形式所不具备的优点与不可替代的作用,因而在公关业务中得到了广泛的运用,主要表现在以下几个方面:

(1) 推销活动

推销从根本上说是一种商业行为,就是推动销售的活动。是指生产商品和销售商品的社会组织以及提供服务的社会组织向消费公众进行销售行为的促成或催化的一种专门工作。在公关学看来,推销不仅是一种销售商品的行为,它还具有传播沟通的职能,能够为具体的经营组织传播形象、沟通信息、联络公众、扩大知名度。因此,推销也是一种公关行为,是公关业务的一个专题项目。

(2) 样品展览和示范表演

所谓样品展览,是指社会组织将其新研制、新开发的产品向社会公开展示,是产品形象的一种宣传方式。示范表演就是社会组织在公众场合对某种产品进行使用表演或对某一服务项目进行操作演示,其目的是为了展示产品的性能和使用方法或展示某项服务的内容和过程。

一般而言,样品展览和示范表演的目的主要有以下几种:其一,向公众显示组织的进取能力和满足社会需求的应变能力,所以展览或表演的内容必须是新创造发明的东西或新推出的社会服务举措。其二,向社会广泛地收集反馈信息,为新产品的正式投产或新的服务项目正式推出做市场调查。其三,社会组织举行样品展览和示范表演还带有明显的开拓新市场的目的。不论哪种情况,都需要拿出真实的物品或图片资料,要有真实的操作演示或图像展示。也就是说,在样品展览和示范表演中,实物和图像成了传播信息的手段。一般情况下,样品展览和示范表演总要以人际传播做辅助。特别是样品展览,应该注意应用现代最新科技手段,努力创造一种声、光、电一体化的动感世界。

（3）橱窗陈列

橱窗是一种立体透明的传播设施，一般被建立在引人注目的地方，通过定期更换陈列内容来传播信息橱窗是一个社会组织的门面，在工商企业及其他服务性社会组织那里，它更多地被用于产品陈列和销售宣传；在非营业性社会组织那里，它主要被用于显示工作成就、揭露问题、普及知识、表扬先进、鼓舞士气等方面。不论其在具体的社会组织中用途如何，在公关学看来，橱窗具有传播沟通和行为规范的功能，因此它便成为开展公关业务的一块阵地。

橱窗陈列比较典型地显示了实物和图像传播直观形象、吸引力强的特点。由于它是一种长期固定在某个地方的传播设施，观众对象又具有较强的流动性，因此它在设计上必须注意色彩的强烈对比，造型也要力求艺术化，空间排列要突出层次感，整体上要创造一种高雅的格调和意境，这样在形式上首先具有了新鲜感，才能吸引人们走到跟前来进一步关注其内容。要把橱窗作为雕塑艺术来设计制造。

目前一些大城市中，有些社会组织利用临街面市的优越位置，用透明的大玻璃代替墙壁做封闭材料，尽量开放地显示其内部情况，如洗染店、照相馆、复印打字社、美容理发厅、饮食服务店，铁路、航空、公路等客运售票处等，这种对外透明开放的做法，实际上是受到了橱窗陈列的启迪，其目的就是用别具一格的形式增强对公众的吸引力。广义地说，这种有意识的"明室操作"的行为，就是一种公关性质的橱窗陈列。

（4）工作和生活环境的布置

根据心理学的观点，环境对人的情绪具有一定的影响作用。比如优美、宁静的环境会使人心情愉悦，嘈杂混乱的环境容易让人烦躁不安或疲惫沮丧。因此,如何通过对环境的精心布置和美化,从而调节人的情绪,最大限度地调动人的积极性,就成了公关业务的一项操作技术。而环境的美化布置总是离不开具体的物品和图像,离不开色彩、声响、光线、造型等。比如,一些工厂把厂房和机器都涂成淡黄、浅绿、粉红等色调,改变了车间里堆挤着钢铁构件那种冰冷、沉重和压抑的气息;图书馆或博物馆可以通过悬挂一些书法艺术品或绘画艺术品,摆放一些名人的塑像,来创造一种肃静、博大的书卷气氛或高贵气氛。很显然,人们在布置和美化环境的过程中,那些具体被用来美化环境的物品、图像、色彩、音响、光线等,已经具有了传播信息的功能,成了一定意义上的传播媒介。对工作和生活环境的美化,就是对人的尊重和爱护。这种对人无微不至的关怀,会产生巨大的心理作用,可以极大地调动人的积极性,可能要比一些响亮的口号或大道理更能震撼人的心灵,激励人的责任感和创造力。

(5) 象征性物品的配套设计

象征性物品是组织传播形象的一种特殊手段,它主要包括徽章、旗帜、服饰和其他铸造、雕塑模型等。这些物品及其应用性图像的功能是很明确的,就是为了识别组织形象,使组织形象这一信息外显化、固定化、具体化。人们通过它们可以迅速地识别出它的所属组织,这就有利于组织在公众中保持形象。对象征性物品进行配套设计,就是要把组织形象信息的一切载体媒介统一化、整体化、一贯化。也就是说,不仅要让这些象征性的物品在造型和色彩选择上统一、一致,还要让它们所包含的组织精神品质真正成为组织的管理思想,体现在组织的每一个管理环节;从而,使它们真正成为组织的化身。这种形象识别的方法在公关业务中越来越受到重视。

(三)大众传播媒介及其在公共关系中的应用

1.大众传播媒介的含义

大众传播媒介指利用现代化的传播技术面向社会广大民众进行传播活动的传播方式和职业传播机构。

大众传播媒介包括报纸、杂志、书籍、传单等印刷媒介和电视、广播、电脑网络等电子媒介。

大众传播媒介是面向社会大众进行大规模传播活动的一类传播途径，与大众媒介传播还是有区别的。大众媒介传播是大众传播媒介的主要内容，但不是全部内容。大众传播媒介包括了更多、更宽泛的传播活动方式，比如传单、宣传小册子、海报、电子屏幕广告、路牌广告等。而大众媒介传播专指大众媒介的传播。当然，在日常生活中，大众媒介即职业传播机构及其传播工具，也被称为大众传播媒介和大众传播、大众传媒。可见，要严格区分大众媒介传播和大众传播媒介，是既困难又危险的事情。因为大众媒介不仅是大众传播媒介的一种工具，更可以看作是简称，两者也确实常被通用。

2.几种主要的印刷媒介和电子媒介及其传播特点

（1）报纸及其传播特点

报纸是一种产生较早的大众媒介，早在1690年9月，第一张美国报纸《国内外公众事件》在波士顿出版。[1]19世纪中期，美国兴起的便士报运动使报业迅速发展，成为真正意义上的大众传播媒介。目前，报纸在社会信息传播方面仍然发挥着重要作用，阅读报纸是许多人日常生活中不可缺少的部分。人们通过报纸获取各种信息，各种社会组织和个人也可利用报纸发布信息。

报纸在传播信息方面有以下一些特点：

① 接受对象广泛。报纸作为一种印刷媒介，其内容涉及政治、经济、法律、文化、艺术、体育、教育、宗教等人类活动的各个领域，可以

---

[1]　刘有源：《美国新闻事业概况》，人民日报出版社，1984年1月，第2页。

说是五花八门，无所不包。再加上它的制作成本比较低，可以大批量生产。这就决定了它可以走进千家万户，成为大多数人了解世界，获取信息的窗口。毫无疑问，从接受对象的广泛程度来看，在众多的传播媒介中，报纸是名列前茅的。

② 受时空限制小。人们在通过报纸接受信息时受时空限制小。报纸用文字和图片把信息转化在纸张上，使信息固定为可随时解读的物体。报纸可以被长期保留，空间存在形式也较自由。从时间上看，报纸承载的信息可以被保存几十年、数百年，只要有必要，可以永久保存。从空间上看，报纸存放的地点随便而灵活，报栏里、桌子上、衣兜里、提包里，能放纸的地方都可以放报纸。这就大大方便了读者，可以在随便一个有光亮的地方随时阅读。今天可以阅读昨天的报纸，家里没读完的报纸可以在旅途中的火车、飞机上继续阅览。这一点是广播、电视等传播媒介没法比的。

③ 传播信息详细深刻。报纸可以采取连载、专访、解释性报道等方式，大篇幅地对同一专题做较为详尽的宣传和报道。它可以运用文字表达的优势，对所叙述的事物进行详细的描绘、深刻的阐述、全面的介绍。它还可以运用图像、表格等辅助手段对所传播的信息进行较为直观的表达。与广播电视比起来，报纸在传播信息方面虽然要慢一些，它的出版和发行要花费更多时间，但正是因为这种时间差，使它有更充分的时间处理信息，增加信息的广度和深度。

④ 传播信息不够生动形象。这是报纸的一个缺陷。虽然它也可以用图像、表格等形式来传播信息，比如新闻图片或广告图片等，但这只是一种辅助手段。报纸主要还是靠文字传载信息。文字总的来说是一种抽象的符号，不具备具体事物的形象性、生动性。读报人在阅读报纸时需要有一个理解、想象过程，才能把握住报纸所传播的信息内容。

⑤ 对传播对象的文化程度有一定要求。报纸信息的接受者必须是有一定文化程度和阅读能力的人，文化水平太低或视力有障碍者,报纸无法直接向他们传播信息。

(2) 杂志及其传播特点

杂志作为一种传播媒介与报纸在本质上没有区别。它也是集文字传播与图像传播于一身的大众传播媒介。只不过它在制作上更精美一些,信息容量更大一些,因而成本也更高一些。另外,杂志的发行间隔较长。因此它不能迅速传播信息,信息的时效性差。

(3) 书籍及其传播特点

书籍是印刷媒介中信息容量最大的一种，它的制作成本较高,出版所花费的时间也长。同一本书,受出版数量的限制,传播信息的覆盖面极其有限。但它易于保存携带,能够较全面深刻地介绍组织情况,只要所载信息具有珍贵价值,也会长期受到广泛关注。

(4) 传单、小册子、海报等印刷宣传品及其传播特点

传单、宣传小册子是一种轻便、简易的传播媒介,制作简单、成本低,易于广泛散发。它虽然信息容量不大,但也能将某项事物做详细介绍,还可以配上图片、表格等内容,便于保存、携带,查用起来也方便。适于产品介绍等专项宣传。

海报和招贴是应用广泛的宣传张贴物,除了被具体组织用于对广大员工的宣传、通告外,也越来越多地被用于对外宣传。例如面向广大社会公众推广组织形象、促销等。当用海报和招贴对外宣传时,要充分考虑张贴物制作的美观问题，也要考虑市容环境的美化,切不可把粗制滥造的东西随意到处张贴。

总的来说,这类印刷宣传品有以下一些传播特点:①制作简单、成本低;②使用灵活、方便;③一般用于高频率、高密度地进行区域性推广传播和渗透传播。

(5) 画板广告和电子屏幕广告

画板广告和电子屏幕广告也是常见的大众传播媒介,多出现在交通要道、城市广场、车站、码头和人群聚集的场所如体育比赛场地、文化活动场所等。

这类传播媒介一般制作成本或利用费用不高,但传播对象却十分广泛,只是传播效果很难控制。多用于组织形象推广和产品推销。

(6) 广播及其传播特点

广播分为有线广播和无线广播两种类型。有线广播主要在乡村使用,随着社会的进步,它正在逐渐被无线广播所替代。但作为一种传播工具,有线广播的应用领域还是非常广泛的。广播传播信息的特点主要表现在以下几个方面:

① 传播迅速、及时。广播是依靠电波来传播信息,它几乎可以像阳光照耀一样迅速地把信息传播到世界的各个角落。而且它对信息的处理过程很简单,在对同一新闻的报道上,要远比报纸、电视等需要时间少。所以它能够迅速、及时地传播信息。1981年3月30日下午2时25分,美国总统里根遇刺,9分钟后ABC台便把这一消息传遍了全世界。

② 传播对象广泛。广播的传播对象非常广泛,在发展中国家及一些经济相对落后的地区尤其如此。这主要是因为相对于报纸、杂志、电视机来说,收音机是一种投资最低的接收信息工具,几乎人人都能够买得起,一机在手就等于长了顺风耳,长期受益。而且,广播的收听可以不受环境限制,活动性强,便于携带,人们甚至可以边干活儿边收听。特别是对于那些文化程度较低的人,视力不佳的人,行动不便的人,从事简单、枯燥工作的人,广播更是他们最好的接收信息或娱乐、消遣工具。因此,广播是一种最大众化的传播媒介之一。

③ 广播成本低。广播电台与报社、出版社、电视台相比,不仅筹

建的物质投入少,而且运作的人力、物力投入也少。作为一种信息源,它的建设成本较低。对于信息接收者来说,收音机的造价低,使用成本也极低。从信息制作来看,广播节目的制作简单、容易、快捷,成本也很低。所以,要是做广告的话,广播的费用是最低的。以最常见的广告为例,中央人民广播电台和中央电视台在同一时间里播出同样的广告,广播电台的费用仅是电视台的十分之一;在国外发达国家,广播广告与电视广告的比价一般为一比四。

④ 信息流逝性强。广播信息的存在方式是时间性的。就是说广播信息随时间的流逝而消逝,对于接收者来说,稍纵即逝,且无法追回。

⑤ 传播手段是言语和音响。言语是人们日常生活中最基本、最普遍的表达方式,它在诉说中本身具有情感因素,因此比文字更具有情绪性、亲切感。广播在传播信息中并不是单一性地依靠言语,常常还要配有音响或音乐,增强信息的吸引力和感染力。不过,广播毕竟是一种诉诸人的听觉而与视觉无关的传播媒介,因此信息的形象性较差。

(7) 电视及其传播特点

电视是现时代最强有力的一种大众传播媒介。它综合应用了言语传播、文字传播、图像传播等传播方式,集言语、文字、音响、图像、动作、色彩于一身,在传播信息过程中,能同时诉诸人的听觉和视觉,形象生动,真实感强,最易激发人的兴趣和抓住人的注意力。它传播信息的特点主要表现在以下几个方面:

① 电视是综合性的传播媒介。它吸取了各种传播媒介的长处,综合地将图像、声响、文字、语言、动作等传播手段融为一体,从而形成一种高科技的具有无比优势的传播工具。就拿产品广告来说,电视广告可以详细、动态地展示产品的制作、使用、保养、用途等,可以

把复杂的结构直观地展示给观众。这是其他媒介所不及的。

② 传播信息的直观性。电视的图像可以直观地传播信息,让人们真切地看到事物的本来面目。电视把图像的直观性和语言的叙述性综合起来,使人们对所传信息容易形成全面、深刻的认识。电视图像的直观性与图片、投影等的直观性不同,它是一种动态的立体画面,形象逼真,使人如临其境。也就是说,我们在电视图像面前极易产生时间上的同时感和空间上的同位感。这正是电视的高妙之处和优势所在。

③ 传播信息迅速、广泛。电视和广播一样,也是用电波来传递信息,由于在信息制作和输出方面技术要求更复杂,所以比广播传播销售慢,但与报刊、传单等印刷媒介比起来,它仍然是一种快速、简便的传播媒介。随着社会的不断进步,电视机必然会得到广泛普及,电视信息也将随之得到广泛传播。而且,电视机制造已经显示出来的大、中、小三种趋势,使电视传播表现出了无与伦比的广阔前景。大屏幕、高清晰度电视机和广泛适用于普通家庭的中型电视机,已经使电影制造业失去了往日的辉煌;小型精致的便携式电视机,也已经开始和收音机争夺市场。可以预言,电视机制造业的辉煌前景才刚刚开始,电视这种图、文、声并茂的传播媒介必将成为人类社会最具有优势的信息传播工具。

④ 电视传播具有时间和空间的限制性。电视信息是按时间顺序流动的,收看者稍不注意便无法追回;电视节目都是有固定时间的,天气预报过了发布时间,就再也收看不到了。另外,人们接收电视信息,一般都需要一个固定空间,电视机主要还是一种固定的大物件传播工具。

⑤ 电视传播成本较高。与其他传播媒介比较起来,筹建和使用电视台的成本较高;因此,利用电视台开展传播沟通活动的费用也

高。而且从信息接收角度来看,购买电视机的费用也比较贵。不过这一点将随着科学技术的不断进步和人们生活水平的提高,会显得越来越不突出。

(8) 电脑网络及其传播特点

电脑网络也叫互联网,目前已基本普及到办公场所和家庭以及智能手机。作为一种新兴的大众传播媒介,它具有传播速度快,传播范围广等许多优点,并且克服了电视传播信息单向性的缺点,增加了互动、互联的机会。特别是它可以储存信息,信息接收者可以随时根据需要提取信息。

(9) 手机及其传播特点

随着智能手机的普及,手机已经成了一种集通话、短信、微信、网络传播、娱乐于一体的新媒体工具,是移动的电视和电脑。手机原本是个人通讯工具,在互联网环境下的自媒体时代,手机已经变成了一种大众传播媒介。

3.大众传播媒介在公共关系中的应用

上面介绍的九种大众传播媒介,在公共关系业务中都有广泛应用。其中书籍只在一些重大庆典活动或举办一些重要纪念活动和交际活动时才使用,一般情况下因成本过高不轻易被作为公关传播媒介。其他的各种媒介,在广告宣传、新闻事件的策划与传播、公关危机处理、公关信息管理等公关活动中,都是最受欢迎的媒介途径。离开了这些媒介途径,公共关系也就失去了发挥效力的重要手段。

公共关系的发展史也表明,它是依托在大众传播媒介的兴起与发展中,逐步发展起来的管理技术,尽管它的职能在不断扩展,但传播沟通总是它最基本的业务活动。

第三节 公共关系沟通协调

一、公共关系沟通的性质和特点

（一）公共关系沟通的性质

沟通，意为使两方能通连。公共关系沟通，指社会组织与其公众之间通过输出信息和反馈信息，实现双方彼此互相了解、信任，从而建立起协调关系的过程。

在日常生活中，沟通与传播常并连在一起使用，以强调信息的双向流动。其实沟通与传播在词义上是有交叉的。比如"联系说"把传播定义为"是把分散的现实世界联系起来的过程"，这个过程显然也是沟通的过程。

（二）公共关系沟通的特点

1.沟通是信息双向流动的过程

公共关系沟通与公共关系传播是共存的一个统一系统，沟通的实现是建立在传播的基础上，传播是为了实现沟通。可见，沟通比传播更能够体现出信息的双向流动性。事实上，并非所有的传播都能实现沟通目的，所以，有必要提出公共关系沟通这一概念，以强调信息的双向流动过程。

2.沟通是协调利益关系的过程

公共关系传播以传、受双方的利益为基础，传播一方输出信息，还应注意信息的反馈，通过沟通活动了解对方的利益要求，这样才能建立起一种以双方利益为基础的良好关系。没有公共关系沟通工作，就不能准确了解公众的利益要求并给以充分尊重和满足，因而也就很难建立起组织与公众之间的协调关系。

3.沟通是了解公众态度并调整组织行为的过程

在公共关系活动中，公众对组织的态度首先是以利益满足为基础,同时,还有许多其他因素比如价值取向、审美心理、风俗习惯等也会影响公众的态度,当组织传播的信息在这些方面与公众所持有的内容相矛盾时,公众对组织的态度也很难协调。所以必须高度重视公共关系沟通工作,充分了解公众,认真研究公众,准确把握公众的心理,并依据公众态度自觉调整组织行为,或依据公众态度有针对性地施加影响,这样才能实现公共关系目标。

二、公共关系沟通的常见形式

(一)内部沟通

内部沟通指社会组织内部领导和管理人员与职工之间交流信息的活动。做好内部沟通工作的意义和内部沟通的原则、方法,可参照员工关系协调、处理的方法、原则和意义。内部沟通常用的方式有:自上而下的沟通;自下而上的沟通;水平沟通。

(二)外部沟通

外部沟通指社会组织与外部公众之间的广泛沟通。外部沟通的对象十分复杂,与具体公众对象沟通的方法、原则各不相同,比如与涉外关系对象的沟通,在方法、原则方面会有很多特殊要求。总的来说,与外部公众沟通,基本可以参照企业基本的外部公众关系协调、处理的原则和方法进行。

(三)正式沟通与非正式沟通

正式沟通可以用于内部沟通,也可以用于外部沟通。内部沟通中的正式沟通一般是垂直的,或自上而下,或自下而上,也有同一等级之间的水平正式沟通。正式垂直沟通应遵循权力系统,并只进行与工作相关的信息沟通。

非正式沟通常常称为小道消息的传播,它可以自由地向任何方向运动,并跳过权力等级,往往会形成舆论状态。非正式沟通有正向和负向两种作用,正向作用可以促进工作任务的完成并满足群体成员的社会心理需求;负向作用则会造成人心混乱,内部秩序不安定,从而影响工作任务的完成。

(四)语言沟通与体态语沟通

广义的语言包括了一切承载信息的形式,如人们常说绘画语言、舞蹈语言、电影语言、造型语言、体态语言等;狭义的语言包括言语和文字。言语和文字在传播沟通中的应用,已在前面的言语传播和文字传播中做了介绍,这里将重点讨论一下与声音语言相对的体态语言在沟通中的作用。

体态语言的沟通主要是指通过身体动作、说话的语调或重音、面部表情以及传者和受者之间的身体距离来传递信息。对身体动作和状态进行的学术研究称为身体语言学(kinesics),它涉及手势、面部表情、其他身体动作和化装、装饰等。这是一个相当年轻的领域,其中更多的是推测或公认的结论,而不是经过研究得到证实的结论。因此,我们必须认识到,体态语是沟通研究中十分重要的一部分,但在现实生活中应用其结论应十分慎重。比如,一般认为:抬眉毛表示不相信;揉鼻子表示有疑问;双手抱在胸前表示防范或保护自己;耸肩膀表示无所谓;拍脑门表示忘了做某事或突然明白了什么。这些身体动作在沟通中可以注意到,但很难得到验证。在现实生活中,人们是把非言语因素和言语因素结合起来理解信息的。事实上,非言语因素也只有在和言语因素共生的状态下,才有研究价值。

三、公共关系沟通的原则

(一)诚信为本,讲策略,懂礼节

公共关系沟通是有明确目的的,也可以说是为了解决具体问题的,因此沟通的对象都是组织的公众。公关员代表组织不论与什么性质的公众沟通,都需要以诚信为本,讲策略,懂礼节。诚实守信是组织与公众发展关系的基本准则,是公共关系以不变应万变的唯一可靠法宝。公共关系沟通的对象是复杂的，而具体问题的解决要求沟通工作必须以功利性为目标，所以只有讲策略、懂礼节才能赢得沟通对象的合作，完成具体的沟通任务。

（二）建立完善的沟通机制，保证双向沟通

管理者应该把沟通看成是一个持续的过程，建立高效的沟通机制，确保信息的双向流通，只有这样才能保证决策的正确性，保证组织和公众利益的协调发展，从而维护组织的公共关系状态处于良性发展中。持续的沟通要求组织必须有相应的机制，有专职人员能够持续不断地采集信息、处理信息并为管理者提供决策咨询服务。因此沟通对组织和公众都不应是一种强制状态，而是民主化管理的必然结果。当组织创造出了自由的、高效的沟通系统时，也就找到了一种有效的管理途径，对内实现了对全体员工最大潜力的挖掘，对外则完成了与公众环境和社会环境的良性对接。

（三）重视面对面的沟通

现代社会，沟通的方式和途径越来越多，除了传统的书信、文件等方式，电话、电传、计算机网络、手机等先进的电子通信手段可以使人们在全球范围内隔洋跨海随时联系，但是，人们还是最好别忘了利用自己的直觉，只有面对面的沟通才能利用直觉。直觉是一切生物的本能，也是人的心理本能，可能有失误的时候，但往往是可靠的。另外，面对面的沟通也更容易使人们在察言观色中迅速、准确地理解对方，并在感情上相互感动。

（四）慎重对待跨文化沟通

跨文化沟通是21世纪人类面临的重大问题，也是公共关系越来越重视的问题。所谓跨文化沟通是指不同的国家、民族、种族背景下的社会组织或人们进行交流联系。这种沟通活动首先面临着语言方面的障碍，包括语义理解、语调差异等；其次面临着认知方式、心理结构、风俗习惯等障碍。随着全球经济一体化和市场共有化时代的来临,跨文化沟通成了公共关系的经常业务之一,而这方面的工作稍有不慎,就可能酿成重大不良后果。

第七章　公共关系的客体要素之四——信息管理与调查研究

第一节　公共关系调查及其作用

一、调查与公共关系调查

调查,就是通常所说的调查研究。它是人类认识世界的一种基本方法,是人们认识和探求自然规律和社会规律的一种实践活动。它包括调查和研究两个步骤。调查就是收集信息,或深入实践获取资料,或检索前人所收集的资料,获取某一方面的信息;研究就是处理信息,通过对信息的分析、比较、归纳、演绎、综合等方法处理,发现问题或找到规律,得出结论,最终解决问题。

公共关系调查指具体的社会组织运用科学的方法,根据公关管理的需要收集信息、处理信息,考察组织的公共关系状态,依据对信息的研究发现问题,确立公关目标并提出实现目标的措施这样一个完整的工作程序。公共关系调查是一种社会实践活动,是公共关系管理业务的一项专门技术。它不仅是信息管理的基本手段,也是开展其他公关活动的必需前提。不论是组织的形象管理,还是关系协调,危机处理或具体公关举措的策划与运作,都离不开事先的调查研究。

二、公共关系调查的意义

公共关系调查是社会组织开展有效的公共关系活动的前提和基础,是"运筹帷幄,决胜千里"的依据,也是公共关系部门和公共关系人员需要掌握的专业技巧之一。主要是了解社会组织的公众对组织的态度、看法和反应,甄别公众对组织的意见、愿望和要求,掌握组织形象状态,为规划和改变组织形象提供依据。具体地说,公共关系调查对组织有如下意义。

1.公共关系调查是认识组织形象的基本方法

塑造良好的组织形象要从客观、准确地认识组织形象做起,而掌握组织形象状态的唯一途径就是进行调查研究。通过调查研究,可以测量出组织自我期望形象和其在公众心目中实际形象的差距,只有准确掌握了组织形象的实际状态,才能策划出行之有效的公共关系活动方案,从而为塑造组织形象打下良好的基础。认识组织形象一是通过分析组织形象构成因素系统,二是监测公众舆论。公众舆论是指公众的意见或看法,是社会全体成员或大多数人的一致意见或共同信念,或者说是信息沟通后的一种共鸣。公众舆论处于不断强化或转向的变化之中,当少数人的观点、态度扩展为多数人的观点、态度,分散的、彼此孤立的意见集合成彼此呼应的整体意见,当声势尚小、影响甚微的局部意见变成声势浩大的公众的共同反响时,对组织的形象就会产生很大的影响。积极的公众舆论有利于组织塑造良好形象,消极的舆论则有损于组织的形象,甚至会造成组织形象危机。因此,通过公共关系调查,监测公众舆论,并使组织及时扩大积极舆论,缩小消极舆论是十分重要的。

2.公共关系调查为组织决策提供依据

公共关系调查的主要任务是及时为组织提供决策依据,并能有效地预测和评估决策的正确性。要保证组织的决策正确,调查研究是最好的办法。因为只有通过调查,才能了解公众的要求和愿望,准确掌握环境的变化,摸准了情况,决策就有了可靠依据,就能够制定出符合实际的科学决策。只有制定出符合客观实际和公众要求、愿望的决策并认真实施,才能使组织树立起良好的形象。

3.公共关系调查是提高公共关系活动成功率的可靠保障

组织在开展某项公共关系活动之前,必须对现有的人力和物力条件及活动现场进行充分调查,通过调查,对所要开展的公共关系活动的主客观条件有了足够的了解,才能保证公共关系活动取得好的效果。

三、公共关系调查的作用

1.收集信息,积累资料,储备信息资源

我们生活在信息时代,也被叫作知识经济时代,占有信息和利用信息是保证决策科学化的唯一途径。公关调查是公关管理中占有信息和开发利用信息的专门技术,通过公关调查活动,充分发挥出管理信息的公关职能,收集信息,储备信息资源,为组织的科学决策提供了可靠保证。

2.研究信息资料,发现问题,确立公关新目标,消除隐患

公关调查即公共关系调查研究,包括调查与研究两个步骤。调查指收集信息资料,储备信息资源;研究指处理、开发和利用信息资源。公关调查通过研究信息资料,可以发现组织公关管理中的一些问题,这些问题可能是组织管理的隐患或其他急需解决的事情,把这些问题确立为公关的目标,通过实现这些目标使问题得以解决,从而消除了组织管理的隐患,完善了组织行为。

3.公关调查是社会组织监测环境的手段,制定政策的依据,开展公关活动的前提

任何社会组织都是整个社会大系统中的一部分,与社会环境有

着密切关系,社会环境在政治、经济、文化、科学技术、自然资源等方面的变化,都将对整个社会生活产生影响,也可能会影响到具体组织的生存、发展。因此,任何社会组织面对迅速变化的外部环境,都必须具有监控能力。公关调查职能通过管理信息,使组织具备了敏锐感知外部世界的能力。有了对外部世界的准确把握,就可以制定出正确的政策,一些公关活动项目也就有了准确的针对性。

4.公关调查是社会组织与公众沟通的桥梁

社会组织的有效运转离不开健全通畅的信息流通渠道。公共关系调查作为一种搜集信息的系统方法,它不仅能沟通组织内部公众的信息,而且还能沟通组织外部公众的信息,是组织内外上下信息交流的有效方法。如果信息渠道不畅,就会引起公众对组织的不安和疑问,甚至产生对组织的不满和敌意,引起矛盾的激化,损害组织的声誉。

公关调查通过了解公众和研究公众,使传播沟通的职能真正实现信息双向流动,从而使组织与公众之间联系的桥梁更加牢固、有效。如果组织只是通过传播来与公众建立关系,缺乏对公众的了解和研究,这种传播可能是没有效果或效果很差,当然也就无法与公众建立起巩固的关系。只有通过公关调查,事先对公众有充分的了解,传播才能有针对性。可见,公关调查不仅是组织与公众联系的桥梁,而且是这个桥梁的基础。

5.公关调查也是公关管理中评估、检测工作的基本手段

公共关系管理中有大量的评估、检测工作,比如组织形象地位的评估、公关活动方案的评估、项目完成后的效果评估与检测等,这些工作只有依靠公关调查才能真正完成。离开了公关调查手段,这些评估、检测工作便失去了科学、有效的工具和方法。

四、公共关系调查的原则

1.客观性原则

客观性原则要求调查人员在调查中应从实际出发,区别公众的客观态度和主观想象。公众的客观态度是指调查对象对组织形象的直接感受和评价,而主观想象则是调查对象对组织形象的一种猜想和愿望。另外,调查人员在调查中不可根据自己的需要随心所欲地给客观事实加入主观猜测的成分,而应实事求是,这样才能保持调查结果的真实可靠性。

2.全面性原则

这一原则要求调查对象必须具有代表性,这样才能掌握公众的整体态度。另外,调查所得的资料必须全面,既要了解调查对象对组织的正面意见,也要了解调查对象对组织的反面意见,并注意各种意见之间的联系,不能以偏概全。

3.时效性原则

由于公众的态度及组织所处的客观环境不断地发生变化,所以公共关系调查具有很强的时效性。对组织来说,调查中所获得的信息的价值,与提供信息的及时程度成正比,迟滞的信息往往会导致组织失去取胜的良机,所以要注意信息传递的速度。另外,一次调查,只能反映此时此刻公众的态度,这种态度会随着时间的延续而发生变化,千万不可根据公众一时态度,去制定一劳永逸的决策。

4.计划性原则

公共关系调查是组织形象管理中的重要一环。调查工作应列入组织的整体工作计划中,使之制度化、规范化。对具体的调查工作而言,事先须制定一个严密、完整的调查计划,对人力、财力、物力及时间的安排进行充分的考虑,以保证调查工作的顺利进行,并提高调查工作的效率。

5.伦理原则

公共关系人员在调查时不能对调查对象采取欺骗或胁迫的手段,更不能为获取某种资料而采取不道德行为。

第二节 公共关系调查的内容

公共关系调查要紧紧围绕社会组织的生存和发展这一主题,收集和处理来源于公众和组织自身及社会环境的各类信息。它是一个完整系统的工作程序,是社会组织了解社会环境、了解其公共关系状态和活动效益的最佳途径。

公关实践是丰富多彩的,所以公关调查的内容是广泛而多样的。但这并不等于说,公关调查所要收集的信息是无所不包、五花八门、无法确定范围的。公关调查不是盲目进行的,一般要根据具体的公关目标和具体组织的情况来确定其对象和范围。总的来说,公关调查的内容主要涉及以下一些方面。

一、组织形象状况的调查

组织形象是指具体社会组织在运行过程中显示的行为特征和精神风貌,它是一个系统概念,由内在精神品质、外观面貌和行为风格三个方面构成一个有机系统。对组织形象进行调查,就是从自我评估和公众评价两方面评价出组织的形象地位。首先是通过分析研究组织形象的构成因素,评价出组织形象的基本素质。其次通过公众舆论调查,评判出组织的知名度和美誉度。第三是通过经济效益或社会效益评价,确认出组织的认可度。第四,也可以把组织形象构成因素系统和知名度、美誉度、认可度系统结合起来,进行组织形象差距的分析研究。

(一)分析研究组织形象的构成因素

组织形象的构成因素在前面的第五章第一节中已有详细论述,这里只需把那些内容拿过来应用就可以了。在应用时可制定如第五章第二节列举的组织形象定性分析评价表,并选定出一个具体社会组织作为比照标准,这样,就可以评判出组织的基本素质状况。当然,组织形象构成因素也可以被量化为一些数值,做定量分析,如图7-1。

　　从图7-1可以看出,组织形象定性分析评价表也可以被量化为一个数字测量表,由评估专家或知情公众打分,用统计数学的方法可以把他们的评价数值化,并用图表直观地表示出来。这样,我们就可以清晰地看到组织形象管理方面的薄弱环节,从而制出相应的完善措施。

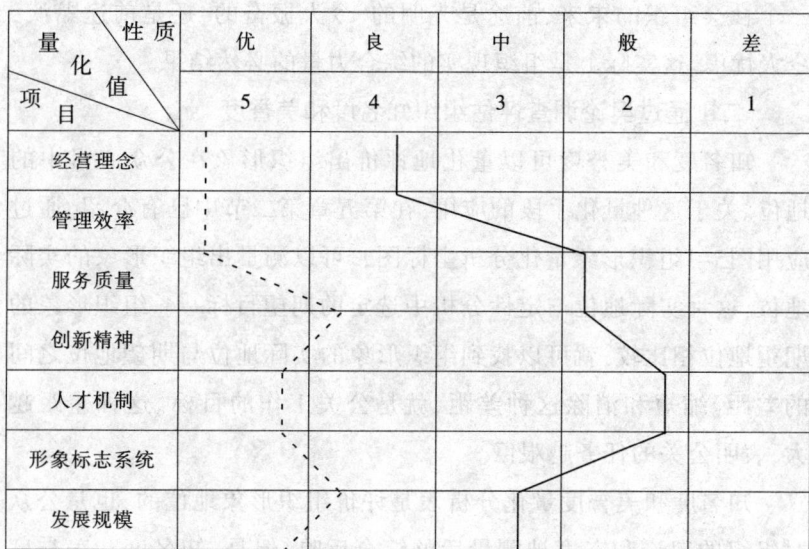

项目 \ 性质 量化值	优 5	良 4	中 3	一般 2	差 1
经营理念					
管理效率					
服务质量					
创新精神					
人才机制					
形象标志系统					
发展规模					

图7-1　组织形象构成因素量化评估表

　　如图7-1所示,虚线为选定的比照标准,实线为受评价的组织的形象因素分值曲线。可见,两者在举出的一些项目方面都存在不同程度的差距。缩短和消除这种差距,需要把每一个项目都转化为一个公关目标,并制定出相应的对策方案,最后形成一个整体方案,经过不断努力,达到比照标准。

通过分析研究组织形象的构成因素,即分析研究组织的内在精神品质系统、外观面貌系统、行为风格系统,对组织形象进行调查评估时,应注意纳入两个时间因素,一个是组织的历史成就情况,另一个是组织的发展前景状态。通过这两个时间因素,可以把组织形象放在一个动态的背景下,从而定性地描述出组织形象的发展状态。

历史成就情况主要包括组织成立的时间长短、发展历程、现实规模、重大创造成果或主要业绩等,这些内容标示出了组织发展的现实基础,体现着组织的实力。发展前景状态是指从发展趋势上看一个社会组织的未来,前途是光明的、令人振奋的,还是前途黯淡,令人忧虑。这实际上是组织现实的综合力量的必然结果。

(二) 通过舆论调查评估组织知名度和美誉度

知名度和美誉度可以量化地评价出组织形象在公众心目中的地位。关于这种量化手段的应用,在第五章第二节中已有介绍。通过应用图5-1组织形象量化分析坐标图,可以测量出组织形象的实际地位,这种实际地位与定性分析中选定的期望目标——组织形象的期望地位相比较,就可以找到组织形象的实际地位与期望地位之间的差距。缩短和消除这种差距,就是公关工作的目标。这种差距越大,表明公关的任务越艰巨。

知名度和美誉度量化分析表是评价组织形象地位的,也是公众对组织的舆论和态度被测量后的综合反映。但是,知名度和美誉度量化分析表是不能直接用来测量公众舆论状态和态度情况的。这就需要用到一些可以直接用来采集公众舆论和态度信息的量化评估手段。这方面的方法很多,也可根据评估项目灵活设计。常用的也是可以科学地控制统计数值的方法就是抽样调查和问卷调查的结合。这些公关调查的实用技术将在本章第四节专门介绍。

（三）通过经济效益和社会效益评价确认认可度

认可度是在知名度和美誉度基础上确立的评价组织形象的一个新要素，实际上是对知名度和美誉度评价要素的进一步完善。认可度就是组织的相关公众对组织的接受程度或合作程度，这一评价指标关注的已经不再是知晓层次和态度层次的问题，而是行为层次的问题。比如对于一个企业来说，在形象管理中不可能只停留在评估知名度和美誉度两个方面，最终还是要关注产品的销售额或服务的销售情况。

（四）组织形象差距分析研究

组织形象差距分析研究包括三个基本环节，即组织期望形象的调查、组织实际形象的调查、形象差距的比较分析研究。

1.组织期望形象调查

组织期望形象是指一个组织自己所期望建立的形象，它是一个组织公共关系工作的内在动力、基本方向和目标。自我形象的确立应注意主观愿望和实际可能相结合。作为动力和方向，自我期望形象的要求越高，组织自觉做出公共关系努力的可能性越大；但作为目标，自我形象的要求越高，实际的成功率就可能越低。科学的自我形象调查主要包括三个方面：

（1）组织领导层的公共关系目标和要求。公共关系活动的目标必须围绕着组织的总目标。决策阶层决定着组织的总目标，从而决定着组织形象的基本定位，决定着公共关系的总政策。作为组织决策者和领导者，他们对于自己组织形象的期望水平，对于组织目标和组织信念的形成，对于组织形象的选择和建立，具有决定性的作用。因此，公共关系工作必须尽可能了解、领会和熟悉领导层的观点、意见、态度，研究他们所拟定的各项目标和政策以及他们对组织形象的期望水平和具体要求，以此作为组织自我形象设计的主要依据。

(2)组织员工的要求和评价。即了解本组织的广大干部职工对自己组织的看法和评价。一个组织的目标和政策须得到广大成员的认同和支持,才可能有效地转化为该组织的实际行动。因此,要通过调查研究,了解广大干部职工对组织的要求、看法及各种批评建议,了解他们对领导层提出的总目标的信心和支持程度,发动全体成员寻找组织的薄弱环节及改善措施。

(3)组织的实际状态和基本条件。组织对自我形象的要求不能脱离客观的实际状态和条件。公共关系工作者必须对本组织的各方面情况了如指掌。这方面的资料包括:组织的历史与现状、目标和宗旨、经营特点、产品类型、经营管理状况、市场占有率、新产品的开发能力、组织的管理风格以及组织的外观设计、名称、识别标志等等;还包括组织内部员工状况,如年龄结构、文化水平、家庭情况、专业特长、兴趣爱好、管理人员的能力等等。

2.组织实际形象调查

组织实际社会形象,就是社会舆论和公众对组织的认识和评价。这种认识和评价可以通过知名度和美誉度以及认可度来测评。组织的员工和管理者对自身的形象估计往往带有主观色彩,容易产生片面性,并且多半估计过高。而社会公众对组织的看法和评价往往较为客观,更能真实地反映组织的本来面貌。

(1)组织形象地位的测量

知名度和美誉度反映了社会公众对一个组织总的看法和评价,是反映组织形象的两项指标。知名度是社会公众对组织认识、知晓和了解的程度。如公众是否了解本组织的名称、标记、产品或服务,这种了解的程度和范围如何等。美誉度是社会公众对组织信任和赞赏的程度。如公众是否喜欢本组织的产品、服务及销售方式;是否信任本组织、组织的员工及其产品、服务;信任程度如何。一个组织的社会形象好坏,取决于它的知名度和美誉度的高低。

　　知名度和美誉度分别从量和质两个方面评价组织形象。一个组织的知名度高,其美誉度不一定高;知名度低,其美誉度不一定低。知名度需要以美誉度为客观基础,才能产生正面的积极效果;美誉度需要以一定的知名度为前提条件,才能充分显示其社会价值。

　　测定组织形象地位的方法是运用组织形象地位四象限图(见图7-2)。

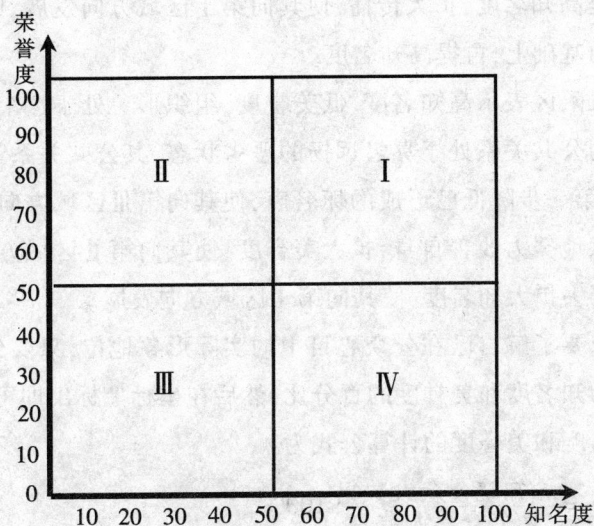

图7-2　组织形象地位四象限图

　　在图7-2中,横坐标表示知名度,共100个百分数标度,从左到右,最小为0,最大为100,数字越大,表示知名度越高;纵坐标表示美誉度,共100个百分数标度,从下到上,最低为0,最大为100,数字越大,表示美誉度越高。全图分成四个象限区,每象限区代表了不同的组织形象地位,反映出四种不同的公共关系状态。

Ⅰ象限区表示高知名度、高美誉度。组织形象处于这个地位,说明组织的公共关系处于良好状态。

Ⅱ象限区表示低知名度、高美誉度。组织形象处于这个地位,说明组织的公共关系具有良好的发展基础,工作重点应该是在维持美誉度的基础上提高知名度。

Ⅲ象限区表示低知名度、低美誉度。组织形象处于这个地位,说明组织的公共关系状况不佳,其公共关系工作要从零开始,分两步走,第一步改善自身,争取提高美誉度,使其向第Ⅱ区域方向发展;第二步提高知名度,扩大传播,使其向第Ⅰ区域方向发展。即在提高美誉度的基础上,再提高知名度。

Ⅳ象限区表示高知名度、低美誉度。组织形象处于这个地位,说明组织的公共关系处于臭名远扬的恶劣状态,其公共关系工作应分三步走,第一步降低已形成的坏名声,使其向第Ⅲ区域方向发展;第二步默默地努力改善自身,扩大美誉度,使其向第Ⅱ区域方向发展;第三步再去扩大知名度,使其向第Ⅰ区域方向发展。

组织要了解自己在公众心目中的实际形象地位,只要分别求出本组织的知名度和美誉度的百分比,然后在坐标上标出即可。

知名度和美誉度的计算公式为:

$$N_{知名度} = \frac{m(知晓公众人数)}{M(公众总人数)} \times 100\%$$

$$B_{美誉度} = \frac{m'(称赞公众人数)}{M(知晓公众人数)} \times 100\%$$

组织形象地位图能够比较直观地显示出一个组织已享有的形象地位,可以帮助组织诊断问题,寻求解决问题的途径和方案,为进一步选择、设计、控制组织的新社会形象提供了基础。

(2)组织形象要素分析

　　组织形象地位图直观地反映了一个组织在公众心目中的形象，有助于公共关系人员对组织形象做出正确的估计，但不能了解其形象形成的原因和具体内容。因此，要进一步研究产生实际组织形象的原因和具体内容，并反映在"组织形象要素调查表"上。

　　该表的制作方法是：首先根据被调查组织的具体情况，确定构成组织形象的内容要素，如经营方针、办事效率、服务质量、创新能力、业务水平、规模大小等。其次，用正反相对的两个形容词表示好坏的两个极端、在两端之间设置若干中间程度的档次，制作成七等份的表格，以表示这些属性的程度差别，便于公众对每一个调查项目分档次进行评价。最后，公共关系人员对所有调查表进行统计，计算出各个档次中持某种评价的人在调查总体中所占的比例，并填入表内，这样就可以比较直观地了解到公众所持有的看法、态度和评价的具体原因，即组织实际形象的内容。

　　现以某企业为例来予以说明(见表7-1)，调查人数为100人

表7-1　企业形象要素调查表

评价 调查项目	非常 70	相当 60	稍微 50	中等 40	稍微 30	相当 20	非常 10	评价 调查项目
经营方针正确		65	25	10				经营方针不正确
办事效率高			25	65	10			办事效率不高
服务态度诚恳				15	20	65		服务态度恶劣
创新能力强				10	20	60	10	无创新能力
业务水平高					20	70	10	业务水平低
企业规模大			15	25	30	30		企业规模小

　　从上述表中可以看出被调查企业的实际形象，从内容的分析可以看出：该组织的经营方针较正确，办事效率平平，服务态度不太诚恳，创新能力不强，业务水平低，企业规模小。根据上述情况，该组织

该在开拓创新、提高效率等方面上下功夫,以改善组织形象。

3.形象差距比较分析

将组织的实际形象与自我形象进行比较分析,找出二者之间的差距,可采用"形象要素差距图"进行分析。

具体方法:第一步,将组织形象要素调查表(表7-1)中表示不同程度评价的七个档次相应数据化,使其成为数值标尺,用70表示非常好,60表示相当好,……40表示中间状态,中等,以此类推,用10表示非常差。第二步,将组织形象要素调查表(7-1)中各个项目内容自我期望值绘于图中,并将各点用虚线连接。第三步,根据表(7-1)上的统计数据,计算公众对每一个调查项目评价的加权平均值,并将各个项目的平均值分别标定在数字标尺对应点上,用实线连接各点,形成组织的实际形象曲线。

计算加权平均值的公式如下:

$$\overline{X} = \frac{x_1 f_1 + x_2 f_2 + \cdots\cdots x_n f_n}{f_1 + f_2 + \cdots\cdots f_n}$$

式中,$\overline{X}$为所求加权平均值,x_i为各调查项目档次相应的数值,f_i是各调查项目档次数值对应的次数(权数)。

例如:我们根据表7-1上面的组织形象要素调查表的调查数据,计算经营方针项目的加权平均值是:

$$\overline{X} = \frac{x_1 f_1 + x_2 f_2 + \cdots\cdots x_n f_n}{f_1 + f_2 + \cdots\cdots f_n}$$

$$= \frac{60 \times 65 + 50 \times 25 + 40 \times 10}{65 + 25 + 10}$$

$$= 55.5$$

根据以上公式我们可以计算出其他各个调查项目的加权平均值。

办事效率$\overline{X} = 41.5$ 服务态度 $\overline{X} = 25$

创新能力 $\overline{X}=23$ 业务水平 $\overline{X}=21$

企业规模 $\overline{X}=32.5$

这样我们就可以得出组织实际形象曲线。见图7-3

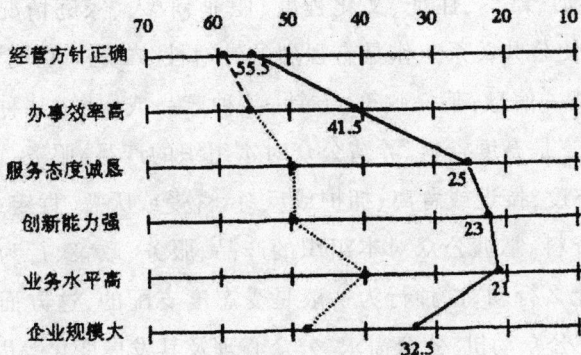

图7-3　组织形象曲线图

图中,实线表示组织的实际形象,虚线表示组织的自我期望形象,两条线之间的差距就是组织的形象差距。

从图中可以看出,除了经营方针这一项形象要素实际评价与自我期望值接近外,其他各项形象要素,均有相当差距。缩小和弥补这个差距,是该组织今后一段时间内公共关系工作目标。

二、公众行为调查

公关工作的主要对象是公众,大量的公关工作目的就在于影响公众,培养和维持公众对社会组织的支持、合作行为。而要对公众施加影响,必须首先对公众的行为方式、心理特征、行为趋向等进行尽可能全面、准确地掌握,通过调查了解了公众的行为规律,才能够有针对性地对公众施加卓有成效的影响。而且,公众的态度和行为是衡量组织形象的重要标准,对组织的生存、发展也起着决定性影响作用,所以公关调查必须把公众行为作为重要考察对象,时时关注其行为,研究其变化趋势,并把这种信息反馈到组织的决策部门,使组织的各种决策符合公众利益,从而赢得公众的支持、合作。因此,对公众行为的调查研究,是公关调查工作的重要任务。

公众调查应掌握四类资料:一是背景资料。即掌握公众的姓名、年龄、性别、籍贯、住址、文化程度、职业、收入、家庭情况等背景资料,以便使公共关系工作具有强烈的针对性。二是知晓度资料。了解公众对某一信息,某一政策、方针,某种产品或服务,某种事物的知晓程度。三是态度资料。弄清公众对本组织的产品、服务、政策、行为持何种态度,接近或背离、拥护或反对、喜爱或厌恶、肯定或否定。四是行为资料。掌握公众对本组织的产品、服务、政策、行为已经或准备采取什么行动。这种行为一般是受态度支配的,这方面的调查主要应关注公众动机、公众需求、公众心理及其发展变化等因素。

三、组织行为的效果调查

社会组织行为都是有目的的实践活动,实践的结果怎么样,需要通过公关调查来了解情况,以便于总结经验教训,不断完善组织行为。组织的行为是很复杂的,公关调查对组织行为的关注并非面面俱到,无所不包。而是以形象管理为中心,重点关注那些涉及了组织形象建设的传播沟通活动和行为规范方面的管理举措。就是说,只有那些涉及了组织形象,可能对组织的知名度和美誉度造成影响的行为才是公关调查的对象。

四、社会环境调查

任何组织都有具体的社会生存背景,都要受到这个社会背景的影响。这个社会环境既可以是小环境,小到社区或地区或行业系统;也可以是大环境,大到国家或全世界。因此,社会组织必须准确地搜集来自其背景环境的一切政治、经济、科学技术和文化等方面的信息,并在迅速处理信息的过程中敏锐地捕捉到那些与自身相关的情况,分析发展趋势,并对可能影响到本组织生存发展的问题进行推断,从而对组织的政策、计划及其他行为做出调整和完善。

另外,影响社会组织生存发展的环境也包括自然环境。自然环境的变化对社会生活的影响越来越大,比如气候条件、环境保护状况、自然灾害等,这些因素和社会政治、经济、文化等信息一样,对社会组织特别是物质生产组织的影响不容忽视,甚至是有些社会组织决策必须参照的因素。社会环境调查一般通过监控大众传播媒介或进行专项调查活动完成。

五、具体的公关项目调查

任何性质的公关项目的策划与运作,都必将建立在充分的调查研究基础上。因此,在规划一项公关举措之前,公关人员必须事先对开展公关活动的主观和客观条件全面、深入的了解,这样就必然存在大量的种种具体的公关项目调查。

第三节　公共关系调查的过程

公关调查是一个分步骤的完整的活动过程,研究公关调查的基本过程,对于实际操作公关调查活动是非常有益的。公关调查的过程大体上可以分为准备阶段、调查阶段、整理阶段、总结阶段四个步骤。

一、公关调查的准备阶段

准备阶段是开展公关调查的起始阶段。公关调查作为一项技术性很强的活动,要想有所收获,必须有充分的准备。准备阶段一般要做好以下三个方面的工作。

(一)确立调查选题

1. 确立选题的含义

确立调查选题即确定公共关系调查活动的课题,也就是确定要研究解决什么问题。公关调查研究大都是从选择和确立具体项目开始。选定的题目是公关调查研究的目标和方向,决定着公关调查的对象和范围,也决定着公关调查的方法。确定调查任务是公共关系调查的第一步。公共关系调查的任务是由调查的内容确定的,根据不同的调查内容,确定不同的调查任务。调查任务不同,调查中所使用的方法、技术手段和测量指标也有所不同。

在具体的公关业务活动中,有时调查是针对随时产生的问题展开的,比如公关危机处理,"问题"是具体的、明确的。这样,具体明确的问题就直接被确立成了调查题目。更多的公关调查项目是潜在的,需要公关人员在公关管理中主动去寻找、选择。这些潜在的项目实际上就是组织的各种隐患,公关人员应该有能力、有办法挖掘出这些隐患。一般的途径就是通过公关调查来发现这些问题,然后把它们确立为研究解决的项目,通过专门调查研究加以解决。

2.确立调查课题的原则

(1) 需要性原则

公关调查的选题必须针对组织的客观需要,解决组织在发展过程中迫切需要解决的问题。因此,在选择和确定调查课题之前,要对调查研究的课题是否符合社会组织的需要,能否解决实际问题及符合需要的程度和解决问题的程度等, 做出深入全面的研究与论证,然后再做出正确的选择。

公关调查是为社会组织的管理服务的,是开展具体的公关项目的基础。因此,在把握选题的需要性原则时,要紧紧围绕改进管理行为、提高管理效率这一中心,充分考虑公关工作的实用性。

(2) 可行性原则

公关调查作为一种社会实践活动,必然要依靠一定的物质和人力条件,这就涉及了可行性问题。选题时,要正确估计和分析公关调查的主体和客体,即社会组织和公众两个方面的条件,使选题贴近实际,具有可操作性,能够保质保量完成调查任务。

可行性就主体而言,就是要考虑调查者的思想状况、工作作风、相关经验、知识技能、技术装备等,以及开展调查的组织的人力、物力、财力等条件是否允许。就客体而言,要考虑调查对象一般为公众或相关组织,它们的合作态度、组织纪律情况、文化水平、生存状态等条件。只有在主观和客观两个方面的条件都具备,综合分析主、客体因素,才能确定相应的公关调查题目。在确定调查课题时会发现,有些题目虽然具有现实意义和科学价值,但如果主、客观条件不允许,限制性太大,一时无法完成的,也不能选作调查的课题。

可行性原则要求选择公关调查题目时力求具体、明确,不要过于宽泛、抽象。也就是说调查题目宁小勿大,要积小成大。这一点是由公关是一种实践性很强的管理艺术决定的。只有调查目标具体、明确,才易于收集调查资料,分析研究也才可以放在具体的依据条件下,从而迅速得出可应用的结论。

(3) 科学性原则

公关调查的选题要在科学理论的指导下,用科学的方法确立具有科学性的选题。首先,要有正确的哲学观点和思维方法,这是保证调查选题科学性的基础;其次,要有专门的应用科学理论和方法。具体的专门学科的应用科学理论。没有科学的思想方法和实用技术,就不可能确立科学性的选题。科学性原则还要求公关调查的课题要具有很强的实用价值,能够对具体的公关实践产生指导作用。另外,科学性原则也要求公关调查的选题在操作上是可行的。

(4) 创新性原则

公关调查的选题要有新意,要敢于创新。这就要求在确立选题时要善于发现别人没发现的问题。如果选题缺乏创新,重复调查,只能造成人力、物力、财力等方面的浪费,不能为公关实践提供有价值的指导,从根本上失去了调查的意义。公关调查最终要为具体的公关实践项目服务,因此,选题的创新要以切合社会组织的实际为基础,要在发现新问题上下功夫,而不是刻意地标新立异。

以上选题原则,在运用中要综合考虑,把它们作为整体来看,不能只注意某一方面而忽略其他要求。只有在综合权衡的情况下,才能确定出最佳选题。

（二）设计调查方案

调查课题确定之后,就要着手于调查方案的设计,也就是要对调查活动先做出一个书面计划。所谓调查方案是指对调查本身的设计,它是指导调查进行的依据。制定调查方案所要做的第一件事是根据调查任务的需要,设计一个详细的调查提纲,调查提纲是调查任务的具体化、指标化。其次,在调查方案中还应确定具体的调查范围、调查对象的选取办法。最后,还应确定具体的调查方法,说明用哪种方法或哪几种方法进行调查。公关调查方案一般由调查指标和调查活动规划两部分组成。

1.调查指标的设计

调查指标即对调查活动做出必要的指示或指明一些情况。是调查的目的、调查的指导思想和科学假设等的集中表现,是调查方案的主题部分。一项公关调查的指标通常由下列成分组成:

（1）调查的类型。指公关调查课题的类型,一般分为理论性课题和应用性课题两类。所谓理论性课题,就是要揭示事物的性质、特征和规律,通常用来回答"是什么"或"怎么样"等问题。例如对社会组织公共关系状态的调查和对某类公众特征或行为规律的揭示,就属于理论性的探测和描述。它具有积累资料的性质,是为公关实践所做的基础性研究。所谓应用性课题,是针对具体的公关实践问题,为直接达到某一公关目的而进行的调查。它重在探讨事物的因果关系,寻求解决问题的措施。通常用来回答"为什么"或"怎么办"等问题。比如对产品销售量下降、职工工作积极性不高等现象的调查,应用性极强,要直接解决具体问题。应用性课题不仅要描述状态,还要解释为什么并提出怎么办。

(2) 调查的目的。即对公关调查要取得什么成果做出预想。如果以探测性为目的, 即要对某个问题达到初步的认识和粗略的了解,为进一步更详尽的调研打基础;就可以通过收集有关社会现象的信息,运用统计指标来描述其状态或过程,达到积累资料的目的。如果是以解释性为目的的调查研究,那就要注重对问题的因果关系的探讨。总之,目的设计要明确,调查才能有方向,便于操作。

(3) 调查的指导思想。即要对选题的意义、重要性和调查的思想方法、注意事项等做出概要性说明。

(4) 调查的对象和范围。即对调查什么及其存在领域和范围做出界定。这不仅对开展调查有指导意义,也是调查结论存在的重要前提条件。

(5) 调查指标还应反映出社会组织的分类和性质, 反映社会组织的规模。

(6) 有些调查课题应在指标中描述具体社会组织在相关问题方面的现实状态与追求目标之间的差距。

(7)有些大型调查活动,在指标设计阶段还需要对调查题目做出分解处理,从而形成一系列项目指标,以便于进一步规划调查活动。项目指标的设计离不开理论假设做指导。所谓理论假设,就是对调查的"问题"可能依据的一些条件或情况做出主观判断,从而形成一些假设理论, 然后再经过实际的调查去验证那些假设是否成立,从而找到解决问题的途径。

2.调查活动规划

调查活动规划是公关调查方案的主体部分,就是对具体调查工作进行策划,把调查活动的具体步骤、各个环节都详细地计划出来,形成一个谋划方案,以指导和控制实际的调查活动。

不同的公关项目其活动方案规划是千差万别的,一般需规划以下内容。

(1) 确定并规划完成调查课题的一系列调查方法和措施。

(2) 设计调查步骤并做出时间规划。

(3) 确定调查活动的人员配置和人员培训措施。

(4) 经费预算和各种调查必备的物品的选用及分配。

(5) 替补方案和各种补救措施的规划。

总之,公关调查方案的策划是公关工作四步工作法中的第二步策划方案的具体应用,在原则、内容等方面应遵循方案策划的基本要求。同时,公关调查作为一种采集信息的技术,公关人员在实际应用中要根据具体情况,灵活规划活动方案。

(三) 组织公关调查队伍

公关调查方案的设计完成以后,就要进入实施阶段。为了保证公关方案能够被正确地实施,在实施方案之前,还需要组织一支精干的公关调查队伍。

在选用公关调查人员、组织公关调查队伍时应注意以下原则:

1.确保调查人员的高素质

公关调查人员的个体素质是调查队伍整体素质的基础,整个调查队伍素质的高低,决定着调查成果的质量。因此,必须高标准、严要求地选择调查人员。就整体素质而言,合格的调查人员应具备以下几个方面的基本素质:

(1) 要有崇高的社会责任感。公关调查是一种特殊的社会调查,它面对的是种种社会问题。这就要求调查人员要心胸宽广,关心社会,把改造社会作为自己崇高的责任,愿意为社会做贡献。只有具备了崇高的社会责任感,才可能对调查工作产生强烈的爱好和兴趣,在调查工作中投入满腔的热情。这样才有可能在公关调查中敏锐地发现问题,并不畏艰辛地去做深入细致的研究,从而使公关调查取得好成果。

(2) 要具备较高的理论修养,掌握必要的科学知识和专业技能。理论修养包括思想方法和必要的知识储备。这是人的能力中较深层的基础因素,在实际工作中发挥着重要作用,实际上决定着一个人能力的高低。公关调查作为一种社会实践活动,是为了解决具体社会问题,公关人员如果没有正确的思想方法和必要的知识储备,是很难胜任的。特别是公关调查又是一项技术性较强的业务,需要运用到社会学、心理学、运筹学、交际学、统计学、计算机信息处理等专门知识和技能。公关人员只有具备了相应的知识储备和技能训练,才能够确保调查工作的高效率、高质量。

(3) 要具有实际工作经验和较强的业务能力。公关调查说到底是为了认识社会,调查人员具有丰富的社会阅历和实际工作经验,显然有助于体察社会,了解公众意见。公关调查在实际操作中,可能会出现许多预想不到的问题,可能会远远超出方案的设想。这时的工作经验和熟练的业务能力就显得十分重要而宝贵。另外,在处理信息以探求结论或解决问题的过程中,实际工作经验和业务能力将有助于公关人员敏锐地捕捉问题,高效率、高质量地完成相关任务。

2. 要注意调查队伍的整体结构

整体结构是指人员的配备情况,这要根据调查的课题、方法等要求来确定。一般来说,一支好的调查队伍要考虑人员的职业结构、知识结构、心理结构、年龄结构、性别结构、地域结构等。对调查队伍要进行优化组合、合理搭配,尽可能地使每个成员在调查队伍中发挥出特长和优势,从而形成整体优势,增强调查队伍的力量,提高调查质量。

3.要注意对调查人员的培训

公关调查队伍组成以后, 要及时对每一个成员进行有效的培训。这不仅因为没有一个人生来就精于调查研究,需要经过学习和培养得到提高, 更主要的是每一项公关调查都会有一些特殊要求,需要通过培训使调查人员掌握。一般来说,培训工作主要包括下面几个方面:

(1) 调查说明。就是要向调查人员讲清调查的目的、意义、行动方案及程序安排,宣布注意事项,包括收集信息时资料的记录格式、方法等。

(2) 示范和模拟。即把调查工作的各项要求进行操作性演示,对调查人员进行直观、具体的培训,使他们切实掌握调查要领。

(3) 调查实习。指在正式开展调查之前,组织调查人员先在小范围内进行实际调查操作,通过实习发现问题,纠正调查方案和组织工作及调查人员能力等方面的偏差,使调查人员在心理上、操作技能等方面尽快适应调查需要, 也使调查方案和组织工作更加完善。特别是大规模的公关调查活动, 调查实习是一项必不可少的任务。这种小范围的预演性调查研究,可以避免正式调查走弯路,减少不必要的损失。而且,调查实习可以为正式调查提供必要的参照资料。

二、公关调查的实施阶段

公关调查实施阶段的中心任务是采用各种调查方法, 遵照调查方案设计的指标和主体方案的要求,深入开展调查,搞好资料的收集。

为了确保调查实施工作的顺利进行,在实施活动中要注意做好下面几项工作:

（一）注意各方面关系的协调

实施公关调查要与各种各样的调查对象取得联系，它们可能是一个或多个社会组织，也可能是一类人或几类人的群体。这就要求在正式展开调查之前，需要与各类调查对象协调好关系，及时地得到这些组织或群体的支持，争取得到调查对象的充分理解与合作，这样才能够取得比较真实、全面的资料。另外，在实施调查的过程中，往往需要分工合作，分步骤地展开调查。因此对各个调查小组也需要协调管理，使它们能够密切配合，协调运作，以保证调查工作顺利、有序地完成。

（二）加强对调查队伍的管理和指导

公关调查队伍组织起来之后，除了严格培训之外，还要在实际调查中加强对调查人员的组织管理和进一步指导。要从严要求，有严明的组织纪律。这样才能保证调查的成功并取得高质量的成果。

（三）注意对调查方案的进一步修正和完善

调查的实施阶段就是对调查方案的实践检验。设计再完善的方案，也会在实际操作中遇到新情况、新问题，可能是指标设计不合理，或调查方法不得当等，这就需要根据实际情况来修正和完善调查方案，对有关问题迅速做出调整。这样才能够收集到全面、真实的信息资料，以利于调查课题的解决。

（四）采集信息是实施阶段的核心工作

把调查方案付诸实践，就是调查活动实施阶段的任务。其核心工作是围绕调查目标，运用各种事先规划好的调查方法，采集到真实可靠的信息资料。

（五）公关调查与公关宣传相结合

公关调查作为一项公关活动，调查人员应时刻把握它的公关性质，在采集信息的同时，也要注意推广组织形象，做好公关宣传工作。

三、公关调查的整理阶段

整理阶段的主要任务是对所收集到的信息材料进行整理。调查所收集到的信息一般都是分散、庞杂、真伪相杂的，必须经过整理阶段，运用科学的方法，对信息资料进行审核、检查，使之条理化、系统化，为进一步分析资料打下基础。

(一)整理阶段工作的意义

1.整理是对公关调查工作的检查和进一步深化

通过各种渠道收集起来的信息资料，必须经过审核来解决其真实性、准确性、标准性和完整性的问题。但由于调查所获取的资料大多比较杂乱，从中不便找出调查问题的实质或其规律，所以必须要对丰富的感性资料去粗取精，去伪存真，由此及彼，由表及里，进行全面的改进制作整理。这样才能保证资料的真实、准确和完整，从而进一步提高公关调查的质量。

2.整理工作是下一步分析研究资料的基础

经过整理的资料，减少了杂、乱、粗等不利因素，为分析研究资料提供了便利条件，节省了时间，保证了分析研究工作的顺利进行。

3.整理是资料归类存档保存的客观要求

每一次公关调查所获得的资料，不仅对该次调查意义重大，而且对以后的公关调查和公关活动有着重要的参考价值。因此，每次调查的原始资料都要分门别类地整理保存，建立档案加以妥善保管，以备查用。

4.整理是深化认识的必要手段

整理阶段是公关调查向总结阶段转化的一个过渡，是由感性认识上升到理性认识的一个必需的中间环节，对于科学地分析和总结公关调查有重要作用。

(二)整理阶段工作的主要任务

公关调查收集上来的信息,应该经过汇总、整理,使其成为便于开发、利用的资料。整理工作主要应做好以下几个方面:

1.检查

首先,应检查调查资料的回收率。如果收回的调查资料在数量上或结构上不足以代表调查对象整体,则不可以这类资料为依据进行研究总结,做结论或制定政策。这时应做补充调查或重新调查。

其次,应检查资料是否真实可靠,即查证资料是否确实来源于受调查对象,有无虚假资料,这需要调查人员的经验,通过分析受调查者对具体调查项目的填写情况,评估其真实性。

再次,检查资料是否完整、准确、合格。包括每份资料是否填写完整,数字统计或其他内容的填写是否准确,具体资料内容是否符合调查目的要求或符合处理信息的要求等。

2.分类

根据调查目的对信息资料进行分类,形成宗卷档案,便于下一步分析研究和开发利用资料。分类时应注意资料的完整性、统一性、连贯性。

3.编码

编码就是把调查的一些项目及其信息资料,依据一定的数字模式或序码模式加以程式化,编成含有特定意义的信息处理系统,便于信息的处理和开发利用,提高效率。

4.登录

登录即把归类整理好的资料制作成登录表,便于查找利用。

5.统计

统计即对信息资料进行综合整理,比如编码A代表公众的正向态度,编码B代表负向态度,统计A和B的总量。统计为下一步的分析工作做好了准备。

四、公关调查的总结阶段

调查的总结阶段是整个调查活动的最后步骤,又为开启新一轮调查活动提出了目标。

（一）总结阶段的主要任务

第一,围绕公关调查所确立的目标,通过分析研究所占有的信息资料,总结出调查的结论,解决目标所要求的具体问题。同时,又能够在处理信息的过程中,发现新的问题,从而为下一轮公关调查确立起新目标。

第二,根据研究得出的结论或总结出的趋势,对照调查课题的目标,提出解决问题的意见、方法。

第三,对整个调查活动的经验教训做出总结,这既有助于推动公关调查人员业务能力的提高,也有利于提高以后调查活动的质量。

第四,在调查的总结阶段,一般要对调查结果写出书面报告,使调查成果条理化,既具有保存价值,也便于查考。

（二）公共关系调查报告的基本内容

(1)标题。说明调查的主旨或主要内容。

(2)前言。应写出调查的目的、时间、地点、对象、范围,以及采用的调查方式及其他需要说明的问题。

(3)正文。即报告的主体,应写明详细的调查情况、分析方法和结论,提出相应的建议和措施。

(4)结尾。即报告的结束部分,凡是写有前言的报告都要照应开头,以起到归纳的作用,渲染全文,加深印象。

(5)署名。调查单位、写作时间。(在标题之下或全文之后)

(6)附件。包括样本的分配,图表及重要的数据资料。

调查报告形成以后,应对调查结果和整个调查过程进行一次总体评价,就调查的科学性、准确性加以说明。调查结果和调查报告应及时提供给组织中的有关人员。

(三)调查总结的原则

1.调查总结应有实事求是的科学态度

这首先表现在处理信息资料时,要有严肃认真的态度,分析、研究问题要有科学的思想和方法,要以现实的资料为依据。其次,在评价调查成果和总结调查的经验教训时,也要紧紧围绕调查课题,对照各项调查指标和调查方案要求,对调查成果和调查活动做出客观的、正确的评价。不能主观地夸大成果,忽视教训;也不应该对成果估价不足,缺乏应有的认识高度。

2.公关调查总结应有历史的观点

任何事物都有产生和发展过程。历史的观点就是要动态地看问题,要用发展的眼光评价事物。在公关调查的总结阶段,处理信息需要用历史的观点,注意事物的因果联系,查明情况的来龙去脉,从而对各种情况做出准确判断。在评价调查成果时,也要用历史的观点。因为大多数公关调查课题都是社会组织持续不断努力解决的目标,所以在评价公关调查成果时,必须前后对照,用发展的眼光评价那些持续性目标,这样才能对许多问题做出正确估计。

3.公关调查的总结要有全面观点

事物总是相互联系的,事物内部各要素之间也是互相联系、互相作用的。所以认识事物不能孤立地看,而要放在一定背景下全面考察。在进行公关调查总结时,首先处理信息要用全面的观点。既要考虑调查的目的、调查对象的具体情和调查者的素质,也要考虑影响调查活动的其他社会政治、经济、文化、科学技术等因素。其次在评价调查成果时,也要有全面观点。要考虑组织的经济利益,社会效益;长期目标、短期目标;局部利益,整体利益等等。总之,要视野开阔,全面地、联系地看问题,而不是片面地、孤立地看问题。

4.调查总结应有咨询建议的问题意识

公关调查总结最根本的是要能够从调查资料中发现问题,找到社会组织的隐患或优势所在,并提出相应的公关对策,从而有助于完善社会组织的行为,保障组织的持续健康发展。

第四节　公共关系调查的常用方法

公共关系调查属于社会调查范畴内的一种具体的调查活动。因此,公关调查的方法主要是参考、借鉴一般社会调查的技术方法,并注意吸收统计学、市场学、社会心理学、传播学等学科对社会调查方法的研究成果,本着采集信息、监测环境、分析趋势、为社会组织提供决策依据的目的,在调查实践中逐步形成了一些具有公关特点的调查方法。具体地说,公关调查最常用的基本方法有:抽样调查法、访问调查法、问卷调查法、观察法、实验调查法、文献研究法,以及普遍调查法、典型调查法、个案研究法等。下面逐一作简单介绍。

一、普遍调查

（一）普遍调查的含义

普遍调查简称普查,指对调查对象总体即全部调查对象进行无遗漏的、逐一的调查。因此,普遍调查又称全面调查。

普遍调查的使用一般有两种情况:一是调查对象总体数目相对不大,不需要花太大的人力、物力和太多时间就可以完成;比如组织在人事管理中对人力资源的调查,资产的调查等。一是调查对象数目庞大,但为了全面准确地掌握情况,必须花费很大的人力、物力和较长的时间去做调查,像国家的人口普查和各种资源普查。

（二）普遍调查的特点

第一，普遍调查的优点是获取的资料全面、完整，便于调查者从宏观上、整体上掌握情况。

第二，当调查对象总体规模不大时，全面调查是准确获取信息资料的最佳选择。

第三，当调查对象总体规模十分庞大时，普遍调查在人力、物力、财力方面的消耗是很大的，调查活动的组织实施也要花费较长时间；而且，也不适宜对问题做深入、细致的调查。

二、抽样调查

（一）抽样调查的含义

抽样调查是从调查对象总体中抽取出一部分作为样本，通过对这一部分样本的调查研究，借助统计推论的方法，检验样本调查的结论能否推及总体，并依据样本调查结论推断总体的一种调查方法。

简单地说，抽样调查就是选择和观察调查对象总体的一部分，并基于对这一部分的研究对整体进行推断的一种调查方法；从总体中抽出的一部分即样本，所以抽样调查也叫样本调查。

（二）抽样调查的特点

1.抽样调查最显著的优点是经济性

因为样本通常远远小于总体，因此调查的工作量要小得多，可以大量节省人力、物力、财力。

2.抽样可以快速、及时地获取资料数据

由于工作量小，抽样调查所需的准备时间和调查时间以及数据处理时间都可缩短，可以尽快进入统计分析阶段，提高数据的时效，从而使相应的决策更及时、有效。而全面调查由于工作量大，不宜频繁进行。比如许多国家每隔五到十年才进行一次人口普查，而两次普查之间的人口变动数据往往靠抽样调查来提供。目前我国每年都要用抽样调查来掌握人口的年度变动情况。

3.抽样调查易取得较大的信息量

在进行全面调查时,尽管观察的单位数目多,但由于费用和调查员水平及调查时间等条件的限制,对每个调查对象不可能问太多的问题,调查深度极为有限。而在进行抽样调查时,调查的项目常常可以大大多于全面调查,从而增加了调查的详细程度,增大了信息量。信息量的丰富将有助于对调查对象的准确了解。

4.抽样调查往往可以获得更准确的数据

抽样调查还有一个重要的优点是其数据质量常常(注意:不是必然)高于全面调查。

这一点有些与常识相悖。因为全面调查从理论上讲是对调查对象"一个不漏"地观察,在实践中尽管很难避免遗漏,但遗漏的比例一般很小;而抽样调查只是观察总体的一部分,而且通常是相对于总体来说很小的一部分。从这一点看,全面调查的数据质量似乎应该高于抽样调查。为了说明这个问题,有必要搞清楚数据"质量高"的含义。在统计观察中,收集到的数据与实际情况之间会由于种种原因而存在差距,这就是统计误差。所谓数据质量高,就是统计误差小。统计误差又分为抽样误差和非抽样误差两类。抽样误差是由样本的随机变动引起的,它是抽样调查中固有的。非抽样误差则产生于问卷、调查员、调查对象、数据的编码与录入、汇总等各环节。无论全面调查还是抽样调查都会存在非抽样误差。

这就是说,抽样调查的总误差中包含两类误差,而全面调查的总误差仅包含非抽样误差一类。尽管如此,抽样调查的总误差还是可以小于全面调查的总误差。就是说,2<1。这其中的原因就在于抽样误差可以通过样本设计事先控制在预定的范围内,这种误差在数

量上往往比全面调查的非抽样误差小得多。在抽样调查中,由于工作量相对于全面调查要小得多,参加调查的人员少,这就有可能对调查人员进行严格的选拔和培训,从而保证调查人员的高素质。而对于那些熟练、有经验的调查者来说,不仅样本抽选过程中的偏差问题是很容易避免的,而且样本抽选之外的非抽样误差也会被大大降低。但是在进行全面调查时,由于工作量大,调查人员自然也就成了一个庞大的队伍,调查员的水平往往参差不齐,很难保证高素质;这必然会影响到调查质量。

另外,与全面调查相比,抽样调查的组织与监督工作相对容易一些,便于采取严格的质量控制措施。因此,抽样调查与全面调查相比,其非抽样误差通常也小得多。

在统计学上,称抽样误差的大小为精确度;称总误差的大小为准确度。两种调查方法比起来,由于全面调查不存在抽样误差,所以全面调查比抽样调查精确;而由于抽样调查中的两种误差之和常常小于全面调查中的总误差,因此抽样调查往往比全面调查准确。

(三)抽样调查的局限性及控制

抽样调查在应用上也有其局限性,主要表现在样本的代表性是抽样调查成败的关键。决定样本有无代表性的条件主要有两个方面:一是样本的规模;二是抽取样本的方法。

实验表明,在一定界限内,样本规模增大,抽样误差将会缩小;两者成反比关系。但是,一旦当样本规模达到一定程度时,再增加样本数,对抽样误差的影响意义不大。这就是说,不论总体是大还是小,要达到一定的精确度,在其他条件相同的情况下,所要求的样本规模是基本一样的。也就是说,抽样精确度主要不是取决于样本与总体相比的相对大小,而是主要取决于其绝对量。所以,如果将样本资料进行较细的分组,精确度会由于各组中样本单位数大大减少而明显下降,这往往会影响对资料的分析研究。比如,有一个包括几千人的样本,如果对于估计总体参数可以满足精度要求的话,那么当对这个样本按性别和年龄划分为几十个组时,平均每组只有几十个人。这时候,对于估计各组参数,肯定远远不能满足精度要求。具体地说,假如几千人的样本代表了一个几十万人的整体,它的比例参数是1%,分组后几十个人里最多只能抽一个做研究样本。这就很容易使样本失去代表性。所以在样本设计时要特别注意,如果样本资料数据的分析必须进行分组的话,应在分组规模上提出精度要求并确定分组规模下限,然后再根据分组数确定整个样本的规模。一般来讲,每个分组中不应小于30个样本单位,对于重要的分组来说,一般不应少于100个样本单位。

抽取样本的方法可以分为概率抽样和非概率抽样。概率抽样是现代统计学的一个重要分支,其操作规程比较科学,在实际应用中基本可确保样本的代表性。非概率抽样则不是那么严格,在应用中难免不受主观因素影响,极容易导致样本缺乏代表性,从而造成调查失败。

(四)抽样调查的种类及其使用

调查的方法可以首先分为全面调查和非全面调查。非全面调查就是广义抽样调查。抽样调查根据抽取样本时是否遵循随机原则,又可分为概率抽样和非概率抽样两种。

1.非概率抽样调查

(1)非概率抽样调查的含义

非概率抽样指在抽选样本时,依据调查者对调查对象总体情况的了解,凭主观判断抽取样本。

非概率抽样是一种经验抽样,它的使用一般应具备两个条件:一是调查者对总体中的所有元素的分布情况比较了解,这时凭主观判断也能很好地抽选出有代表性的样本;二是调查者了解到总体中的所有元素在分布上是均匀的,这时也就没有必要采用概率方法控制样本的代表性。但是,非概率抽样说到底是一种经验行为,其调查研究行为无法事先从理论上验证,即不能借助统计推论的方法对样本的代表性和结论做出评估。

(2)非概率抽样的种类及其使用

常用的属于非概率抽样的方法主要有:随意抽样、判断抽样、定额抽样、典型调查、个案研究等。

①随意抽样。这种抽样方法是建立在假设调查变量在总体分布均匀的前提下,由于总体分布均匀,所以从总体的任意部分抽取样本都能较好地代表总体。例如厨师尝咸淡,医生验血等例子都属于这类抽样。这种方法较多地用于化学、医学、实验物理学等学科中,在公关调查、社会管理等社会活动中也常用。这种抽样不需专门设计,操作简便。但在社会科学研究中,由于社会极为复杂,调查变量在总体中分布一般都不均匀,所以在公关调查中应用时要特别注意样本的具体背景。

②判断抽样。这种抽样方法是基于调研者对总体有详细、准确的了解,依据这种了解和经验,从总体中选出"有代表性的"、"典型"单位作为样本。例如,从某一地区或某一行业所有的企业中,抽选若干先进的、居中的、落后的企业作为样本,来考察全体企业的经营状况。如果判断准确,这种方法可以取得较好的代表性样本。但既然是主观判断,这种方法受主观因素的影响较大。可以说,判断者的素质决定了调查的成败。这实际上是一种依靠经验的传统办法,操作简单,但应当慎重使用。

③定额抽样。这种调查方法是根据总体的结构特征来给调查员分配定额,以取得一个与总体结构特征大体相似的样本。例如根据

人口的性别、年龄构成来给调查员规定不同性别、年龄的调查人数。这种抽样方法使用时关键是对总体元素的结构特征要认识准确，这样才能选准定额，从而控制好样本的代表性。

④典型调查。即选择调查对象总体中的一些具有代表性的对象，并对其进行调查以了解总体情况的方法。

典型调查所选的"典型"是依据具体标准确定的，在实际应用中选典型往往也是为了侧重了解某一方面的情况，因而典型调查又称为重点调查。典型调查可以深入地获取生动材料，节省人力、物力、财力和时间。但是，在使用典型调查时也应特别注意，不能把典型对象的情况看作是普遍现象，做出以偏概全的结论。

典型是从特定总体中选出的，一般来说，典型与总体其他对象之间差异越小，典型的代表性就越大，依据典型得出的结论的可靠性也越大；反之，结论的可靠性就越小。而实际调查中典型的代表性又很难测定，所以运用典型调查时结论需要通过其他调查方法辅助验证，以防止结论的片面化、绝对化。

⑤个案研究。指选择某一个具体的研究对象，就某种社会现象或问题对其进行深入的调查研究，以求解释现象，探明原因，解决问题。

个案研究能深入细致地研究调查对象，有利于具体问题的解决。但个案研究一般需要花费较长时间，投入较大精力，结论也不一定有广泛适用性。在公关调查中，一些具体问题的解决往往用到个案研究，比如公关危机处理、一些重要公众的关系处理等。

2.概率抽样调查

(1)概率抽样的含义

所谓概率抽样，就是在抽取样本时，严格遵守随机化原则，按照一定的标准和要求使得总体中的每一个单位都有机会中选，而且中选的机会是可知的。概率抽样是建立在近代统计学特别是概率论基础上发展起来的,是现代统计学的一个重要分支。在概率抽样中,一般又都采用等概率抽样,因为等概率抽样在计算样本值与抽样误差时不用加数,比较简单。但在某些情况下,也需要采用等概率抽样,比如后面我们将介绍到分层抽样的不等比例分层抽样。在采用不等概率抽样时,计算中必须加权,使得计量较为复杂并加大了工作量,但能使样本更具代表性。

(2)概率抽样的优点

①用概率样本推断总体时,不需要对调查变量在总体中的分布做出假定。

②概率抽样排除了主观因素对样本选取的影响,可以避免人为的选择偏差。

③各种非概率抽样方法有一个共同的缺陷,就是它们都不能计算出抽样误差,无法知道样本估计总体的精确度。由于抽样误差是统计推断的依据,因此,非概率抽样方法所取得的样本不能对总体进行统计推断。而概率抽样可以计算抽样误差,所以只有概率抽样才能对总体进行统计推断。

可见,概率抽样比非概率抽样更为科学和严格,因此成为社会调查中最主要的抽样方法。不过,概率抽样在应用中要求掌握必要的统计数学知识。例如,总体值,也就是调查对象某个特征的综合量化表现,如平均参数;样本值,也就是抽样调查的随机变量;抽样误差;系统偏差;统计推断等;都可以通过数学演算得出具体的数值,从而对调查活动做出可靠的量化评估。

(3)概率抽样的种类及其使用

在进行概率抽样时,依据样本设计的不同方法,可以把概率抽样划分为简单随机抽样、分层抽样、等距抽样、整体抽样与子抽样等几种基本抽样方法。在实际设计抽样方案时,采用哪种方法要根据具体条件而定。在公关调查中,特别是大规模较复杂的调查活动,通常是多种方法结合使用,包括概率抽样与非概率抽样结合使用,以取得较好的调查效果。

①简单随机抽样。简单随机抽样即用纯粹偶然的方法直接从调查对象总体中抽取若干对象组成样本的抽样调查方法。

这种抽样方法带有随机性,总体中每个元素都有相同的机会被抽中,排除了主观因素。具体的样本抽选方法一般有两种:一是"抽签法"或"抽奖法";二是使用随机数表或号码机的方式。

简单随机抽样的特点主要包括:

第一,总体N个元素中选出规模为P的样本时,样本中所有n个元素都是被单独抽选出的,也就是说,简单随机抽样是以单个元素作为抽样单位的。

第二,总体中所有N个元素都有相同的中选机会,就是说,简单随机抽样是一种等概率抽样方法。

第三,不仅总体中所有元素都有相同中选概率,而且,当从总体N个元素中反复抽取n个样本元素时,n个样本元素的所有可能的组合也都有相同的中选概率。这一特征使得简单随机抽样与一些更复杂的抽样方法相区别。因为某些复杂的抽样方法也是等概率抽样,即总体中所有元素的中选概率相等;但它们的n个元素的所有可能组合却不具有相等中选概率。例如从不等规模整群抽样中抽取的元素n,其中选概率就不同。

第四,简单随机抽样适用于受调查对象的总体不很大的情况。如果总体规模庞大,采用抽签法、摇奖法或随机数表时,都需要编制抽样框,这个工作将变得十分繁重;而且,总体规模庞大必然要求样本规模相应增大,样本的抽选过程工作量也将增大。这样,就不符合抽样调查的快速、省力、经济、高效原则了。

②分层抽样。分层抽样,也叫类型抽样,是基于对总体的事先了解,按一定标志将总体划分成若干个子总体,并从各子总体中分别选取样本的抽样方法。被划分成的子总体称为层。

从每个层中抽选样本时,可以以元素作为抽样单位,进行简单随机抽样,称为分层元素抽样或分层随机抽样;也可以以整群作为抽样单位,称为分层整群抽样和分层多极抽样。下面简单介绍一下分层元素抽样应该注意的问题。

在设计分层样本时,样本规模在各层的分配有两种方法:一种是按同一比例的抽样,叫分层定比抽样;一种是按不同比例的抽样,叫分层异比抽样。

分层定比抽样是指样本所有元素在各层分配时,使层样本规模n_h与层总体规模N_h的大小成比例,因而层样本规模在整个样本规模中所占份额与层总体规模在整个总体中所占份额相等, 即$n_h/n=N_h/N$。这种分配方法使总体的各部分按大小成比例地在样本中得到代表,样本成为总体的一个缩影。

分层异比抽样,是指由于某种特殊需要,在设计分层样本时,有意识地在各层中使用不同的抽样比f来抽选层内样本。使用分层异比抽样的主要目的是使样本规模在各层之间达到最优分配,从而获得尽可能高的抽样精度,取得比分层定比抽样更高的效率。当各子总体需要分别作为单独的研究对象或者在子总体之间进行比较,也就是把子总体作为研究域时,就必须给各层分配足够的样本规模以保证各子总体参数估计的必要精度。当层作为研究域而需要分别进行估计时,如果采用分层定比抽样,则那些规模较小的层所分配到的层样本规模也必然较小,常常满足不了起码的精度要求。因此,在这种情况下需要对规模不同的层使用不同的f_h;对规模较小的层,需使用较大的fh。以增大这些层的样本规模。

例如,某大学有学生10000人,其中男生7000人,女生3000人。假如要抽取100人做样本进行某项调查, 若按分层定比抽样法抽取样本,fh=1%。则从男生层中抽出样本元素70人,从女生层中抽出样本元素30人。组成100的样本。如果考虑到女生样本规模太小可能影响其代表性,可以采用与男生不同的2%的比例,这样女生样本就变成了60人,与男生接近。最后,在总结调查结果时,再采用扩大或缩小的方法;或把男生的调查结果扩大一倍,或把女生的调查结果缩小一半。这样就既保证了他们在各自层内的代表性,又保持了他们各自在总体中的代表性。由此可见,分层异比抽样要比分层定比抽样在应用中复杂得多;既要考虑样本设计在各层的最优分配,又要注意各层样本在总体中代表性的平衡。所以,在提高抽样精度方面,分层定比抽样通常只能取得较小的或中等的效益;而使用分层异比抽样,常常能获得较高的效益。但在统计调查结果时,定比抽样计算简便,工作量较小;而异比抽样的计算工作量大,所需的工时和费用也随之增多。这就要求我们在实际调查中,要根据具体的调查目标要求,充分考虑两种方法的优缺点,择优选用。

应当特别注意,分层抽样对层的划分标准可以有许多,这要根据具体调查目标来确定;但每一次划分只能用一个标准。否则,很难避免若干个层的互相重叠,从而导致各层规模之和不等于总体规模。这样就无法进行准确的量化调查。

③等距抽样。等距抽样也称为系统抽样或机械抽样,即将总体所有的单位排列起来之后,先随机地抽选一个单位作为起点,然后每隔相等的间隔抽选一个单位的抽样方法。

等距抽样实质上是将总体N个单位的排列划分为n个长度为K的段,从每个段中相同位置上抽选一个作为样本单位。因此,当第一个样本单位作为随机起点被确定后，其余单位的抽选也就被确定了。这种抽样方法与简单随机抽样比起来，可以大大减少工作量。比如在简单随机抽样中，样本规模越大，查随机数表的工作量越大；而在等距抽样中，无论样本规模多大，只需要查一次表，使抽样工作大大简化，很适于在调查现场应用。

运用等距抽样法进行调查时，要特别注意下面两个问题：

第一，非整数抽样间隔的处理，即当 K 为非整数时。

在实践中，调查总体的单位数 N 可能不是样本单位数 n 的整数倍，使得抽样间隔 K 为非整数。例如总调查人数 N=3780 人，要抽取的样本数 n=300，则 K=3780/300=12.6。如果对这个非整数间隔采取四舍五入的办法，会导致实际抽取的样本数偏离计划样本数或增多，或减少。当 K 很大时，样本数 n 的偏离不会太大，所以有时四舍五入的方法是可以接受的。如果 K 比较小，为了保证样本的精确度，可采取以下两种措施：一种是先对非整数 K 进行四舍五入，然后在 1—N 的范围内用随机数表达选取一随机点 r，从这个随机起点开始，选取 r,r+k,r+2k,…，当超过 N 时，再回头来从 1 开始，直到选出的样本单位达到计划数为止。这种方法实际是将总体的排列首尾相接，形成一个封闭的环状系统，比较巧妙地避开了非整数不能应用随机数表的问题。另一种方法是先直接使用非整数间隔，然后将小数点以后的部分舍去，得出中选单位序号。在选取随机起点时，由于随机数表中均为整数，可以把 K 的小数点后移，使 K 成为整数，选出一个随机数后，再把小数点移回来，成为非整数的随机起点。比如，K=5.4，则把它变成 54 后，应在 10—100 范围内选一个两位的随机数，假如选出的结果为 77，将小数点移回，随机起点即为 r=7.7。这样，就可得到：r,r+k,r+2k,…也就是：7.7,7.7+5.4,7.7+2×5.4,…把它们后面的小数点舍去，就得到了中选单位的序号为：7,13,18,…使用这种方法，所有的单位都有相同的中选概率1/K=1/5.4。

第二,两种比较特殊的总体分布情况:一种是调查变量的值在总体单位的排列方式上呈线性增加或线性递减的趋势;另一种是总体单位的变量值呈周期性变动。在公关调查中,总体分布呈线性递增、递减或周期性变动的情况是比较易于识别的,也是可以从数学上对样本的代表性进行控制的。因此,对有经验和懂技术的调查者来说,这不是严重问题,只是增加了工作量。

④整群抽样与子抽样。总体中在空间上或时间上相邻近的一组元素称为群。整群抽样就是将总体划分为若干个群,以群作为抽样单位,从中抽选出一部分群,然后对群内全部元素进行调查的抽样方法。

整群抽样的特点主要有以下几个方面:

第一,可以节约调查费用和时间,提高收集实地资料的工作效率,使调查更为经济。当以元素作为抽样单位时,如果整体规模大,分布区域广,用其他抽样方法往往效率很低、很不经济;有时甚至是难以实施的。与元素抽样相比,整群抽样具有明显的优越性。由于整群抽样的调查对象是在空间上和时间上相邻近的一组元素,所以可以用较少的调查员,花费较少的费用来完成调查。比如,要对一个有百万人口的城市所有的下岗女工进行调查,如果采用元素抽样,这是一个十分庞大的工程,抽样框的整理工作十分繁重。如果采用整群抽样,先抽选一个区,再到一个街道或一个居委会,调查就容易多了。可见,整群抽样的经济、高效率这一特点是很突出的。

第二,整群抽样是对付规模庞大的调查对象的最佳方法。当从一个总体中抽选样本时,首先需要有一个以总体全部抽样单位排列的清单,也就是抽样框,否则无法实施抽样。当调查对象规模庞大时,以元素作为抽样单位,往往难于获得抽样框。比如,要对一个有几百万人口的城市的市民的某些项目如文化素质、公益心水准等进行调查,就需要有一张把全市几百万人口都排列出来的清单,这项工作实际做起来是很繁重的。如果是一个更大的总体,比如一个省或一个大的国家,就需要一张更巨大的清单做抽样框,这在操作上将更加繁重。只有使用整群抽样时,才能很容易地获得抽样框。

第三,整群抽样也有其缺点。主要表现在当样本规模一定时,特别是在样本规模较小的情况下,其抽样精度比元素抽样要低。这是因为其样本元素不是均匀地分散在总体中,而是集中在若干群内,而群内元素通常具有同质性使得抽样误差增大。比如,整群抽样选某个村落或城镇作为样本时,这个村落或城镇里的人们由于长期生活在相同的地域条件下,可能形成某种地域文化,从而使人们具有相同或相似的文化观念或某种情感和思维等心理特征的一致性。这种群内的同质性,对于整体来说,显然是一种十分个性化的东西。不过,综合其优缺点来看,由于整群抽样费用低、效率高,所以当总费用一定时,整群抽样可以通过抽取比元素抽样更大规模的样本,来提高抽样精度。这样,其抽样精度也有可能高于元素抽样。

子抽样,就是在整群抽样中的中选群内,再进行抽样,选取一部分元素进入样本。子抽样使抽样变为两个或更多个阶段,因此也称为多级抽样或多阶段抽样。子抽样可以是在中选群内随机抽选部分元素作为样本,也可以从群内抽选更小的群,然后从这些群内再次抽选样本。进行子抽样时,每级都有该级的抽样单位,级越低,抽样单位越小。其中,第一级的抽样单位称为初级抽样单位。初级抽样单位的抽选对于整个样本的质量有极为重要的影响。这就像如果在方向上发生了偏差,会越走越远离目标。

不论是整群抽样还是子抽样,当总体被划分成若干个群后,各群内包含的元素数目即群规模,都可能有两种情况。一种是各个群的规模相等或近似相等，这叫作等规模整群抽样或等规模子抽样。这种情况一般出现在严密的组织和计划的条件下，比如军队的人员编制，班、排、连、营、团、师等，人数是基本相等的；还比如一些工业产品的包装；每箱内多少件数，都是统一的。另一种情况就是各群的规模不相等，这叫作群规模不等整群抽样或子抽样。比如村落或居委会内的人口数或家庭户数。

等规模整群抽样和子抽样的量化操作比较简单，总体中任一元素的中选概率即为样本群中选的概率。群规模不等的整群抽样和子抽样，量化操作比较复杂。需要运用概率与规模成比例抽样等抽样方法，来控制样本规模的变动，同时保持总体中所有元素有相等的中选概率。

三、访问调查

(一)访问调查的含义

访问调查指通过人际交往的形式进行调查活动的调查方法，也就是由访问者向被访问者直接提出调查问题，通过被访问者的直接回答来收集调查资料的一种调查方法。这种调查方法通常用于对一些比较浅显的问题的调查，或者是对某个具体问题的深入调查，比如通过访问权威人士探讨某个问题。

(二)访问调查的类型

访问调查可分为三种具体形式，即访谈法、信访、电话访问。

1. 访谈法

(1)访谈调查的性质及主要类型

访谈法是调查人员分别造访调查对象，通过个别谈话的方式收集信息的一种调查方法。因其程序结构的不同，访谈法被分为结构式访问和非结构式访问两种。

所谓结构式访问，就是根据事先拟定的调查表格进行访问，谈话的内容和次序基本上按表格规定进行,答案也是固定的,谈话一般不超过表格规定的范围。这种访问也叫正式访问。正式访问的问题和答案,都经过了规范处理,访问员只要根据表格的规定提问,并把被访问人的回答记录下来就可以了。

所谓非结构式访问,就是只有调查任务但事先没有固定的程序要求,访问人员可以机动灵活地掌握。这种访问也叫非正式访问。非正式访问也可搞成多人同时参加的座谈会的形式。非正式访问的操作难度比较大,对调查人员的技能要求更高,一般由素质较高的人员实施。

(2) 访谈调查的特点

① 访谈是一种面对面的信息交流,信息的输出与反馈是同时进行的。因此,调查者可以充分地向被调查者说明调查意图、要求等,比较深入地对调查对象施加影响,通过启发、引导等手段,获取尽量真实可靠的信息。

② 访谈调查操作简单,应用灵活,是一种比较快速而又深入地获取信息资料的好方法。

③访谈调查作为一种人际交往方式,它是个人之间的心理和行为的互动过程,必须要求调查对象的合作与密切配合。如果操作不慎,使调查对象形成心理对抗,则很难得到真实可靠、有使用价值的信息。

(3) 访谈调查的使用技巧

访谈调查是一种言语传播,它的应用技巧在总体上应该注意借鉴前面讲到的言语传播的各种技巧。作为一种调查手段,它在具体操作时要重点注意以下几点。

①要有充分的准备。在进行调查前,要根据调查任务,做好各方面的准备工作。包括与调查对象的事先沟通,约定访谈时间、地点

等。如果是正式访问,可事先通报访谈内容;非正式访问也应事先通报访谈的大致目的。这样可使调查对象在心理上、具体问题上都能有所准备,从而获得较好的调查效果。准备工作还包括调查者在心理上、访谈技术知识方面的充分准备。调查者首先应该有良好的心理状态,才能够去引导和促动调查对象的心理状态;访谈技术知识包括了对所调查问题的充分了解和调查问卷及调查提纲的设计;还有调查者对自我的衣着、言谈、举止、礼节等的预想性设计。一般来说,访谈调查者应该尽力做到衣着整洁、得体;行为举止大方,仪态端庄、稳健;言语朴实、礼貌、文明。这些因素都会不同程度地影响到调查的效果。

②注意培养一种良好的谈话气氛。访谈调查就是要通过谈话来获取信息。谈话总是要有气氛的,特别是深度访问,只有创造了一种良好的气氛,才能够使人有话想说,而且说得深刻、自然,不会有所顾忌。这就需要调查者要主动地、热情友好地培养一种融洽的访谈气氛。

③要善于启发、引导。访谈调查需调查者要时刻不忘自己的调查任务,特别是非正式访问,要求调查者要善于巧妙地引导调查对象谈论所调查的话题。比如有些调查对象不善言谈或态度冷淡,这就需要调查者要有耐心,要从各个角度、用各种方式提问,想方设法获取调查信息;还有些调查对象十分健谈,话匣子一打开,往往海阔天空,东南西北中,话题被扯得离题万里,这也要求调查人员要有耐心,既不能轻易打断他人谈话,又要善于巧妙地抓住机会,把话题扯回到调查主题上来

2. 信访调查法

(1)信访调查的性质和特点

信访调查也叫通信调查,指采用信函方式将调查表或问题提纲

邮寄给被调查者,请被调查者按要求以书面形式回答问题后,再把调查材料寄回给调查者。

信访调查适用于大面积或远距离的调查,其优点是省时、节约,保密性较好。缺点是不易控制,常常复函率不高;而且要调查的内容也不能太多,获取的信息也比较平常;信息资料的真实性也不是十分可靠。

(2) 信访调查的使用技巧

利用信访形式进行调查,把握复函率是个关键问题。为了提高调查资料的回收率,调查人员在调查表和提纲的设计方面,要多从调查对象的角度考虑,尽量设计得简单、明了,便于回答问题;调查表格和提纲的印刷也要做到清楚,版面整洁,字型不宜过小,行距不能过密。特别是对调查对象的说明文字,要注意用语谦虚、礼貌、文明、诚恳,以赢得调查对象的好感,争取他们的合作态度。另外,在邮寄的调查材料上应交代清楚调查的目的、主办单位和材料回收时间,并附上印好回寄地址的信封与邮票。以消除调查者的顾虑,争取较高的复函率。

3. 电话访问法

(1) 电话访问法的性质和特点

电话访问是由调查人员借助电话这种现代通信技术,通过拨打电话访问调查对象,获取信息资料的一种调查方法。

电话访问的优点是快捷、省力、省时;因直接与调查对象交谈,虽不能观其面,但可听其音,调查者基本可以判定对方的合作态度,获取的资料比较可靠。缺点是访问时间不宜过长,调查内容不宜繁杂;特别要注意调查地区的电话普及情况,如果电话普及率不高,样本的代表性会受到影响。

(2)电话访问的使用技巧

① 要事先组织好调查程序,包括怎样开始赢得受调查者的合作,访问的内容编排,如何结束话题等。

②精心选择拨打电话的时间。调查者拨打电话时,无法预知对方的情况,只能依据常识做出判断,什么时间可能是最不至于打扰对方,从而更容易赢得对方的合作。这一点可以根据具体调查对象,做出具体判断。

③ 用语应礼貌,态度要诚恳、亲切。拨通电话后,首先应主动用礼貌语言和诚恳的态度讲清自己的身份,说明调查目的,征得对方同意后,方可提问。

④ 所提问题要简短、明了、客观,尽力避免提示或引导调查对象回答问题。

⑤ 调查结束后应诚恳致谢。

四、问卷调查

(一)问卷调查的含义

问卷调查是把所要调查的内容设计成一组问题,以设问的方式或表格的形式形成一份问卷,通过让调查对象填写问卷来收集信息的一种调查方法。

(二)问卷的类型

根据问卷对问题和答案设计的形式不同,把问卷分为封闭式问卷和开放式问卷。

1. 封闭式问卷

这是一种事先对问题确定了可供选择的答案的问卷,被调查者根据各自的情况进行判断,在其中选择一个或多个自认为恰当的答案。这种问卷多用来调查事实、态度、行为等方面的问题。例如:

A:您对自己的职业满意吗?(请在下面各项中适合自己的选项后画"√")

a很满意　b满意　c无所谓　d不满意　e很不满意

B:你对下列饮料的饮用情况(请在相应的空格中打"√"

序号	内容	编码 选项	a 经常饮用	b 偶尔饮用	c 从不饮用
1	啤酒				
2	汽水				
3	可乐				
4	茶				
5	咖啡				
6	果汁				
7	果奶				

封闭式问题是问卷设计中较多采用的一种形式。它可以提供比较整齐划一的答案;便于计算机加工处理资料。但这种问题的主要缺点在于调查者事先划定了答案，这就有可能漏掉一些很重要的、但尚未被研究者认识到的答案。若这部分答案漏掉的比例较大,则会严重影响调查质量。另外,由于事先提出了答案,有可能造成强迫调查者回答的情况；因为它很容易使一个不知道如何回答或没有具体看法的人猜着回答甚至随便乱答。所以为了防止被调查者不负责任地回答问题,在答案中往往要加上"不知道"或"无看法"等以供选用。

2.开放式问卷

这是一种可以自由回答的问卷,实际上是一个比较详细的调查提纲,只有一个一个的具体问题,答案完全由调查对象提供。例如:

A. 您对公司的管理有何评价?

B. 请谈一谈您对未来大学教育的展望?

开放式问题多用于探索性研究,它能给回答者以较多的创造性或自我表达的机会,尤其适用于讨论一些比较复杂的问题,可以了解到回答者独特的观点。在一定程度上,开放式问题可以克服封闭式问题的缺点。答案遗漏较少,"强迫"回答的可能性也被排除。但也可能会出现答非所问的情况。而且,开放式问题答案复杂多样,回答的内容缺乏标准化,难以进行量化统计分析。对于调查对象来说,由于回答问题要花费较多的时间和精力, 容易引起较高的拒答率,从而影响问卷的回收率。

总之,封闭式问题和开放式问题在实际应用中各有利弊,调查者要根据具体情况选用。在大多数情况下,是两种问卷形式综合使用,以保证调查取得好成果。

(三)问卷的设计

1. 问卷的结构

问卷从设计结构上可以分为引言、注释、条款和资料登录四部分。

(1)引言也叫说明,一般应包含调查目的、意义、调查的组织者、选样的原则、调查结果的使用者、保密措施等内容。在问卷中讲明这些情况有利于争取被调查者的合作,消除他们的戒备心理。这部分在表达上语言要诚恳,文字应简洁、明确。

(2)注释也叫导语,用来提示如何填写问卷或解释某些调查项目的含义。

(3)条款也叫调查项目,是问卷的主体部分。问卷设计主要就是条款的设计,这部分由封闭式问题和开放式问题组成。

(4)资料登录部分,是为了区分、核实、分析资料而专门设计的。区分设计包括问卷编号、调查对象基本情况等;核实设计包括问卷使用的日期、时间、地点及调查人员和核实人员姓名等;主要是供资料统计和输入计算机分析用的。

2. 问卷设计的方法和原则

问卷设计主要是条款的设计,因此,关于问卷设计的方法和原则主要也是讨论条款的设计。

(1) 条款设计的方法

问卷的条款就是一个一个的具体问题,封闭式问卷还包括了选择性答案。这些问题及其选择性答案的提出不是随便想出来的,而是根据具体的调查目的和题目,通过科学的理论假设,由理论假设到概念再由概念到变项,这样一步一步地对调查题目进行分解化处理,才能找到许许多多的具体问题。把这些问题分门别类,一组一组地设计成问卷,就构成了问卷的条款内容。关于条款的产生过程,可以用下面直观的显示来说明:

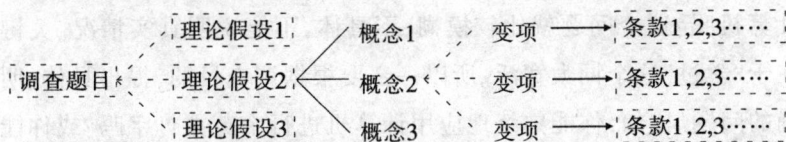

对于封闭式问卷来说,条款的内容除了问题之外,还包括答案。答案设计也是很重要的,它是条款的有机组成部分。如果答案设计不好,可能导致收集无价值的和不相干的信息材料,从而使调查失去意义。

封闭式问题根据答案的设计情况可以划分为单项选择、多项选择、对比选择、排序选择四种。

① 单项选择即从多个答案中只选一个答案,通常为"是"或"非",因此答案之间应该是互相排斥的。

② 多项选择。即从多个备选答案中选出至少两个以上答案。

③ 对比选择。即从两类彼此相抵触,对比强烈的答案中,选出一个方面。

④ 排序选择。即对众多有程度或次序等方面差异的备选答案,要求被调查者根据各自情况排出顺序。

(2) 条款设计的原则

设计条款应尽量遵守以下一些原则:

①封闭式问题所列出的答案应包括所有可能出现的一切答案。这在实际操作上很难做到,所以在列出尽可能多的答案后,必须再列一项"其他"。

②一个问题的不同答案之间必须相互排斥,互不包容。只有这样才能够使研究者正确解释所得资料。

③条款必须清楚、明了,提问要尽量使用短句子,避免使用术语和缩略语。所谓"清楚、明了"就是所设计的"问题"和"答案"都要具体、准确,避免使用模糊语言和容易引起误解的词句。比如,你学过计算机吗?这个问题就比较模糊,不具体,不能说明真实情况。关键在于"学过"这个词太宽泛。所以一定要根据调查目的,提出具体、明确的问题。比如,你能熟练地应用计算机进行中英文打字吗?或你能应用计算机进行绘图设计吗?关于术语和缩略语,主要是一些行业用语,比如,你认为"三改一加强"能使企业走出困境吗?或谈谈你对"五个一"工程的看法。类似"三改一加强""五个一"工程,"三讲"这样的词语,大多数人都不很了解其确切含义,如果是调查的需要,就要做出进一步解释。

④要避免把两个以上的问题联在一起提问。这样可能使问题变得复杂化,增加调查对象的理解难度。如果是封闭式问题,同时也给设置答案增加了难度,很容易导致答案不能确切回答问题。

⑤避免使用假定性问题。假定性问题是指用虚拟语气构成的条款。例如"假定……你是否会……""如果……你将会……吗?"这样的问题多见于意愿调查中。意愿调查的目的是要根据所得资料进行某种行为习惯变动的预测或对某种事态可能引起的心理和行为后果进行预测。但假定性问题的答案无论肯定与否,其含义实质上都是不明确的。因为问题本身不成事实,只有理论上的意义,不足以为信。

⑥不可使用诱导性条款。诱导性条款是指由于条款的措辞、内

容等方面的原因,使应答者有意无意地不得不选择某种答案。也就是说,条款的提问实际上是要求应答者选择某种答案。比如,有一份关于生育意愿的调查表,问卷开头有一大段宣传计划生育的意义的话,一对夫妇只生一个孩子这一国策的重要性,然后在具体问题中问:"你认为一对夫妇最理想的子女数是多少?"不管被调查者的"理想"如何,都已经没有了意义,所以大家都得理智地选择"只生一个孩子"光荣。所以在设计问卷时要特别注意:条款措辞应尽量避免使回答者想到集体意识意义上的"正确""错误",从而使所获信息失真。要使用中性词,用客观态度提问。

⑦ 调查问卷涉及敏感性问题时,问卷设计应遵守保密原则。敏感性问题是指涉及私人生活以及大多数人认为不便于在公开场合表态或陈述的问题。例如私人财产调查、不轨行为调查及其他私人生活情况调查。进行这类问题调查时,如不注意方式、方法、措辞等,就会使拒答率相当高,或者得不到真实的答案,从而使调查失败。所以在进行敏感性问题调查时,必须严格替应答者保密。要事先说明所采取的具体保密措施。如不进行有个人特征的记录,姓名、工作单位、本人住址等;问卷填完后由应答者自己密封问卷;资料汇总后问卷被销毁;如有泄密情况,研究者或调查员将负法律责任;等等。在设计这类问卷时,还可改变提问形式,使应答者不以第一人称回答问题,而以第三人称回答问题。例如:"有人如何如何,请做出评价。"

⑧ 问卷设计不宜过长,一般应将容易回答的问题放在前面,难回答的问题放在后面。

（四）问卷的使用

问卷的使用即怎样用问卷去采集信息。这要根据具体情况而定,经常采用的方法有邮寄法、组织分配法、当面填写法。

1. 邮寄法

邮寄法就是把问卷邮寄给调查者，填写后再寄回来的调查法，也就是前面介绍到的信访调查法。邮寄法的特点和使用注意事项，与信访调查相同。

2. 组织分配法

组织分配法即通过已有的组织形式发放和回收问卷，如依靠党派团体和其他的群众组织，以及有较强人事控制能力和社会影响能力的其他社会组织。

3. 当面填写法

当面填写法是由调查人员亲自把问卷送到被调查人员手中，请被调查者当面填好后，即收回问卷的调查方法。为了提高调查效率，也可把受调查者集中起来当场填写问卷。

当面填写法的优点是可确保问卷答案的真实性，但需投入较多人力，也比较花费时间。

五、观察法

(一)观察法的含义及其特点

1.观察法的性质

观察法是由调查人员深入调查现场，以公开的身份或隐蔽的身份观察调查对象的态度、行为等情况，并形成记录资料的一种收集信息的方法。

2.观察法的特点

观察法是最常用的一种调查方法，它的特点首先表现为应用十分简单，能观察、会记录的人都可以成为观察调查员，一般都能够收集到丰富真实的感性资料。不过，观察者应该具备较高的素质，有敏锐的观察力，能够洞察事物的本质，能够迅速捕捉到常人注意不到的问题并做出正确判断。其次，观察法还可以运用一些现代化的技术手段如录像机、录音机、照相机等，把观察对象的声音和行动等情况保存下来，特别是照相技术和录像技术，使调查对象的表情、神态、动作与相关背景都可以真实地保存下来，再现出来，便于调查者做从容、仔细、深入的研究。再次，观察法也有局限性，主要表现为对观察目标所处的环境无法控制，各种干扰因素可能会影响到观察的效果。而且，观察者的主观因素也会不可避免地影响观察结果。

（二）观察法的类型

根据观察者与被观察者之间的关系状态，把观察的类型划分为参与观察、非参与观察和半参与观察。

参与观察，指调查者加入被观察者的群体中，和其他人一样正常地参加这个群体的活动，隐瞒自己的调查者身份及调查目的，与被观察者打成一片。

非参与观察，指调查者完全处在旁观的位置，不参加被观察者的任何行动。

半参与观察，指观察者参加被观察者的群体活动，但并不隐瞒调查者身份。调查者不完全是一个事件的参与者，本质上是一个调查者，参与是手段，调查是目的。

六、实验法

广义地说，一切接触生活实际的社会调查都是实验调查，包括了抽样调查、访问调查、问卷调查等。再广义地说，人类的一切实践行为都是实验，就是到实际生活中去验证自己的思想。实验作为一种科学研究方法，它本来是自然科学研究的一种常规手段，这种科研手段在社会科学领域的较早应用发端于实验心理学。实验心理学主要是在实验室内，运用各种实验装置，测量各种物理因素（如音响、光亮、色彩、气味等）刺激对人的感觉（听觉、视觉、触觉、嗅觉等）以及知觉（记忆、理解等）还有情绪等的影响效果。它最初起源于德国，心理学家冯特在莱比锡大学建立了世界上第一个心理实验室。

20世纪初,实验心理学的研究中心转移到了美国,其研究方向也开始面向教育、临床医学、社会学等领域。

美国的实验心理学家发明了一系列较为简易而快速的心理测验技术,以此取代以前那些复杂和费时的实验仪器。比如现今社会调查中广泛使用的"问卷"技术就是由美国心理学专家G.霍尔首次发明并使用的。还比如作为专门技术的"智力测验",就是测量"智商"(Intelligence Quotient)高低的方法,也是由美国的心理学家I.特曼提出来的。这一技术在当今世界的公司招工、军队征兵、政府聘员、选拔运动员及其他特殊用人领域被广泛使用。20年代末,在实验心理学领域,又出现了第三种测量技术——"态度量表"(Attitude Scale)。它专门被用来测量人的意见、评判、选择倾向等更为深刻的心理活动。其方法是让受测者对一组陈述句分别打出从1到11分的评分级别,代表着从"极其赞成"到"中立"到"极其反对"的11种态度等级。此后,这种态度量表成为社会调查中问卷设计的基本依据。后来,"态度量表"经过传播学家C.奥斯古德的改革,演变成按事先拟定的不同语义的排列组合而给定的"语义区分表"(semantic Differential),从而在应用上更具体、更方便,也更密切地与各类社会问题的研究结合在了一起。

应该能够注意到,实验心理学从应用实验仪器进行心理测验开始,逐步发明出"智力测验""态度量表""语义区分表"等一系列完整的实用研究方法,作为一种操作性很强的调查技术进入社会调查领域,与早期直观的、经验判断的社会调查方法相比,其科学性、客观操作性、调查成果的价值都大大地提高了。

公共关系学特别提出的实验调查法,有它狭义的内涵。它是特指通过设置专门的现实场景,在现场观察、访问有关人员,从而收集信息资料的一种调查方法。比如通过举办产品展览会来进行市场调查,就是比较典型的实验调查法。还比如,有意识地在一些公共场所安排一些假戏真唱的表演性质的生活场景,通过调查人员的切身体验和现场观察、访问来收集有关信息。例如,可以在商场、车站、码头、公园等人群密集的地方,设置一些类似于吵架、打斗或其他不良社会行为,通过观察是否有人围观、围观的人多少及围观者的反应;还有事态是否被迅速控制、控制方法等;以此考察一个城市市民的素质,当然也可以考察公安管理的效率。这种方法在公关调查中是常用的,比如通过设置一些场景来调查职工的态度、行为,如心理素质、公益心、社会责任感、道德水准等。

七、文献研究法

文献研究法也是公关调查中较常用的一种调查方法,它是通过第二手资料来收集信息、了解情况。文献是前人调查研究的成果,它一般表现为出版物、政府和社会团体的档案、个人文献三类。

出版物,包括公开出版的书籍、报刊和内部发行的通讯、简报等各种印刷材料。这类文献数量多、来源广,材料系统,便于查找;但多为加工发行过的第二手资料,很容易受到具体作者的主观因素的影响。

政府和社会团体的档案,包括了文件、统计材料、会议记录、大事记等。这类材料比较原始,真实可靠,研究价值很大。但得到这些材料一般不太容易,有些还不能公开引用。

个人文献,包括私人事件、日记、笔记、账目、契约、回忆录及其他形式的个人资料。这类资料一般也真实可靠,研究价值很大。但这些资料的取得必须合乎法律手续,需要征得本人同意。

关于公关调查的技术与方法,我们比较详细地介绍了最常用的几种,需要指出的是,在具体的公关调查中,往往需要多种方法综合运用,才能取得好的调查效果。

第八章 公共关系的客体要素之五——危机管理

第一节 公共关系危机的性质、特点和常见类型

一、公共关系危机的性质

危机有两个含义,一是危险的根源;二是困难的关头。因此,公共关系危机包括突发性与隐性两类。

突发性危机多为恶性事件,指的是突然发生的、正在严重地影响或危及组织生存和发展的事件;组织因此陷入了困难关头。危机是相对于具体的社会组织来说的,具有程度层次性。例如,对于国家政府来说,大面积洪灾、严重干旱、破坏性地震、火山爆发、海啸、森林和草原大火、大范围流行疾病、大范围社会骚乱等,这些基本不可预知的事件可能突然爆发,迅速发展为危害社会安全的危机,使政府陷入危急状态。对于一个城市的政府来说,严重的交通事故,毒气泄露,水污染,火灾、爆炸等安全事故,食物、药物中毒事故,疾病流行,罢工骚乱等,也足以让政府陷入危机状态。对于企业来说,大量产品质量事故,消费者投诉,新闻媒介的批评、员工罢工或抗议等,就可以让企业陷入危机状态。

隐性危机是由组织在生存发展中长期积累形成的内在危险性,是危险的根源,处在潜伏状态,随时可能引发危机。隐性危机也有程

度上的层次性。比如,一个企业管理松懈,人心涣散,服务水平低下,技术老化,产品资源匮乏等,这些问题中的任何一个都预示着企业发展的危机。而对于国家来说,能源短缺、耕地面积减少、人口老龄化、教育发展滞后、军备不强等,都是潜在的危险。这些隐性危机即问题,是可以发掘和预见的,也是可以通过制定具体的措施逐步排除的。所以,公共关系危机处理,主要指处理突发性危机。实际上,许多突发性危机也是由隐性危机长期积累酿成的。因此在信息管理中,要能够发现问题,预见隐性危机并制定对策加以消除。

由于具体社会组织的危机情况十分复杂,比如,财务危机、人事危机,有些内容可能超出了公共关系业务的日常监管范围。公共关系作为一个职业尽管有"灭火队"的雅号,就是处理各种棘手的紧急事务,但它毕竟不是万能的。所以,需要对公共关系危机做出一般性界定。所谓公共关系危机,特指具体社会组织由于内部或外部的原因,发生了危及身份名誉的事件,或者存在着危害组织长远发展的隐患。

二、危机事件的主要特点

(一)突然性

危机的突发性是指它往往是不可预见地突然爆发。有些危机事件虽然可以估计到其发生的可能性,但一般都无法确定其一定会发生,更无法确定其发生的具体时间和规模。

(二)破坏性

危机的破坏性即它对组织的社会声誉和运行能力具有破坏性,可能造成经济利益等方面的重大损失。有时这种危害性甚至是致命的,可以彻底断送一个组织的前程。

(三)影响大

当一个社会组织爆发了恶性突发事件,往往会刺激人们的好奇心理,成为社会广泛议论的话题,并极易引起新闻媒介的关注,形成强大的社会舆论压力,从而在社会上产生重大影响。

(四)冲击力强

危机是一种冲击性很强的事件。这类事件一般来势猛,发展快。不论是不期而至的天灾,还是长期酝酿一朝爆发的人祸,一旦爆发,来势猛,发展快,涉及面广,影响大,完全可以在一夜之间摧毁组织过去的全部努力。

由于危机事件的这些特点,使危机事件的处理不但事关重大,而且具有相当大的难度。因此,它越来越被人们视为公关活动中最具挑战性的工作,也越来越被公关界所重视。

三、公关危机的主要类型

公共关系危机总是相对于具体的组织来说的。因此,从类型的角度认识公共关系危机,始终要有依托社会组织这样的立足点。划分公关危机事件的类型,可以为事件的处理提供方法和思路。常见的公共关系危机有以下一些类型。

(一)内部管理危机

具体社会组织的内部管理可能因为制度设计、管理方式等引发效率低下、资源浪费、人心涣散等问题,也可能因为用人机制、工资福利待遇、工作设计等引发矛盾,这些情形都是内部管理危机。内部管理危机是可以通过管理评估、公共关系部门的信息管理和管理者的调查研究与反省预知的。由于组织在处理这些问题时有很大自主性,因此它们是公共关系危机中比较容易应对的一种危机。

(二)公害危机

公害危机主要指因环境污染或造成公众生活条件破坏而引起的社会动荡或恐慌,这种危机即使不是直接来自具体的社会组织自身原因,而是由其他社会组织或自然灾害引发,但是,作为社会公共危机,一般会波及社会每个成员,具体的社会组织也很容易被殃及,因而陷入公共关系危机状态。如核污染、水污染、空气污染、土壤污染,或恐怖袭击、传染病流行、谣言传播等,往往会引发全社会的恐慌,干扰人们的生活、生产秩序,形成公共关系危机。

公害更多的是由于现代工业发展而带来的对生态环境造成严重不利影响的问题。对于具体的社会组织,特别是企业,应树立环保理念,珍爱大自然,从我做起,不污染环境。一旦具体的社会组织制造了公害污染,必然陷入重大公共关系危机。在对因公害问题而引起的危机的处理上,公共关系所起的作用不是要代替环境科学技术管理,也不是要代替法律对这类问题的评判。公害问题本身基本上不是公关所能解决的,公关最重要的责任是在事前督促组织采取现代科学所提供的一切可能的手段以减少对环境的损害,事后着重考虑如何设法补偿社会的损失,挽回组织的声誉,维护组织与社会公众的良好关系。通常积极的做法是:在企业的开发地区独立推行或协助支持当地推行大气、水质、土壤及生物资源的维护和改良计划,为企业赢得良好的声誉。

(三)意外灾难性事件引起的危机

意外灾难可能来自大自然,也可能来自人本身。如地震、火灾、水灾、空难、交通事故、生产事故等都属于这类事件。这类事件常常造成重大的人员伤亡和严重的经济损失,引发社会特别关注。如果意外灾害来自大自然,具体的社会组织因为是受害者而陷入公共关系危机,一般可以依靠社会救助渡过难关。如果意外灾难是由于组织自身原因造成,比如生产事故、内部矛盾激化引发暴力事件、管理不善引发伤亡事故等,这些危机对组织形象损害特别大。

在对意外灾难性事件而引起的危机的处理上,公共关系所起的作用有两大方面:一是采取公关补救手段,尽可能做好善后处理工作,使受损害的公众及社会有关方面感到受关怀,让组织给人们留下认真负责的印象。二是做好舆论宣传工作,积极引导舆论,防止各种谣言产生和扩散,确保危机处理有一个较公正、有利的舆论环境。

(四)产品质量和服务质量引起的危机

产品质量和服务质量引起的危机主要是企业比较常见的问题,它既是一个内部管理问题,也是一个外部公众关系问题。总之,这方面的情况比较复杂。比如,汽车行业由于技术缺陷引起质量问题,一般用召回制度,以此来维持品牌信誉。还比如,一些旅游景区、航空公司、车站、码头等,因天气等因素发生游客、旅客大量滞留现象,如不能迅速启动应急服务,做好服务工作,很容易引发骚乱。近年来不断有旅客、游客骚乱事件见诸媒体。

由企业的产品或服务引发的这类危机有突发性,但其生成的条件比较容易预测,因此,一般情况下,专业的公共关系人员很容易掌控情况,预判危机,并采取防范措施。只要训练有素,这类危机的处理挑战性不大。往往是一时疏忽,引发企业与顾客矛盾激化。在处理此类危机事件方面,公共关系的主要责任是尽快赔礼道歉,迅速采取有效补救措施,以防止公众的敌意情绪的产生和蔓延。

(五)反面宣传引起的危机

反面宣传引起的危机一般有两大类型:一种是属实的对组织的不利情况的报道。如对企业的财务漏洞、生产条件损害职工健康、产品质量隐患、服务质量差等的报道。处理此类事件时,公关员的责任是示人以坦白,以求取社会舆论的谅解,防止各种夸张不实传闻的蔓延。另一种是对组织情况的歪曲失实的不利报道。如近年来有些所谓的网络公司或公关公司,在经济利益驱动下,通过网络扩散各种谣言或信息,帮助一些企业进行不正当竞争,不与他们合作的企业就可能遭受反面宣传的攻击,陷入公共关系危机。

反面宣传原本是政治斗争领域较多采用的策略,敌对国之间或敌对的政党之间,往往用反面宣传来"抹黑"对手,以此获得舆论优势或各种不可告人的目的。随着市场竞争的日趋激烈,企业也越来越需要处理类似问题。对这类传闻或报道如不加以及时处理,对企业形象、产品信誉十分有害。公关在这方面应持严正态度,及时做出有力的反应。最主要的是拿出科学有力的证据,公开进行驳斥,并利用一切手段进行信誉防卫,以抑制可能带来的市场快速萎缩的局面。

第二节 公共关系危机监控与防范的常规制度建设

危机管理应立足于监控与防范,在制度建设上形成保障。尽管一些突发性事件造成的危机是无法预测的,但是组织还是应该采取积极主动的态度,主动出击,挖掘寻找危机,防患于未然。只有建立了常规化的制度,即使遭遇突发危机,也能够应对有序。危机监控与防范的常规制度建设主要应该做好以下具体工作。

一、建立危机管理小组

在公共关系管理部门中成立常设的危机管理小组,通过危机管理小组的工作使组织能够对危机进行有效的监控与防范。危机管理小组的成员应该是一些思想敏锐、观察细致的人,能够在调查研究和信息管理中发现常人注意不到的问题,并能够迅速判断出其与组织生存发展的相关程度。

危机管理小组在公关中所起的重大作用主要体现在以下几个方面。

（一）承担预警机制的作用

建立危机管理小组,相当于把预警管理制度化,形成了完善的预警系统。它可以全面清楚地对可能发生的各种危机情况进行预测,并制定出危机应对预案,形成易于执行的固定模式,做到"有备无患"。"凡事预则立",说明预测、谋划的重要性。尤其是面对可能危及组织生存的危机,及早发现苗头,采取应对措施,可以防患于未然。

对于各种难以预料的突发性危机,危机管理小组也应该有预想性谋划,储备好各种应对危机的策略和方案,一旦有事,能够处变不惊,应对自如。

危机管理小组作为一个预警机制,要全面监测组织的内部和外部信息,从而收集到反映危机的各种信息。这些信息可能是发展趋势性的,也可能只关系到组织的具体某一个部门或方面,或者只涉及某方面业务。总之,危机管理小组要能够从各种信息中识别出有危机价值的内容,并对它们进行正确诊断,评估出它们的危害程度,进而制定出消除隐患的对策,有步骤地化解危机。

(二)训练危机应急队伍

社会组织的危机管理小组不可能是一个庞大机构,人员比较精干,但有些危机应对可能需要投入大量人员。这就需要危机管理小组有备无患,事先培训应急队伍。在具体的组织中,需要有针对性地培训一些员工,使之掌握一些参与危机处理的基本方法,了解组织可能面临的一些危机的性质、内容、影响,使他们成为危机管理的后备队伍,一旦有事,能够有庞大的人才队伍担得起责任。特别是应对灾害性危机,比如防火救火、抗震救灾,需要大量训练有素的人员,具体的社会组织在依赖社会救灾力量的同时,也应增强自身的防灾救灾能力。

(三)处理危机

危机管理小组平时通过信息管理、调查研究管理、控制危机,一旦发现问题,通过咨询建议,及时改进,防微杜渐。危机发生时,危机管理小组充分发挥核心领导作用,指导各部门协同作战,迅速、妥善处理危机。

危机处理并无一定之规。一旦爆发危机,危机管理小组应迅速、准确掌握情况,正确判断危机的性质和可能的发展方向,制定得力措施,化解危机。从大量危机处理的案例来看,由于危机会引发高度的社会关注,处理得当,往往能够提升组织的知名度和美誉度。

二、设立检查制度

危机管理小组的职责就是监控和防范危机的产生,而这一职责实现的基本途径就是设立检查制度。所谓检查制度就是把检查的内容、检查的方式、检查人和检查时间等因素进行综合设计,形成一个系统的工作过程,然后严格按照制度办事,确保检查的有效性。对于具体的社会组织来说,可能造成危机的因素是可以预想到的,比如消防安全制度, 这对于任何社会组织甚至每个家庭都是需要的。安全危机是完全可以通过设立检查制度来防范的。其他难以直接预想到的危机,只能通过调查研究来防范。危机管理中的调查研究涉及的范围很广,具体的社会组织可根据自身身份和不同时期的管理目标,圈定检查项目。常见的途径主要有监控大众媒介、实地调查、组织形象监控等。

(一)监控大众媒介

所谓监控大众媒介,就是由危机管理小组的成员精心选择与本组织密切相关的大众传播媒介和相关栏目或频道,注意和研究大众媒介发布的信息,密切关注社会政治、经济、文化、科技的发展趋势,关注气候、生态等自然环境的各种变化,并能够通过预测趋势,把握各种变化给本组织带来的正面影响和负面影响。正面影响通报给相关部门,由他们把握机遇,乘势发展;危机管理小组的职责是针对负面影响,制定防范和消除潜在危机的对策,会同有关部门通过切实工作,把危机化解在萌芽中。

(二)实地调查

危机管理人员的大量信息需要经过深入实地的调查研究来获得。通过调查研究发现问题,这些问题就是隐患,就是危机,应该根据问题的轻重缓急,把它们转化为管理目标,制定出解决问题的措施。问题一个一个地解决了,爆发管理危机的可能性也就被消除了。

(三)组织形象监控

组织形象涉及组织的精神品质系统、行为风格系统、外观面貌系统,危机管理小组通过定期评估这些系统的每个因素,发现问题,提出改进措施,从而使组织保持在良好的运行状态下。监控组织环境也可以通过知名度、美誉度、认可度的评估来完成,其实就是公众意见调查。这一思路可防范组织的公众关系危机。掌握了信息以后,在实际的评估管理中,危机管理小组需要与公关部的其他职能部门和组织中的有关部门协同工作,焦点是认定出组织中损害公众利益的政策或行为,以及不利用组织生存发展的行为,给以纠正。

三、疏通信息反馈渠道

信息反馈渠道主要是面对公众的,怎样才能使公众的意见、要求、愿望迅速进入决策层,这是民主化管理必须解决的问题。所以反馈渠道的建立实际上要求建立民主化管理制度,具体的社会组织可以根据实际情况创建独特的信息反馈系统。一般的思路是设立沟通接待室、开通专门服务电话、设立专门网站、聘请信息员等。比如有些企业的危机管理小组成员包括:企业领导人,是重要的直接参与决策的人物,管理小组有其参加有利于尽早做出权威决断;公关专业人员,他们是危机管理的理论参谋和具体执行者;生产、产品质量检测等人员,他们熟悉生产流程,便于危机管理小组密切把握生产过程和产品质量情况；销售人员，他们对于流通程序很熟悉，容易把握流通过程出问题的环节；消费热线接待人员，他们是接受消费者投诉、沟通信息和对外树立形象的重要环节，也是危机公关的第一道门户；如果他们在客户服务中凡事处理得当的话，往往会把由投诉引起的危机消灭在萌芽状态。目前，越来越多的企业开始重视消费热线接待人员公关素质的培养，提升其公关水平，为企业树立良好形象。这样，企业内每个关键环节都有人参与，可以及时、准确发现危机，果断采取措施处理问题。组织既可以根据自身的需要将危机管理小组隶属于公共关系部，也可以将之独立。无论采取何种方式，危机管理小组都应成为重要的常设机构，拥有足够的权力和相对的独立性，专职负责可能发生的危机事件。

四、树立全员危机意识

危机意识也就是一种忧患意识，居安思危。这其实是危机防范与管理的基本条件。任何社会组织都需要教育员工树立危机意识，用一种庄重的心态对待工作，尽最大努力避免犯错误，因为工作中的错误可能直接引发危机。只有当每一个员工树立了危机意识，敬重自己的职业，在岗位上恪尽职守，不出错，还可以纠正和完善管理中的各种疏漏，组织就能够始终保持在健康运转状态。

第三节　公共关系危机处理的一般方法

当一个社会组织发生了恶性突发事件，例如生产、经营等方面的重大事故，组织的公共关系便陷入了危机状态，面对舆论压力和生存困境，公关人员应该有能力帮助组织摆脱危机，走出困境，转危为安。

危机处理是公共关系的一项专门业务，也是最能考验公关人员能力的一项工作。当一个社会组织陷入危机时，可基本遵照以下步骤开展工作。

一、对事件的调查与判断

危机事件发生后,公关人员及组织领导者必须具备良好的心理素质,首先要保持冷静,接受既成的事实而不惊慌失措,然后迅速查明情况,判断事件的性质、现状、后果及影响,为制定应对政策及应急措施提供依据。具体工作内容包括:

第一,查明事件的性质与状况,包括事件的种类、发生的时间、地点、原因,已经得到控制还是仍在发展等基本情况。如果事件已经得到有效的控制,控制措施的实施情况如何?如事故还在发展,原因是什么?怎样才能使事故得到控制?危机发生后,公关人员应围绕这些问题迅速开展调查。

第二,查明事件的后果和影响,比如造成了什么损失,程度和范围如何,已经在社会上或将在社会上造成什么影响。包括人身的伤亡和严重程度,在什么医院接受治疗,本组织设施损失的状况和价值,公共设施损害的程度和范围,其他组织的损失情况以及这些后果将会造成什么社会影响。

第三,查明事件牵涉的公众对象,包括直接与间接的受害者,直接或间接责任人,对事件给以关注的新闻媒介有哪些,与事件处理有关的机构有哪些。

第四,评判事故的发展前景,推测采取措施后的效果以及可能出现的社会影响。

二、确定处理事件的宗旨和基本方针

当危机事件爆发后,经过初步的调查与判断,应迅速制定出处理事件的宗旨和基本方针,一般应遵循以下原则:(1)保持镇定,判明情况。(2)组织利益与公众利益兼顾。(3)公开事实真相,积极引导舆论。(4)认真处理善后工作,争取公众谅解,努力维护组织形象。

三、处理危机事件的基本对策

危机事件的一般处理方法是通过一整套完整的程序体现出来的。一般应遵照以下思路：

（一）迅速隔离危机，控制危机

在查清事故的同时，组织要迅速控制危机，以免危机蔓延扩大，隔离危机可以从两方面着手。

1.人员隔离

人员隔离是指把人员划分为处理危机的和维持日常工作的两部分。规定领导人中何人专司危机管理，何人负责日常工作；一般人员中，哪些人参加危机处理，哪些人坚守原工作岗位。组织不能因危机发生造成日常管理无人负责、日常工作无人从事而使组织陷入更大的混乱，造成更大的危机。内部人员分工明确后，对参与危机处理的人员视情况实施隔离管理，以防止各种消息传播。包括危机事件中的受害者，一般也应实施隔离管理，以阻止其他因素的参与，引发新的问题。

2.危机隔离

危机隔离就是对危机本身的隔离。对危机的隔离在发出警报时就应开始。警告信号应明确表示危机的范围，以便保持其他部分的正常工作秩序，减少危机损失，同时也为危机处理创造条件。例如，处理列车事故除了抢救伤员以外，置于优先地位的是开通线路。线路一分不通，危机危害就在一分不停地扩大，所引起的连锁反应也在一分不停地延展。只要线路开通，危机就基本被隔离，不会影响全局了。

（二）制定针对不同方面的对策

公共关系危机爆发后，一般会引起内部人员、新闻媒介、政府、受害者个人或群体的极大关注。为了迅速有效地处理危机，需要针对不同公众,制定出有效的对策。

1.内部对策

(1)迅速成立处理事件的专门机构,最好由组织的一名主要负责人直接领导,确保工作班子的权威性和高效性。

(2)根据对事件的调查制定出对策,通告全体员工,统一口径,协同行动。号召全体员工齐心协力,共渡难关。

(3)迅速采取切实措施,阻止事态扩展,并进行全力的抢救和善后工作。

(4)对有关责任人迅速做出初步处理。

2.受害者对策

(1)认真了解受害者情况,实事求是承担责任并诚恳道歉。

(2)冷静听取受害者意见,了解和确认有关赔偿损失的要求。

(3)避免与受害者争辩,尽力化解矛盾,即使受害者有一定责任,也不要忙于追究。

(4)给受害者安慰和同情,并尽可能提供其所需的服务,尽最大努力做好善后处理工作。

(5) 向受害者及其家属或其他受害对象公布赔偿方法和标准,并尽快实施。

总之,受害者对策主要是针对事件中有人员伤亡或财产受损害者而言的。受害者无论是组织内的员工还是组织外的人员,组织都应立即通知其家属、亲人,并想一切办法进行抢救和善后工作;在和受害者及家属接触时要非常谨慎,要实事求是地承担责任,并尽可能提供他们所需要的服务,满足他们的要求如探视或吊唁;应冷静倾听受害者的意见,要避免在事故现场与受害者发生争执,即使受害者有一定责任,也不要在现场追究;在有人员受伤特别是有人死亡时,组织要注意通知方式,避免给受害者亲属严重的突如其来的心灵打击；要把事实真相毫不隐瞒地告诉受害者及亲属，并表示歉意、安慰和同情，组织若隐瞒真相是很危险的，那样会增加受害者及亲属的不安和焦虑，甚至认为自己被欺骗而采取报复行为；要耐心等待受害者及亲属宣泄了他们的愤怒、悲伤和不满后，再与他们进行理智的商谈，千万不要在他们怒气未消时就急着谈具体问题，那样会引起他们更大的反感，在商谈中要耐心听取他们的意见，最后共同确定赔偿损失的办法；在处理事件的过程中如无特殊情况，不要更换负责处理工作的人员。

3.新闻界对策

（1）基本原则

①应统一对新闻界的传播口径，精心措辞，尽力维护组织形象。

②成立专门的记者接待机构，由专人负责发布消息，集中处理与事件有关的新闻采访。

③尽早公开表明组织对事件的立场和态度，通过新闻界的报道积极引导舆论。

④慎重对待媒介的报道，在没有调查清楚事实真相之前，不要对事发的原因、损失及其他方面的任何可能性进行公开推测，对新闻界的推测性报道不轻易表示赞同或反对。

⑤对新闻界应有主动合作的态度，不可隐瞒、搪塞或对抗。对确实不便发表的消息，应说明理由，争取记者的理解与同情。有时由于时间紧迫，记者不免会情绪冲动，公关人员应给予体谅，保持冷静，并与其保持友好的合作，避免造成双方的矛盾或误解。

⑥可引导媒体多发布公众关心的消息，比如善后措施、赔偿方法等。

⑦当新闻界发布了不符合事实真相的报道时，应尽快澄清事实真相，表明立场，但注意不可对新闻界抱有敌意。即使对记者的报道

有自己的看法,也不要超越职权进行干涉或批评,更不要当场与之争论有关新闻报道价值的问题。如果担心记者可能会在某一问题上报道失实,也千万不要提出查阅记者采访稿的要求,而应是直接提出这一问题,阐明事实真相。这样有理有节的处理,才能赢得记者的尊敬,避免不必要的矛盾和误解。

⑧在回答记者提问时要有根有据,不用似是而非的话去搪塞记者的提问。在回答提问时,不说假话,说话时也不要带倾向性。记者的判断力是很敏锐的,一旦失信于记者,印象就难以抹去。此外,也不可以任何理由拒绝记者发表你的姓名或引用采访中你的原话,以免造成对诚实的怀疑。只有我们自始至终保持坦诚、中肯的态度,才有可能与记者建立起亲密信任的合作关系,而这种关系又是顺利解决危机所必须具备的一个条件。

⑨在危机采访的接待中,对一切新闻媒介要一视同仁、机会均等,不要有亲有疏。要懂得不同媒介的记者在采写新闻时,他们之间既会有竞争又会有合作,他们之间会经常互相通气。不公平的对待,只会弄巧成拙,得罪部分记者,这是一种得不偿失的做法。此外,公关人员应把所有来访的记者的姓名、地址、电话等记下,以便在必要的时候能及时向他们通报消息。

⑩要特别注意摄影师的活动,提防摄影记者失实报道的发生。要清醒地认识到,由于多数人对影像真实的确信,影像报道的失实,比文字失实更有害,它所产生的错误印象更难以消除。就大的范围讲,摄影记者是有其采访的自由,但在一些特定的区域内,公关人员有权限制其活动的范围。对这个问题,在实际工作中,与其用限制的方法,不如主动提供有利的拍摄环境和条件更为明智。

(2)危机管理中新闻发布的具体规则:

①在遇难者家属还不了解详情时,不要公布遇难者的姓名。

必须在对事件有了充分了解并先通知家属之后,方能公布遇难者名单。

②当记者要求证实他们所获得的事实时,公关人员应牢记只能证实那些不可改变的事实。如当从事故现场抬出一具尸体,记者看到了,要求证实有多少人遇难,此时公关人员只能告知说:至此从现场发现一具遇难者尸体;而不能说"不知有多少人死亡"或"可能有多少人遇难"。

③涉及需要保密的信息,无论记者如何穷追不舍,都要守口如瓶。

④应该发布的信息要及时、准确地发布,延误信息常常会被误解为掩盖事实,或引起人们对组织管理水平的怀疑。

⑤事故发生的原因和责任一般应由政府或组织会同政府有关部门或其他权威调查机构来发布。过早或过多谈论此事,可能会造成与最后结论的矛盾,也有可能会涉嫌干预调查或推卸责任。

⑥发布信息应简明扼要,一般需要为记者准备介绍情况的书面材料。

⑦在具体的传播过程中,社会组织可以遵循7个"W"的传播方略:即按照Who、Whom、When、Where、What、Why与How诸方面的内容向公众传播信息。

Who——谁来出面。危机公关传播的主角应该按照危机的影响程度和范围来确定。一般选择与危机影响相适应的管理层次出面是比较合理的。一个简单的顾客投诉,可以交给各职能部门处理。但如果事情趋于恶化,影响范围扩大,就应有高层出面,一方面向受害者表示尊重,向社会和媒介表示对问题的重视;另一方面,高层具有直接决断权,可迅速灵活处理问题,避免问题因拖延恶化。

Whom——向谁传播。企业一定要搞清楚危机传播的对象,开展有针对性、高效率的传播,使传播效益发挥到最大。危机发生后,最关注企业应对举措的不外是这么几种人:受害者、新闻媒体、竞争对手、内部公众、政府部门。受害者对于企业给予一个明确说法的期望值最高,因为企业的态度将直接关系到他们的利益保障。他们会积极地关注着企业公关的每一个举措,并会对外发表自己的评价。新闻媒体对于企业的评判往往会左右社会舆论,而他们往往会倾向于保护弱者,无形中加大了企业危机管理的难度。因而能否争取到新闻媒体的真实客观报道就成了危机公关的第一道难题。处理与新闻媒体的关系不是一件一蹴而就的事,加强日常的情感联络是非常必要的,这样也有利于企业及早发现投诉事件的苗头,尽量避免不利信息在新闻媒体中的传播。对于竞争对手来说,危机的来临给了他们一个难得的市场进攻的机会,因而,注意向竞争对手传达一种公平竞争的暗示是非常有必要的。社会大众可能与危机中的企业毫不相关,但作为舆论参与者对企业有很大压力。危机也许只涉及很少的一部分人,但是会潜在影响到所有消费者——他们会据此重新判断企业产品或服务的质量问题。这就意味着企业要积极主动做出某种表示或说明来挽救企业声誉。其中应特别引起重视的是政府机构的作用,同时也要高度关注某些行业协会性质的非政府组织,它们的评价往往具有起死回生的力量。政府面对危机时的一纸禁令就可以直接让一个品牌处于非法境地,永无转机。因而,危机情况下的组织向政府机构开展公关,让政府了解组织的难处,寻求其支持,是非常重要的。

When——危机公关传播的时间选择。危机公关的传播原则应该是迅速而准确,这就有了两种时间选择:危机发生的第一时间和危机真相大白的时候。危机发生后,企业要很快地做出自己的判断,给危机事件定性,确定企业公关的原则立场、方案与程序;及时对危机事件的受害者予以安抚，避免事态的恶化；同进在最短时间内把企业已经掌握的危机概况和企业危机管理举措向新闻媒体做简短说明，阐明企业立场与态度，争取媒体的信任与支持。要避免一个误区：在真相出来之前尽量回避媒体，媒体也会编出种种理由进行推测，国内不少危机风波的升级不正是没有及时控制不利信息传播的结果吗？因此，还不如及时与媒体接触，争取他们进行客观真实报道。危机公关的一个重要原则是开诚布公。企业要注意及时把最新情况与进展通报给媒体，也可以设立专门的信息沟通渠道方便新闻媒体和社会公众的探询，为真相大白之日作铺垫。如康泰克被禁后，中美史克公司专门开通了800免费电话，为关心事件进展的人们解答疑问，取得了良好的传播、沟通效果。当危机来龙去脉全部搞清之后，企业要组织一次大规模的新闻发布活动，把危机真相和最终结果汇报给公众，为危机公关圆满地画个句号。其实，很多危机风波最终选择不了了之的结局，实在是不聪明的选择，这样不但不利于品牌形象的恢复，反而会削弱品牌声誉。如东芝笔记本电脑危机风波，在新闻媒体渐渐失去兴趣时，危机似乎远离了，但市场地位已无法挽回。

　　Where——传播的渠道。信息传播的渠道主要是人际传播和大众媒介传播，企业完全可以通过公关活动对这些渠道加以影响。特别是危机爆发后由于受害者的投诉和新闻媒体的炒作，会导致危机的逐步升级。因而，危机公关传播应该注意及时、有针对性地控制这些传播渠道，使危机信息的负面效应降到最低。伴随着互联网的发展，网络新闻的影响逐步从虚拟走向现实，而且有着无法预测和难以控制的特点，如东芝笔记本电脑危机就是从网上蔓延开来的，企业也要注意监测和利用这条渠道。

　　What——传播的内容。危机公关是良心公关，它最能体现企业的经营理念。要通过有效的传播处理公关危机,花言巧语是没有用的。此时需要的是企业真诚的行动。危机公关要把企业最真诚的一面如实反映出来,"用我真心换你真心",这才是公关活动的本质。不少危机公关失败的案例,往往失败于缺少真诚。如2001年日本航空公司因不公平的、甚至是歧视性的对待中国旅客,陷入了消费者投诉危机中,日方几次出具调查报告,但都是对事实真相遮遮掩掩,缺乏实质性的赔偿或赔礼道歉条款与行动,招致中国消费者的极大愤慨,一起简单的投诉危机结果进入了没完没了的法律诉讼程序,这不能不说是危机公关的失败。

Why——危机事件的真相。对于危机的产生,企业要问个为什么,同样公众也会问为什么,双方关注的焦点都在于为什么会发生危机。这是个敏感的问题,企业往往会避而不谈。其实这种想法是错误的,与其掩耳盗铃,还不如自暴隐私,袒露出企业的真诚。在处理危机中,企业要善于通过新闻媒体把这个问题公开,让关心企业发展的人消除顾虑,重新树立对企业的信心。如可口可乐公司在比利时危机事件处理时,明确承认产品质量事故是由于车间隔离材料的问题和现场管理不严的结果,在坦白了过错之后,可口可乐依然畅销于欧洲。

How——如何传播的问题。面对危机,把企业的观点表达出去,通过什么方式最合适呢?新闻媒体的客观报道会影响很多人的观点。企业要重视这条信息传播的主渠道,要善于向记者公关。危机发生后,可以邀请他们参观考察,通过记者之笔帮助企业渡过难关,这是最好的选择。无论怎样,企业发生了危机,都意味着某些环节出了问题,这是绝对不能回避的;而危机公关传播只是在此前提下采取的挽救活动而已,企业是否具有健康向上的经营理念和举措,这是决定传播效应好坏的关键要素。

总之,在危机期间,新闻媒介将自始至终对事件的发展抱关注态度,如何对待新闻界将成为组织的一项重要任务,组织的形象重建过程就是从组织第一次宣布危机开始的。危机事件发生之后,在强大的社会舆论和可能产生的舆论压力面前,在新闻媒介高度的注视之下,组织管理当局应清醒地认识到,公开和坦诚不但是对付危机的最好的政策,而且也是唯一可采取的政策。对于新闻界,应让其知道事件的真相,不但要为他们的采访提供方便,还应主动协助他们工作,决不可对其进行控制,甚至压制。这应是危机传播自始至终所应持的媒介政策。唯有这样,才有可能取得社会公众和新闻界的信任和支持,才有可能创造出有利于解决危机的、公正的社会舆论环境。为此,危机事件发生后,组织应确定一名高级负责人作为组织的代言人,由他向新闻界讲述事故的发生原因和经过,以及组织正在采取的补救措施。组织在公布事实前,组织内部应统一口径,指定专人与新闻界打交道。

4.政府部门及其他有关对象的对策

当一个社会组织爆发了恶性突发事件,可能会立即引起政府有关部门的重视,比如交通管理部门、公安、税务、工商、劳动和社会保障等政府管理部门;另外,也会引起社会上一些公众利益维护机构如消费者协会、妇女儿童保护组织等的关注。因此应及时向政府及其他有关机构通报情况,认真回答这些组织机构的咨询,也可派出公关人员主动上门解释事件。争取调动各方面的力量,协助组织渡过危机,尽最大可能地降低组织声誉和利益方面的损失。其中,组织声誉的维护应高于具体的经济利益维护。在危机事件的处理中,得到政府部门的配合是至关重要的,例如,1999年6月,可口可乐公司在比利时发生危机事件,危机管理小组系统有序地开展了公关维护工作。6月10日,比利时博尔纳镇小学最先出现50多名学生喝过可口可乐腹泻、胃痛现象,至15日,共有150名儿童出现不适,遂引发一场严重信任危机。6月14日,可口可乐公司北京办事处员工就已被全部电话通知此事件,员工初步了解了事情脉络。6月15日,所有关于该事件的信息、目前发现问题及公司一致对外的宣传原则已通知到北京办事处员工。北京办事处的危机管理小组迅速召开紧急会议商定对策,形成了中国市场的舆论引导方案,其基本思路是:让消费者了解真相,减少他们对产品的疑虑;积极配合卫生、防疫等职能部门的检查工作;与新闻传媒协调沟通,争取掌握宣传报道的主动权,防止对事态的人为歪曲和扩大化。新华社等国家媒体均为可口可乐公司发布了有利的正面报道,澄清了事实。6月17日,可口可乐公司组织记者赴超级市场调查,实地采访消费者的购买意向,让事实说话以引导记者们对事态的关注。6月18日,可口可乐公司与卫生部门接触,寻求官方支持。6月20日,卫生部门在几大城市对可口可乐进行抽检,并派人赴各瓶装厂视察,中央电视台予以随团考察报道。6月22日,可口可乐公司总裁艾华士飞赴比利时进行公关活动,比利时政府对可口可乐产品予以解禁后,我国卫生部门也对可口可乐产品予以质量保证,可口可乐公司的危机公关至此暂告一段落。

通过以上环环相扣的日程安排,可以看出危机管理小组在危机公关中所发挥的作用。其中尽力争取国家权威部门的支持与认可,是消除危机中至关重要的一步。危机消除后,危机管理小组通过总结经验教训,促进了企业经营管理水平的提高。当然,危机管理小组最重要的作用体现在危机预测和员工危机意识培训上。预测使企业能及早面对危机保持主动;危机意识培训和危机管理训练让员工时刻注意他们的一言一行,形成人人为企业着想,为企业维护形象,达到葛鲁夫所提倡的"惧者生存"状态。

(三)危机中的谣言处理

在危机中,常常会产生许多谣言。谣言的出现或传播更增添了组织解决危机的困难，有时甚至会成为解决危机的最主要障碍。因此,对付谣言是公关人员在处理危机中应重点研究的问题。要有效地制止或遏制谣言的产生和传播，首先要了解促成谣言的各种因素。

1.危机事件中谣言产生或传播的因素

(1)公众没有或缺少真实的、可靠的、正式的信息资料和新闻。

(2)公众获得一定的信息,但不完全,缺乏完整的信息资料。

(3)发生的事件是令人担心害怕的,导致了人们的担忧和恐惧。如,在苏联发生核泄漏时,西欧发现了带有核辐射的食品、蔬菜。因此,谣言就特别多。

(4)有错误的消息时,组织发出去的消息可信度低或不太可信时,就容易使人产生疑点,促成谣言的产生和传播。

(5)一般公众的好奇心。当公开传递的消息资料不能满足一般公众的好奇心时,公众就会希望来点小道消息。

(6)组织对危机事件的处理举棋不定,犹豫不决。如组织在处理危机事件时,把做决定的时间拖延了,此时谣言必定蜂起。这也是最常见的、最常发生的。

(7)许多危机事件的发生是非人力所能控制的,如果组织管理当局也认为应听天命,因而对事件采取不置可否的态度,这样谣言就极易流传泛滥。

(8)当组织机构存在着严重的问题时,而公关部门的地位又不高,对克服这些问题不起作用。这时,谣言也容易生成并泛滥。

(9)组织机构中的各部门间有摩擦,内部管理人员的对抗已发展到对外部反应的不一、决策动摇不定的程度。这时,谣言就极易产生和传播。

2.防范和对付谣言的方法

在危机事件发生时,以上各种问题都可能存在。如果真的发生了以上的情况,而公关人员又没认识到,只看到表面的情况,仍按常规发布消息,那发出的消息常常会被误解或促成误解。公关人员又如何来对付谣言呢?就一般情况而言,公关人员可分别灵活采用以下的各种方法。

(1)采取积极的行动,分析谣言产生的意图、产生的原因、来源、传播的范围、影响的程度及发展的趋势等。在分析时要注意客观、慎重,尽可能减少主观臆断。尽可能找出谣言产生的特定原因。

(2)与受谣言影响的人或受损害的人对话,向他们澄清事实,表示组织机构对此事的关心和辟谣的决心。

(3)请舆论领袖来一起讨论谣言传播的问题,澄清事实。这就是利用社会上有地位、有身份、有影响力的人士,借助他们的权威来帮助解决困难的局面。

(4)在危机事件发生时,尽快地向社会公众提供与事件有关的完全真实的、完整的信息资料。必要时对这些信息进行反复不断的传播。

(5)对内部公众,在必要时应召集基层职工开会辟谣,澄清事实。

(6)采用秘密传播消息的方法,用口头传播小道消息。向最亲近的同事或朋友传播正面的小道消息。以小道消息来回敬小道消息,进而影响那些只相信小道消息的人。

(7)如果分析发现谣言的传播已成不了气候,而且原来的扩散和影响都不严重,最好的策略是不理会它。要知道,有时对谣言越解释反而会越搞越大,更有助于谣言的扩散。

(8)在发布正面真实资料时,不要提到谣言本身,提及谣言本身会使谣言得到重复传播,有助谣言的扩散,加深谣言内容对人们的影响。特别是在电子传播媒介方面,更不能重复提及谣言本身,不然极容易造成各种误解。如苏联国家广播电台在报道处理核电站事故时,由于反复不断提及谣言本身,使不少没全文收听消息的公众以为谣言本身就是苏联电台的新闻,也使许多本来并不知道有谣言的人,得知谣传的内容。

(9)在谣言发生时,要根除它,最好的方法就是加强与公众的双向传播活动,促使组织与公众的沟通渠道保持畅通,以达到相互间的信任和理解。

第九章　公共关系专题活动

公共关系业务中有一些专题活动具有特别重要的意义。本章专门介绍一些专题活动及它们的实施技巧。掌握这些专题活动的操作规程,也就掌握了公共关系传播沟通业务中的主要内容。

公共关系专题活动,在国外通常称为公共关系特殊事件。它是指公共关系人员为了推广组织身份,提高组织声誉,建立组织良好的形象,专门组织实施的具有明确主题、需要特殊技巧和方式来完成的一系列活动,是一种传播范围广泛的复合性公关方式。其主要形式有:新闻宣传活动、广告宣传活动、展览会、开放参观活动、庆典活动、联谊活动、社区活动、论坛活动等等。下面就几种最主要的专题活动形式进行较详细的分析介绍。

第一节　新闻宣传

通过大众传播媒介同公众取得广泛的联系和沟通,是组织公关部门的常规工作。因此,同新闻媒介打交道,借助新闻媒介的力量传扬组织身份、传递组织信息,树立组织美好形象,以求取得公众的好感和了解,是组织公关活动中的常规内容。

一、新闻宣传和新闻价值的含义

新闻是报纸、广播、电视、网络等大众传播媒介对新近发生的事实的报道。新闻最重要的一个特征是"新",即它应该是最近发生的事件。过时的事件就失去了新闻价值,不能引起人们的关注;即使仍可使人产生兴趣,但不具有新闻性。

新闻价值主要指新闻事实中能够明显引起公众注意和兴趣的特性。这些特性主要有:(1)时新性,指所报道的事实必须是最新近发生的。(2)普遍性,指所报道的新闻必须是具有代表性的事件,或能反映某些共同倾向的事件。(3)社会性,指所报道的新闻必须是社会各方受众都普遍关注的事件,以及对社会有益或有害的事件。(4)重要性,指所报道的新闻必须是对政治、经济和社会生活产生重大影响的事件。(5)国际性,指所报道的新闻必须是国际上发生的重大事件。(6)地方性,指所报道的新闻必须是本地区发生的与受众关系密切的事件。(7)知名性,指所报道的新闻必须是有关名人或著名企业、著名组织的事件。(8)记录性,指所报道的新闻必须是以记录方式所写的内容真实而详尽的重大事件, 能够记录社会历史的足迹。(9)新奇性,指所报道的新闻必须是奇特反常的事件。(10)突发性,指所报道的新闻必须是突然发生而意想不到的事件。(11) 冲突性,指所报道的新闻必须是双方或多方发生尖锐冲突的事件。(12)危险性,指所报道的新闻必须是具有冒险性的事件。(13)内幕性,指所报道的新闻原为秘而不宣的事件,或鲜为人知的事件。(14)神秘性,指所报道的事件必须是真实客观而又难以科学解释的事件。(15)浪漫性,指所报道的事件必须是富于想象和幻想的事件。

一个事件只要具备了以上特性中的一个就具备了新闻价值,具备的特性越多新闻价值就越高。公关人员在日常管理中要不断挖掘本组织内具有新闻价值的事实并努力使之进入新闻媒介,转化为新闻报道,以传扬组织身份,保持组织与社会大众的密切互动关系。

二、公共关系利用新闻传播的优势

(一)客观性强

社会组织的信息通过新闻界站在公众的立场上来传播，具有客观公正性，容易获得公众的信任。而广告等具有商业色彩的宣传活动，很容易引发公众的防范意识，进而削弱信息的宣传效果。

（二）社会影响大

由于新闻传播媒介在传播信息方面具有权威性，对所传播的对象具有"授予地位"的功能，即能够提高被传播者的社会地位，而且新闻媒介还有广阔而完善的传播系统，有巨大的覆盖面，有众多的受众，因此可以迅速提高传播对象的知名度和美誉度。当然，新闻传播媒介在传播信息方面也有"剥夺地位的功能"，即如果它从负面报道一个对象，同样会产生极大的负面社会影响。一份报纸的读者可达几十万、几百万，电台和电视台的受众可达千万乃至数亿人。这种影响面可超出地区界限和国界，产生世界范围内的影响，这是其他传播方式望尘莫及的。特别是网络传播具有互动性，更容易扩大传播的社会影响效果。

（三）传播成本低

公共关系利用新闻传播被看作是"免费传播"，虽然在与记者、编辑、媒体管理人员建立良好关系时免不了一些人际交往费用，但是相对于广告来说，传播成本低。

（四）权威性高

新闻传播由于是一种受到法律严格约束的传播，其所发布的信息真实、可靠，具有很高的权威性。

三、公共关系利用新闻传播的不足

（一）传播的主导性差

对于具体的社会组织来说，无法控制大众媒介的新闻报道时间、内容、方式等，不像印传单、发广告，组织有很大的自主决定权，大众传播的新闻宣传主导权在新闻机构一方，社会组织除了提供宣传资料或邀请媒介人士实地了解情况,一般无法左右新闻宣传机构对信息的加工处理情况。

(二)针对性不足

新闻宣传尽管受众广泛,但是,由于具体社会组织从公共关系的角度利用新闻宣传时无法进行私利性控制,比如特定受众目标的选择、倾向性观念的渗透等,这样,对于具体社会组织来说,利用新闻宣传往往存在针对性不强的问题。

四、新闻发布会

新闻发布会是组织与公众沟通的一种方式。它是一种两级传播:先将消息告知记者,再通过记者所属的大众媒介告知公众。新闻发布会可用于树立或维护组织形象,介绍组织新产品或新服务项目,协调公众关系,引导舆论倾向等。

(一)新闻发布会的工作步骤

1.确定主题

召开新闻发布会都有明确的目的,比如,解释一件已为许多人知道但不够详细的事件;或者公布一件还未被人知晓的重大信息;或者介绍一件新产品、一项新技术或提供的新服务项目;或者澄清一件被误解甚至被歪曲了的重大事件的真相等。总之,召开新闻发布会之前,公关人员应明确目的,做到心中有数。

2.确定邀请对象

新闻发布会的邀请对象主要是各种媒体的记者。不同的新闻媒介有不同的受众,也有不同的新闻侧重面。因此,公关人员应根据新闻发布会的主题,有选择地要求有关的新闻记者来参加。另外,还应考虑事件发生后的影响范围:如果只限于地方性影响,由地方性媒介的记者参加即可;如果影响范围波及全国,就应邀请全国性媒介记者参加;如果影响范围波及全球,就应邀请国内和国外的全球性媒介记者参加。除新闻记者外,凡事件涉及的其他单位、部门或公众团体,也在邀请之列。

3.会前准备

会前准备是一项复杂的系统工程,包括印发请柬,布置会议场地,准备现场参观,准备实物和图片展览,编印文字材料等。请柬应该在会议前一周填写好并分发出去。由于新闻发布会主要是面对记者,会后需进行新闻报道,所以布置会议场地时,应准备好主题横幅、音响设备以及录音、录像所需的辅助工具。为了便于记者自由采访,实地考察,掌握撰稿所需的材料,还可以安排准备一些现场参观或实物、图片展览等。会上准备分发的新闻资料要事先准备好,材料应编写得系统而又简洁,以介绍事实为主,不加评论,供记者参考。此外,对会上记者可能提出的问题应事先设想、考虑好恰当的答案,并写成文字材料,供发言人参考。

4.主持会议

主持会议的一般是本组织的领导人,但公关人员应意识到领导人形象代表着组织形象。因此,新闻发布会无论以什么为主题,都是组织形象的一次展示。公关人员应为会议主持人做好形象设计,并及时提出建议。使其在服饰仪表、言谈举止等方面均给人以礼貌、真诚和信用的感受。

5.收集反馈信息

新闻发布会召开过程或结束之后,公关人员应该注意会场气氛动态,及时了解与会者对新闻发布会的态度和意见。检测并掌握新闻发布会的效果,以便于下一步的公关活动。

(二)撰写新闻资料或新闻稿

新闻资料或新闻稿是提供给报社、电台、电视台、网络媒体等新闻机构编写新闻消息的文字材料,它不直接同公众见面,要经过记者的加工、整理。因此,新闻资料的撰写要求不高,只要把新闻五要素(即五个W)表达完整即可。五个W是指新闻稿中要讲清楚有关事件的不可缺少的五个方面,即何时 (when)、何地 (where)、何事(what)、何因(why)、何人(who)。把这五个方面材料提供给新闻单位,他们就可以据此编写新闻,把信息发布出去。

要写好新闻稿,应掌握以下几个要点。

1.新闻稿的结构

常见的新闻稿结构有三种:倒金字塔结构;并列结构;顺时结构。其中最常见的是倒金字塔结构。

(1)倒金字塔结构

倒金字塔结构即以重要性递减的顺序来安排新闻中的各项要点和事实,这种结构的新闻稿由导语和事实两大部分组成。导语部分提纲挈领地交代出新闻重点,事实部分按重要在前、次要在后的原则排列。

新闻稿采用倒金字塔结构有两个优点:一是便于读者迅速获得最新最重要的信息。读者限于时间,常常不能把新闻报道从头到尾读一遍,导读在前,读者就是只看了导语部分,也能获得最新、最重要的信息。二是便于编辑由下而上删改,而不会砍掉重要信息。由于版面或者时间限制,新闻稿往往会被编辑删改。采用倒金字塔结构,便于编辑由下而上逐段删改,即使只剩下导语,最重要的信息依旧保留着。

(2)并列结构

有时公共关系人员发现新闻事实具有同等重要的作用,无轻重主次之分,采用倒金字塔结构会误导媒体编辑人员,这时可以采用并列结构。并列结构是以概括性导语为主体,让新闻事实排列其中,成为一个有机整体。

(3)顺时结构

顺时结构即按照新闻事实发生的时间先后作顺序排列,发生在前的事实排列在前,发生在后的事实排列在后。新闻导语可以是概括性的,也可以是最先发生的新闻事实。

新闻稿的结构比较容易掌握,无论哪一种结构,都有导语和新闻事实这两部分内容。其中导语是整篇新闻的灵魂,是抓住读者、观众或听众注意力的精华和关键所在。导语写好了,新闻稿也就基本成功了。

2.导语的写作

人们常把五个W作为新闻五要素,缺一不可。因此,最早的导语写作五W俱全,难免文字多,句子长,重点难以突出。为了突出重点,使人过目不忘,现在人们在写导语时只突出一个或两个W,其余部分便放到新闻事实写作中逐一交代。这样,导语就简练明白、重点突出了。下面从《光明日报》的新闻报道中摘录几则报道,供学习者分析体会。

青藏铁路延伸线拉萨至日喀则铁路开通在即

本报拉萨7月22日电。记者尕玛多吉从拉日铁路建设总指挥部获悉,22日16时,拉日铁路动态检测顺利完成,这标志着青藏铁路的延伸线拉日铁路已具备通车能力。全线历经4年建设,开通在即。

拉日铁路是西藏自治区"十二五"最大的标志性工程,于2010年9月26日开工建设,总投资132.82亿元,全线总长253公里,东起青藏铁路终点站拉萨站,延拉萨河而下,途经堆龙德庆县、曲水县后,折向西溯雅鲁藏布江而上,穿越近90公里的雅鲁藏布江峡谷区,再经尼木、仁布县后抵达日喀则市。

拉日铁路建设总指挥部副总工程师张立冬介绍,拉日铁路全线在海拔3600米至4000米之间,由于高原气候和地理影响,施工建设难度大,人员、机械作业功效比平原地区明显降低。同时,高原生态脆弱,环保要求高,为确保减少施工对生态环境的影响,西藏自治区交通部门与拉日铁路建设总指挥部,以及所有参建单位签订了生态环保责任书。

张立冬说,拉日铁路建设生态环保完全达标,并且创造了高原铁路施工首次一次性铺设无缝隙钢轨和"零伤亡"的纪录。在羊八井地热区6个高岩温隧道建设中,隧道内最高岩温达58摄氏度,给施工带来很大困难。中铁五局集团和西安建筑科学技术大学共同完成的《拉日铁路高岩温隧道施工爆破关键技术研究》,破解了高原地温异常区隧道施工技术难题,填补了国内该领域的空白。

日喀则市是西藏第二大城市,是历史上后藏的政治、宗教、文化中心,也是历代班禅的驻锡之地。据介绍,拉日铁路为单线普速铁路,设计时速为每小时120公里,从拉萨到日喀则仅需2个多小时车程。全线设拉萨南、曲水、日喀则等13个车站。拉日铁路开通后,年货运量可达830万吨以上,将彻底改变西藏西南部地区单一依靠公路运输的局面,对完善西藏铁路网,推动西藏经济社会跨越式发展有重大意义。(《光明日报》2014年7月23日,第10版)

福喜集团就"过期肉"致歉

本报华盛顿7月21日电(记者王传军)。上海福喜食品公司日前被爆出向麦当劳及百胜餐饮集团等餐厅出售过期的鸡肉和牛肉后,福喜集团美国总部今天发表声明称对"过期肉"感到震惊,向消费者致歉。公司已成立调查小组,全力配合相关监督管理政府部门的调查,并同步进行内部调查。福喜集团称,公司管理层相信本次媒体所报道的事件是一起个体事件,但集团愿为整个事件承担全部责任,并将迅即彻底地采取适当行动。

报道指出,大型连锁餐厅的主要供货商松散的质量控制将在中国消费者间引发震动,因为许多中国消费者看好进货品牌和外资品牌,认为它们较国内同行有更高的标准。佐治亚大学食品安全及质量提高中心教授兼主管多伊尔表示,这将引发人们对美国食品加工商的普遍质疑。

福喜集团成立于1909年,该集团为全球各地的餐饮连锁公司加工肉类食品。中国市场一直是福喜集团的业务重心。(《光明日报》2014年7月23日,第10版)

以上两则新闻报道,既有简明扼要的导语,又有详尽的事实陈述。有些报道只突出一个或几个W,但在接下去的新闻事实撰写中,可以补充。即使人们限于时间,只读了或听了导语部分,最重要的信息也已经印入脑海。除了以突出重点作为导语的写法外,导语还可用叙述法、提问法、对比法的写作技巧以增强读者、听众或观众的吸引力。当然,导语写作究竟突出什么,主要取决于作者对所撰新闻的理解和对公众心理的把握。因此,写好导语不仅是技巧问题,还有作者的新闻敏感性问题。

一个公关人员要写好新闻稿,需要平时多留心报纸新闻导语的写作特点,学习其写作技巧。同时,还需对组织与社会环境、组织与公众的关系状态了然于胸。

五、策划具有新闻价值的事件

策划具有新闻价值的事件也称作"制造新闻"或"策划新闻",是组织争取新闻宣传机会的一种技巧。它是在真实的、不损害公众利益的前提下,策划、举办具有新闻价值的事件或活动,吸引新闻界和公众的注意力,制造新闻热点,争取被报道的机会,使本组织成为新闻的主角，以达到提高知名度、扩大社会影响的目的。这需要公关人员具备"新闻头脑"，富有创造性和想象力。

1984年北京长城饭店试营业期间，为提高饭店的知名度，绞尽脑汁，不断策划公关活动。其中最成功的一件要算争取里根总统在长城饭店举行答谢宴会了。当获悉里根总统访华的消息后，长城饭店就认为这是一个极好的机会。为了争取里根总统能在长城饭店举行答谢宴会，他们拟定了周密的计划。

他们认为，美国驻华大使在这件事上无疑有极大的发言权。于是他们就不断邀请美国驻华大使馆的官员到饭店做客，听取他们对饭店设施、饮食、服务、环境等方面的意见，并抓紧时间一一改进。改进了，再请大使馆的官员来做客，再听取他们的意见。当大使馆的官员对饭店各方面都比较满意之时，饭店再提出承办里根答谢宴会的要求，终于得到大使馆的支持。里根总统访华时，有500多位中外记者前来采访。长城饭店承揽了接待这些记者的业务，并努力提供最优质的服务，使记者们对长城饭店具有极好的印象。正是由于这次对里根总统举行答谢宴会的现场转播的电视报道，以及全世界各大通讯社、报纸的报道，使全世界的电视观众和报纸读者在注意里根总统访华这件大事的同时，也了解了北京长城饭店豪华的设施和一流的服务。有的外国客人到北京，不记得长城饭店的名字，就要求住里根总统举行宴会的那家饭店。

制造新闻的方法是借助新闻媒介以新闻报道形式向公众传递组织信息、组织的产品信息或服务信息，没有明显的功利倾向，却能够产生提升组织知名度和美誉度的效果，实惠而又影响广泛，不失为巧妙的传播手段。特别是用制造新闻的办法来引起公众的注意，既新奇，又可以增强公众的信任感，是社会组织对公众开展情感教育、培育良好公众关系的有效手段。因此，制造新闻已成为许多组织乐于采用的公共关系手段。需要注意的是,使用制造新闻的办法要突出一个"新"字,否则人云亦云,就失去了新闻价值,公众对此没有新鲜感,也就失去了兴趣。因此,公关人员在制造新闻时,应善于开动脑筋,充分发挥创造性和想象力,出奇制胜,方能奏效。

第二节 广告宣传

一、广告及其发展

广告是不断发展的概念。广告一词源于拉丁语Adrenere,意为"引起人们对某种事物的注意,并诱导于一定的方向所使用的一种手段"。在14、15世纪的古英语时代,广告一词演变为Adventise,其含义衍化为"使某人注意到某件事",或"通知别人某件事,以引起他的注意"。从17世纪末开始,人类的商业活动日趋频繁,广告一词广泛流行,逐渐衍化为富有实践意义的动名词Adventisng。现代社会,广告已成为一种系列化的被社会各个领域广泛应用的信息传播方式。

汉语中"广告"是个外来词,其意即"广而告之",就是广泛地告知社会大众某项事由的一种宣传方式。

广告是人类社会生产和生活的产物,是一种独特的信息传播方式。古代人类就开始利用它互通情报,昭示某种独特生活含义。比如蒙古族的敖包,就可以看成是标示某种生活意义的古代广告;中国古代小说中大量写到酒店、旅店的幌子、杆子、招牌等,都可以看作是早期人类的广告形式。现存于英国伦敦博物馆内的一张古代广告,是写在羊皮上的,据考证,它是公元前三千多年古埃及的一张寻找一个出走的女佣人的广告。可见,招贴广告、路牌广告、传单广告早已存在。

20世纪以来,随着大众传播媒介的发展,广告不仅在形式上发生了巨大变化,广告概念本身也进一步扩展。特别是商品广告,由初期的通告式、昭示式发展为推销式。20世纪50年代后,商品市场竞争更趋激烈;买方市场日趋形成,商品广告由一种推销的工具和手段发展为整个市场营销的牵动力量和维持方式。近年来,由于大众传媒中广告的普遍存在和它对社会影响力量的不断加强,一些学者已经开始关注广告的非商业属性,比如广告的审美问题、社会价值取向问题等。这说明广告宣传对社会的影响作用越来越大,已远不止是一种营销行为。

二、广告的类型

广告从不同的角度可以划分出不同的类型, 在实际应用中,广告的类型也十分繁多。我们只从广告功能的角度和广告所用媒介物的角度介绍几种广告类型。

(一)从功能角度划分广告

从功能的角度,广告可以划分为商品广告、形象广告、公益广告和明事广告。

1.商品广告

商品广告是以推销商品为主要目标的广告,一般应介绍商品的性能、特点、供货方式、价格等。商品广告是最常见的广告,在竞争的推动下比较重视创意。

2.形象广告

形象广告也叫公关广告,以推广组织形象为主要目标,一般主要介绍组织的品牌标志或宣传组织的优秀形象,目的在于提高知名度和美誉度。其宣传内容大致包括:组织的名称、标志设计、反映组织文化的特定口号或典型歌曲、组织的活动范围和特色、组织的实力和业绩、组织的历史和传统、有关组织活动或事件的主题、社会公众对组织的好评、赞誉以及在国内外的获奖情况等。形象广告的设计注重组织整体形象,不表现某个具体产品,广告文稿和图像尽量避免商业化气息。

3.公益广告

公益广告是以倡导文明观念或文明行为,提倡道德风尚、批评社会问题为主的广告,一般由政府或各种社会组织赞助制作。

4.明事广告

明事广告是指说明具体事由的广告,比如招生广告、招工启事、庆典活动宣告等。

(二)从媒介的角度划分广告

从广告所用媒介物的角度,可以把广告划分为以下类型:

第一,电视广告。即通过电视媒介发布的广告。

第二,印刷广告。即用纸张和印刷工具制作的广告。包括报纸广告、传单、小册子、产品说明书等。

第三,广播广告。即通过广播媒介发布的广告。

第四,画板广告。即由美工用油漆、颜料绘制在展示版上的广告。随着摄影技术和印刷技术的发展,画板广告现在基本是直接张贴印刷品,多见于城市繁华地带和公路边。

第五,电子屏幕广告。即通过电子屏幕发布的广告。一般设在商场、车站、码头、机场、城市广场周边等人气旺的地方。

第六,新媒体广告。主要指通过互联网、手机等新型媒体发布的广告。

三、公共关系广告和商品广告的比较

以上各类广告,一般讨论较多的是公共关系广告和商品广告的差别。概括地说,公共关系广告就是指旨在提高组织知名度和扩大组织社会影响,让公众对组织有个整体了解的广告。公共关系广告的内容主要是介绍组织的历史和发展,介绍组织的价值观、组织对

社会所做的贡献、组织的理想和奋斗目标、有关组织产品和服务的科学知识。公共关系广告的信息主要偏重于取悦公众和争取公众的理解。因此,公共关系广告又称之为"观念广告"或"形象塑造广告"。在具体的广告制作中,注意以下一些区分点,有助于做好广告定位工作。

1.内容目的不同

公关广告介绍的内容是组织形象信息,主要目的在于唤起公众对组织的注意、兴趣、好感、信赖与合作,树立和推销组织的形象;而商业广告的内容是以介绍商品特点,提供购买信息,推销产品为主,其目的在于提高产品销售额。可以用一句话概括:公关广告是要人喜欢我,而商业广告是要人买我。

2.准则、手法不同

公关广告的准则是以真实可靠为唯一手准则,手法则立足于取悦公众和争取公众的理解。因此,公关广告一般都渗透着浓厚的人情味,表现出组织对公众和社会的关切、理解和诚意;商业广告的准则在于重视引人注目,激发兴趣,它的手法则在吸引公众,因此,特别注意新奇,强调夸张、悬念和刺激性。

3.报道方式不同

公关广告通常表现为新闻报道或专题采访,或变换为市场信息、管理讲座等形式出现,不给人以广告的感觉。因此,公关广告的宣传效果往往要比商业广告好,公众基本是在不自觉的情况下被影响了;商业广告在媒介中常被集中归类,占据报纸的特定版面或电视的特定时间,或利用广播的广告专栏,公众由于明确知晓这是广告,很可能忽视这类信息。

4.制作周期不同

公关广告是一项长期行为,它为战略目标服务,往往需要顾及政治、经济、社会、文化等各方面效益,对公众的引导多采用潜移默化的策略,求得公众的信服。因此,制作周期和发生效用的时间都较长;而商业广告是针对某一产品制作的,追求的是直接的、近期的效益,它的制作和发生作用的时间都较短。

四、广告宣传的方法

广告宣传是公关人员的一项比较专业化的技能,在企业公共关系业务中,广告宣传是经常性的工作。广告宣传的操作技能涉及了广告策划、广告推广、广告效果评价等多方面的业务方法,我们简单归纳以下几项广告宣传的大致思路。

(一)确立广告目标

为什么要做广告,这是广告宣传首先要解决的问题。广告具体的和可控的目标有:促进商品或某种服务的销售;树立组织形象;推广某种消费观念;传播某种文化、信仰或表达某种意愿等。广告宣传的最终目标在于加强或改变人们的观念,引导人们的行为。但具体的广告宣传目标必须明确,要有十分具体的指标控制要求。

(二)分析广告环境

包括:广告将出现在什么样的社会政治、经济、文化背景下;组织的竞争对手的广告宣传情况;对市场环境的调查和所要宣传的商品或其他内容的评估等等。

(三)明确广告对象

就是要明确对什么样的人或人的群体做广告。明确广告对象的身份,研究他们的情况,把握他们的特性。一般通过考虑人们的社会职业、家庭状况、个人情况、兴趣、需要、价值观等来认识人的特性。

(四)确定广告主题

广告作为一种宣传形式,总是有一个诉求点,也就是有一个宣传重点,要靠什么来打动宣传对象。比如商品广告的主题,一般由广告目标、信息个性和消费心理三者有机地融合而成;根据宣传的需要,可以突出一个重点;例如商品的新功能、优质原料、售后服务等,都可以作为一种主题出现。

(五)确定广告的形式

广告的形式首先是创意问题,也就是创作广告的意念、设想,这实际上是广告内容和形式统一的一种存在状态。成功的创意可以使主题鲜明化,具有强烈的感染力和感召力。广告形式还表现在表达结构方面,比如说明型、证明型、名人推荐型、故事型等。

(六)决定广告的使用媒介

广告最终要进入一定的媒介渠道来实现信息的传播。媒介不同,广告的设计要求、费用和宣传策略、效果也不同。一般大型的广告宣传活动,要求多种媒介综合使用,形成配套的立体化效应,以增强宣传效果。

(七)编制广告预算

广告作为一种付费的宣传活动,需要投入一定的经费。需要事先精密计算,严格控制开支。对于工商企业来说,经济效益是广告宣传的首选效益,要求以最少的广告费取得最大的广告效果。

(八)决定广告的实施策略

主要策略有:选取合适的广告方式;决定广告的宣传范围;选取广告的推出时机。

(九)广告效果的评价

对广告效果的监督与评价,从广告一进入宣传媒介就开始。这样可以及早发现广告宣传中存在的问题,并加以纠正与解决,最后还要有总的评价。

五、公共关系广告的制作策略

(一)确定广告策略

　　一个组织运用公共关系广告宣传技术的策略目的,主要是在公众中树立良好的形象,提高知名度和美誉度,创造一个融洽的环境和气氛,具体来说可以概括为以下几类:

　　1.建设性策略

　　所谓建设性策略,也就是品牌推广和经营的具体措施。广告宣传一般应放在品牌推广的宏观战略中实施。也就是从无到有不断地在广大公众中树立组织的良好形象,使越来越多的公众对组织抱有好感,支持组织的经营活动。组织的产品或服务,仅仅是组织经营活动中直接与公众见面的东西,在整个生产经营活动中,组织还有经营思想、经营方法、经营目的、环境保护、生态平衡、劳动保护等许多方面间接影响着广大社会公众。因此,组织不但要用优质的产品或优良的服务树立自己的信誉与形象,还必须运用各种公共关系广告形式,与各类公众进行广泛的交流联系,才能有效地树立自身良好的形象,获得社会公众长久的真诚的配合与支持。

　　2.解释性策略

　　解释性策略是为了消除一些公众由于某些原因所引起的对组织的误解和怀疑,恢复组织的真实形象和良好的信誉的宣传谋划。组织直接接触的公众毕竟有限,大量的公众通过间接的渠道得到有关组织的信息情况,这就有可能在信息传播过程中出现失真和扭曲现象,因而可能造成公众的误解与隔阂,从而损害组织的形象。因此,需要运用一系列公共关系广告来达到解释说明的目的。

　　3.纠正性策略

　　组织一旦发生经营性失误时,改正得越快越好。这就要求公关部门正确利用公共关系广告做好宣传活动,公布问题症结所在,及时提出解决问题的方法措施,恰当地向公众表明组织纠正失误的实际决心、行动和效果,以消除不良影响。

4.创新性策略

这是指组织运用公共关系广告对广大公众进行引导和教育,一方面,强化组织在公众中的形象;另一方面,创造出更多的社会需求。随着社会化大生产和市场经济的深入发展,市场上的产品和服务项目日益丰富,广大消费者对各种商品和服务的选择性也越来越强。在这种激烈竞争的情况下,一个组织要生存发展,就必须既能适应公众现在的消费需求,又能成功地引导广大公众的合理消费,不断开拓出新的消费市场。

(二)选择传播媒介

广告媒介选择得当,会带来预期的效果,实现组织的目标。反之,则收效甚微。在现代社会,可供选择的媒介越来越多,广告可利用的媒介包括报纸、杂志、广播、电视、电影、网络媒体、幻灯片、户外张贴、广告牌、霓虹灯、样本、传单和包装纸等。不同的广告媒介具有不同的特点,起着不同的影响作用。广告选择传播媒介的主要依据有以下几个方面。

1.企业与产品的性质

工商企业与服务行业、工业品与消费品、技术产品与一般性产品,应分别选用不同的广告媒介。如服装企业的广告,重要的是显示其"领导服装新潮流"的形象和声誉,产品的样式和颜色要符合各层次消费者的需求。因此,最好在电视屏幕上和报纸杂志上使用彩色画面做广告,可以增强美感,吸引广大公众的注意与兴趣。高技术企业生产的机械产品最好选用专业性杂志为媒介。同时,公关人员应当使用样本做宣传,以便详细说明其质量性能,并介绍企业各方面的情况,借以树立组织及其产品的信誉。

2.消费者的媒介习惯

企业选用广告媒介是为了有效地开发市场与占有市场,也是为了吸引广大公众的购买力。因此,企业公关人员除对广大消费者的年龄、职业、性别、购买力和购买习惯等因素进行分析外,也要注意分析公众接触广告媒介的习性,因为不同媒介面对的是不同的市场与不同的消费者。例如,中小学生这个群体,较多接触的是电视、广播、网络这类媒体,报纸和期刊可能接触一些,往往与课程学习和个人爱好有关,要针对他们做宣传,就需要找出他们惯常接触的媒介。

3.媒介的影响范围

不同广告媒介的传播范围有大有小,可接触的公众人数有多有少。广告作为一种付费宣传,需要考虑效益。一般影响范围大的媒介,收费高。所以,产品广告一般应根据销售渠道选择媒介,如果销售渠道并没有扩张到全国范围,就没必要选择有全国影响力的媒介。地区性产品及其企业广告,主要选用地区性报纸、杂志、广播、电视或广告牌、霓虹灯等信息传播工具做广告;产品及服务已经遍布全国,广告就要选用全国性报纸、杂志、广播电台或中央电视台做广告。

4.媒介的影响力

媒介的影响力即根据媒介传递信息的效果来选择广告媒介。报纸和杂志的发行数量,电视台的观众人数,广播电台的听众人数,网络媒体的点击率,媒介的播发时间和声誉以及收音机、电视机的社会拥有量等,都是媒介影响力的标志。

5.媒介的成本

广告活动应考虑组织的经济负担能力,力求在一定的广告预算内,达到一定的宣传频率和尽可能好的影响,从而创建商品信誉和组织的信誉。不同的广告媒介,收费标准也会不一样,一般来说覆盖率越大的宣传媒介收费越高。组织在不影响广告目的的前提下,选择广告媒介力求以最小花费获得最大收益。

根据以上分析,公关人员在选择广告媒介时,应充分考虑各种传播媒介的优缺点,力求扬长避短。在选择好广告媒介之后,还应考虑最佳使用时间和场合,力求公共关系广告获得事半功倍的效果。

六、公共关系广告的制作技巧

公共关系广告创作技巧的优劣是广告目标能否顺利实现的前提条件。在创作公共关系广告时,必须注意广告制作过程中的一般要求,科学地运用以下技巧。

(一)广告主题明确,宣传重点突出

主题是广告的中心思想,它反映着一则广告的目标。广告主题明确会使公众对广告所宣传的内容清楚明白。企业公关广告的创作,在明确其是以企业的整体特点为内容的基础上,要尽可能突出主题,发掘出企业整体特点中的最"特"部分,并以醒目的形式把它表现出来。公关广告主题主要有以下几类。

1.声誉主题

公关广告采用最多的是声誉主题。通过向公众宣传组织的历史与现状、主张、方针与政策、规模、产品与服务、技术与人才实力等,树立组织的良好形象,提高产品的知名度。声誉宣传一般通过新闻媒介作为专题新闻广泛传播,可信度高,是许多组织乐于采用的。

2.公共服务主题

社会组织协助解决地方性或全国性的社会问题,并通过媒介加以报道,可以提高组织的知名度和美誉度。

3.经济贡献主题

为加深社会公众对目前经济情况的了解,指出组织对国家经济发展的贡献,详尽说明组织生产销售增长有助于国家发展和社会进步的种种事实、材料、数据和案例,借此宣传组织。

4.职工内部关系主题

目的在于传播职工的物质福利、就业稳定性、经济收入、组织内部经营管理等问题,还可关注组织领导与普通员工的关系、职工与家庭的关系,激发组织内部的凝聚力、向心力,提高士气,保证企业稳定发展。这方面的主题一般需要发掘出普遍的社会意义。

5.人事关系主题

主要宣传组织的人事状况、政策、改善员工的家庭关系等问题,重点是为了建立社区公众对组织的好感。

6.特殊事项主题

组织可以利用公共关系广告来报道新厂落成、周年庆典、陈列展览、颁奖庆功、新产品问世等各种特殊事项,以引起广大公众,特别是新闻媒介的兴趣和好感,利用各种交往途径和宣传渠道来创建组织的完美形象。

(二)要遵循公共关系广告制作原则,尽可能让人觉得不像广告

目前,商品广告充斥传播媒介,而商品广告大多数是不遗余力地自卖自夸,催促人们"欲购从速",常常使人厌烦。因此,做公共关系广告应尽量与之"划清界限",淡化商品色彩,让人乐于接受。为此,在制作公关广告时,要坚持以下原则。

1.实事求是

公关广告必须以事实为依据,不能有夸张,更不可弄虚作假。在阐述组织的具体特点时,尽可能举出实例,运用定量化手段加以说明。实事求是不仅指客观分析有关成就的社会因素作用,真诚感谢帮助和支持过自己的有关单位和人士,也应该承认自己的不足,坦承自己因水平或能力有限而造成的失误。正所谓"瑕不掩瑜",这样更能取得广大公众的谅解和好感,收到更好的效果。因为公关广告是为了扩大组织的知名度,树立组织的良好形象,如果不说实话,不办实事,久而久之,势必激起公众对组织的反感。

2.友好诚恳

公共关系的目标之一是广交朋友,融洽关系,争取合作,因此,友好诚恳是很重要的原则。公关广告中,必须体现出与组织内外各种公众的友善关系。友善不仅仅是一种宣传姿态,应成为组织的生存信仰。

3.富于创新

在始终坚持组织宗旨的同时,公关广告的内容、角度、手法都应当不断创新,要让公众感觉到,组织总是有新的活动和新的灵感,有新的开拓和新的成就,甚至广告的形式本身也有种种新的发展。

创意是广告的灵魂与生命线。公共关系广告在创作手法上要特别注意标新立异,别出心裁。除注意笔法生动活泼、标题口号独特醒目、语言精练幽默、画面色调和谐外,在始终如一地宣传组织基本宗旨的同时,要不断翻新广告的内容、角度和手法,使公众在看、听广告的时候,既得到感官的享受,又在理性上不断增强对组织的认识和了解,为组织造就一个稳定、忠诚的公众群。

4.突出艺术性

广告本身就是艺术,一则好的广告也就是一件珍贵的艺术品。广告的艺术性应该具有时代特征和健康向上的思想内涵,不仅形式是美的,内容上应给人积极向上的鼓舞力量。通过不同媒介发布的广告的艺术性要求不同,比如,平面广告特别讲究视觉冲击力和图文配合;广播广告更多关注声音和音响效果,电视广告较重视画面和情节。

5.注意公众心理

不管是一般的商品广告还是公共关系广告,在设计制作过程中,都要注意公众心理,重点考虑民族文化、风俗习惯和宗教信仰、价值观等,一般应该与特定公众的这些心理相融合,至少不能有明显冲突。否则,广告不仅达不到预期的目的,还可能引发危机。广告不尊重公众的文化、风俗、习惯、宗教信仰和价值观等,基本上会变成危险广告,会将组织带入危险的境地。因此,要尽可能摸准公众的心理,掌握其变化规律,投其所好,既让人过目不忘,又能满足组织的要求。

6.选择最佳时间

公关广告选择时极具技巧性,时机选择得当,可以起到事半功倍的效果;时机选择不合适,则可能产生不了任何宣传效果。一般来说,组织的公关广告最好避开重大节日、重要会议或其他大型社会活动。因为在这些时候,大众传播媒介更多的时间和篇幅是去报道与之有关的重要内容,社会公众也主要关注这些热点问题。如果这时刊登公关广告就容易被公众忽视。反之,避开重大节假日和重大会议刊登公关广告,既可充实公众的社会生活,又可丰富新闻传播的内容,并引起公众的重视,从而达到广告的目标。

七、公共关系广告的效果测定

广告效果的测定是整个公共关系广告宣传活动中不可缺少的部分。公共关系广告活动的全过程是一个复杂的信息反馈过程。成功的公共关系广告宣传工作不仅要有充分准备,制作出精彩的广告作品,而且要正确地分析广告宣传的效果,并将结论运用到今后的广告活动中,以便进一步改进服务。公共关系广告的效果测定方法主要有以下几种:事前预测法、进行中测量法、事后测量法、经营效果检测法。

(一)事前预测法

事前预测法是在公共关系广告活动正式开展以前预测广告文本和媒介选择所产生的效果。常常用四种方法。

1.专家意见法

　　一般来说,广告文本和媒介选择不是一次成功的,常常是提出几种可供选择的方案,请有经验的广告业专家进行评估,然后把专家的意见综合起来,形成优选方案,或对原方案进行修改,这种方法称为专家意见法。

　　2.公众态度法

　　这种方法是通过随机抽样,选取一定的公众,让他们了解广告文本的内容和拟定的媒介,然后让他们在选定的态度上划出自己对该广告的态度,再把公众的态度汇总起来,得出结论。运用公众态度进行预测,必须注意两点:一是必须选出一定数量的公众;二是所选公众必须具有一定的代表性,可以反映广告对象状况,否则不具有说服力。

　　3.仪器测定法

　　这是一种运用若干种心理、生理测定仪器,测量公众在看(或听)到可供选择的广告文本时的生理反应,由此推断出公众心理反应的方法。由于公众受许多因素的影响,言不由衷的情况会在调查过程中经常发生,通过仪器的测定,可以比较生理反应与口头表述的差异,由此可以推断出公众的真实想法。

　　4.言词反应法

　　它是将一个广告文本向一位公众展示几秒钟,然后收回文本,并要求被试者马上讲出或者写出自己当时想到的言辞,再将多位公众的反应言词汇总起来,请心理学家和社会学家进行分析,做出评估结论。通过分析公众的言辞和联想思维,判断他们对广告文本的心理反应;以此来评估一个广告设计的影响力。

　　(二)进行中测量法

　　进行中测量法是广告在媒介上推出以后进行的,通过直接了解公众对广告所做的反应,及时调整、修改广告文本和媒介的组合方式,使公共关系广告起到更好的作用。进行中测量法的常用方法有三种。

1.市场试验法

具体做法是将广告活动分步展开,先选定几个试验地区推出广告,然后观察试验地区的公众和尚未推出广告地区的公众的不同反应。这种方法较为直接,易于观察,能够得出较为准确、可靠的结论。

2.回函问询法

这是广告效果测量常用的方法。其做法是在选定的小范围推出广告以后,通过抽奖、赠送小礼品等方式鼓励公众回函,回答组织关心的问题。然后对回函的内容进行整理和分析,可以比较准确地把握广告的效果。

3.分刊测定法

这种方法运用于组织的广告文本已基本确定,但其中的重要一处或几处尚未确定的情况下使用,而且仅限于报纸、杂志类媒介。其基本做法是将待选的两个广告文本在选定的报纸或杂志上刊发,在其发行的一半份数上刊登一种文本,在另一半份数刊登另一种文本,然后采用鼓励回函的方式,了解公众的反应。依据文本的不同回函率,确定广告文本。这在实际操作上需要媒介的配合,制作费用会增加。

(三)事后测量法

公共关系的广告,不是一劳永逸的。它需要根据组织的发展周而复始地不停地做下去。因此,广告的结束,并不标志着公共关系广告活动的结束,还必须进行事后测量,成为下一次广告活动的开端和基础。事后测量的方法有三种。

1.回忆法

在广告宣传推出之后,随机选择一部分广告对象,了解他们对广告的记忆程度。回忆法可分为自由回忆法和引导回忆法。前者是不加任何引导,让被调查者回忆广告的内容。后者是在一定的指导之下,让被调查者回忆广告的内容。以此来了解广告给公众留下的印象。

2.识别法

这是了解广告对象对广告文本印象程度的方法。其做法是将推出的广告文本混入其他一些尚未推出的广告文本之中,然后将这些广告展示给被调查者,看有多少人可以准确无误地识别出已推出的广告文本,从中可以看出广告文本对公众的吸引程度。

3.态度比较法

这是一种通过公众态度上的变化来检验广告效果的方法。其基本做法是在广告活动开展之前,先选择一些广告对象,了解对组织的态度。在广告推出之后,再找这些对象进行测试,看其态度是否产生了变化,产生了什么变化。如果被调查者的态度向广告文本的追求的目标方向变化,说明广告产生了积极效果;相反,则产生消极效果。

4.经营效果检测法

经营效果检测法是企业把只做商品推销广告时的情况与又增加公共关系广告后的情况作比较,用以检测公共关系广告效果的方法。按照市场学的观点,增加广告费开支(固定费),可以带来销售额、纯利率的上升。但这种上升有一个饱和点,即使费用再增长,效果也不会再增加。但如果在固定费中增加公共关系广告的费用,则可望获得持久的效果。

总之,现代社会,城市化和信息化改变了人们获取信息的方式,大众传媒对人们生活的影响越来越深入、广泛,不只是广播、电视、书刊、网络正在左右人们的观念和行为,甚至手机信息平台包括短信、微信等沟通方式的流行也开始融入商业模式和政治话语,在这种信息化社会,广告无所不在。广告更加强有力地成了公关手段,公共关系广告正可以大行其道。

第三节 赞助活动

一、赞助活动的含义及其作用

社会组织作为社会的一员,不仅对组织内部负有经济和技术责任以及各种社会责任,而且对社会公众和社会发展负有不可推卸的社会责任。一个只顾自己利益的社会组织,不仅会影响自己的知名度和美誉度,而且还可能导致声名狼藉。因此,许多社会组织通过赞助活动来推动社会经济、政治和文化的发展,从而建立自己的组织形象。

社会赞助活动是指意在通过向社会各方面提供资金或产品从而提高组织影响力和知名度的一系列活动,是公共关系专题活动的一种形式。1984年在美国洛杉矶举行的世界奥林匹克运动会上,美国政府不花一分钱就将这个运动会举办得非常成功。你可能会问:世界奥林匹克运动会耗资巨大,这些资金是从哪儿来的?原来,所有的费用都是民间企业和民间组织赞助来的。这是历史上第一个由民间筹资举办的世界奥林匹克运动会。当时,奥委会要求民间赞助的消息一传出,各大实业公司和其他组织纷纷争先恐后和此次奥运会的筹委会联系,要求接受他们的赞助。不少公司为了争得奥运会赞助的机会,展开了一场激烈的竞争,赞助的筹码也越加越大。那为什么这些组织会乐于赞助呢?

原来赞助活动由慈善事业发展而来, 但社会组织作为施主,并非是为了当一个慈善家,而是基于赞助活动能给组织带来长远利益的各种考虑。作为公关活动,搞赞助对于具体的社会组织来说目的是十分明确的:首先是为了承担必要的社会责任;赞助往往是做一件有益于社会或他人的事,所以一定要做得认真,表现出勇于承担社会责任的崇高感。其次,赞助活动在公共关系中是一种投入,一般是讲产出的。也就是说,赞助除了真诚地承担社会责任外,往往是具体组织树立良好的形象、培养公众感情或配合广告宣传的一种技术。赞助活动的作用具体表现在以下几个方面。

第一,赞助活动可以使组织的名称、产品、商标和服务获得新闻媒介的广泛报道,相当于做说服力、影响力很强的广告,有利于扩大组织的知名度,更可以配合组织的其他传播活动以使公众对组织留下深刻的印象。

第二,赞助活动可以树立组织关心社会公益事业的良好形象,使公众认识到组织不是一个一味追求自己经济利益、唯利是图的自私组织。

第三,赞助活动能培养各个组织或某类公众对组织的良好感情,赢得理解和支持,吸引到潜在的公众。

第四,赞助活动可以表明组织对社会具有高度责任感,使公众对组织产生信任感。现代企业组织不但要赢利,还需要承担一定的社会责任和社会义务,以表明他们是社会的一员,要为社会贡献一分力量。反过来,企业通过承担一定的社会责任和义务,得到政府、社区和顾客的支持。这样,企业也就获得生存和发展的可靠保障。而赞助活动正是企业向社会表示自己承担责任和义务的最好方式之一。

毫无疑问,赞助活动的这些作用都有利于组织的生存和发展。因此,尽管各种社会组织参与的赞助活动的具体目的可能各不相同,但有一个目的是相同的:建树组织的良好信誉和形象,赢得公众的好感和支持。

二、赞助活动的形式

1.赞助各类体育活动

近年来,随着人们生活水平的提高,人们崇尚体育的心理也在日益增长,体育活动不仅广大群众喜闻乐见的活动,也是许多公众热心的活动,它所涉及的公众层面较宽、范围较大。因此,社会组织赞助体育活动,往往能获得较好的公共关系效果。赞助体育活动的方式包括提供经费、场地、饮料、食品、服装、器械、奖品和其他便利条件等。例如,广东健力宝集团长期以赞助体育运动、推动体育运动的发展为己任,取得了显著的经济效益和社会效益。

2.赞助各类文化活动

文化活动吸引的公众层面也较宽泛,社会影响也比较好。企业进行文化生活方面的赞助,不仅可以培养与公众的良好感情,而且还可以大大提高企业的社会效益和知名度。赞助的文化活动包括音乐会、电视节目、文娱演出、书画展、摄影作品展等。例如,美国经营肥皂的著名公司普洛特—嘉保公司出资赞助了一系列家庭生活片,统称为肥皂剧,成为家庭主妇们的消遣良友。通过这一次赞助活动,这家公司在家庭主妇中培养了良好感情,声誉大增。

3.赞助教育事业

教育事业与现代社会的发展有非常密切的关系,也与千家万户有着直接的联系。赞助教育事业的形式也多种多样,如赞助兴办学校、建设学校基础设施、提供教学设备、建立基金会、提供奖学金、赞助科研项目等等。企业赞助教育事业是一举两得的事情,如香港知名企业家邵逸夫先生大力赞助大陆众多大中学校修建逸夫教学楼、逸夫科研楼等,既有助于教育事业的发展,也使其所领导的企业得到热心、关心教育的好名声,相应地获得了社会的丰厚回报。

4.赞助各类出版物

赞助某电视剧或电影的拍摄,赞助画册、纪念册、专刊、丛书、地图、指南、年鉴、旅游手册、技术手册和日历等的制作,由于这些出版物可以长期保存和反复阅读,因此可以较长久地提高组织及其产品的知名度。

5.赞助社会福利事业

这项活动最能体现组织对社会公众的关心,是企业和政府、社区搞好关系的重要途径,是企业向社会表明其承担社会责任和义务的手段。这类活动的主要形式有捐款、捐物给社会救济对象或有具体困难的公众,提供人员为残疾人服务,到敬老院、孤儿院、部队慰问演出等。

6.赞助各种展览和竞赛活动

展览会和一些竞赛活动往往会吸引一些公众关注,特别是通过电视、报纸的传播,影响范围很大。因此,赞助这些活动,可提升组织的知名度和美誉度。比如某专营工艺商店为扩大影响,可以赞助民间艺术展览;一些企业通过与游戏竞赛性的电视节目合作,在以产品做奖品的同时,也传播了企业形象。

7.赞助有关的学术理论活动

这种活动一是可推动与本组织性质、产品和服务有关的研究深入发展,为组织发展奠定基础;二是可以提高本组织在同行中的知名度。

8.建立职业奖励基金,推动这一职业的发展

这方面的赞助往往是某一行业的企业对本行业的职业人员或预备职业人员以及一些从业机构进行奖励,以此推动该职业的发展。例如,2014年暑假,笔者到设立在内蒙古巴彦淖尔市的一家名为"联邦制药"的医药企业调查,了解到,联邦制药是1990年成立于香港的一家民营企业,由于以生产药品为主,为了和医药界建立联系,

1996年、1997年先后向同济医科大学、中国药科大学、沈阳药科大学捐资数百万元,1998年再次出资3800万元,设立了"联邦医学教育奖学金",在国内选择32所医学院校,奖励在校研究生和本科生中的品学兼优人才。联邦制药还积极参与汶川地震的抗震救灾重建工作,帮助四川省彭州市新兴镇公立卫生院的重建,投入1200万元,新建了"彭州市联邦制药爱心医院"。该医院于2009年1月破土动工,2010年3月18日举行了交接仪式,投入试运营。

赞助的方式或类型是多种多样的,除了以上一些思路外,还可以从以下一些角度设计具体活动:赞助地方性的节日活动;赞助专业团体;赞助环保事业;赞助遭受自然灾害的地区和人民等等。

三、实行赞助活动的原则和程序

（一）实行赞助的原则

具体的社会组织在搞赞助活动时一定要牢牢把握以下四项原则:社会效益原则;传播效果原则;经济适当原则;章程化管理原则。

（二）实行赞助活动的程序

1. 赞助研究

赞助可由企业主动选择组织予以支持,也可在接到请求后再做出反应。大多数企业都依据后一种情况进行赞助。但是,如果公司想获得更好的信誉投资,就应该采取第一种主动的赞助形式,这就需要对赞助进行研究。赞助研究应该从企业的经营政策入手,并分析企业的公共关系政策和目标,调查外部需要赞助的公益事业情况,从而制定企业的赞助方向和赞助政策等等,以指导日后赞助活动,并据此考核外来要求赞助的项目。企业为了更好地进行赞助,一般都组织一个赞助委员会,负责赞助的事宜。赞助委员会应负起赞助的研究工作,进行赞助成本和赞助效果的分析,以保证企业和社会都同时受益,特别要防止出现各种赞助活动互不关联,远离企业的整体赞助主题的现象。

2.赞助计划

在赞助研究的基础上,由赞助委员会根据企业的赞助方向和赞助政策来制定一个赞助年度计划,这一计划一般包括以下内容:赞助对象的范围、赞助费用预算、赞助形式和宗旨等。赞助计划是赞助研究的具体化,可以协助管理当局控制赞助的范围,防止赞助的规模超过企业的承受能力,并防止浪费现象,做到有的放矢。

3.具体赞助项目审核和评定

每进行一次具体项目的赞助,应由赞助委员会对此项目进行详细的分析研究,结合该年度的赞助计划进行逐项的审核评定,确定此项目赞助的可行性。并对赞助的具体方式和赞助的款额以及赞助的时机等制订出详细的子计划。

4.赞助活动的落实

在做计划的基础上,应派出专门的公共关系人员负责落实各项具体赞助的子计划。在实施赞助子计划过程中,充分运用各自有效的公共关系技巧,使企业能尽量借助赞助活动扩大其对社会的影响。

5.赞助项目的效果测定

每次赞助活动完成以后,都应对赞助活动的效果进行调查测定,与每个子计划进行对照,确定完成了哪些预定的指标,找出完成和没有完成的原因,以一定的格式写成报告,归档储存,为以后的赞助研究提供参考材料。

遵照以上步骤来进行赞助活动,不仅可以使赞助活动师出有名,还可以减少组织与赞助对象之间的矛盾和摩擦,使赞助活动获得更好的社会效益。

第四节 展览活动

一、展览会及其作用

展览会是通过各种实物、文字、图片、图表、模型、讲解、现场示范和现场咨询等传播手段来进行的一种传播活动。它是公共关系活动的综合性传播媒介之一，也是公共关系专题活动的一种主要形式，属于人际传播范畴。

一般展览会的目的是介绍产品和服务，并通过展览会来促进业务的发展。公共关系利用展览的目的在于介绍组织及其成就，促进公众对组织的了解。组织通过举办展览会，运用真实可见的产品、热情周到的服务、全面透彻的资料、图片介绍和技术人员的现场操作，加上艺术般的场景设计和热闹的气氛，可以吸引更多的到场者，给观众留下非常深刻的印象。同时，组织还可以了解市场需求，传递可靠的信息，强化产品的感染力，增强产品及企业的竞争力，从而达到销售产品和建树组织形象的目的。

二、展览会的基本形式

1.按照展览的地点可分为室内展览会和室外展览会

室内展览会适用于内容精致、展品较小、展览时间较长、规模较适中的展览。它的特点是形式较为正式和隆重，布置较复杂，不受天气的影响，花费较大。室外展览会也称为露天展览会，适用于展期较短、展品太多或太大、规模较大、要求不高的展览。它的特点是形式较随便，布置较简单，花费较少，但受天气的影响较大。大多数的展览会都在室内举行，如画展、书法展览、书展、工艺品展等等。通常在露天展览的有花展、农副产品展览、生产资料展览等。

2.按照展出的商品种类多少可分为单一商品展览会和混合商品展览会

单一商品展览会也称为纵向展览会，展出的商品品种单一，如汽车展览会、自行车展览会等。而混合商品展览会又称为横向展览会，展出的商品种类很多，如广州商品交易会等。

3.按照展出的内容可分为综合性展览会和专题性展览会

对于具体的组织来说，综合性展览会是从各个方面介绍某一组织情况的展览，它要求内容全面又突出重点，使公众看完展览后，对组织的全貌有一个完整的印象。专题性展览会是围绕组织的一项主要成就或主要专业或某一主题而安排的展览，它要求主题鲜明，内容集中，能反映组织的特色，使公众看完展览后，对组织的主要成就或主要特色有较深刻的印象。如果从一个地区、行业、国家或全球范围考虑，综合性展览可能是集政治宣传、经济贸易、文化交流等多项功能于一身的大型展览，也可能是某一行业的专业展览，如书博会、园艺会、家装会等。

4.按照展览的性质可分为贸易展览会和宣传展览会

贸易展览会的目的是大做实物广告，促进商品的销售，其展出的东西主要是实物产品。而宣传展览会的目的是为了宣传某一思想观点和信仰，或者让人们了解某一段史实，或者让人们知道应该做什么、怎么做而禁止做什么等。

5.按照展览的规模可分为大型展览会、小型展览会和袖珍展览会

大型展览会一般由专门的单位举办，而有产品展览的企业则通过报名参加，其规模往往很大，参展的项目、商品很多，需要有很高的举办展览会的技术和丰富的经验才能搞好。小型展览会的规模较小，一般由组织自己举办，展示自己的商品、服务和组织形象等，也可能是某个地方举办的小型展览。而微型的袖珍展览会指的是商店的橱窗展览和流动的展览车等。

6.按照展览的时间可分为长期的固定式的展览会、定期更换内容的展览会和临时形成的展览会等

长期的固定展览多为有重大历史意义或重要历史价值的展览，如位于卢沟桥附近的抗日战争纪念馆，南京遇难同胞纪念馆，北京故宫博物院等。定期更换内容的展览多为艺术作品类的展览。临时形成的展览多为商品展览或政治、经济、文化等方面的宣传展览。

总之，展览会的形式多种多样，可以按照不同的标准划分出不同的类型。组织必须根据自身的实际来选择参加或者举办何种展览活动。

三、展览会的基本特点

（一）展览会是一种复合性的传播方式

展览会可以同时运用多种传播媒介进行交叉混合传播，如声音媒介（讲解、交谈、现场广播）、文字媒介（宣传手册、介绍材料）、图像媒介（照片、幻灯片、录像）等，因而综合了多种宣传媒介的优点，具有较好的沟通效果。

（二）展览会是一种非常直观、形象和生动的传播方式

展览会通常以实物为主，配之以图片、图表或文字说明和技术人员的现场示范表演，加上精心的设计场景、热情周到的讲解和服务以及热闹的气氛，往往使公众对展出物品留下十分深刻的印象。

（三）展览会是组织与公众进行直接双向沟通的理想场所和难得的机会

在展览会上，一般有专人回答参观者的问题，并就他们感兴趣的东西进行深入的讨论。这样，不仅参展单位有机会向公众展示其组织行为准则和行为价值，进行自我宣传，同时也能及时了解公众的意见和态度，了解市场的动态和走向等。

（四）展览会很容易引起新闻界关注

展览会是一种综合性的大型活动，是新闻媒介追踪的对象，是新闻报道的好题材。因此，它对公众的影响很大。参展单位可以利用展览会这一机会制造新闻，扩大影响，并与新闻界建立良好的关系。

（五）展览会是一种高度集中和高效率的沟通方式

商品展览会上各类产品云集，其他展览会根据主题也会集中大量相关信息，参观者都是抱着共同的目的，具有共同的兴趣，因此是一种高度集中和高效率的沟通方式，不仅能节省时间，提高效率，同时也能为新的展览品提供脱颖而出的机会。

四、展览会的组织工作

展览活动是传播组织有关信息的一种重要手段。公众对展览和组织的印象如何，不仅取决于组织本身有无成就、有无特色，而且也取决于展览会的质量和水平。因此，要办好一个展览会，公关人员应精心策划和组织，做好展览的规划，制订展览的活动方案。具体来说，要做好以下几个方面的工作。

1.做好规划，明确展览会的主题和类型

展览会作为一种吸引社会广泛关注的大型活动，需要精心规划，首先要明确展览会的主题和类型，据此确定参展单位和参展项目，并采用广告或发邀请函的形式来吸引参加展出的单位。如果是具体组织去参会，也应通过精心规划，突出特色，实现目标。

2.预先估计参观者的范围和人数

根据参观者的范围准备展品及其资料，如果是专业技术对口的参观者，介绍资料应较为深入和专业化；如果是普通的参观者，则着重普及性宣传，用通俗易懂的介绍资料。根据参观者的人数确定相应的接待人员和组织工作。比如选择展览地点、配备辅助设施，尽量为参观者提供方便、舒适和安全的参观条件和服务。

3.选择展览地点

首先考虑的是方便参观者的因素，如交通要便利，容易找到的地方。其次是考虑展览地点周围的环境是否与展览主题相得益彰。最后，还要考虑辅助设施是否容易配备和安置等。

4.培训展览会的工作人员

展览会工作人员素质的好坏，直接影响着公众对展览会的印象。因此，必须对展览会的工作人员，如解说员、示范操作人员、接待员和服务员等进行礼节和接待等方面的培训，并就每次展出的项目内容进行一定的专业知识培训，才能满足展览会的要求。通过解说人员的生动讲解和操作人员的熟练示范，以及赋予生命的实物与图表等，充分展示组织及其产品的生机与活力，使参观者得到满意的服务，留下最深刻的印象。

5.预先估计展览会经费

具体列出展览会的各项费用，进行核算。有计划地分配展览会所需的各项资金，做到心中有数，注意量入而出和节约经费。展览会的费用一般包括场租费、水电费、设计建造费、员工劳务费、联络交际费、宣传费、交通运输费和保险费等。

6.做好展览会的有关辅助工作

这项工作做得如何，也直接影响着展览的效果。具体工作主要包括以下内容。

(1)设立展览会的标志，准备好展览会的纪念品，以强化参观者记忆。

(2)在布置展览厅时，要考虑在入口处设立签到处，并贴出展览会的平面图，为参观者当向导。而在出口处设立留言簿，在适当的位置设立咨询台。

(3)准备展览会所用的各种辅助宣传资料。例如，拍摄或制作介绍组织的幻灯片、录像带、宣传手册和展览会的目录表等。

(4)成立一个专门对外发布新闻的机构,负责和新闻界进行联系的一切事务。如为报纸、电台、电视台准备有关展览的图片、稿件、消息报道,充分利用各种传播媒介扩大展览会的影响,传播组织的有关信息,在报纸、电视上刊登展览会展出时间、内容、地点的广告等。

(5)加强展览会的组织工作,做好防火、防爆、防恐等安全防范工作。

五、展览会的公共关系效果测定

展览会的公共关系效果是指通过展览会的实施在公共关系方面实现了哪些目的,为组织带来哪些社会效益。它主要体现在观众对组织产品和服务的反映,对组织形象的认识和对整个展览会举办形式的看法等方面。其测定方法主要有以下几种形式。

(一)观众留言簿的形式

展出单位可在展厅的出口处设置观众留言簿,通过公众留言征集意见。也可派调查人员与参观者接触,把听到的意见记录下来。

(二)观众知识测验形式

展出单位可以设计一些与组织及其产品有关的测试题,在观众看完展览之后搞一些有奖测试活动,通过测试分数的高低来判断观众对组织及组织展览的印象。

(三)召开座谈会的形式

在展览过程中,随机地找部分观众进行座谈,以简短的茶会讨论形式,听取公众的意见和建议。

(四)记者采访的形式

在展览会期间, 记者或公共关系人员应该活动在观众之中,随时采访,了解情况,提出一些双方都感兴趣的问题,并进行记录、录音、录像等,以此了解展览的效果。

（五）问卷调查的形式

展览会结束后，组织可以根据掌握的名单，邮寄问卷调查表，再通过登门拜访或电话联络，请求观众填写或者回答问卷提供的问题，以了解展览效果。一般可用寄回问卷抽奖的方式促成问卷的高回收率。

第五节　开放参观活动

一、开放参观活动的含义和意义

公共关系参观活动又叫对外开放参观活动，是指组织对外部公众开放，让他们（包括员工家属、股东、顾客、当地居民等）到组织内部观察了解本组织的机构、设施、工作现场和各种成果的一种公共关系专题活动。对外开放参观活动从组织的长远利益来看，是很有价值的活动。其意义具体表现在以下一些方面。

第一，开放参观活动能向社会和公众表明其存在的意义，促进公众对组织的了解和支持。通过对外开放参观活动，使公众了解组织的技术特长和经济实力，更加愿意和组织合作，或提供信贷和技术支持，或了解组织的生产状况和努力等。

第二，开放参观活动能增强公众对组织的兴趣，促进组织与公众的意见交流和情感联系，促进组织与外部公众的关系。对外开放参观活动是组织对外表示友好的举动，能博得相关公众的好感。在参观活动中，组织可以与参观的公众进行深入的接触和交流，使双方能较好地沟通和联络感情。例如，海尔集团在青岛总部专门建了一栋大楼，作为家电展览馆，向全社会开放，每年接待大量参观者。

第三，开放参观活动可以增加员工的荣誉感和归属感，增进员工的互助协作精神，促进他们工作的自觉性。社会心理学研究发现，"他人在场"会有促进作用。参观者对组织的工作性质、特点、成就等感兴趣才来,众多的人到组织参观,会使员工产生一种"在这种重要组织中工作很荣幸"的荣誉感。

第四,开放参观活动还可以消除公众的疑虑,获得其信任和支持。开放参观活动相当于是允许参观者进行实地调查,眼见为实,远比广告宣传有影响力。尽管宣传的范围有限,但针对性很强,而且,只要长期坚持,影响力也很大。苏联切尔诺贝利核电站爆炸时,中国政府正开始在广东大亚湾建造核电站。面对核爆炸的惨状,香港各界、各阶层人士纷纷反对在与香港毗邻的大亚湾建造核电站。于是,中国政府组织香港选民代表参观该核电站址,并现场介绍安全情况,告诉参观者大亚湾核电站不仅是安全的,而且将会为香港提供充足的电力。许多著名分析家认为,中国政府这一对外开放参观活动对平息社会舆论具有重要意义。

二、开放参观活动的组织工作

组织开放参观时应注意做好以下几个方面的工作。

第一,每次开放参观都应确定一个明确的目的,形成一个明确的主题。常见的主题有:强调企业工作环境优良,企业是一个理想的好邻居及社区的好公民;让员工家属了解亲人工作的意义,因而感到自豪,以支持并协助其工作等等。

第二,开放参观活动的时间最好安排在一些特殊的日子,如果是企业,可利用庆典活动时或新产品推出时;其他社会组织比如学校,可利用校庆纪念日等时机。

第三,事先拟定参观程序和路线,制定好安全措施。

第四,从开放参观的构想到参观活动结束,都应有高层主管参与其事。通常可成立一个由一级主管主持的筹备委员会,委员包括公共关系人员和主题涉及的有关方面的主管。

第五,除组织特定公众参观的特殊参观外,向社会各界开放的参观,应事先利用新闻传播媒介广泛宣传组织开放的目的、时间和内容,争取更多的参观者。

第六,开放参观活动除了实地参观、体验外,也应准备一些赠送的宣传小册子,也可利用专题电影、录像和幻灯片进行宣传说明。

第七,开放参观活动如果时间较长,应在休息室准备茶点,同时准备一些小型纪念品,如果是一般的消费品生产企业,可直接赠送产品或采用抽奖形式赠送产品。

第六节　庆典活动

一、庆典活动及其作用

庆典活动是社会组织重要的庆祝仪式活动。庆典活动的范围很广,常见的有开工典礼、开业庆典、落成典礼、颁奖大会、周年纪念大会、地方传统节日、重大活动的开幕式与闭幕式等。庆典活动的形式也很多,例如周年纪念可以采取举行职工大会或举行周年纪念酒会形式,还可以举行颁奖大会、茶话会等形式。

庆典活动是公共关系的重要契机,不仅可以加强内部的联系沟通,也可以借此机会,借助新闻媒介的力量扩大宣传;或邀请目标公众,加强联络沟通。庆典活动虽然要付出一定的人力、物力和财力,但是,搞好庆典活动是组织与其内部和外部公众广结良缘、沟通信息的最好机会,其作用我们不可低估。

第一,可以利用仪式庆典来渲染组织形象,扩大组织的知名度。例如宣传组织的性质、特点,宣传组织的历史和对社会的贡献,宣传组织的产品和服务等。由于庆典活动的喜庆气氛和主题特点,可以使这种宣传较为间接、隐蔽和巧妙,不易引起公众的反感,但能在不知不觉中影响公众。

第二,可以借助庆典活动广交朋友,化解矛盾,为今后发展打下良好的基础。庆典活动为组织与外部各界的交往提供了一次良好的机会。因为庆典活动一般都要广邀朋友。在庆典活动中，来宾们受到一定礼遇和尊敬，能感受到组织给他们的荣誉，再加上在欢庆气氛中的畅所欲言，能增加组织与各界人士的友谊，增进双方的感情，即使过去有积怨的也可乘机化解。

第三，庆典活动有助于组织建树自己更完整的形象，提高组织的美誉度。组织在以往的活动中，受到业务指标的压力，许多活动具有功利性。如果是商业组织，则容易给人以唯利是图的印象。庆典活动则可以使公众更全面地了解组织，而组织在庆典活动中也可以塑造自己的社会性、公益性、娱乐性等方面的形象，从而给公众留下更完整的印象。

二、庆典活动的组织工作

成功的庆典活动，需要公共关系人员的精心策划和安排。一般来说，要注意以下几点：

（一）明确庆典活动的主题

庆典活动需要根据情况设计一个主题。比如，回顾光荣的历史，这是一个主题；展望美好未来，这也是一个主题。庆祝新的成果，这还是一个主题。总之，每次庆典活动都应有一定的名目，形成一个明确的主题，并围绕主题来设计安排活动的内容和形式。

（二）拟定庆典活动的程序，落实有关的任务，明确职责分工

庆典活动一般都较盛大，工作任务繁重，必然要投入较多的人力和物力，这就需要事先组建一个专门的筹备班子，在统一领导指挥下，组织内部各个部门的有关人员密切配合，这样才能把喜庆的事情办圆满。要做到有条不紊，忙而不乱，就要确定庆典的程序，并按照有关活动内容将任务具体落实到人头上。特别是后勤工作和组织工作，一定要安排专人负责。

（三）拟定邀请的宾客的名单

庆典活动一般根据主题来确定宾客名单，不仅要考虑有关业务单位、政府有关部门的负责人，而且要邀请一些社会名流和新闻界人士，并考虑一些社区代表、顾客公众代表和员工代表。宾客名单拟订好后，应将请柬于一周前送达出席人员手中。

（四）安排好庆典活动的发言

庆典活动不可能默默无语，总是需要语言来阐明一些意义，表达一些情感。一般是致贺词、祝词。这需要事先确定致辞人，提前沟通好，以便对方做准备。参与致贺词的宾客要有一定的代表性，或者有一定的社会地位，或者具有较大的社会影响力。

（五）为庆典活动安排一些制造气氛的活动和促进理解的活动

1.安排一些必要的助兴节目

中国传统的助兴节目有敲锣打鼓、舞狮、挥舞彩旗、燃放烟花鞭炮、呼喊口号、齐唱爱国歌曲或企业歌等，还可以安排一些歌舞表演或电影放映等节目。助兴节目最好由本单位内部工作人员编演，以增强员工的自豪感和荣誉感。如果条件允许，也可以外请有名气的歌星、演员来演出。有些地方色彩浓郁的节目，还可以让来宾参加。

另外，庆典活动的气氛应该热烈，会场可用大幅标语、花束、彩带、彩旗、气球等点缀。

2.组织参观

庆典活动中一般都会安排参观活动。例如举行开业典礼或开工典礼、剪彩、致辞等活动后，一般都要组织宾客参观本单位的环境、工作设施及生产现场等。这是让上级领导、同行及社会公众了解组织的大好机会，也是组织自我展示、传递信息的一条可行途径。

3.征求意见

这项工作可以通过座谈会或留言簿的形式进行。要尽可能地征求宾客的意见和建议,避免疏漏现象发生,以使组织与各方面的公众关系更为融洽,既能树立组织广纳良言、虚怀若谷的良好形象,也能征集到有益的建议或中肯的批评,实现组织自我完善、更好发展的目的。

4.颁发纪念品

纪念品可以保证开业典礼、周年纪念等活动产生持久的效果,并成为有用的传播手段。因此,在举办庆典活动的准备过程中,最好准备一些能代表组织特色的纪念品,如印有组织简介和必要的彩色图片的通信录、附有必要的情况介绍的工作笔记、装有具有组织特色的彩色照片的影集等等。公共关系人员可以从中确定一种纪念品,并保证参加者每人一份。

5.安排宴会或提供自助餐

庆典活动盛大而持久时,一般要邀请参加庆典的人员用餐,可以是宴会,也可以是自助餐。会餐时应安排专人与来宾边吃边交流,增强感情联络,在随和、亲切的气氛中,也能够获得许多意外的信息。

(六)积极争取媒介报道

公关人员应事先筹划,积极争取媒介对庆典活动的报道。利用新闻媒介扩大庆典活动的社会传播面和影响面,提高其社会影响力。能够参加庆典活动的公众肯定是有限的。庆典活动作为公共关系专题活动应争取传播到更大范围的公众中去,这就需要借助新闻传播媒介来扩大影响。如果能争取到新闻媒介的报道,还可以起到鼓舞士气的作用。

后 记

　　《公共关系学》这本书终于不得不交给出版社了,因为编辑已经催稿催了几十次,不再催了,我担心她由抱怨我是个完美主义者而变成怀疑我写不成这本书了。我每次都给她以希望,说过几天就好,这个话由7月份的暑假说到明天国庆长假也结束了,我不能再拖了。写成一本书不容易,在决定明天把书稿给出版社的时候,觉得应该写几句纪念的话,留住岁月的刻痕。

　　用完整的时间系统思考一个问题,十分有利于理论著述。这是我写这本书时特别强烈地感受到的一点体会。从2014年的寒假开始上手写这本书,原以为过去出版过这方面的书,有基础,可以很快完成;可是,一静下心来写的时候,发现需要解决的问题很多。再看美国的学者斯各特·卡特里普(Scott M.Cutlip),一本《公共关系教程》从20世纪50年代开始到2001年,出版到了第8版,就觉得自己太平庸,有些懒惰。2000年主编出版了《大学生公共关系理论与技能》,就是为了在天津大学做教材用;2002年有出版社找到我,想把我的理论成果推广到更多高校,说已经组织好了一些大学讲公共关系学课程的教师,请我做主编出版一本书,于是就有了《公共关系管理学》那本书。从2002年到2014年,12年过去了,讲课过程中对公共关系学确实有很多新思考,也想到过重新写一本公共关系学著作,但一直没有上手做。今年春节开始着手写的时候,突然发现50岁的人在电脑前静坐两个小时腰就开始疼了。更苦恼的是，假期很短，一开学，就有讲课、辅导学生毕业论文、处理办公室杂事等各种事，没有完整的时间，全靠起早贪黑、零打碎敲写。好在有个暑假，再加上国庆节长假，终于写成这本书了。但是，我自己并不满意，主要是时间不够，没有把全部想法都写出来；写成的东西，用心打磨得也还不够，只能留待过些年找机会再完善了。由此觉得，大学教师有学术年假十分必要。据说国际上有这么个制度，我国的高校如果也能推行这个制度，我想，中国的大学教师应该可以创造出更多更好的研究成果。

应该声明，这本书与十几年前我主编的《大学生公共关系理论与技能》和《公共关系管理学》有渊源关系，如果说现在的这本《公共关系学》是一本有价值的理论著作，那是因为我踩着过去的阶梯，才攀上了一个新的高处。所以，要感谢那两本书的参编人员。当然，《公共关系学》这本书的撰写过程中还参考了很多理论著作，在注释中已经注明，在此，对那些著作者表示感谢，感谢他们为公共关系学理论体系发展所铸就的阶梯。

希望这本书对公共关系学的学科发展有一些推进作用，也希望它对公共关系职业有所裨益。书中不足之处，请方家批评指正。

徐美恒

2014年10月7日于天津